분단시대의 사회학

분단시대의 사회학

이이효재 지음

이화여자대학교출판문화원

❙기획의 말❙

지난 2020년 10월 4월에 타계하신 이이효재 명예교수의 대표 저서 중 하나인 『분단시대의 사회학』을 다시 펴내게 되어 매우 기쁘게 생각한다. 고(故) 이이효재 명예교수는 한국 여성학과 여성운동의 역사에서 매우 중요한 자리를 차지하시는 분으로서 이화여자대학교 한국여성연구원과도 인연이 깊다. 선생의 제안으로 이화여자대학교에 여성학 강좌가 한국에서 처음으로 개설되었고 그 과정에 한국여성연구원이 함께 했기 때문이다.

『분단시대의 사회학』은 서구에서 그대로 수입해오는 사회학이 아닌, 한국이라고 하는 지리적, 역사적 현실을 고려하는 사회학에 대한 선생의 오랜 고민과 모색의 과정이 담긴 연구서이자, 선생께서 인류 사회를 위해 품으셨던 "자유 · 평등 · 사랑"의 비전을 제시하는 책이기도 하다. 이처럼 인류를 위한 보편적 비전과 더불어 자신이 딛고 사는 땅에 대한 깊은 현실 인식을 갖추셨던 선생은 여성 문제에 대해서도 같은 혜안을 발휘하시어, 분단이라고 하는 민족의 역사적 현실에 대한 의식 없이 남녀평등의 요구에만 머무는 것을 경계하셨다. 분단 극복과 사회 전반의 민주화 없이는 한국 사회에서 남녀평등을 제대로 이룰 수 없기 때문이다. 가히 사회학에서나 여성학에서나 서구에 종속되지 않는 "토종 이론"을 추구해오신 분의 면모라 하겠다.

이러한 선생의 사상적 핵심을 두루 담고 있는 『분단시대의 사회학』을 이화여자대학교출판문화원을 통해서 다시 펴내는 것은 여러 가지로 의미가 깊다. 1985년에 한길사에서 오늘의 사상신서 시리즈 중 하나로 출간되었던 『분단시대의 사회학』은 당대의 상황을 주체적인 시각으로 조명한 책으로서 분단과 여성의 현실을 고민하는 지식인들에게 깊은 영향을 미쳤다. 선생께서 치열하게 싸우셨던 시대와 지금 우리의 시대는 얼핏 보면 많이 달라진 것 같지만, 우리는 여전히 분단의 상황을 살고 있고, 여성들은 여전히 다양한 차별과 폭력을 경험하고 있다. 결국 우리는 지금도 같은 싸움을 계속하고 있다는 뜻이며, 그럴수록 앞서 가신 분들의 통찰과 지혜를 곱씹으며 좌표를 확인하고 전략을 정비할 필요가 있을 것이다. 한국 여성들의 역사를 세우기 위해서 노력하셨던 이이효재 선생께서 이제는 스스로 역사가 되셨고 우리는 그 유산의 혜택과 책임을 다 물려받았다. 이화여자대학교를 터전 삼아 실천적 학문의 모범을 보이신 이이효재 선생의 『분단시대의 사회학』을 다시 펴내는 것은 그분이 쓰신 이화의 역사 그리고 여성의 역사를 기억하며 이어가겠다는 다짐이기도 할 것이다.

고(故) 이이효재 선생의 뜻을 기리는 이 일을 위해 큰 도움을 주신 이화여자대학교 김혜숙 총장께 감사드리며, 이화여자대학교출판문화원 이승아 원장, 그리고 이화여자대학교 이재경 명예교수께 감사드린다. 기획단계에서 큰 도움을 주신 한국여성연구원의 양혜원 연구교수와 조판 인쇄를 하던 시절의 책이라 디지털 파일로 존재하지 않던 이 책을 타이핑하여 파일로 만들어준 한국여성연구원의 연구원과 조교들의 수고에 감사드린다. 마지막으로 재출간을 위해 여러 수고를 마다하지 않은 이화여자대학교출판문화원 이혜지 주간과 민지영 차장께도 감사의 마음을 전한다. 『분단시대의 사회학』이 다시 출간되는 것을 계기로 이이효재 선생의 뜻이 이 시대에도 두루 읽혀 새로운 연대의 계기가 되기를 바란다.

2021년 1월

이화여자대학교 한국여성연구원 원장 강애란

재발간사

고(故) 이이효재 교수의 『분단시대의 사회학』을 다시 발간하게 되어 뜻깊게 생각한다. 35년 전에 처음 출판된 후 꽤 많은 시간이 흘렀다. 선생님 생전에도 재출간에 대해 의논을 드렸었는데, 별세하신 후에야 마무리되었다.

이이효재 교수는 한국 사회학을 연구하면서 그의 평생에 걸쳐 민주화와 통일, 그리고 사회발전을 위한 이론 및 실천방법을 꾸준히 모색해 왔다. 일찍이 미국의 대학과 대학원에서 공부한 유학파인 그는 서구의 관점이 아닌 우리의 역사적·사회적 맥락에 근거한 경험적 연구와 이를 토대로 한 정치적 실천을 사회학의 의제로 삼았다. 사회학자로서 그의 관점은 1985년 처음 출판되었던 『분단시대의 사회학』에 잘 나타나 있다. 이 책은 총 3부 10장으로 구성되어 있는데, 각 장은 1970년대 말부터 1980년대 초반까지 발표한 글들을 모아 단행본으로 꾸민 것이다. 저자는 일부 내용이 중복되고 체계적 일관성이 다소 미흡하다고 말했지만, 이 책의 핵심적 내용과 주장은 분단이 지속되고 있는 현재 시점에서도 뛰어난 학문적·실천적 통찰을 보여준다.

『분단시대의 사회학』에서 그는 한국사회의 구조적 성격을 '분단'으로 규정하고, 분단사회의 구조적 특성이 사회생활의 여러 차원과 분야, 즉 모든 인간관계에 역동적으로 영향을 미치게 된다고 말했다. 남북분단은 1945년의 역사적 사건으로만 그치는 것이 아니라 현재에도 우리의 공동체적 삶을 좌우하는 구조적 요인이 되고 있다. 외세에 의해 강요된 분단사회에서 수동적 혹은 피해적(victimized) 위치에 있음에도 불구하고 마치 분단되지 않고 하나의 공동체를 이루는 민족이나 국가처럼 인식한다면 우리의 현실을 직시할 수 없다. 분단상태에서 발생하는 모든 현상에 문제의식을 느끼고 연구해야 하는데, 여기엔 사회학뿐 아니라 종교학, 정신분석학, 민속학, 심리학, 문학 등 모든 분야가 참여해야 한다고 제안했다.

이이효재 교수는 남북분단이 한국사회의 민주화를 제약하고, 사회 구성원의 정체성과 심성을 파괴하며, 그로 인해 왜곡된 가족주의를 양산하고 여성을 주변화하고 있음을 강조했다. 분단은 한민족이라는 정체성과 한반도 공동체적 뿌리에 혼란과 분열을 초래했다. 평소에 그는 1975년 멕시코에서 열린 제1차 유엔 세계여성회의에 한국대표로 참석했던 경험이 민족 정체성과 공동체에 대한 문제의식을 발전시키는 계기가 되었음을 이야기했다. 멕시코 회의에는 북쪽 대표들도 참석했는데, 함께 간 정부 관계자가 그들에게 인사도 하지 말고 못 본 척하라는 지침을 주었다. 그는 생전에 "내가 북쪽에서 성장했고, 북쪽에 친구도 많고 북쪽에 살던 사람인데, 내게 그저 내 이웃이고 내 친구인데 이것을 가지고 그렇게 억지로……무슨 대단한 원수나 만난 것처럼……"이라고 회고하곤 했다.

한편 이 책에서는 한국사회에 나타난 사회적 갈등양상을 분단상태와 연결 짓고 있다. 교육현장을 비롯해 각 분야에서 나타난 치열한 경쟁이나 산업화 과정에서의 노사 및 계급 갈등 등 사회문제를 분단이 초래한 사회심리적 요인으로 설명한다. 적대적으로 분리되어 두 개의 국가가 되면서 상호 간의 경쟁, 대립, 갈등은 불가피한 것이었다. 사회관계의 한 형태로서 경쟁이 서로를 발전시키는 선의의 경쟁이기보다는 상대를 패배시키고 승리를 하는 제로섬의 극한 경쟁이 된 것이다. 이러한 분석은 경쟁, 대립, 갈등이 만연하고 토론, 협상, 조정이 부재한 지금의 상황에서도 유효하다.

이이효재 교수는 가족과 여성의 문제를 한국사회의 구조적 특성과 연결하여 분석했다. 한국의 가족과 여성에 관한 연구를 했던 그가 지속해서 제기했던 질문은 '한국의 가족을 어떤 이론적 관점에서 분석할 것인가?', '1960~70년대 산업화와 핵가족의 친화성을 주장한 구조기능주의 이론이 우리의 가족 현실을 설명할 수 있는가?', '한국사회의 역사적 맥락과 구조적 변동은 여성 억압 및 가족 변화와 어떻게 관련되고 있는가?', '한국 가부장제는 분단 사회구조와 어떻게 결합하는가?' 등이다. 가부장적 국가권력, 식민통치, 분단의 현실은 오랫동안 여성과 가족의 희생을 강요했으며, 이로 인해 여성들은 이중, 삼중으로 억압당하고 있음을 강조하면서 여성과 가족의 문제를 구조적 맥락에서 분석했다. 특히 해방 이후 분단 현실에 주목하여, 민족 분단이 일반 가족에 미친 영향을 역사적·사회적 인식에서 접근해야 함이 가족사회학의 일차적 과제임을 주장했다. 민족 분단과 분열로 강요당한 가족들의 대이동은 여러 가지 형태로 그들의 생존을 위협했으며, 공동체적 삶의 기반을 흔들어놓았다. 전쟁과 분단으로 가족을 잃거나 헤어진 사람들은 가난과 고통이 일시적이며, 남편, 아버지 또는 형제자매가 다시 만나 함께 살면 해결될 것이라는 막연한 희망을 품었다. 이러한 가족 상봉의 믿음은 역설적으로 가족주의를 더욱 강화하게 된다. 이 책에서는 한국 가족의 보수성은 급격한 정치 변화의 혼란 속에서 가족의 이산과 파괴를 극복하는 데 전통적인 가족주의가 중요한 역할을 한 데서 기인한다고 설명한다.

이이효재 교수는 박정희 정권하의 한국사회를 가부장제 권위주의 체제로 개념화하는데, 전통적인 가부장제 문화가 사회체제의 보수화를 뒷받침한다고 보았다. 또한 가부장적 가족과 사회체제를 유지하는 분단사회는 여성 억압을 지속시키고 여성들이 주체적 삶을 살아가는 것을 방해한다. 분단시대를 사는 남북한 여성들은 고조되는 전쟁의 위험이나 강압적인 가부장적 권력의 불안 속에서 살아온 피해자들이다. 그러나 여성을 분단의 피해자로만 보지 않고 분단상황을 종식하는 주체가 될 수 있음을 강조한다. 그는 한국여성의 희생이 구조적으로 강요되고 있음을 주장하기는 하지만 여성의 주체적 역할을 강조함으로써 여성을 단순히 분단사회의 수동적 피해자로서만 위치시키지는 않는다. 그는 정년퇴임 후 남북한과 일본의 여성이 참여하는 '아시아의 평화와 여성의 역할' 회의를 주도적으로 조직했고, 여성이 남북교류와 통일운동에 주체적으로 참여해야 함을 강조했다. 여성의 참여와 여성 역량 강화와 같은 분단과 여성에 대한 논의는 지금 국제 · 국내적 차원에서 확산하고 있는 여성 · 평화 · 안보 의제와 크게 다르지 않다.

2015년 제주도에서 만난 선생님은 오랫동안 자신이 해온 연구가 여성에 관한 것이든, 가족 연구이든, 또는 다른 사회현상이나 사회구조에 대한 분석이든 결국은 분단 관련 연구로 귀결된다고 하셨다. 선생님이 생전에 강조하셨던 분단과 통일을 둘러싸고 새로운 논의와 접근이 이루어지고 있지만 『분단시대의 사회학』에서 보여준 탁월한 분석은 지금 시점에서도 여전히 유효한 '우리 이론'이다.

2021년 1월

이화여자대학교 여성학과 명예교수 이재경

초판 머리말

『분단시대의 사회학』을 미숙한 상태에서 부끄러움을 무릅쓰고 내놓게 되었다. 분단된 시대에 살면서 25년 남짓하게 이 사회의 연구에 세월을 바치며 한국 사회학에 종사해온 셈이다. 보수적인 미국 사회학의 실증주의 방법론을 비판적으로 소화시켜 수용할 능력도 없는 상태에서, 더욱이 우리 근대사에 대한 지식이나 민족사적 역사의식조차 확립되지 않았던 상태에서 1950년대 말부터 한국사회 연구를 시작했다. 단지 부계 혈통 계승에 기반한 가부장제도와 왕권 중심의 신분제사회의 유산인 지배·복종의 위계질서를 극복하며 보편적 가치에 기반한 민주주의 사회로의 발전을 갈망하는 입장에서 한국사회의 변화에 관심을 기울여왔다. 몰가치적 실증주의를 과학적 사회학과 동일시하려는 그 시대적 풍조에도 불구하고 한국사회 변화를 가족의 민주화나 여권의 평등화를 전제한 가치지향적 입장에서 가족과 여성에 관한 연구를 일관해왔다. 이것은 민족분단의 비극을 자유민주주의를 실현시키는 명분으로 보상받을 수 있으리라는 단순한 희망에 사로잡혔기 때문이었다.

그러나 1960~70년대를 통해 우리 사회 민주화의 요구와 기대는 억압당하며 좌절만이 거듭되었다. 급격한 산업화와 정치발전에 주권자로 참여해야 할 민중들의 요구는 탄압당한 채 관권에 의한 동원의 대상으로 소외되었다. 권력을 절대화시키려는 유신체제와 이를 뒷받침하는 금력의 집중은 사회적 불평등을 심화시켰다. 이로써 이에 항거하는 민주화운동의 열기 속에서 민주통일의 갈구는 더욱 강렬해졌으며 분단사회에서의 피해적 삶에 비판적 인식을 갖게 되었다. 분단으로 인한 피해를 가족과 여성문제의 차원에서뿐만 아니라 분단국가를 유지하려는 체제로서 형성된 사회구조적 성격의 차원에서도 관심을 갖게 된 것이다. 분단을 극복하고 새로운 민족공동체를 창조해야 할 역사적 과제 앞에서 사회구조에 대한 이론적 관심은 공동체적 접근인 것이다. 민주적 공동체로의 발전을 전제한 입장에서 일차집단인 가족공동체를 위시해 모든 사회조직의 구조와 기능의 비민주적 성격에 비판적일 수밖에 없었다.

여기 수록한 글들은 이러한 관심에서 1970년대 말부터 여러 기회에 발표한 글들이며, 따라서 부분적으로는 중복되기도 하며 체계적 일관성이 결여되기도 한다. 『분단시대의 사회학』으로서의 미숙하고 부족함을 자인하면서도 이것을 한데 모아 정리하고 넘어가야 할 필요성을 느껴 이렇게 내놓게 되었다. 민족통일을 지향하는 열기가 더욱 고조되어 가는 이때 분단사회 구조에 대한 연구가 이론적으로 정립되어야 하며 여러 가지 분석적 체계에 관한 논의들이 시작되어야 할 것이다. 이것을 위해 지금까지의 초보적 연구결과를 스스로 반성하며 관심 있는 분들의 비판을 받고자 한다. 통일사회를 향한 사회학적 관심과 연구의 시작에 털끝만큼이라도 보탬이 되기를 바랄 뿐이다.

1985년 8월 29일

이이효재

차례

1부

분단의 사회구조

1장 분단시대의 사회학

1. 인간해방을 위한 사회학

근년에 와서 한국문화의 본질적 유형 또는 그 특성을 규명하려는 연구가들 사이에서 한(恨)을 문제시하는 경향이 나타나고 있다. 민속학, 종교학, 정신분석학 및 문학 등에서 '한국적인 것'을 찾기 위해 민속신앙 또는 민속문화에 대한 연구를 해왔으며 그 결과 한이 의의 있는 문제의 초점으로 의식되기 시작했다. 한이란 복합적인 내용을 표현하는 통속적 개념으로 단순하게 정의내리기는 어려운 개념인 줄로 안다. 한은 분명한 논리로써 단순하게 설명되기는 어려우나 우리 한국인들 사이에서는 가장 잘 통하는 어휘 중의 하나이다. 사회의 밑바닥에 깔린 무식한 아낙네들로부터 국가의 권력층에 이르기까지, 그 말 한마디로써 우리의 감정이 심장을 꿰뚫듯 통하는 무엇이 있다. 민족(民族)이란 낱말이 모든 민중의 이성과 감정을 혼합시키는 상징인 것만큼, 한은 이성보다는 억눌려 살아온 모든 서민들의 심층에 쌓이고 쌓인 감정을 꿈틀거리게 하는 원시적 힘을 지닌 상징적 어휘이다. 그러기에 피상적인 의식적 차원의 사회 현상을 연구의 대상으로 삼거나 이상적이고 합리적인 논리로써 설명될 수 있는 지식만이 체계적 학문이 될 수 있다고 생각하는 지식인들 사이에서는 한이 의식·무의식적으로 도외시되어왔다. 한은 우리 민중 속에서 특히 그중에서도 가장 밑바닥에 깔린 아낙네들 사이에서 오랫동안 통속적으로 표현되어왔으며 그들의 행동을 좌우하는 심리적 요인이었다. 이것을 지식인들은 중요한 학문적 연구의 대상으로 삼지 않았다. 이것을 어떻게 연구의 대상으로 삼아야 할지 알지 못하기 때문이었던 것 같다. 이제야 겨우 지식인들은 한의 현실적 의의를 느끼기 시작했으며 그 한국적 의의를 의식하기 시작했다. 즉, 한이 아낙네들의 땅이 꺼질 듯한 긴 한숨으로나, 왕생극락(往生極樂)하지 못한 한 많은 귀신들에 대한 미신스러운 민간신앙의 현상으로서만 이해될 수 없다는 것을 인식하게 되었던 것이며, 그것이 오늘을 살아가는 우리 모두의 공동체적 삶의 현실과 심층 심리의 현상과 직결된 우리 각자의 상태, 다시 말해 우리들 사이에서 통하는 공동의 문제임을 알기 시작했다.

오늘날 우리 인간은 인간답게 살 수 있기 위해 인간을 구속하고 억압하는 모든 권력이나 심리적 집념들에서 해방되기를 갈구하고 있다. 즉, 인간화를 갈구하여 인간답게 살 수 있는 새 하늘, 새 땅, 새 사회를 요구하고 있다. 그리고 과거의 원시신앙에서처럼 신이나 옥황상제가 새 시대의 개벽을 인간 앞에 펼쳐주리라고 믿기보다는 인간 자신이 이 역사의 주체가 되어 새로운 삶, 즉 새로운 문화와 사회를 창조하고 건설해가는 것으로 믿고 있다. 이러한 자각 위에서 지금껏 우리를 구속하고 억압한 어떤 상황에서도 벗어나려고 한다. 즉, 우리를 비인간화하는 모든 사회 내적 및 외적, 그리고 개인적 및 집단적인 모든 요소에서 해방되기 위해 몸부림치고 있다. 이것은 우리 민중이 주인으로서 인간답게 살아보지 못한 한스러운 삶의 상태에서 해방되기를 원하는 것이며, 우리 민족이 세계 열강 속에서 독립적 자주적으로 대등하게 살아보지 못한 한스러운 상황에서의 해방을 의미하는 것이다.

외세의 침해, 침략, 약탈 및 지배하에서 생존을 위해 불가피하게 외세와 결탁하거나 또는 자신의 이익을 위해 기꺼이 아부하고 앞잡이 노릇을 해온 권력층의 압박과 착취에 억눌려온 민중들은 인간의 원초적인 먹고사는 욕구와 자손번식의 욕구마저 안정되게 누릴 수 없는 불안한 삶을 살아왔다. 가족의 기본생존과 생명이 늘 위협을 당해온 데서 재복(財福), 수복(壽福) 및 다남다복(多男多福)의 기원이 아낙네들의 가상 절실한 종교적 기원이 되어왔다. 이것이 충족되지 못하는 데서 한이 쌓이고 쌓였으며 사후에 원귀가 되어 떠돌아다니면서 살아 있는 후손들을 괴롭힐 정도의 집념으로까지 되어온 것이다. 이러한 원귀의 한을 풀어주고 아낙네들의 한을 일시적으로나마 달래기 위한 필요에서 무속(巫俗)은 전승되어왔으며 지금도 더욱 번성해가고 있는 것이다. 국내적으로 억눌린 민중들은 약소민족으로서의 국제적 착취와 횡포로 인해 2중으로 억압을 당했고 그중에서도 여성들은 남성들의 가부장적 권력 아래서 3중, 4중으로 착취당해온 존재였다. 그러기에 한국 여인의 한은 무속신앙과 더욱 깊이 연결되어 있는 것이다.

우리 민중인 여성들이 오랜 역사 동안 쌓이고 쌓여온 한에서 해방되지 못하는 한 우리는 한의 노예로 계속 살 수밖에 없으며 인간적 자유와 주체성을 누리지 못할 것이다. 지금까지 우리의 문화 및 종교가 새로운 시대를 향한 인류의 보편적 가치관인 자유·평등·사랑을 창조하는 것이기보다 오히려 이러한 외래적인 사상이 재(財), 수(壽), 자손 등의 복을 비는 무속신앙과 문화 속으로 흡수되어 혼합적 형태를 이루어 왔다. 인간 욕구에서의 진정한 해탈을 통해 모든 인간이 다 부처님이 될 수 있다는 불교나, 하느님의 사랑으로 모든 인간이 진정한 하느님의 형상을 지닌 아들로 구원받을 수 있다는 기독교도 결국 무속화한 혼합적 종교로 변한 것이다. 이것은 곧 우리가 그러한 원시적이고 자연적인 욕구에서 해탈될 수 있는 사회 안정을 누리지 못했으며 인간의 기본권리가 존중되어 있지 않기 때문인 것이다. 과학기술 문명이 발달한 이 시대에서는 내 가족, 내 자손들이 단순히 많이 먹고, 많이 입고, 물질적으로 잘 사는 생존의 상태, 또는 내 자손을 통한 혈통 계승으로써 내가 영생하고자 하는 원시적 욕구가 인간적으로 중요한 문제가 아니다. 생존이란 무엇을 위한 생존이며, 어떻게 살아가느냐, 그리고 우리 모두가 어떤 공동체적 삶을 영위하느냐가 우리 민중에게 중요한 문제인 것이다. 이로써 앞날의 공동체적 과제는 무속적인 일시적 푸닥거리·굿거리가 아니라 새 역사 창조를 위한 실천적 노력으로 우리 민중과 민족의 한을 풀어나가야 하는 것이다.

이런 의미에서 분단시대의 한국학은 분단상태에서 발생하는 민중의 한스러운 삶이 어느 정도로 우리를 비인간화하고 있느냐에 대한 문제의식을 가지고 그 현실을 파악해야 한다. 종교학·정신분석학·민속학·심리학·문학·사회학 등 한국사회와 문화를 연구하는 각 연구분야는 한에 사로잡혀 있는 인간들의 비뚤어진 심성, 왜곡된 의식상태, 편협한 사상 및 가치관, 서로 불신하고 파괴하는 행동 및 인간관계 등 진정으로 인간답지 못한 사회·문화적 현실을 객관적으로 파헤쳐 우리의 자화상(自畵像)을 직시할 수 있게 해야 한다. 우리는 지금까지의 역사적 현실적 구조가 우리를 속박하여 저지른 모든 인간적 추한 모습, 그러나 그 속에서도 인간답게 살고자 하는 노력의 아름다움 등 있는 그대로를 직시할 수 있는 용기를 가져야 한다. 이렇게 우리의 있는 현실을 객관적으로 제시하고 이해할 때 우리가 처한 이 시대적 상황, 사회적 구조가 우리를 어느 정도로 비인간화하고 있는가를 깨닫게 될 것이며, 이 시대의 한국 사회학의 입장이 확립될 수 있을 것이다. 사회학은 사회구조의 피해적 사회화(社會化)를 파악함으로써 인간화를 위한 구조의 개혁을 절실히 느끼게 될 것이다. 따라서 우리가 요구하는 변화의 방향과 새 사회의 비전이 더욱 분명히 부각될 것이다.

이러한 학문적 과제에 비추어볼 때 이 시대의 한국 사회학이 기여할 수 있는 역할은 자명한 것이다. 분단이라는 역사적 사실이 이 시대 사회구조의 성격을 어떻게 특징지었으며 이로 인해 형성된 우리의 의식상태, 가치관 및 인간관계나 사회행동, 즉 모든 사회적 현실이 우리에게 무엇을 의미하는가를 연구해야 할 것이다. 사회적 현실을 분석적으로 연구함에 있어 분단의 현실을 분명히 인식한 입장과 전혀 인식치 못한 입장은 문제의식에서나 현상 선택에 있어 상당한 차이를 가지고 있으며 같은 현실일지라도 서로 달리 파악하며 해석하게 될 것이다. 그러므로 이 분단시대에 살고 있는 우리 공동체의 요구에 절실하게 부응하며 연관성 있는 진정한 지식을 제공하는 사회학이 되기 위해서는 분단의 사실을 인식한 입장에서 이 분단이 우리 사회에 미치는 영향을 파악해야 한다. 따라서 이 사회구조 속에서 살아가는 인간들이 영위하는 삶의 형태와 인간관계가 우리가 지향해야 하는 인간적 및 민족적 요구에 비추어 긍정해야 할 것인가 부정해야 할 것인가를 평가해야 될 것이다. 다시 말해 각 분야의 사회적 현상이 분단으로 인해 특징지어진 사회구조적 및 제도적 요인과 결부되어 설명되고 이해되어야 할 것이다. 그래서 이 현실이 인간사회가 보편적으로 추구하는 가치관, 즉 자유·평등·사랑에 비추어 그 현실을 지연시키거나 제한하고 억제하는 사회문화적 및 구조적 요인을 검토하며 폭로해야 할 것이다.[1] 이렇게 함으로써 민중들에게 새로운 의식과 가치관으로 질서와 제도를 각 분야에서 창조해나갈 수 있도록 방향과 비전을 제시하며 사회 변화를 위한 전략과 방법을 공동으로 모색하는 데 사회학적 지식과 방법을 제공할 수 있어야 할 것이다.

2. 분단에 대한 사회학적 인식

분단시대가 어언 30여 년을 경과하는 동안 한국 사회학은 많은 업적을 남겼다. 최재석 교수에 의하면, 한국 사회학은 1940~50년대의 '발전준비시기'를 거쳐 1960~70년대의 '발전시기'로 성장했다.[2] 그는 사회학의 발전적 특징으로 다음의 세 가지를 지적했다. 첫째, 1964년 한국 사회학의 기관지인 『한국사회학』 제1집이 발간된 점, 둘째, 사회학에 연구자가 1940~50년대와는 달리 각 전공분야에서 적지 않은 논문을 발표한 점, 셋째, 10~20여 년 동안 "연구결과로서 한국 사회를 이론화한 체계적인 저서가 출간된 점……" 등이다. 이렇게 발전을 평가한 기준은 사회학에 직업적으로 종사하는 직업인이 양적으로 늘어났으며, 이에 따른 조직의 창설 및 기관지의 발행, 전문분야 연구업적의 양적 증가 등에 기인한다. 진정 양적으로는 발전했다. 그러나 이 분단시대의 한국사회를 어떤 입장에서 이해하며 연구하고 있는가에 대한 사회학적 기본인식의 문제와 관련해 볼 때 그 발전을 평가하기에는 아직 이른 감이 있다. 한 공동체가 외세에 의해 강요된 분단상태에서 피해적 삶을 영위하고 있음에도 불구하고 마치 분단되지 않고 통합적으로 살아가는

1 현상은 우리가 보는 대로 있다. 그러나 그것은 허상일 수 있는 것이다. 따라서 우리가 보는 '실상'이 허상이 아닌가 하고 '의심'해야 하며, '폭로'해야 하며, '지적'해야 한다(Peter Berger, *Invitation to Sociology* 참고).

2 최재석, 「해방 30년의 한국 사회학」, 『한국사회학』, 제10집 참고.

민족이나 국가사회처럼 인식되어진다면, 우리의 현실을 직시할 수 있는 관점이 확립되어 있는지 스스로 반성해보지 않을 수 없는 것이다.

현실을 피상적으로 파악하는 사회구조에 역점을 두는 사회연구가들은 분단을 현실적 사실로 인식하지 않고 1945년 제2차 세계대전의 종전 결과와 함께 처리된 한 역사적 사실, 즉 과거에 한 번 있었던 이미 지나가버린 사실로서 고려하려고 한다. 그리하여 분단은 역사가들이나 아니면 정치가들이 문제삼아야 할 사건으로 생각한다. 우리의 현실을 관찰과 면접 등으로 조사함에 있어 마치 개인의 사회적 관계 및 집단적 관계가 분단의 현실에 아무런 영향을 받지 않고 있는 것처럼 이해하며 설명하고 있다.

분단상태에 있는 공동체를 비록 한 독립된 분석적 단위로나 생활단위로 불가피하게 취급한다 하더라도 그 공동체를 구성하는 개인, 가족 및 전집단이 제각기 지닌 과거와의 연결성을 배제할 수 없는 것이다. 만일 공동체를 연속적인 역사적 과정으로 인식하지 않는다면 이것은 과거가 없는 추상화된 실재로서 인식하는 오류를 범하는 것이다. 지금까지 과거와의 연관성에서 변화를 이해하는 방법이란 고작 통계숫자를 통한 비교 방법과 다른 한편 전통문화의 성격을 파악하는 것이었다. 후자의 방법은 전통이 산업화·도시화 속에서 어떻게 변하고 있는가, 아니면 전통문화의 어떤 요소가 기존질서를 안정시키는 데 더욱 바람직한가에 대한 관심에서 출발하고 있는 것이다. 전통문화에 대한 이러한 접근은 비인간적인 문화적 요소에서 탈피하고 인간화를 위한 새로운 한국문화를 창조하려는 이 시대 젊은이들의 갈망에 비추어 너무나 안이하고 정태적인 접근방법이다.

사실상 공동체의 역사란 가족·이웃·지역 사회 등 각 집단의 인간관계의 연속, 단절 혹은 기타 새로운 관계로의 변화로써 엮어지고 있다. 이 과정 속에서 인간적 희망이 펼쳐지거나 좌절되는 경험을 하며 기존 질서에의 적응 또는 반항이 이루어진다. 그리고 이러한 인간관계를 통해 공동체로서의 유대와 단결이 형성되며 이 기반 위에 개인들의 자아정체감(self-identity)이 확립되는 것이다. 그러기 때문에 한 공동체가 어떤 역사적 계기에 분열이나 분단이 강요되었다면 이는 그 공동체에 속하는 모든 성원들에게는 자아정체감에 대한 혼란과 위기를 유발하게 될 것이다. 그 분단이 스스로의 내적 갈등이나 분열에 의해 이루어진 경우와는 또 다른 혼란이 야기될 수밖에 없는 것이다. 더욱이 강요된 분단상태를 지속시키는 데 작용하는 사회구조적 성격이란 분단 이전과는 엄연히 차이 있는 성격을 띠게 될 것이다. 이러한 분단하의 사회구조란 사회생활의 여러 차원과 분야, 즉 모든 인간관계에 역동적으로 영향을 미치게 될 것임이 자명하다. 그런 점에서 남북분단은 1945년의 역사적 사건으로만 그치는 것이 아니라 현재 우리의 공동체적 삶 자체를 좌우하는 구조적 요인이 되고 있다. 이것을 우리는 너무나 생생하게 경험하고 있다. 그럼에도 불구하고 한국 사회를 연구하는 이론적 및 분석적 입장에서는 이를 인식하지 않았으며 문제삼지 않고 있다. 분단이 미친 사회 구조적 현실이 각 사회 분야의 연구를 위해 어떻게 이론화되고 개념화되어야 할 것인가가 이 시대에 있어서 한국 사회학의 중요한 과제가 아닐 수 없다.

분단시대의 구조적 요인을 각 사회 생활현상과 어떻게 연관시켜 이해할 것인가에 대하여는 여러 가지 관점이나 이론적 입장이 있을 수 있다. 그러나 단일민족국가로서 오랜 역사를 지니고 살아온 한 공동체가 외세의 강압적 작용으로 분단된 만큼 여기에는 개인·가족·이웃·지역공동체로서 당하는 인간적 비극·절망·좌절, 그리고 이것을 극복하며 살아가려는 노력 등 수없는 처절한 경험이 있으며, 이러한 사회적 현실이 어떠한 이론적 의미를 지니는 것일까를 고려하지 않을 수 없다. 그동안 분단으로 인해 겪은 모든 경험이 분단 직후나 6·25 동란을 전후한 월남가족 및 피난민가족 등의 사사로운 경험에 그친 것은 아니다. 그리고 30년의 세월이 흘렀다고 해서 이 경험들이 우리들의 기억에서 사라져버릴 수 있는 것도 아니다. 우리 모두가 공동으로 당한 이 억울한 비극과 좌절은 공동의 한(恨)으로 쌓이고 쌓여 있으며 이것이 강력한 힘으로 결혼생활, 부모와 자녀의 관계, 직장 및 기타 생활을 하는 데 있어 의식·무의식으로 행동에 영향을 미치고 있다. 그리고 이 한이 통일을 달성하기까지 계속 한으로 작용할 것이며 통일을 성취함으로써만 우리는 이 한에서 해방될 수 있을 것이다.

분단된 상태에서 분단을 유지하며 살아가기 위한 집권층의 정책적 노력이 우리 민중의 삶에 인간적 및 비인간적으로 영향을 미치지 않을 수 없다. 분단 이후 거듭된 정치적 및 경제적 격동 속에서 당한 민중의 경험과 그들의 반응, 그들의 희망과 좌절, 기대와 배반, 순응과 저항 등이 이 시대의 모든 제한성을 극복하며 더 나은 사회로의 발돋움을 위한 민중의 노력으로 인식되어져야 한다. 정치적 안정을 꾀하는 집권층의 노력과 이에 대한 시민의 반응, 강력한 산업화정책으로 영향받는 노동계층과 소비생활, 기존질서의 안정을 도모하려는 교육과 문화정책에 영향받는 민중의 정신생활, 시간에 쫓기는 듯한 도시화정책이 자극하는 인구의 격심한 사회 이동 등 이 모든 과정 속에서 일어나는 인간의 공동체적 경험을 단순히 객관적으로 측정할 수는 없다. 이는 정부나 연구기관들이 제출하는 통계숫자만으로 이해할 수 없는 것이며 연구가들이 다른 위성에서 온 관찰자처럼 객관적으로 측정할 수 있는 것도 아니다. 이 시대의 삶에 동참하는 경험자로서 민중들의 절실한 요구를 공감할 수 있어야 한다. 그리고 그들의 절실한 요구가 그들이 진정으로 인간답게 사는 방향으로 충족되어질 수 있는 사회문화적 질서에 연관시켜 이해되어야 한다.

그동안 문학작품과 문학평론 중에서는 분단시대 한국문학의 과제를 인식하려 노력해온 흔적이 역력히 보인다. 분단으로 인해 발생한 실향민(失鄕民)·월남가족·이산가족 등의 경험이 소설의 주요 소재로 취급되었다. 그들의 개인생활사 및 가족사가 분단으로 인해 당하는 민족의 아픔을 개인적 및 가족적 생활의 차원에서 인간적인 아픔으로 생생하게 표현하고 있다. 그리고 이 아픔이, 불안, 병, 죽음 및 인간관계의 파괴로 나타나는 한편, 자아의 통일, 가족·친족의 통합, 사랑하는 인간관계, 민족 통일을 통한 자유와 평화 등에 대한 갈구로 나타나고 있다. 그리고 분단상태하의 사회구조 속에서 경험하는 민중의 애환을 농민, 소시민, 노동자, 젊은 지성인들의 입장에서 표현하고 있다. 이들은 이 시대 사회문화적 구조가 미친 비인간적 영향의 피해자로서 묘사되고 있는 한편, 비인간화하는 사회구조에 대한 저항과 극복을 위한 고뇌에 찬 인간적 노력을 보여주고 있다. 소설이란 허구적 창작이라지만 소설가들이 오늘의 공동체적 삶에 동참하고 있는 것만큼 그들의 창작은 현실을 반영하지 않을 수 없다. 더욱이 작가들이 이 시대에 사는 우리들의 절실한 요구에 민감하지 않을 수 없는 입장이라면, 그들의 창작은 역사적 및 사회적 문제의식과 동떨어질 수 없는 것이다. 그런 데서 이 시대 문학작품은 사회연구의 중요한 자료로서 이용되어져야 한다. 이 작품들은 사회적으로 분석하는 문화사회학의 방법이 개발되어져야 할 것이다. 더욱이 문학론은 이미 사회학적 이론과 관점을 많이 흡수하여 적용시키고 있는 형편이나, 사회학에 종사하는 전문가들의 편에서는 문학평론과의 교류나 문학작품의 사회학적 가치를 심각하게 느끼지 않고 있다. 아직 문학사회학으로서의 접근이 엿보이지 않는다. 이렇게 분단시대 사회학은 지금까지 적용해온 양적 조사방법에 계속 머물 것이 아니라 참여자로서의 객관적 이해방법, 사례연구방법, 역사적 접근방법 및 문학사회학적 방법 등의 다양한 접근을 모색하고 개발해나가야 할 것이다. 이렇게 함으로써 분단시대의 사회현상을 인간적인 차원에서 더욱 깊이 있게 이해하며 파악 할 수 있을 것이다.

3. 분단사회와 한국인의 자아정체감

사회학에서는 개인이 한 생물체로 태어나 인격을 지닌 한 사회인이 되기 위해서는 사회 속에서 사회화가 이루어져야 한다고 주장한다. 즉 한 동물적인 유기체로 태어나서 사회적인 인간이 되기 위하여 가족과 다른 여러 집단 속에서 인간적 상호작용을 통해 인격이 형성되어진다는 것이다. 그리고 성장과 함께 지역사회 및 국가사회와의 일체감을 느끼며 더욱 성숙된 사회적 자아가 형성되는 한편 사회적 소속감과 더불어 안정된 자아정체감(自我正體感)이 확립될 수 있다고 설명한다. 이러한 사회화의 과정에서 집단의 비인간적 문화와 억압적인 구조의 영향으로 그 인격 형성에 피해를 입을 수 있으며 집단 자체에 급격하게 일어나는 변화로써도 자아정체감에 혼란과 위기를 일으킬 수 있다고 설명한다. 사실상 개인과 사회와의 관계를 설명하는 이러한 사회화의 이론을 빌지 않더라도, 외세에 의하여 강압적으로 이루어진 민족분열이 한국 사람으로서 확고하게 지녀온 정체감에 분열증과 혼란을 미치고 있음을 우리는 경험으로 쉬이 알 수 있다.

국토분단은 우리에게 두 개의 대립적인 사상을 강요했으며 활동의 공간을 제한했고, 인간관계에도 단절과 분열을 가져왔다. 한반도는 우리 조상에게서 물려받는 우리의 땅이며 이 반도에서 살아온 같은 민족들 사이에는 같은 생활양식과 언어로써 자연스럽게 소통하며 접촉해왔다. 이러한 민족적 일체감 속에서 내가 한국 사람이라는 정체감이 확립될 수 있었으며 이에 대한 갈등이나 분열이 있을 수 없었다. 개인적으로는 동향인이 아닐 경우, 또는 예컨대 같은 영남 사람이 아닐 경우 친밀감을 덜 느낄 수도 있다. 또한 이웃에 사는 사람들 사이에서도 더 친밀감을 느끼는 사람과 그렇지 못한 사람이 있을 수 있다. 경험에 의해 북쪽 지방 사람보다 남쪽 지방 사람을 더욱 신뢰하고 좋아할 수도 있다. 그 반대도 또한 가능하다. 그러나 한 민족으로서의 일체감은 기본적으로 느낄 수 있었으며 의사소통으로 일체감이 전달될 수 있었다. 남북분단은 우리 개인들에게 이러한 일체감의 단절을 강요했다. 즉, 우리의 공동체적 뿌리에 혼란과 분열을 야기시켰다.

우선, 외국인에게 비춰진 우리의 정체와 우리 자신이 느끼는 정체감 사이에 혼란이 생겼다. 외국을 다녀본 사람들 사이에서는 흔히 경험하는 것이 있다. 낯선 외국사람들은 코리아에서 왔다면 흔히 묻는다. 남에서 왔는가, 북에서 왔는가를 묻는다. '사우스 코리안'인가 '노스 코리안'인가의 정체를 묻는다. 이러한 질문은 우리에게 저항감을 일으킨다. 내 자신을 마치 두 쪽으로 나누어 보는 것같이 느껴지기 때문이다. 나 자신 멕시코에서 충격적인 경험을 한 일이 있다. 귀국하는 비행기에 오르기 위해 공항에서 항공사 직원에게 내 여권과 비행기 표를 제출했다. 젊은 남자 사원은 내 여권을 본 후 "흥, 사우스 코리아, 미국의 속국"이라고 코웃음을 쳤다. 미국과의 관계에서 언제나 석연찮은 막연한 느낌을 지녔으나 대한민국은 엄연히 유엔에 의해 독립을 인정받는 합법적 국가임을 자타가 공인하는 줄로만 알고 있었다. 나에겐 "사실상 유엔이 왜 대한민국만을 정식회원국으로 가입시켜주지 않았던 것인가?" 하는 말은 충격적이었다. 이 충격적인 발언으로 화가 치밀어오른 나머지 그의 뺨을 한대 갈기고 싶을 정도이었으나 그럴 만한 용기조차 없고 보니 한국인으로서의 한(恨)만 더할 뿐이었다.

키신저가 미국무성 장관 재임시 미국의 극동정책에 관련하여 서슴없이 뇌까린 말이 있다. "한국은 미국의 일본 방위를 위해 필요한 전초기지이며 일본 방위를 위해 한국 방위가 필요하다"는 입장이었다. 일본

방위를 위해서는 필요하다면 한국에 대한 전쟁도 그들에게는 가능한 것이 아니겠는가. 이것이 거듭 발표되었음에도 이에 대하여 우리 정부의 공식적 항의나 언론들의 비판적 여론이 있기는커녕 미국의 한국 방위 결의에 안도감과 만족감만을 표시할 뿐이었다. 우리가 미국과 혈맹이라면 그들의 방위는 마땅히 한국의 안보만을 위한 것이어야 하지 않겠는가. 분단으로 인해 우리의 민족적 정체감이 얼마나 병들었으면 민족적 자존심이 이처럼 둔감하거나 무감각할 수 있단 말인가?

더욱이 우리는 외국서 우연히 만난 교포를 자연스럽게 반가이 대하고 싶은 감정을 억눌러야 한다. 그가 북에서 왔을까, 남에서 왔을까? 북에서 왔다면 두려움과 그리움이 엇갈린다. 그가 만일 북에서 왔다면 혹시 내 아버지의 고향 사람이 아닐까? 내가 어려서 다니던 학교를 아는 사람이 아닐까? 궁금하게 묻고 싶은 것이, 얘기하고 싶은 것이 한두 가지가 아니다. 그러나 그 그리움과 그 기억들을 억눌러야 한다. 같은동포에 대한 자연스러운 표현, 그리운 표현이 저쪽 사람들에게 정치적으로 이용당하지나 않을까? '북괴 찬양'으로 이쪽 사람들에게서 오인당하지 않을까? 공포증에 사로잡힌다.

남북분단으로 월남한 인사들이나 가족분단을 경험한 개인들은 이미 자신들의 분열증을 더욱 절실히 체험하고 있을 것이다. 북쪽에 있는 남편·아내·부모·자녀 및 형제·친척에 대한 사모함과 그리움에 밤잠 못 이루며 한숨짓는 경험이 날이 갈수록 더욱 깊어갈 것이다. 그러나 그들이 홀연 나타나는 것을 가상했을 때, 거기에는 자연스러운 눈물의 상봉을 연상하기보다 만나는 두려움이 또한 앞설 것이다. 그들이 나타날 가능성에 대한 공포와 불안이 도사리고 있다. 현실적으로는 내 자신을 과거의 기억에서 단절시켜야 한다. 그러나 단절이 되어질 수 없으며 이것이 바로 한(恨)으로 우리의 마음을 사로잡는 데서 분열증이 생긴다.

우리는 오랫동안 한 언어를 사용해왔다. 우리에게는 동무라는 어휘가 남북을 가릴 것 없이 표준어로 사용되어왔다. 그러나 이제는 이것마저도 사용하기를 두려워한다. '동무'는 우리 어휘에서 사라져가고 있다. '친구'를 그 대신 사용한다. '동무'라는 구수한 낱말이 북에서는 정치적으로 형식화된 용어로서 널리 사용되고 있는 것 같다. 우리는 그 용어를 따뜻한 인간적 우정을 표시하는 낱말로서 느끼고 있을 뿐이며, 우리의 고유한 낱말을 인간적으로 순화시켜 사용할 수도 있음직하다. 그럼에도 불구하고 남북간의 대립은 우리에게 오랫동안 친숙한 낱말조차 망각할 것을 강요하고 있는 것이다.

최근 우리는 방콕에서 개최한 아시안 게임을 통해 우리의 분열증을 다시 절실히 경험해왔다. 『한국일보』 특파원 이종남 기자의 방콕 발신 보도 (1978년 12월 9일자)에서 다음의 해설기사를 읽을 수 있었다. "이민족(異民族)끼리의 전쟁보다 동족상잔이 훨씬 참혹하듯이 우리가 제3자를 꺾어 누르는 것보다 북한에만은 반드시 이겨야 하고, 이겼을 때 더욱 기뻐하는 것도 같은 원리다." 기자의 이러한 해설적 논리에는 쉽사리 수긍이 가지 않는 이율배반성이 있다. 동족상잔의 전쟁이 훨씬 참혹하다면 동족상잔적인 체육경기도 어느 쪽이 이기고 지든 간에 훨씬 참혹할 수밖에 없지 않겠는가? 타민족의 눈에는 동족끼리의 치열한 경쟁이 전쟁이든 체육이든 간에 비극으로 보일 것이다. 그렇다면 직접 관련된 우리 자신들은 그 참혹한 비극을 더 뼈저리게 느끼는 것이 정상적인 인간 감정이 아니겠는가? 만일 이것을 못 느끼는 상태에 있는 우리라면 비인간화된 정신상태가 아니겠는가? 개인이 분열증으로 병든 상태에서는 불안하고 자신감을 상실하며, 현실감각의 상실로 둔감해진다. 자연적인 감정을 오랫동안 억압하는 데서도 정신적 이상이 발생할 수 있으며 인간 심성의 활력이나 통일된 풍부함과 현실에 대한 민감성 및 자발적 표현력 등이 발휘될 수 없다.

우리는 이율배반성과 분열증을 지닌 채 이번 남북팀이 선전(善戰)하여 공동우승을 얻게 된 축구경기에서 착잡한 흐뭇함을 경험했다. 그 흐뭇함이 또한 단순한 환희로 표현될 수 없는 우리의 착잡한 감정, 이 역시 남북분단으로 강요된 것이기에 우리 모두가 공동으로 느끼는 한이며 비극이 아닐 수 없다. 우리 자신의 정체감은 이렇게 일관되지 못하며 통일되어 있지 않다. 찢기고 쪼개진 모순된 상태, 분열되고 억눌린 상태에 있다. 이것이 하나로 통일되지 않는 한 우리는 완숙한 인격으로서 인간적인 사랑과 창의력을 자연스럽게 발휘할 수 있는 능력을 함양하지 못할 것이다. 한국인으로서의 정체감의 통일은 제아무리 도통한 인간이라 할지라도 이 현실을 초월하여 홀로 완취할 수 있는 것이 아니다. 통일된 민족국가를 달성함으로써 일체감이 가능하며 따라서 한국인으로서의 자아통일이 완취될 수 있는 것이다. 인간에게는 자아통일에의 욕구가 본질적이다. 자아분열은 병리적 현상이며 이것을 극복하고 통일을 이루려는 욕구는 뽑아버릴 수 없다. 이것은 우리의 뿌리찾기인 것이다. 노예로 끌려간 미국의 흑인들이 300년의 긴 세월이 경과한 오늘날 7, 8대 전 조상의 고향과 뿌리를 찾지 않고서는 견딜 수 없었던 그 강렬한 추구에 우리는 깊이 공감하는 것이다. 공동체의 뿌리를 찾아 역사의 줄기를 바로 세우지 않는 한 인간의 통일된 자아정체감은 확립될 수 없는 것이다.

4. 분단시대의 사회구조적 성격

남북분단은 또한 불가피하게 분단상태를 유지해가야 할 두 개의 사회형성을 우리에게 강요했다. 대한민국의 헌법은 남으로 제주도, 북으로 백두산까지를 엄연한 국토의 경계로 삼았으며, 평화적 통일을 추구한다고 했다. 그리고 정부는 북의 공산주의체제를 반대하는 반공을 '국시’로 천명했다. 이것이 이 시대의 사회체제를 특징짓는 원칙이 되고 있다. 반공은 북에 대한 대립이며 대립관계에서는 협동이나 대화보다 경쟁의 관계가 자연적 결과이며 논리적 귀결인 것이다. 북은 북대로 남쪽의 자유민주주의를 반대하는 입장이라면 이 관계가 상호적인 까닭에 대립과 경쟁은 치열하지 않을 수 없다. 경쟁은 사회관계의 한 형태로서 라이벌 의식을 강화하므로 선의의 경쟁관계로 계속되기보다는 갈등을 자극하며 갈등의 극단은 폭력이나 무력의 수단으로 라이벌을 꺾고 승패를 판가름하게 만드는 것이다.

승공을 통한 평화통일을 지향하는 우리의 궁극적 입장에서 재고한다면, 김일성의 공산주의체제를 반대하는 입장으로만 머물 수는 없는 것이다. 한 걸음 더 나아가 그 체제의 비인간적인 구조적 성격을 완전히 능가하는 사회체제를 구현하는 일이 이루어져야 한다. 우리 민족의 인간해방과 인간화를 가능케 하는 사회체제를 지향하는 사상 및 가치관을 제시하여 그 체제의 구현을 위해 점진적인 변화를 이루어가야 한다. 그러한 사상은 인류사회가 공동으로 지향하는 보편성에 입각한 것이어야 하며 그것은 두말할 것 없이 자유·평등·사랑인 것이다. 북의 체제가 우리가 듣는 바와 같이 하향식의 전체주의라면 거기에는 풍성한 인간화를 위한 자유와 사랑이 결여되었을 것이다. 자유진영에 속한 우리의 입장이 북의 체제를 능가할 수 있는 자유·평등·사랑의 사회를 실천해 보이면 사상적인 우월성에 서게 되는 것이다. 대립보다 이를 초월한 입장에서 ‘승공’이 가능한 것이다. 이것은 분단 상태 하의 한국이 지향하는 앞날의 사회일 뿐 아니라 통일된 민족국가 사회로 그대로 연장 확대될 수 있는 원대한 비전이며 방향인 것이다. 우리의 군사적 안보는 이 우월한 사회체제를 지키기 위한 것이라야 할 것이다.

이러한 우리의 염원과 가능성에 비추어볼 때, 대립으로 인한 군사적 경제적 및 기타 모든 사회문화적 경쟁은 참으로 제한되고 근시안적인 것이라 아니할 수 없다. 경쟁을 전제로 한다면 남북 간에는 무력을 통한 승패의 판가름을 낼 수도 없는 모순된 입장에 있다. 동족상잔의 비극을 6·25를 통해 이미 처절하게 경험했을 뿐 아니라, 앞으로의 무력충돌이 이 좁은 한반도에서 핵전쟁을 초래할 것이므로 다 함께 자멸의 위기에 직면할 것이기 때문에 승패가 있을 수도 없다. 이러한 자멸의 전쟁을 예방하기 위해 남북은 또한 치열한 군사경쟁을 한다는 것이다. 세계평화를 위한다는 명분에서 미·소간의 치열한 군사경쟁이 있는데 남북간의 군사경쟁은 미·소간 경쟁의 연장이기도 하다. 따라서 외세에 좌우된 경쟁적 입장을 초월할 수 있는 민족통일이 절실히 요구된다.

우리의 경쟁적 입장은 군사적 차원에 머물지 않는다. 국제 외교관계, 체육경기, 문화 및 모든 분야에 걸친다. 이것을 뒷받침하기 위해 경제적으로 발진해야 한다고 한다. 이러한 경쟁에서 이겨야 한다는 전제로서 정치적 안정이 합리화되고 있으며 이에 시민의 기본권을 보장하는 민주주의의 제한이 정당화되고 있다. 이러한 정치적 안정에 기반한 경제체제로서 산업화를 추진시켜나가고 있다. 따라서 대내적으로 순수한 자유경쟁체제가 아닌 자유를 제한한 정부주도의 산업화로서 경제발전의 목표달성을 강력히 추진시켜나갔으며 이로써 세계를 놀라게 한 경이적인 경제성장률을 과시했다.

단시일에 강력한 정책으로 고도의 산업화를 이룩하며 높은 경제성장률을 유지한다는 것은 여러 가지 인간적인 희생과 피해 위에 가능하다. 다 같이 잘살 수 있다는 이 시대 민중의 욕구 또는 상대적 욕구상승이 배반당하고 억제되므로 민중의 한이 가중되기도 한다. 이것마저도 대외적인 경쟁을 전제로 한 데서 정당화되고 있다. 서구사회에서는 19세기 이후에 경쟁에 기반한 자본주의 발달이 기술문명에 공헌한 이점은 있으나 빈부의 차이 및 계급적 갈등을 초래하는 사회적 불의, 그리고 인간 소외로 인한 비인간화의 죄악을 저지른 데서 통렬한 비판을 받아왔다. 그 이후 인간화를 주장하는 사상이 강력히 대두되고 있음을 우리는 본다. 서구사회의 잘못된 경험을 이미 알고서도 그 전철을 그대로 밟아 가고 있으며 이것이 오히려 필요한 수단으로 정당화되고 있다. 우리의 경제발전은 또한 구미에서처럼 장기적으로 여유 있게 성장하는 것이 아니라 시간에 쫓기는 단기적 경쟁에서 이겨야 한다는 강박관념에 사로잡혀 있는 듯하다.

도시화도 이에 뒤쫓아 단기적 기적을 이루려고 한다. 산업화에 따라 도시로 이주해오는 인구이동이 폭발상태로 치닫고 있으며 도시계획은 즉각적이다. 도로건설 및 확장, 도심지역의 '재개발', 고층건물·아파트 및 주택건축 등, 폭발적인 도시인구의 생활환경을 조성한다는 명분 아래 최고 속도의 도시계획을 추진시킨다. 자연보호를 외치는 구호에도 불구하고 졸속한 산업화·도시화 정책은 환경오염과 자연파괴를 자행하고 있다. 마시는 물과 호흡하는 공기, 매일매일 먹는 식품 등에 이르기까지 그 오염의 상태를 염려하며 불안해하지 않을 수 없다. 또한 많은 가족들은 오랫동안 살아온 안정된 주택과 이웃에서 하루아침에 철거당하는 불안과 위협에 떨고 있어 생활안정을 박탈당하고 있다. 정상적인 도시계획은 50~100년이 걸린다는 외국의 이론은 우리에게 적용되지 않는다. 도시계획이 시민을 위한다는 주장에도 불구하고 누구를 위한 도시계획인지 시민들은 어리둥절하며 불신과 불만에 차 있다. 이러한 단기적인 경제발전을 뒷받침하기 위해 외자도입, 금융, 납세, 물가정책, 소비, 노사관계, 인사관리 및 인력개발에 관한 정책 등을 집중적으로 총동원시켰으며, 이것을 위한 권력의 행사나 경쟁의 실책도 모두 다 정당화되어왔다. 여기에 인간 본위의 사회구조적 성격을 어떻게 기대할 수 있겠는가?

그동안 현대화 및 사회발전을 사회학적 연구의 과제로 삼아온 연구가들은 정치적 안정에 기반한 경쟁 위주의 발전을 사회발전에 기능적인 양 설명하며 합리화시켜왔다. 경쟁을 통하여 자유로운 직업 이동이 가능하며 이것은 세대 간의 이동을 촉진시켜 민주주의적 계층 이동이 실천되는 것으로 설명해왔다. 경제발전의 혜택을 입지 못한 계층은 전통적으로 낙후된 농민들, 교육적으로 경쟁에서 뒤진 저교육층, 무능하고 복없는 빈민층 등으로 경쟁적 사회이동에서는 불가피한 현상이라고 본다. 현대화의 과정에서 있을 수 있는 과도기적 현상이라는 것이다. 경쟁으로 인해 피해 받는 어린이들, 약자, 빈자들 및 노동자들의 비인간화된 현상, 즉 쌓이고 쌓여가는 민중의 억울함이나 한을 연구하려는 문제의식이 뚜렷이 나타나지 않고 있다. 구제사업·사회사업의 대상일 뿐이다. 경쟁을 통한 발전이 자유·평등·사랑을 갈구하는 인간을 위하는 데 기능적인가를 사회학은 문제 삼지 않았다.

더욱이 경쟁에서 승리하여 출세 성공하는 자들은 관운(官運)과 재복(財福)을 타고난 사람으로 추앙받는다. 매스컴 등은 출세하는 인사들의 소개를 통해 이러한 여론을 조성하며 젊은 세대를 자극한다. 실상은 이 경쟁에서 이기기 위해서 금력은 물론, 친족과 각종 동창회조직, 지방조직, 권력의 '빽' 등 모든 이익집단을 이용하며 심지어는 폭력까지도 동원한다. 그리고 무당과 신의 힘도 빌어야 한다. 관운과 재복은 하느님이 주시는 은총이라고 강조하며 그 축복을 비는 보수진영의 교회, 불교의 산사(山寺)들, 그리고 무속적 암자와 무당집에는 단골 인파가 줄을 이어 문전성시를 이룬다. 이러한 현상은 이 시대 종교사회학의 연구대상이 아니겠는가?

우리의 교육제도와 이에서 영향을 받는 어린이들의 문제는 거듭거듭 거론되어왔다. 관심있는 관련 교육자, 시민들, 그리고 부모들이 염려하며 호소해온 문제이며 여러 가지 문제성이 지적되었다. 정치적 안정에 기반한 경쟁이 두드러지게 작용하는 데서 교육의 인간주의 이념이 억제당하고 있다. 자유·평등·사랑의 이념이 어린이들의 꿈과 창의력을 키우지 못하고 있다. 그리고 경쟁이 능력 발휘의 수단이기보다 경쟁 위주의 경쟁으로 치닫고 있다. 젊은 세대는 참으로 이 시대 이 사회구조의 피해자로 사회화되고 있으며 여기에서 인간화를 위한 교육의 기대를 완전히 저버리게 되었다.

학교에서 경쟁적 인간으로 사회화된 젊은 세대들은 취직과 직업전선에서 그들의 경쟁적 능력을 최대한으로 발휘하도록 채찍질당한다. 여기에는 유능한 가족부양자로서의 남성적 책임의 압력과 사회계급적 상승 이동의 야망이 집념으로서 그들을 압박한다. 이런 데서 수단 방법을 가라지 않는 경쟁이 동창들 사이, 친구·동료들 사이에서도 서슴없이 자행된다. 이 구조에 잘 적응하는 현실주의자가 가장 유능하며 생활력이 강한 성공적 인간형이 되는 것이다. 가까운 친구들 사이의 신의나 인간적 우정 및 약자에의 사랑이나 협동은 낡은 시대의 감상주의로 배격되고 있다. 그들의 꿈이란 안락한 맨션 아파트나 문화주택의 '마이홈' 속에 마이카를 운전하며 성적으로 매력이 있는 여자를 아내로, 2, 3명의 아들딸들—그러나 그들은 남녀 성을 구별하기 어려울 정도로 인형처럼 다듬어진 어린이들—을 갖춤으로써 참으로 현대사회에 '기능적'인 핵가족을 이룬다. 이 가정이란 경쟁에 승리한 남성의 생활력을 과시하며 사회적 위광을 실증하는 데 필요한 수단이며 부속물이다. 이러한 남성을 내조하는 '현모양처'의 여성들은 만족과 행복을 느끼지 않을 수 없는 것으로 자타가 기대하며 그들의 인간적 고민은 있을 수 없는 것이어서 '여가선용'을 위해 노력할 뿐이다.

이러한 사회계급적 상승이동을 위한 경쟁에 뒤늦게 참여하는 이농민들은 불가피하게 경쟁에서 뒤진다. 그들은 농촌에서 국가의 식량증산을 위한 농업의 역군으로, 경쟁적인 새마을운동에서 탈락했거나 아니면 경쟁에 참여할 수조차 없는 과잉노동력으로 발전의 혜택을 누리고자 하는 꿈과 동경을 품고 상경한다. 도시의 산업화는 그들을 또한 저임금 노동력으로 맞아들여 다시 생산경쟁으로 몰아넣는다. 그들의 착취된 노동은 수출산업의 역군이라는 허울좋은 이름으로써 보상될 뿐, 저임금은 하늘로 치솟는 소비물가에 맞추어 인상되어지지 않는다. 그런 데서 경제발전에도 불구하고 빈부의 차이는 벌어지기만 하며, 노동계층의 상승하는 상대적 기대에 부응할 수 있는 계급적 이동의 기회는 구조적 한계에 도달할 수밖에 없다.

소비성향을 촉진시키는 현 경제구조는 또한 소비를 위한 경쟁심리를 조성하고 있다. 양적으로는 소비생활의 수준이 과거보다 상승했지만 경쟁심리는 상대적이어서 만족할 줄 모른다. 돈만 있으면 무엇이나 가능하다고 생각하는 '돈 만능시대'가 된 것이다. 돈이 삶의 수단이기보다 목적으로 변해가며 삶은 질적 가치보다 양적 소유에 의해 판단되고 있다. 따라서 인간관계도 물질로써 표현되어 인간은 물욕의 노예가 되어가고 있는 것이다. 이러한 경쟁적 사회이동 속에서 승리하여 상류사회의 정상을 점령한 개인과 가족들은 이로써 삶의 안정과 보람을 획득했다고 만족하는 것일까? 경제발전의 혜택을 가장 많이 차지한 그들이 산업의 역군들인 노동계층과 그들의 복지희생의 대가 위에서 그 혜택을 누린다고 의식할 수 있을 것인가? 오히려 정상을 차지한 그들의 불안은 더 깊고 절실한 것이기에 가난한 노동자들이 외국으로 이민 가기에 앞서 부유층·지식층이 앞을 다투어 떠나는 한국적 현상이 나타나고 있다. 이러한 인구이동을 촉구하는 사회심리적 동인이 무엇인지가 이 시대 사회학의 한 중요한 연구과제가 아닐 수 없다. 정치적 안정에도 불구하고 북과 대립된 분단상태는 사회이동의 목표가 외국으로의 도피이민으로 발전해감을 볼 수 있다. 한국사회에서 발전의 혜택을 누리지 못한 가족들 중에서는 미국으로 이민 간 경우 그들의 노동력을 대가로서 기본생활을 보장받으며 미국이 그들에게 천국인 양 다행스럽기만 하다. 그러나 도피이민으로 간 중상층의 가족들은 대체로 후회

스러워한다. 떠날 때부터 가기 싫은 이민을 주저하는 속에서 떠나는 것이다. '돈만 있으면 한국이 살기 좋은 나라'라는 것을 그들은 체험으로 알고 있다. 그러나 언제까지나 자손 대대로 그 돈을 지니고 잘살 수 없을 듯한 불안, 그리고 자녀들이 계속 경쟁에서 앞서야만 하는 2중의 불안이 있다. 분단상태의 정치 · 경제기구는 부유층을 위한 사회적 안정을 보장할 수 없는 것이다. 도피이민 가족들 중에서는 태평양을 가운데 두고 두 집 살림을 경영하는 경우가 점점 늘어나고 있다. 2중 국적, 2중 살림 등으로 부부간에 교대로 왕래하며 국제적인 가계(家計)를 경영하고 있다.

이러한 가계경영의 유형은 이미 국내에서도 오래 전부터 나타나고 있는 현상이다. 지방의 여유 있는 가족 중에서는 자녀 교육을 위해 서울에 살림살이를 차린다. 이 경향은 더욱 확대되어가고 있다. 주부들은 지방과 서울 사이를 출퇴근하듯 분주히 왕래한다. 이 현상이 이제는 태평양 건너 미국으로 연장된 셈이다. 한 가족이 지역적으로 이렇게 확대된 두 가정의 살림살이를 경영하기 위하여는 어느 정도의 월수입인들 충족하게 느껴지겠는가? 이들은 사실상 우리 사회구조의 다른 한 면의 희생물이다. 도시와 지방의 격차를 좁혀 2중구조의 성격을 해소시켜 간다고 주장하는 정부 통계에도 불구하고 그 2중구조는 더욱 깊어간다. 대학입학을 위한 예비시험의 합격자 '커트라인'이 서울과 지방 사이에 엄청난 차이를 드러내며 그 차이가 계속 벌어져가는 것을 본다. 이러한 현실에서 부모들의 초조함과 불안함은 차라리 인간적으로 이해할 수 있는 것이다.

사실상 이러한 가족들의 자녀들을 위한 경제적 투자는 무엇을 의미하는 것일까? 결국 자녀들을 국내 및 미국 사회의 경쟁의 대열에서 앞세우기 위한 것이 아니겠는가? 경쟁의 목표와 대상은 끝없이 확대되어만 가며 불안한 사회 속에 그들의 불안은 가중되고 있다. 이것이 진정코 인간다운 삶을 위한, 인격을 기르기 위한 부모들의 노력이며 경쟁이라고 할 수 있을 것인가? 이 불안한 경쟁의 쳇바퀴 속에서 중단할 줄 모르는 가족들은 참으로 이 시대 사회구조의 악순환에 걸려 돌아가고 있으며 자녀들은 이 구조의 피해자들이 아닐 수 없다.

이러한 악순환 속에 피해자도 있지만 여기에 참여할 능력조차 없는 소외계층 역시 피해자들이다. 소외된 계층의 한은 그대로 쌓여가며 인간다운 삶의 환상과 그 가능성에의 희망을 박탈당해가고 있는 것이다. 이 시대의 사회학은 이 소외된 계층의 비인간화된 실태를 파악하는 한편 인간화를 위한 사회변화의 과정을 모색하는 연구를 해야 할 것이다.

5. 통일사회를 향한 사회학

분단된 상태에 있는 우리의 정체감이나 사회구조적 성격을 피상적으로 간략하게나마 지적한 것은 우리 사회가 그리고 개인들이 어느 정도로 이 시대의 희생물로서, 피해자로서 비인간화되어가고 있는가를 희미하게나마 느끼게 하기 위한 것이었다. 인간을 비인간화한다는 것은 병든 상태를 의미하며 인간을 병들게 하는 사회구조 역시 문제가 아닐 수 없다. 이 사회구조 역시 분단시대의 피해를 입고 있기 때문이다. 그러나 사회구조는 이 시대를 살아가는 우리 인간이 만든 것이기에 우리의 노력에 따라 개혁과 변화의 가능성이 있는 것이다.

근년에 발행된 책이나 잡지를 통해 힘없는 노동자들 사이에 용기 있는 삶, 즉 변화를 위한 실천적 삶을 엿볼 수 있다. 「해고된 여공의 호소」에서나 『어느 돌멩이의 외침』에서 참다운 인간의 용기와 힘을 엿볼 수 있다. 그들은 이 시대와 이 사회구조의 가장 심각한 희생물이며 피해자에 속한다. 경제발전의 역군으로서 그들의 피땀을 바쳤으나 그 발전의 혜택에서 소외된 계층에 속한다. 그러나 그들을 그렇게 비인간화시킨 이 시대를 원망하며 한탄하는 좌절된 삶에서 그들은 자포자기하지 않는다. 그들은 자신의 노동현장에서 인간다운 삶을 요구하며 인간다운 대접을 받을 수 있는 노동상황을 만들기 위해 몸부림치며 피땀 흘리는 노력을 한다. 개인의 영달을 위한 것이 아니다. 같은 처지에 있는 그들의 동료들과 함께 인간다운 대접을 받고 인간다운 삶을 살 수 있는 노동 조건과 사회를 갈구하며 그 실현을 위해 미약한 몸들을 바치고 있다. 그들의 미약함에서 솟아나오는 인간적 힘은 참으로 새 사회를 창조해나가는 힘의 원천이 아닐 수 없다.

미국의 저명한 사회학자 밀즈는 다음과 같이 사회학적 연구의 중요성을 설명하고 있다.

> 사회과학자들이 사회구조에 관심을 갖는 이유는 미래가 구조적으로 결정된다는 견해 때문이 아니다. 우리가 인간결정의 구조적 한계를 연구하는 목적은 인간이 효과적으로 개입할 여지가 어디에 있는지를 찾아보려는 시도이며, 역사창조에 있어서 인간이 드러내놓고 내리는 결정의 폭을 넓히자면 어떤 구조적 변동이 가능하고 또 필요한지를 알아내려는 것이다. 우리가 역사에 관심을 두는 까닭은 미래가 불가피하게 과거에 의해서 이미 결정된 것이라는 생각을 믿기 때문이 아니다. 사람들이 과거에 어떤 종류의 사회에 살았다고 해서 앞으로 그들이 만들 사회도 역시 역사에 의하여 정확하게 절대적으로 한정되리라는 법은 없다. 역사를 연구함으로써 우리는 인간적인 이성과 자유에 힘입어 현재의 역사를 창조하는 데 있어 주어진 선택 가능성들을 분별할 줄 알게 된다. 요컨대 우리가 역사적인 사회구조를 연구하는 목적은 그 구조 속에서 바로 그 사회구조를 통제할 수 있는 길이 무엇인가를 발견하는 일이다. 그 이유는 오직 이것만이 인간 자유의 한계와

진의를 알 수 있는 길이 때문이다.[3]

밀즈의 이 설명은 새 역사 창조의 도전을 당하고 있는 우리들, 특히 한국 사회연구가들에게 시사하는 의미가 크다. 오늘 이 분단시대를 사는 우리 개인들, 사회 및 민족은 강요된 역사적 사건의 희생물이다. 그리고 이 강요된 역사를 우리 스스로 극복하지 못한 상태에서 이 희생과 피해는 더욱 가중되고 있다. 이것이 바로 이 시대를 사는 민중의 한과 민족의 한이 되고 있는 것이다. 따라서 한국 사회학의 과제는 이 사회를 한스러운 구조적 상태에서 인간다운 삶을 영위할 수 있는 통일된 사회, 즉 자유·평등·사랑이 점차적으로 구현될 수 있는 사회로 변화시켜가는 데 이바지하는 지식과 실천적 방법을 제공하는 일이다. 불신이 없는, 소외된 계층이 없는, 빈부의 격차가 없는 통일된 사회를 이룩하는 것은 민족적 통일사회를 향한 점진적 실천이기 때문이다. (1979)

---

3 C. W. Mills, *Sociological Imagination*(1959), p.174(김경동, 『인간주의 사회학』, p.61에서 재인용).

2장

한국 사회구조의 성격
가부장적 권위주의사회론

1. 서론

지난 1960~70년대를 통하여 박정희 정권은 강압적인 권력을 행사하면서 산업화정책을 과감히 추진시켰고 이로 말미암아 한국 사회구조에 변화를 야기시켰으며 이는 곧 한국사회의 근대화로 받아들여져 왔다.

근대화론자들은 서구의 근대화가 민주화·산업화·도시화 및 개인주의화의 방향으로 진화한 것을 전제 삼아 한국사회의 구조 변화를 이 입장에서 안이하게 기대하며 설명해온 것이다. 사회학적 연구 또한 근대화의 사회적 현상을 주로 도시화 및 산업화의 측면에서 파악하여 설명했다. 특히 도시화를 인구학적 현상으로 고찰하며, 산업화로 인한 직

업구조의 변화가 사회이동을 야기시켜 새로운 계층화와 분화를 초래한 현상에 관심을 가지고 연구해왔다.[1]

한국 사회학은 이 시대의 사회변화를 연구함에 있어 분단된 국가공동체로서 이룩해야 할 민족통일로 향한 민주사회로의 발전에 대한 문제의식을 결여했다. 그리고 공동체적인 합의에 기반한 민주헌법의 제도를 사회 각 분야와 차원에서 실현시켜야 할 참여민주주의와의 관련성에서 비판적으로 접근하지 않았으며, 도시화 및 산업화의 현상을 평등과 주체적 참여의 기회를 확대시키는 사회구조적 변화를 전제한 입장에서 분석적으로 문제시하지 않았다. 특히 장기집권을 목적한 강압적 권력에 의해 추진된 산업화로 인하여 초래된 도시화 및 사회문화의 구조적인 성격을 권력과의 관련성에서 전혀 접근하지 않았다. 또한 사회학적 문제의식은 근대화 과정에서 대두되는 사회적 모순을 전통적 가치관이나 관습과의 연관성에서 쉽게 설명해버리는 경향이 있었다.

한국 정치학에서는 정치발전의 입장에서 민주화에 역행하는 과정을 문제시해왔다. 즉, 한국 정치구조의 성격이 비민주적 권위주의임을 단정하여 그 원인을 대체로 권위주의적 전통에 결부시켜 설명하고 있다. 대표적인 예로서는 정치학자 차기벽 교수가,

> 한국의 근대화 과정에서 권위주의 정치가 출현하게 된 것은 유효성 추구, 즉 근대화 추진을 위한 필요 요건 충족을 위해서만은 아니다. ……한국의 권위주의적인 전통적 정치문화와 밀접한 관련이 있는 것이다[2]

---

1 근대화론을 대표하는 글로서 임희섭, 「한국 사회의 구조 변화」, 『韓國社會論』(民音社, 1980)과 이에 대한 비판으로 저자의 「전환기에 선 家族主義」, 『歷史와 人間』(두레, 1983)을 참고할 것(본서에 재수록).

2 車基璧, 『한국 민족주의의 이념과 실태』(까치, 1978), p.135.

라고 강조한 점에서 알 수 있다.

그는 이 전통적 정치문화를 "백성을 충성의 의무에 의해 국가에 종속시켰다"는 것으로 지적하고 있다. 이것은 부모에 대한 자식의 무조건적 효도를 강요한 가부장제 가족주의의 윤리가 국가사회의 인간관계로 확대되어 권리와 책임을 자각하는 근대적 시민으로 성장치 못하게 한 중요한 요인임을 지적하고 있다. 차인석 씨도 이와 같은 문제의식에서 권위주의적 정치체제를 다음과 같이 설명하고 있다.

> 가정 내에서의 기본적 가치는 가장(家長)의 권위에 대한 복종이며, 전통사회는 권위를 중심으로 하는 인간관계를 특징으로 한다. 또 사회는 가족의 조직과 권위의 확대화로 간주된다. 따라서 제1차적 사회집단의 권위주의적 지배관계는 우리의 전통적 정치체계의 기초가 되었고, 기구상으로 민주체제가 수립된 지 20년이 넘은 오늘에 와서도 권위주의 사회의 성격은 그대로 작용하고 있다.[3]

이렇게 한국 정치구조가 권위주의임을 염려하는 입장에서는 그 원인을 전통적 요인으로 돌려 설명해버리는 것이다. 이것은 늘 상식적인 이해와 설명의 차원에 머물고 있는 것이다. 가부장적 권위의 전통이 실제로 어떻게 정치과정에 작용하며, 권력자들이나 지배계급은 그들의 목적을 위해 이 전통을 어떻게 지속시키며, 역이용하고 있는가에 대한 분석적이며 실증적인 연구가 별로 없다. 학문적 자유가 억제된 상황에서 이러한 분석적 접근이 어려운 과제이기는 하나, 더 근본적으로는 이에 대한 분석적 문제의식이 결여된 데 그 원인이 있는 것이 아닐까 생각된다.

---

3 車仁錫, 「政治와 市民文化」, 『신동아』, 1971년 2월호, p.89.

사실상 우리 사회가 정치, 사회, 경제 등의 모든 분야에서 민주적으로 발전하기 위해서는 비민주화의 원인을 전통적 기반에 돌려 설명해 버릴 수만은 없다. 권위주의적인 전통적 요소가 특히 지배층에 의하여 사회생활의 각 분야와 차원에서 어떻게 조장되며 이용되고 있는가를 구체적으로 이해하며 파악해야 할 것이다. 이러한 연구를 통해 사회의 민주발전을 위한 우리의 실천적 노력이 각 분야에서 더욱 과학적으로 접근할 수 있게 해야 할 것이다.

최근에 와서 한국사회를 연구하는 젊은 사회학자들 사이에서, 남미의 종속이론과 관료적 권위주의 이론을 수용하는 입장에서 사회구조를 국제적 및 국내적 권력구조와의 관련하에서 인식하는 태도가 생겨났다. 한상진 씨는,

> 관료적 권위주의 이론의 핵심은 ……공업화가 이루어질수록 이에 비례해서 개발도상사회에서도 민주주의가 그만큼 발전하리라고 보았던 근대화이론에 도전하여, 이곳에서는 오히려 공업화가 이루어지면서 관료적 권위주의가 등장하기 쉽다는 것을 보여주려 했던 것이다. ……권위주의는 공업화 정도가 낮은 전통사회에서도 어디서나 대체로 발견되는 특성으로 이해되는 데 반해 관료주의는 사회분화의 정도가 높은 공업사회에서 비로소 체계화되는 것으로 이해된다[4]

라고 했다. 그는 현대 개발도상국가들 사이에서 나타나는 관료적 권위주의의 특성을 오도넬(Guillermo O'Donnell)의 이론을 중심으로 다음과 같이 설명하고 있다.[5]

---

4 韓相震, 「관료적 권위주의와 한국사회」, 『한국사회의 傳統과 變化』(汎文社, 1983), p.269.

5 위의 책, pp.269~271.

1. 관료적 권위주의는 공업화의 수준이 높은 개발도상사회에서 이에 상응하는 다양한 문제들의 해결방식으로 등장한다는 것이다. 관료적 권위주의가 사회조직의 원리로서 사회 일반에 침투하기 위해서는 실질적인 공업화가 이루어져야 하고 이에 상응하여 국가기능이 크게 확대되어야 하기 때문이라는 것이다.
2. 조직의 운영방식과 결정과정의 민의(民意)에 의존하기보다는 기본적으로 관료중심의 기술합리성을 추구하며, 관료집단에게 중요한 것은 민의의 수렴이나 대변이 아니고 능률적이고 효과적인 조직의 목표달성이다. 중요한 정치적 경제적 사회적 문제들이 관료집단의 상대적 자율성 안에서 기술적으로 유도되고 해결되는 것이 관례이다. 관료들이 대중의 압력으로부터 벗어나 자유롭게 업무수행을 할 수 있는 분위기가 지배적이 된다. 이 결과는 사회의 탈정치화로 나타난다. 본질적으로 정치적인 문제들이 탈정치화됨으로써 기술적인 성격의 문제로 대체된다. 관료적 권위주의가 사회구조의 편성원리로 등장한다는 것은 이러한 식의 문제 해결방식이 국가기구나 대기업 및 군대와 같은 대조직에서만이 아니고 사회저변으로까지 확대되어감을 의미한다.
3. 민의를 대변하는 제도나 활동들이 크게 위축되거나 억압된다. 자치적 자율적 민간집단들이 해체되거나 무력해진다는 것이다. 이것은 곧 대중을 정치과정으로부터 격리시키는 메커니즘이며, 대중이 정책결정에 접근할 수 있는 통로와 수단들이 제한되거나 통제되는 것이다.
4. 경제성장과 더불어 사회안정이 가장 핵심적 통치 이데올로기로 등장하여 사회안정은 국가안보를 위해서도 강조되지만 경제성장을 위해서도 필요하다는 견해가 지배적이다. 따라서 사회갈등을 죄악시하는 풍토가 지배적이다.

5. 내수(內需)중심이라기보다는 수출중심적이고, 따라서 국제경쟁력이 우선시되는 경제정책이 채택된다. 그 결과 중소기업보다는 대기업이 경제활동의 주역을 담당하며 중화학공업과 같은 기초산업의 육성이 관료적 권위주의가 정착된 이후에 비로소 본격적으로 추진된다. 이것은 생산구조의 심화와 관료적 권위주의 사이의 상관성이 높다는 뜻이다. 심화에 필요한 방대한 국제자본이 관료적 권위주의가 정착된 이후에 유입된다는 점에서 볼 때, 내수시장의 개발에 별 도움이 안 되는 이런 정책들을 신속히 추진하기 위해서는 국민대중을 정치과정으로부터 격리시키는 메커니즘이 필요하다.
6. 권력의 실질적 근거가 조직의 상층부에 있다. 즉, 국가와 군(軍), 대기업 및 국제자본의 상호관계가 중요한 것이다.

이상에서 살펴본 바와 같이 한상진 씨는 신생 독립군들 사이에서 대두되는 이러한 사회구조의 성격을 그 나라들이 세계자본주의체제에 종속된 의존적인 상태에서 개발정책을 추진함으로써 결과된 것으로 본다. 특히 군사쿠데타를 통해 권력을 장악한 정권이 급격한 성장을 위해 개발정책을 추진하며 그렇게 산업화를 성취함으로써 그들 정권의 정당성을 뒷받침하고자 했던 데에 그 원인이 있는 것이다.

한국의 발전 연구와 관련하여 종속이론의 가능성과 한계를 검토한 임현진 씨는 한국의 대외의존적 관계가 라틴 아메리카와는 어느 정도 다르다는 점을 강조한다. 즉, 라틴 아메리카의 경우는 경제적으로 대외종속관계가 지배적인 데 반하여, 한국의 경우는 미국과의 정치·군사적 의존관계로 발단되었다는 것을 지적한다. 이를테면,

미국의 동북아시아 지역에서의 공산주의의 팽창에 대한 안보적 대

처의 필요성은 한국을 해방과 함께 세계자본주의체제로 통합시키는 주요 맥락이 되었다

는 점을 강조한다. 그리고 "이러한 안보 요청은 60년 중반 한국을 일본과 경제적 정치적으로 밀착시키는 중요한 배경이 되었다. 그런 과정에서 미국과 일본은 정치·군사·문화 및 경제적 측면에서 한국에 가장 핵심적인 두 중심부 국가들로서 작용하고 있는 것이다. 이러한 두 자본주의 국가들에의 종속관계에서 박정권은 대외지향적 개발정책을 수행함으로써 권위주의적 정권이 형성된 것이다. 임현진 씨는 또한,

이러한 권위주의적 정권의 등장은 전통사회의 중앙집권적 관료주의와 식민지적 전체주의의 전통에 뿌리를 두고 있다[6]

라고 보아 전통적 측면의 중요성도 지적하고 있다.

한상진 씨도 한국 사회가 앞서 열거된 관료적 권위주의의 특징들을 지니고 있다는 것을 전제하면서 그것이 우리 사회의 정치적 사회적 문화적 유산들 위에서 등장했다는 것을 문제시한다. 따라서 그 기반이 되는 '심층적 유산들'을 그는 '유교적인 규범문화의 전통', '중앙집권적 권력체계'와 '관료조직의 전통', 그리고 '식민지적 종속구조의 유산들'이라고 지적한다.[7] 그리고 그는 관료적 권위주의론이 권력과 경제분야 간의 연합과 중앙권력의 민간생활에의 침투 논리에 기반하고 있다고 설명한다.[8] 이러한 이론적 입장에서 볼 때 사회학적 연구에서는 경제와

---

6 林玄鎭, 「종속이론의 가능성과 한계 : 한국의 발전연구와 관련하여」, 『한국사회의 전통과 변화』, pp.377~378.

7 한상진, 앞의 책, p.272.

8 위의 책, p.266.

권력간의 유착구조에 관심을 가질 뿐만이 아니라, 중앙권력의 민간생활에 침투하는 형태와 과정이 더욱 전문적 관심 분야가 되어야 할 것이다. 권력이 민간의 공적 및 사적 생활에 어떠한 방법으로 침투하는가를 실증적으로 연구하는 방향으로 발전되어야 할 것이다. 이것은 한국사회 연구에 중요한 과제를 제기하는 것이다. 그동안 근대화 과정에서 이루어진 사회분화가 시민으로서의 사회·경제적인 권익의식을 기반으로 자주적으로 권력에 참여할 수 있는 각종 사회집단과 시민사회로의 발전을 이룩하지 못하고 권력에 예속되는 사회조직으로 변한 것이다. 이 현상을 구조적으로 파악하며 사회학적으로 설명할 수 있어야 할 것이다.

더욱이 근대화 과정에서 요구되고 자발적으로 형성된 공적 및 사적인 각종 사회집단들이 어떻게 권력에 의해 통제되며 어용화되는지 그 유형을 파악해야 할 것이다. 권력이 집단으로 침투되는 과정에서 전통적 요소가 어떻게 적용되며 역이용되는가를 문제시해야 할 것이다. 특히 공적 집단으로서의 민주적 기능을 해야 할 형식을 갖춘 각종 근대적 집단들이 어떻게 전근대적이며 전통적인 성격과 기능으로 변형되는가를 문제 삼아야 할 것이다. 그리고 공적 집단 분야뿐만이 아니라 사적 집단 관계까지도 권력과의 관계로서 영향을 받는 측면으로 파악할 수 있어야 할 것이다. 이러한 입장에서 전통적 요인이 권력침투의 과정에서나, 예속적 사회구조의 형성에 있어서 어떻게 이용되며 심화되고 있는가를 분석할 수 있을 것이다. 인간생활을 사회집단적 차원에서 단순하게 이해하기보다 권력과의 관계에서 접근함으로써 전통적인 권위주의가 사회구조의 민주화에 어떻게 역기능하는가를 이해할 수 있을 것이다.

이러한 문제의식에서 본 연구는 1960~70년대를 통해서 박정권이 장기 집권하는 과정에서 우리 사회의 민주화 요구에도 불구하고 민간

사회를 어떻게 억압하고 통제했는가를 공적 및 사적 집단에 국한시켜 고찰하려는 것이다. 박대통령이 강압적 권력자로 등장하여 우리 사회를 권력에 복종적인 위계질서적 사회로 형성하기 위해 가부장적 공동체의 전통적 요소를 어떻게 기능적으로 지속시키며 심화시켰는지를 파악해보려는 것이다. 즉, '가부장적인 권위주의'의 성격이 어떠한 권력형태로서 사회집단 및 사회관계의 여러 차원에 침투하며 어떻게 지속되고 있는가를 파악해보려는 것이다.

1) 연구의 이론적 입장, 범위 및 방법

사회민주화를 위한 발전은 근대화 과정에 있어서 정치·경제 및 모든 국민생활 분야에 각 계층이 가능한 한, 가장 광범위하게 참여함으로써 이루어진다. 서구의 경험에 입각한 사회발전론 입장에서는 이러한 참여민주주의 사회의 발전은 각종 자발적 결사체(voluntary association)의 조직들이 이익집단(interest group)으로서의 공적 역할을 하는 데서 가능한 것으로 설명한다. 농경중심의 신분사회에서는 친족, 종교 및 기타 신분에 기반한 특수집단들이 사회적 연대성과 이익을 추구하는 조직의 단위로서 기능했다. 그러나 자본주의 발달로 인하여 사회가 산업화하고 근대화하는 과정에서 사회기능은 분화하여 분업적 역할이 더욱 전문화된다. 따라서 직능상의 복잡한 분화와 규모의 확대로 인해 지역을 초월한 직능상의 이익을 대표해야 할 필요성이 대두되어 각종 이익단체들이 자발적으로 조직되는 것이다. 더욱이 사회 각 분야에 정부의 통제가 증대됨으로써 사회집단들의 목적을 실현할 수 있는 관건이 정부의 권한에 있게 되고, 그리하여 이러한 단체들은 정치적인 압력운동을 전개하게 되는 것이다.

그리고 자본주의 발달로 인한 사회구조의 변화는 전통적 신분계급의 붕괴를 가져오는 대신 새로운 계층과 계급관계로 대치되며 이러한 집단간의 이익의 대립과 갈등이 심화된다. 민주정부는 분화된 여러 집단과 계층의 이익을 취합하여 조정하며, 또한 국가공동체로서 통합해 나가는 기능을 할 수 있어야 한다. 이러한 민주적 과정을 허용하는 정치체제에서는, 각종 이익단체의 압력단체로서의 기능이 대의정치(代議政治)에 있어서 정당이 대표적 역할을 하는 것을 보완하는 것으로 본다. 그리고 의회정치가 대중의 요구와 의견을 수렴하기 위한 대중민주주의의 필요성에서 민주사회에서는 압력단체의 역할이 제도화된 것이다.

유석렬 씨는 한국의 이익단체의 역할을 연구하는 논문에서 현대 민주사회에 나타난 각종 이익집단의 유형에 대해서 다음과 같이 분류하고 있다.[9]

1. 결사적 이익집단(associational interest group)
   이것은 노동조합, 실업가 집단, 농민단체 및 시민단체와 같은 집단으로서 그들의 특수한 이익을 표출하는 것을 중요 기능으로 삼는다. 그들의 조직은 전문적 직원을 두어 이익의 분명한 표출을 위해 공식적 절차를 밟아 발표하며 요구하는 것이다. 그리고 여론의 형성과정과 정책의 결정과정에서 중요한 역할을 수행하는 것이다.
2. 제도적 이익집단(institutional interest group)
   관료, 경찰, 군부, 정당 등으로 주로 정부기구 내에서 종사하는 공직자들로서 형성된 이익집단이다. 이들은 자신의 이익을 표출하거나 대사회적으로 자기 집단의 이익을 대표하는 역할을 한다. 이로써 이들은 민간의 결사적 이익집단과는 구별되는 것이다. 민주

---

9 Yu Suk-ryul, *Role of Interest Groups in Emerging Nations : A case of Korea* (University of Missouri, 1974), pp.9~12.

정치 사회에서는 이러한 공직자들은 정권과의 관계에서 중립적 역할을 하도록 제도화되어 있다. 현실적으로는 정권에 좌우되는 면이 있지만 직업적인 공직자로서 중립적으로 기능하는 것을 원칙으로 한다.

3. 아노미적 이익집단(anomic interest group)

   이 집단은 조직이 일시적이거나 비교적 비조직적으로 이익표출의 활동이 지속적이거나 조직적이 못된다. 따라서 일시적인 집단적 시위나 과격한 행동을 통한 이익의 표시와 요구를 주장한다. 평화적 방법의 시위나 요구의 표시가 관철되지 않거나 탄압의 대상이 될 때, 때로는 폭동이나 파괴적 집단행위로 나타난다. 특히 그들의 이익이 정치과정에 정당하게 대표될 수 없을 때에는 파괴적인 행위로 나타날 수 있다.

4. 비결사적 이익 집단(nonassociational interest group)

   친족, 지역, 종족 및 기타 전통적 연대의 기반 위에 형성된 특수한 집단들로서 이익표출이 잠재적이며 조직이 뚜렷하게 형식화되지 않은 상태이다. 대체로 친목단체로서 지속하며 때에 따라 이익단체로서 간헐적으로 기능할 수 있다.

이러한 각종 집단들은 사회분화의 과정에서 더욱 다양한 형태로 발생하며 참여민주주의를 실천하기 위해 개인들은 이에 참여한다. 개인들이 이러한 집단활동을 통해 공동이익을 정책결정에 반영시키며 권력을 견제하는 사회통로로 삼는 데서, 민주사회의 구조로서 그 중요성이 인정되고 있다. 즉, 개인들이 각 직장, 지역 및 계층적으로 속한 입장에서 공동이익과 사회적 이념을 조직적이며 평화적인 방법으로 표현하는 이익 집단의 활동은 시민의 권리와 책임이 되고 있는 것이다. 한 사회가 민주적으로 발전하기 위하여는 이익집단의 자발적이며 자율적인 기능을 제도화할 뿐 아니라, 시민들의 집단적 활동의 역량을 육성하기 위해 교육적으로, 그리고 사회운동적 차원에서 뒷받침하여야 할 것이다.

사회학적으로 볼 때 현대사회의 이익집단의 형성과 기능은 사회 속에서 2차집단의 성격을 대표하는 것이다. 정부, 대기업 및 기타 생산적이며 서비스적인 기관이 관료조직과 같이 대형화함에 따라서 전통사회의 공동체적 인간관계가 약화된다. 그리고 전문화된 역할과 직능을 중심으로 부분화되고 개별화된 이익이 인간관계를 지배하려고 한다. 즉, 사회적 인간관계가 전인격적이며 온정적인 연대성보다 직업적 또는 기타 공리적 이해관계에 기반한 효율성과 합리성에 의해 지배당하는 것이다. 특히 구미사회에서처럼 1차집단인 핵가족의 관계마저 불안하며 인간관계가 개별화됨으로써 대형화된 관료조직이나 기계화된 산업조직에 예속화되기 쉽다. 그러므로 인간화를 위한 사회비판이 대두되며 공동체에 대한 실험적 연구 또는 실천적 노력이 구미사회에서 일고 있는 것이다. 현대적 조직사회와 공리적 효율주의의 비인간화를 극복하기 위해 민주적 인간공동체의 가능성을 모색하는 것이다. 이것은 사회가 1차 및 2차집단의 기능을 여러 집단생활의 차원에서 상호 보완적으로 조직화해야 할 요구가 있음을 의미한다. 현대사회에서 보편적으로 추구하며 실현하려는 가치, 즉 자유·평등·사랑이 민주적 공동체 속에서 실현되어야 한다. 즉, 1차집단과 2차집단의 조직과 기능이 정치 경제 및 모든 생활 분야에서 서로 연계되며 보완될 수 있는 사회체제를 모색하는 것이다. 이것은 실천적 문제인 동시에 이론적 연구과제인 것이다. 이것은 소공동체의 차원에서뿐만 아니라 지역사회 및 국가사회의 차원에서, 사회구조적으로 다양한 모델이 구상되고 개발되어야 할 것이다.

선진 산업사회가 직면한 이러한 문제점들을 한편으로 소위 저개발사회가 근대화 과정에서 직면하고 있는 문제들은, 권력이 민간의 공적 및 사적 집단의 자발성 및 권력을 견제해야 할 민주적 역할을 탄압하거나 어용화하는 것이다. 이러한 국가의 지도자들은 민주주의를 자기들의 편리에 따라 정의하며 슬로건으로 이용한다. 관료적 권위주의 이론이 지적한대로, 국가의 안보와 경제성장을 명분으로 내세워 권력의 집중과 절대화를 도모하는 것이다. 권력의 집중을 위해 앞서 지적한 제도적 이익집단에 중립성을 보장하지 않는다. 관료, 경찰, 군부 등을 정치권력의 도구로 삼을 뿐 아니라 입법부 및 사법부까지도 권력의 시녀로 삼는다. 그리고 기타 이익집단을 필요에 따라 관제화하거나 어용화하여 권력의 지지기반으로 삼고 이에 저항하는 집단들을 불법화시키거나 탄압하는 것이다. 따라서 국민들은 이러한 집단조직을 통해 권력의 지지를 강요당하며 인력동원의 대상으로 조직화되는 것이다. 이러한 과정에서 제각기 처한 입장에서나마 인권탄압에 저항하며 민권행사를 주장하는 민중들은 아노미적 이익집단의 형태로 간헐적으로 기능하기도 한다. 그리고 이들이 탄압 속에서 민주화운동을 계속하며 체제를 거부하고 권력에 저항하는 가운데 민중세력으로 성장하기도 한다.

이러한 일반론을 배경으로 하여 1960~70년대의 한국 사회구조의 변화를 연구하려는 것이다. 박정권은 대외의존적인 분단된 한국사회를 근대화하는 과정에서 가부장적 국가주의를 모델로 삼아 '한국적 민주주의'를 슬로건으로 내세웠다. 쿠데타로 집권한 그는 권력의 정통성을 뒷받침할 지도자의 권위를 확립하기 위해 전통적 권위를 대표하는 가부장적 권위를 행사하며 가부장의 이미지를 부각시키려 했고, 경제성장을 위한 효율성을 극대화하기 위해 갈등을 억압하고자 국가 공동체적 총화와 단결을 강조했다. 이 총화에 기반한 국민총동원을 목적으로 가부장적 공동체의 사회·문화적 기반을 계승하며 강화하려 한 것이다.

본 연구에서는 이러한 가부장적 사회구조의 성격이 권력과 사회집단의 관계에서 어떻게 형성되었는가를 고찰하려고 한다. 사회집단이라

함은 본 연구에서는 결사체적 이익집단에 한정한다. 제도적 이익집단은 권력이 도구화한 것을 전제로 하기 때문이다. 이익집단 중에서도 한국노총, 농업협동조합, 대한교육자연협회 및 경영자단체 등의 직능집단과 시민단체로서의 여성집단 및 소비자 단체를 사례적인 연구의 대상으로 삼는다. 형식상으로는 이들 단체들이 한국사회의 근대화를 뒷받침하는 기능을 하고 있는 것이다. 그러나 실제적으로 권력이 민중의 요구를 억압하며 정치에서 소외시키는 구조로서 통제하는 측면을 파악하며 제시하려는 것이다. 즉, 권력이 근대화 과정에서 발전해야 할 시민사회를 억압하기 위해 이 집단들을 통제하는 측면을 이해하려는 것이다. 우리 사회에서는 이익집단으로서 이익을 표출하며 이에 상응하는 혜택을 얻는다는 것은 곧 권력의 요구에 순응하며 복종하는 대가를 의미하는 것이다. 이렇게 이익집단이 국민들의 이익을 민주적으로 충족시킬수 없는 상태에서는 개인들은 사적 집단이나 관계를 통해 권력에 접근하며 그들의 이익을 개별적으로 충족시키려는 경쟁사회가 조장되는 것이다. 이러한 사회에서는 공동의 권익을 옹호하려는 집단의식과 연대성이 약화된다. 즉, 집단적 공동의식보다 권력지향의 처세와 아부를 사회생활의 수단으로 삼는 것이다. 인간관계가 이렇게 지배당함으로써 전인격적 신뢰와 사랑에 기반한 1차적 관계가 약화되고, 이익추구의 공리적이며 타산적 관계가 사적인 1차집단에까지 침투하는 것이다. 이것은 민주적 공동체를 조성하기 위한 인간적 연대성의 기반이 약화됨을 의미한다.

박정권은 또한 국민재건운동과 새마을운동을 관제화하여 지역사회 주민들을 권력에 예속시키려 했으며, 이를 근대화를 효율적으로 성취한다는 명분 밑에 대통령의 진두지휘 아래 관료조직을 통해 행정적으로 추진시켰다. 이러한 운동은 이익집단을 통한 권력의 침투보다 더 직접적으로, 그리고 더 광범위하게 민간생활에 침투해, 이를 권력 지지기반으로 조직화하려 한 것이다. 도시와 농촌의 전지역에서 시민생활의 자유를 침해하며 가부장적 권위를 과시하여 국민을 동원시킨 것이다. 이 과정에서 대통령은 가부장적 온정주의를 베푸는 자세로, 개인들이나 지역들 간에 경쟁을 조장하는 포상을 실시했다. 하사금(下賜金) 지급을 위시하여 각종 표창과 시상을 개인들 또는 집단들을 상대로 빈번하게 했다. 그리고 청와대에 민원실을 설치하여 억울한 사연과 요구를 받아들이는 한편 고발정신을 조장했다. 이렇게 국민들이 대통령을 직접 상대하는 형식을 취하게 함으로써 가부장적 공동체로서의 위계질서와 권위를 확립하려 한 것이다.

1960~70년대를 통하여 부각된 이러한 사회구조의 성격을 파악하고 실증적으로 제시함에 있어서 본 연구는 여러 사회집단을 대상으로 직접적인 연구조사는 실시하지 못했고, 주로 2차자료를 기반으로 삼았다. 그동안 사회과학 분야에서 연구하여 제시된 여러 문헌과 자료를 이용하며 참고로 삼아 사회학적으로 체계화하려 한 것이다. 그러므로 2차자료의 제약을 받아 충분한 분석적 연구를 하지 못한 제한성이 있다. 더욱이 여러 이익집단이 1960~70년대를 통하여 권력의 통제에 대응하며 유지해가는 과정을 추적하지 못했다. 본 연구에서는 권력의 집중과 절대화를 위해서 지역사회와 이익집단을 어떻게 통제하며 어용화했는가에 관심이 한정되므로 이 현상을 사례적으로 또는 부분적 자료를 중심으로 실증하는 데 불과하다. 이 과정에서 나타난 여러 형태를 충분히 실증할만한 자료를 제시하지 못했다.

또한 한국사회가 이렇게 가부장적 권위주의사회로 형성되는 과정에서 민중들이 어떻게 저항하며 대처했는가에 관한 측면은 본 연구에서 제외했다. 이 분야의 연구가 완성되지 않고서는 이 시대의 사회변동의 중요한 측면을 파악할 수 없을 것이다. 권력과 민중과의 관계에서 나타난 갈등의 측면을 박정권에 도전하고 대항한 민주화운동과 민중세력의 대두에 연관시켜 연구해야 할 것이다. 이것은 한국사회의 민주적 발전을 위해 의미 있고 중요한 측면을 차지하는 것인 만큼 그것 자체를 독립된 연구과제로 삼아야 할 것이다. 본 연구에서는 권력이 이러한 민중의 민주화 요구를 억압하고 탈정치화시키는, 권위주의적이며 위계질서적인 사회구조의 측면만을 파악하려는 것이다.

2. 분단사회와 전통적 유산: 1945~50년대의 사회상황

1) 인구이동과 도시화

1945년 해방과 국토분단을 맞은 남한 사회는 급격한 인구증가와 인구이동의 현상을 나타내었다. 1945년 당시 전체 인구 3천만 중 남한만의 인구는 약 1,600만으로 추정되었다. 여기에 일본, 만주 및 기타 해외지역에서 귀환한 동포 중 140만이 남한에 정착했으며, 그 대다수가 도시로 집중했다. 그리고 국토분단 이후 남한에서 북한으로 이동한 인구의 수는 추정할 수 없지만 월남해온 인구는 120만 정도로 전문가들은 추정하고 있다. 이에 덧붙여 1950년 6·25 동란은 다시 약 65만 명의 피난민들을 월남하게 했다. 그러나 한편 북한으로 납치되거나 월북한 인구를 약 30만 명 정도로 추정하여 이 기간 동안에 증가된 인구를 35만 명 정도로 잡고 있다.[10]

이러한 인구이동은 이 시기에 도시인구 증가에 영향을 미쳤다. 이 시기에 급격하게 성장한 도시들은 서울, 인천, 대전, 광주 등이다. 그리

10 권태환, 「人口成長의 추세와 요인」, 유의영, 「人口移動과 都市化」, 『한국사회 : 인구와 발전』 제1권, 인구·경제, 이해영·권태환 편(서울대 인구 및 발전연구소, 1978), pp.24~25, pp.88~90.

고 서울인구는 1944년 82만 5천 명에서 49년 143만 명으로 74%나 급증했다. 그리고 이 시기에 5만 명 이상 인구를 지닌 도시의 전체 인구는 남한 인구의 17% 정도를 차지했다. 이러한 도시인구 성장은 6·25 동란을 겪는 1950년 이후 수년 동안 계속되었다. 1955년 당시 5만 명 이상 도시의 총인구는 전체 인구의 21%를 차지한 것이다.

휴전이 성립된 1955년 이후부터 비교적 안정된 정치상황이 유지되는 가운데 '베이비 붐'으로 인한 연평균 2.9%의 기록적인 인구 성장률을 나타내었다. 이러한 높은 성장률과 더불어 한편으로 궁핍한 농촌을 떠나는 이농민들의 수가 급격하게 늘어났다.

1960년 남한 인구는 2,498만 9천 명이 되었다. 45년 이후 거의 900만이 늘어났다. 그리고 수도 서울은 55~60년 사이 56%의 인구증가를 보여 244만 오천 명이 되었으며, 이것은 전체 남한 인구의 10%를 차지했다. 5만 이상 도시는 1949년 14개였던 데서 60년에 25개로 늘어났다. 도시인구는 서울뿐만이 아니라 대구, 광주, 전주, 대전, 춘천 등도 비교적 빠른 성장률을 나타내었다. 그러나 그 이외의 대부분의 중소도시에서는 오히려 인구의 이출현상이 나타났다는 것이다.

유의영 씨에 의하면 이때에 한국 농촌지역은 경기도와 강원도의 일부 지역을 제외하고는 대부분 심한 인구이출현상을 보였다. 특히 경상도와 전라도 지방에서 더 심한 것으로 나타났다고 한다. 이 현상에 대하여 그는,

> 이미 포화상태에 이른 한국농촌은 6·25동란 이후 기록적으로 급증하는 인구를 더이상 포용할 수 없었다. 또한 전쟁 피해로 그 기능을 상실한 지방의 중소도시들은 이농민을 받아들일 여지가 없었고, 자체의 인구도 부양할 수 없었다. 농촌지역과 지방도시를 떠난 많은 사람들은 막노동, 품팔이, 서비스업 등의 고용기회를 찾아 대행정 도시, 미

군부대 주둔지, 또는 관광지대로 몰려든 것이다.……(이로써) 60년까지의 도시화는 도시산업의 발달에 따르는 '끌어들이는 힘'에 의한 것이 아니라 농촌지역과 중소도시의 인구과밀, 어려운 생활 여건 등으로 초래된 '밀어내는 힘'에 의한 것이다[11]

라고 지적하고 있다. 한국농촌은 토지개혁에도 불구하고 급격하게 성장하는 인구를 먹여살릴 수 없었다. 주석균 씨는 이때의 침체된 한국농업의 주요 원인을 다음과 같이 지적했다. 즉, 가족적인 경영규모의 영세성, 영농자금의 부족, 농업기술의 빈곤, 미국 잉여농산물의 과다도입으로 인한 공급초과와 이에 따른 농산물 저가격정책이다. 그리고 더 근본적으로는 반민주적 권력정치로 인한 농민들의 자주성 및 자발정신의 상실 능이라고 한다.[12]

이런 상태에서의 이농민들은 도시로 몰려들었으며, 월남민과 피난민들의 도시집중이 이루어짐으로써 1960년을 전후하여 실업률은 심각할 정도로 높았다. 1960년도 통계 의하면 전국적 완전실업률은 8.2%이며, 잠재실업률은 26.0%로서 이 둘을 합친 것이 34.2%이다. 즉, 취업할 의사를 가진 세 사람 중 한 사람은 실업상태에 있었다. 이것을 다시 농가와 비농가의 경우로 구분하면 농가의 총 실업률은 29.1%이며, 비농가의 경우는 42.0%이다.[13] 그리고 1960년도의 1인당 국민소득이 불과 80달러 수준이었다는 데서 빈곤의 보편성을 알 수 있는 것이다.

---

11 유의영, 앞의 책, pp.94~95.

12 주석균, 「농민은 어떻게 되나」, 『신동아』, 1965년 5월호, pp.75~76.

13 전철환, 「4월혁명의 사회 경제적 배경」, 『4월혁명론』(한길사, 1983), p.144.

2) 미분화상태의 사회구조

남한경제는 미군정시대부터 1950년대의 제1공화국시대를 통하여 주로 미국 원조에 의존한 것이다. 이 원조경제는 대체로 소비재 위주로서 소비성향을 조장시키는 한편 3차산업부문의 산업구조를 팽창시켰다. 1954~61년 사이의 산업구조의 구성에서 볼 수 있는 바와 같이 국민 총생산에서 차지하는 1차산업, 즉 농·수산업의 비중은 44.1%이며 3차산업에 속하는 사회간접자본 및 기타 분야는 44.0%나 되었다.

따라서 광공업의 제조업 분야는 불과 11.9%를 차지하고 있었다.[14] 이러한 산업구조는 또한 중소기업에 기반할 수밖에 없었다. 1960년 기업체의 총수는 15,204였는데 이 중 5~9명의 종업원을 가진 영세기업의 수가 무려 55%를 차지했으며, 49명 미만의 종업원을 가진 기업체의 비율은 전체 중 94%를 차지하는 상황이었다.[15]

1960년대의 산업화가 본격적으로 시작되기까지는 이렇게 농업이 주도적이었으며 공업 분야에서도 중소기업이 주축을 이루는 경공업이 지배적이었다. 취업자들의 직업구조는 이러한 산업구조의 형태를 잘 반영해주고 있다. <표 2-1>에서 볼 수 있는 것같이 농수산업 종사자들이 1955년에는 거의 80%를 차지하며, 1960년에는 약간 감소하여 66.2%를 차지한다. 반면 미숙련 또는 반숙련의 생산관련직 또는 운수산업 종사자들은 1960년에 그 비율이 겨우 13.3%에 달하고 있다. 이러한 취업자들의 직업분포에서 볼 수 있는 바와 같이 경제생산 활동에 종사하는 인구의 대부분이 전근대적 산업형태의 농수산업 분야에 속

14 조순, 「경제성장 1953~76」, 『한국사회 : 인구와 발전』 제1권, 인구·경제(서울대 인구 및 발전연구소, 1978), p.207.

15 李敬儀, 「한국의 경제현실과 中小企業」, 『민중과 경제』, 한국기독교사회문제연구원 편(민중사, 1982), p.188.

<표 2-1> 취업자의 직업구조

구분	1955	1960
전문 • 기술 • 관리직	2.8	3.7
사무종사자	2.4	2.6
판매종사자	4.5	8.3
농수산업종사자	79.5	66.2
생산 및 생산관련직 • 운수장비 운전자 및 노무자	8.7	13.3
서비스직업종사자	2.1	5.9
합계	100.0	100.0

자료: 장윤식, 「노동력: 성장, 구조와 변동」, 『한국사회 : 인구와 발전』, 제2권(서울대, 1978), p.378.

하며 판매직 종사자와 서비스 종사자를 합할 때, 생산직 종사자와 거의 비슷한 비율을 차지함으로써 직업구조가 미분화상태임을 알 수 있다.

한국 계급구조의 분석에 있어서도 1960년의 계급분포는 농민에 치중되었으며, 도시중심의 중류계급과 노동자계급의 비중이 미약함을 구해근 씨가 제시한 <표 2-2>의 자료에서 엿볼 수 있다. 66.2%의 농민을 제외한 다음에는 빈민층인 주변계급이 10.2%로서 둘째로 많은 비율을 차지하고 있다. 노동자계급 8.7%로서 신중간계급의 8.6%와 거의 같은 비율을 차지한다. 산업화되지 않은 도시사회에서의 노동자계급의 취업기회는 극히 제한된 것이며, 오히려 신중간계급의 비중이 이에 맞먹는 것으로 보아 팽창된 3차산업에 기반한 현대적 직업 종사자들이 수가 많은 데 기인한 것으로 볼 수 있다.

이렇게 공업화가 이루어지지 않았고 자유기업체제가 미숙한 만큼 임금노동자가 자발적으로 노조를 결성할 만한 사회여건이 성숙되지 않았다. 1961년 당시 10명 이상 상용한 기업체의 임금노동자들의 수는 불과 32만 명이었다. 그중에서도 100명 이상을 상용하여 노조 결성의

<표 2-2> 계급구조

구분	1960	1975
Upper Class(상류계급)	0.7	0.8
New Middle Class(신중간계급)	8.6	10.5
Lower Middle Class(저중간계급)	5.6	6.8
Working Class(노동자계급)	8.7	21.1
Marginal Class(주변계급)	10.2	11.5
Farmers(농민)	66.2	49.2
합계	100.0	100.0

자료: Koo Hagen, "The Emerging of Korean Class Stratification: A Preliminary Approach," *Korea in Transition*, ed., Chang Yun Shick, et. al. (Seoul National Unversity Press, 1982), p. 53.

실질적인 가능성이 있는 기업체의 노동자 총 수는 45% 정도라고 한다. 이것은 전 취업인구의 16%에 해당된다는 것이다. 그러나 농촌의 잠재실업 및 도시의 정체실업이 전인구의 50~60%를 차지하며, 사회구조 속에서 거대한 빈곤층을 형성하고 있는 데 비하면 이들의 사회적 지위는 상대적으로 우위에 속했다. 상용상태에 있는 만큼 자영업주층 또는 불완전 취업층에 비하여 안정된 생활수준을 유지하는 입장이었다. 한정된 수의 중소기업이나 대기업 노동자들도 저교육·저기술의 노동자가 높은 비율을 차지하며, 기업 내에서 임금이나 노동조건의 심한 격차를 보여 노동자들 사이에 노동자의식의 공통성이 형성될 수 없었다는 것이다. 더욱이 고용노동자들이 광범위하게 지방으로 분산되어 있어, 소수의 전국 규모의 대기업을 제외하고는 노동자가 자발적으로 노동조합을 결성할 여건에 있지 못했다는 것이다.[16]

---

16 한국기독교사회문제연구원 편, 『한국 산업발전과 노동운동의 과제』(조사연구자료, 1978), pp.9~10.

이러한 여건에서 노동조합들은 처음부터 하향적으로 조직되어 출발했다. 그리고 노동의 조직 자체는 집권당인 자유당의 기간단체로서 정권을 위한 정치도구로 이용되었다. 따라서 대한노총의 연차정기대회는 언제나 정치권력의 간섭 아래 주도권 쟁탈을 위한 파벌투쟁의 무대가 되었던 것이다. 그리고 대통령선거 때에는 집권당 후보의 당선을 위해 앞장섰으며, 자유당 말기의 3·15부정선거에까지 가담했다. 산하노동조합들은 노총의 정치적 입장을 형식적으로나마 따르지 않을 수 없었다. 그러나 이러한 과정에서나마 말단 조합원들 사이에서는 해방 이후 노동조합 활동에 참여해온 경험을 통하여 민주의식이 성장해갔다. 이들은 자유당의 탄압과 간섭에도 불구하고 각종 쟁의를 일으켜 투쟁을 전개했으며 노동조합의 어용화를 반대해온 것이다. 이러한 기반 위에서 4·19혁명의 자극을 받아 어용노동조합을 민주화하려는 투쟁은 급진전했다는 것이다.[17]

이 시기에 있어서 한국사회의 대다수층을 차지한 농민사회는 그 조직 기반이 가족단위의 영세농으로 구성된 자연취락의 형태이다. 그 가운데서도 동성(同姓)촌락이 많아 원시적인 혈연관계가 공동체적 연대성의 중요한 기반을 이루고 있다. 따라서 촌락의 지도자는 동장이나 이장 등의 행정적 대표자를, 한편으로는 종친회 회장이나 문중의 원로자가 실질적인 지도자로서 영향력을 행사하는 전통이 특히 동족촌의 경우 잔존하고 있다. 이러한 전통적 기반 위에 1950년대 말에는 농촌에서 협동조합, 수리조합, 상조계 등의 협동조직이 제도화되었다.

우리나라 최초의 협동조합은 구한국정부에 의해서 1907년 설립되었다고는 하나 일제 치하에서의 식민지정책의 도구에 지나지 않았다. 해방 후 대한민국정부가 수립되자 농림부와 재무부 사이에 이견이 심

17 金洛中, 『한국노동운동사』 해방 후편(靑史, 1982), pp.224, 262~263.

하여 조정을 보지 못하다가 1957년에 와서 신용과 경제사업을 분리키로 하고 농민 상대의 특수은행인 농업은행과 농업협동조합법이 국회를 통과하여 공포되었다. 이로써 농협은 1958년 10월 20일 업무를 개시했다. 그러나 재정 면에서 정부의 원조를 받지 못하고 구농회(舊農會)나 축산·원예조합의 인수사업을 계승했을 뿐, 비료의 배급권과 농업자금을 취급치 못해 개점휴업상태로 적자운영을 벗어날 수 없었다. 농협은 처음부터 관주도로 조직되었기 때문에 관권의 통제와 정치권력을 배경으로 한 소수 특권자들의 지배에 좌우되었다. 따라서 농협은 농민들의 사회·경제적 이익단체로서 새로운 연대성을 확립할 수 있는 기반을 조성하지 못했다.[18]

이 시기에 있어서 한국사회는 이렇게 미국 원조경제에 의존해 있는 한편 전근대적인 관권 지배의 사회를 벗어나지 못하고 있었다. 그러나 대한민국의 수립과 함께 실시된 의무교육과 부모들의 자녀교육에 대한 전통적 야망의 영향으로 국민들의 교육정도가 급격하게 상승했다. 적령기 남녀아동들의 취학률이 크게 높아졌을 뿐만 아니라 대학을 포함한 각급 학교의 수와 학생의 수가 급격하게 성장했다. 총인구에서 차지하는 교육인구의 비율이 놀랄 만큼 증가했다. 대학교와 대학생 수만을 예로 든다면, 1945년에 19개 대학 7,819명에서 1960년에는 63개 대학에 9만 7,819명으로 늘어난 것이다. 김진균 씨에 의하면 경제적 침체에도 불구하고 교육받은 인구가 이렇게 늘어남에 따라 1950년대 말 한국사회는 대내적으로 커다란 두 가지 문제에 봉착하게 되었다는 것을 다음과 같이 지적했다.

---

18 최병협, 「한국 농촌과 협동조합」, 『사상계』, 1962년 6월호 및 朴應七 外, 「농업협동조합」, 『신동아』, 1967년 10월호.

> 그 첫째는……공업화를 중심으로 한 자주적인 경제 근대화를 이룩하는 것이다. 즉, 미국의 원조에 대한 의존성을 벗어나고 그 원조에서 오는 한국경제의 취약성을 극복해야 한다는 요구가 강하게 일어났던 것이다. 둘째는, 그동안 교육제도의 성장에 의해서 훈련된 인력을 단순한 국방의 임무뿐만 아니라 생산과정에 효율적으로 동원하는 것이다.[19]

이러한 사회적 요구에 따라 민주당 정권의 제2공화국이나 5·16 쿠데타로 집권한 군사정권에서는 1차 5개년 경제계획을 서둘러 세우지 않을 수 없었다.

3) 관권사회와 보수성

조선사회에서는 권력의 원천이 미분화된 국가공동체로서 중앙집권제를 확립했다. 그리고 이 체제는 관존민비의 유교적 가치관으로 뒷받침되었다. 이러한 전통적 유산 위에 외세에 의한 식민지 지배권력이 이 관권제도를 계승했다. 분단시대에 이르러 대한민국은 인권과 민권을 보장하는 민주헌법을 형식화하면서도 식민지 관료제도의 여러 가지 법령을 그대로 답습했다. 즉, 국민을 우민시(愚民視)하고 위험시하는 사고방식에서 제정된 인가, 허가, 취체 등의 통제하고 규제하는 법령이 존속되었다. 권위주의적 관료제도, 즉 민중은 우매하고 이기적이므로 관료가 민중을 지배할 수 있도록 제정된 관료기구와 조직이 민주주의적 제도로 재편성되지를 못했다. 더욱이 일제시대에 군림했던 친일관료들이 해면당하지 않고 그대로 등용된 데서 신생 한국 민주주의의 토대는

---

19 김진균, 「人力開發」, 『한국사회 : 인구와 발전』, 제2권(1978). pp.399~440.

처음부터 자리잡을 수 없었다. 헌법이 정한 바에 따라서 국회가 구성되고 국회의원이나 대통령을 직선 또는 간선하는 제도에 따라 선출한 것은 민주정치로 진일보한 것이다. 그러나 관료주의적 전통은 그대로 유지 강화되었으며, 관료정치의 횡포는 정치적 혼란기를 틈타 더욱 증가되었다.[20] 이 전통은 분단시대를 통하여 계속 관료적 권위주의의 기반이 되어왔으며, 민권중심의 민주정치 사회로 발전하는 데 저해적 요인이 되고 있다.

중앙집권적 권력은 또한 통치체제를 확립하고 정치권력의 안정을 도모하기 위해 복종적인 위계질서의 사회조직을 유지하려 한 것이다. 이것은 중앙의 지시와 명령을 각 지방에 시달하여 상부통제를 강화하여야 하기 때문이다. 그러므로 자유당시대의 형식상의 분권과 지방자치제도는 실질적으로 행사되지 못했다. 특히 지방도읍에 있어서 교육시설의 확충과 소비생활면에서의 근대화는 어느 정도 이루어졌으나 기업의 육성이 선행되지 않았으므로 지방도읍의 근대화 기반이 성립되지 않았다. 특히 지방에는 자립적 재원이 전혀 없는 상태이기 때문에 지역사회의 발전을 위한 사업은 그 활로를 개척할 수가 없었다. 다소의 지역적 사업이 가능한 것은 주로 국고보조에 의존한 것이므로 사업계획과 운영 과정에 중앙의 의사가 지배적으로 작용할 수밖에 없었다. 그러므로 지역사회에서 권력과 영향력을 행사할 수 있는 어떤 구조적 원천은 거의 없는 상태였다.

강병근 씨에 의하면 지방에서 권력구조는 오히려 세력구조(influence structure) 또는 세력형태라고 말할 수 있다는 것이다.[21] 그런데 지역사회에서는 공식적 지도세력과 비공식적 지도세력의 이중적인 형태가 있

---

20 주석균, 「方向論」, 상, 『思想界』, 1953년 11월호.

21 姜秉根, 「한국 지역사회의 정치적 분석」, 『행정논총』(서울대 행정대학원, 1965년), pp.128~129.

다는 것을 지적한다. 그리고 이 두 세력간에는 협동적 유대가 가능한 한편, 흔히 대립과 불신의 관계로 나타난다는 것이다. 예로서 농촌에서는 앞서 지적한 바와 같이 이장(里長)과 같은 공식지도자와 동리 유지 및 기타 전통적 유대에 기반한 지도자 사이에 촌락의 발전을 위해 함께 협동하며 지도적인 역할을 하는 경우가 있었다. 그러나 지방도읍의 경우, 읍장이나 기타 기관장들은 공식적 지도세력으로 상부의 지시와 명령에 따르며 그 뜻을 받는 데 충성을 다한다. 그리고 그들 사이에서 행정적인 횡적 연결을 유지하는 것만을 중요시한다. 이에 반하여 지방도읍의 비공식적 지도층 인사들은 집단적으로는 관료적 위치에 있는 사람들과 외면하고 대립적 의식을 지니면서도 다만 개별적으로는 사업이나 친분에 따라 그들에게 접근하는 것이다. 강병근 씨의 관찰에 의하면, 조선조시대에는 관권과 결탁한 지방양반들이 권세를 부렸고 일제치하에서는 지주들이 지배적 위치에서 농민들을 괴롭혔으나 해방 후 농지개혁으로 인해 지주세력이 몰락함으로써 촌락 안팎으로 영향력을 행사할 수 있는 진정한 지방세력들은 구조적으로 약화되었다는 것이다. 동족조직의 어른들이나 원로 유지들이 전통적 권위자들로서 영향력을 행사하는 경우가 있지만 사실상 농촌사회의 민주화와 농업발전을 위한 새로운 지도세력으로서의 기반을 지니지 못한 것이다. 따라서 행정관청에서 농업증산에 으뜸가는 독농가(篤農家)나 지역개발에 남다른 관심과 성의가 있는 사람들은 존중하고 그들의 의욕을 북돋아주어 지도적 위치에 놓이도록 돕지 않는 한, 농촌사회의 지도세력은 공백상태를 면치 못할 것이라고 일찍이 간파하고 있었다.[22] 이러한 민간지도세력의 공백은 관존민비의 전통적 의식구조와 함께 관권의 지속과 지배의 경향을 뒷받침했다.

22 위의 글, p.139.

그리고 사회제도적 측면에서도 전통적인 권위의식과 인간관계를 뒷받침하는 가부장제도가 존속되고 있었다. 민주사회의 평등권을 인정하는 의무교육제도가 실시되어 각급 학교에 누구나 입학할 수 있는 동등한 기회가 제도적으로 보장된 상태에서 앞서 지적한 바와 같이 교육의 정도는 1950년대를 통해 급격하게 높아졌다. 그러나 사회생활의 가장 기본적 단위를 이루며 인간의 사회화를 담당하는 원초적 공동체인 가족은 법률상으로 가부장제도를 기본적으로 답습했다. 아직도 가족법 개정이 여권운동의 중요한 과제로 남아 있는 상태이다. 교육이나 노동권 분야 등은 제도상으로는 민주화되었다. 그러나 그것을 실천하기 위한 정책적 시책의 뒷받침이 없는 데서 문제가 되고 있다. 가족제도에서는 헌법에 위배됨에도 불구하고 법제상으로 민주화가 이루어지지 않았다. 따라서 남녀간에나 세대간에 가정생활의 모순들이 야기되고 있으며, 민주적인 관계를 위한 인격의 사회화가 가정 속에서 이루어질 수 없는 것이다,

가부장제도의 답습은 또한 지배층에 의해서 권력을 뒷받침하기 위한 충효교육이나 전통계승을 위한 문화정책을 뒷받침하는 사회기반으로 이용되고 있다. 이러한 가부장적 사회·문화의 요소는 분단으로 인해 남북이 대치된 상태에서 국가보안상의 명목으로 보수성을 유지하는데 이데올로기적 기반으로도 이용되고 있는 것이다.

이러한 사회적 보수성은 이승만을 대통령을 국부적(國父的) 존재로 추대하며 자유당의 장기집권을 기도하는 대도 기여했다. 김학준(金學俊) 씨는 특히 6·25 동란을 경험한 데서,

> 남한을 엄격한 반공·친미의 보수사회로 굳히는 결정적인 계기가 되었으며 국민의 사고의 경향에도 냉전의식이 강력하게 주입되어 진보주의를 공산주의와 동일시하는 결과를 가져왔다[23]

라고 설명하고 있다. 이러한 보수적 사회풍토에서 민주주의의 실현을 강력하게 요구하는 혁신세력이 탄압을 받아 성장할 수 없었던 것이다. 강압적인 자유당 정권은 장기집권 과정에서 부패해갔으며 부정선거를 통해 장기집권을 더욱 연장시키려고 했다.

이에 대항하여 봉기한 학생세력을 4·19혁명은 분단사회의 민주주의 역사에 획기적 전환점을 이룩했다. 전통적 보수성이 강압적 권력에 의해 계승 강화되는 한편, 미분화된 사회구조에 있어서 혁신을 요구하는 새로운 세력의 기반은 젊은 학생층일 수밖에 없었다. 앞서 교육에 관련하여 지적한 바와 같이, 현대적 교육의 대중화로 1950년대를 통하여 고등교육을 받은 젊은 층의 수가 대폭 증가한 사실에 비추어볼 때 쉽게 이해할 수 있는 것이다. 그러나 학생집단 이외에 혁신정당이나 세력을 지지할 만한 사회계층적 또는 집단적 기반이 제1공화국시대를 통해 전혀 형성될 수 없었던 것이다. 이것은 4·19 이후 실시된 7·29 총선에서 혁신세력이 참패한 사실에서도 잘 증명되고 있다. 이 총선에서 혁신계가 차지한 득표율은 민의원선거에서 6.6%, 참의원에서 3.3%에 불과한 것이었다. 이때 혁신계가 참패한 원인에 대하여 여러 가지 정치적 이유를 지적하고 있지만, 그중에서도 한승주 씨가 지적한 이유는 주목할 만 한 것이다. 즉, "우리나라 유권자의 반(反)좌파적 보수적 관념이 혁신 세력을 거부한 주요한 원인……"[24]인 것이다. 이것은 정치적 보수성이 유권자들의 보수적 관념으로 뒷받침되고 있으며 공산주의와 적대관계에 있는 분단사회의 보수성을 단적으로 나타낸 것이다. 더욱이 혁신적 정치세력이 제2공화국시대를 통하여 주장한 통일지향적 민족주의가 국민들의 큰 호응을 얻지 못한 것에서도 알 수 있는 것

23 김학준, 「4·19 이후 5·16까지의 進步主義運動」, 『4월혁명론』(한길사, 1983), p.206.

24 한승주, *The Failure of Democracy in South Korea*(Berkeley: University of Calif. Press, 1974), p.97(김학준, 앞의 글, p.214에서 재인용).

이다.[25] 특히 혁신세력은 반공적 보수경향과 빈곤이 보편화된 사회에서 대다수 국민들의 절박한 요구에 부응하는 경제문제를 외면하고 통일, 한미관계, 그리고 반공법 및 집회·시위 규제법에 관한 쟁점들을 앞세웠기 때문이라는 것이다. 국민들의 보수적 경향은 민족통일을 향한 급격한 변화보다 경제 불안과 빈곤에서의 해방을 더 절실하게 요구했던 것이다.

3. 가부장적 권력

1) 박정권의 대두와 권력의 형성

1961년에 발생한 5·16 군사 쿠데타로 인하여 민주당의 제2공화국 헌정이 중단되고, 군부가 삼권을 장악했으며 군사정권이 분단사회를 지배하기 시작했다. 이 군사정권은 반공태세의 재정비, 국민으로부터의 신뢰받는 정치, 자립경제체제의 확립을 통한 조국 근대화를 혁명의 기치로 내걸었다. 남북분단으로 대립된 분단사회를 고정시키며 유지하기 위해 반공이념을 국시로 삼아 경제적 자립을 목표로 한 조국 근대화를 혁명의 이데올로기로 내세웠다. 이리하여 2년 7개월 동안의 군정시기를 거쳐서 소위 혁명주체 세력이 주도하는 제3공화국의 민정이 1963년 출범했다. 제3공화국의 헌법은 강력한 지도력을 안정시킨다는 명목으로 제2공화국의 내각책임제를 대통령책임제로 개정했다. 따라서 대통령에게 막대한 권력을 부여하여 박정희 대통령으로 하여금 혁명과업을 계속 추진해가도록 정치체제의 기반을 확립하려 했다.

25 김학준, 앞의 글, p.216.

박대통령은 조국 근대화의 정당성을 먼저 미국 원조경제에서의 자립이라는 명분으로 강조했다. 자유당 정권의 국가예산의 절반 이상이 미국 원조에 의존했는데, 이 원조를 감소시켜가는 미국 정책에 따른 한국경제의 자립책의 절박성과 당위성을 내세웠다. 그는 민정 대통령으로 입후보를 천명하는 연설 중에서, "우리 세대는 희생해서라도 얻어먹는 신세를 면하여 배고프지 않고 먹게 살게 하며, 주인 있는 나라 행세를 하자"고 역설했다. 또한 경제적 자립을 통한 정치적 자주성과 "민족주체의식을 먼저 확립하고 그 위에 자유민주주의를 재건한다"는 주체성의 우선을 강조했다. 더욱이 "자유민주주의의 한국적 특색, 고유의 전통과 미풍양속을 살려나간다"는 등의 민족전통성에 기반한 '한국적 민주주의'의 슬로건을 제시했다. "자립이 없다면 진정한 독립이 있을 수 없다.……이것이 바로 민족적 민주주의이다"라고 하여 '민주주의'에 대하여 '한국적' 또는 '민족적'이라는 특수성을 덧붙였다.

'한국적 민주주의'의 발전을 위한 조국 근대화의 이념 천명은 사실상 이러한 슬로건 정도 이상으로 심화되지 못했다. 보편적 사상에 기반한 혁명적인 철학이나 가치관이 결여된 데서 뚜렷한 이데올로기로 정착되지 못했다. 광범위한 국민의 지지를 받을 수 있는 명확한 보편적 이념이 제시되지 못했으며, 민족주의 수립을 위한 이론적 바탕마저 없었다. 이승만 정권에서 계승되어온 보수적 민족주의 이념의 테두리 안에서 '가난에서의 해방'과 '자립경제 확립'이라는 적극적인 슬로건을 내건 상태였다.

더욱이 미국의 세계적 안보전략에 따른 극동의 집단안보체제에 한국이 의존하고 있는 상태에서 민족주의적 자립경제의 자세는 미국정부와의 관계에서 갈등을 조장할 수밖에 없었다. 이 관계는 박정권이 그러한 이념을 명확하기 제시하고 실천하려는 입장에 현실적 제약으로 작용한 것이다. 즉, 분단국가로서의 대미의존관계가 박정권의 민족주의 이념을 제한하고 제약하는 요인으로 작용했다. 한편, 분단의 현실은 반공과 안보우선체제에 이유를 제공해주게 되어 그의 권력 확대 및 안정, 그리고 집권연장에 역이용되었다. 분단으로 인한 이러한 제약은 근대화의 방향과 목표를 경제성장으로 정당화시킨 것이다. 제3공화국시대의 대통령 연두교시를 통해 제시된 슬로건들이 '일하는 국민'과 '일하는 정부'(1964), '증산 · 수출 · 건설'(1965), '66년은 다시 일하는 해'(1966), '싸우면서 건설하자'(1969) 등으로 이를 단적으로 나타내주고 있다.

박정권은 1970년대에 들어서서도 계속 "자립경제만이 조국 근대화와 통일에의 지름길이라고 믿고 국방력 강화와 안정기조 위의 지속적인 경제 성장을 목표로 한다"고 주장했다. 이러한 목표를 내새워 1972년에는 '대유신적(大維新的) 개혁'을 비상계엄령하에서 단행했다. 헌법개정은 대통령 권력의 절대화로 영구집권을 가능케 하는 소위 제4공화국의 기틀이 되었다. 제4공화국에서도 계속 '잘살기운동'이라는 슬로건으로 사회를 강압적인 동원체제로 더욱 조직화하려 했다. 이것을 위해 대통령의 직접적인 진두지휘 아래 '새마을운동'을 전국적으로 전개시켜간 것이다.

분단시대를 통한 정치권력의 유지와 안정은 실제로 계엄령 및 긴급조치 등에 의해 가능했다. 전시와 천재지변의 비상시에만 선포되어야 할 계엄이 자주 사용됨으로써 평상시를 비상시의 연속으로 만들어왔다. 오병헌 씨는 그의 글 「한국의 정치상」에서,

> 민주정치는 전시나 비상시의 황무지에서 일찌기 성장해본 일이 없으며, 그리고 계엄에 의한 정상적 헌정의 제약 내지 중단은 소위 '헌법에 의한 독재'의 범주에 들어간다[26]

26 吳炳憲, 「한국의 정치상」, 『신동아』, 1965년 6월호.

라고 지적했다. 5·16 군사 쿠데타 이전까지만 해도 대한민국정부 수립 후 10여 년 동안 일곱 번의 계엄선포가 있었다. 이 중 6·25 동란으로 인한 3건을 제외하면 대부분 정치적 이유에 의하여 선포된 것이다.

5·16 군사 쿠데타로 삼권을 장악하고 전국에 비상계엄을 선포한 것으로 시작된 18년간의 박정희 집권기간은 비상사태와 긴급조치 선포의 연속이었다. 그 일지는 다음과 같다.

1961년 5월 16일	전국에 비상계엄령 선포
1964년 6월 3일	서울특별시 일원에 계엄 선포
1965년 8월 26일	서울지구 위수령 발동
1971년 10월 15일	서울특별시 일원에 위수령
1971년 12월 6일	국가비상사태 선언
1972년 10월 17일	전국에 비상계엄 선포
1974년 1월 8일	긴급조치 1, 2호 선포
1974년 1월 14일	긴급조치 3호 선포
1974년 4월 3일	긴급조치 4호 선포
1974년 8월 23일	긴급조치 5호 선포 (1, 4호 해제)
1974년 12월 31일	긴급조치 6호 선포 (3호 해제)
1975년 4월 8일	긴급조치 7호 선포(고대 휴교령)
1975년 5월 13일	긴급조치 8호 선포(7호 해제)
	긴급조치 9호 선포(1, 4, 7호의 주안점 포괄)
1979년 10월 18일	부산시 일원에 비상계엄령 선포
1979년 10월 20일	마산·창원 지역에 위수령
1979년 10월 26일	박정희 피살

사실상 일시적이고 잠정적이어야 할 계엄기간이 필요 이상으로 장

기화하고 또한 빈번하게 되풀이됨으로써 국민의 기본권은 언제나 합법적으로 유린당하는 것이다. 이병용 씨는 대통령의 계엄령 선포에 대한 사법부의 심사기능의 중요성을 지적하면서 사법부의 무능함을 다음과 같이 개탄했다.

> 6·3 사태하의 계엄선포가 과연 올바른 것인가 아닌가는 비로소 사법부에 의하여 심사를 받을 기회가 있었으나, 무사안일을 취하는 우리의 대법원은 이 핑계 저 핑계로 선포의 합법 여부는 자기네 소관이 아니라고 발뺌함으로써 기본권 보장을 다짐하여야 할 정의의 전당으로서의 임무를 내던지고 말았다.[27]

사법부는 행정부, 그리고 그 배후에 있는 지배세력에 대하여 언제나 예민했으며 이에 좌우되어왔다. 즉, 사법부 요원이 행정부 수반에 의하여 임명되고 또 임기 중에도 음성적인 협박이나 압력을 집권세력으로부터 받는 까닭에 법관들은 비정치적인 문제와 집권세력이 관련되지 않은 문제에서만 독자적인 판결을 내린다. 그러나 일단 집권세력의 이해와 관련된 문제에 있어서는 자발적이든 압력에 의해서든 거의 예외 없이 행정부 또는 집권세력에 유리한 판결을 내리는 경향이라고 오병헌 씨는 지적하고 있다.[28] 정치권력의 확대과정에서 사법부는 이렇듯 권력의 침투와 간섭에 의해 무능해지며 부패해간 것이다. 이에 의해 1971년 사법권 독립과 외부압력 배제를 결의하는 사법파동이 있었을 정도였다.

대통령중심제로 환원한 제3공화국에서의 박대통령의 권한은 국회

---

27 李炳勇, 「얼룩진 國民主權」, 『사상계』, 1965년 11월호.

28 오병헌, 앞의 글.

의 지위와 기능을 대폭 약화시키는 한편 행정부 내의 여러 가지 권한을 독점해갔다. 국무회의의 의결권행사를 심의 또는 자문의 기능으로 약화시키며,[29] 인사권에 있어서도 대통령이 직접 임면(任免)하는 대상자의 폭을 늘려간 것이다.[30] 대통령의 권한을 확대 강화시키는 이러한 제도적 장치를 확립하는 한편 그의 집권적 자세에서는 가부장적 성격이 더욱 부각되었다. 그는 국민들이 주권자로서 행사하는, 비판할 권리와 평화적으로 시위할 수 있는 권리를 완전히 무시하고 질타하는 공공연한 발언들을 서슴지 않았다. 예로서 "우리나라 인텔리들은 정부가 하는 일은 무조건 반대해야만 지식인이고 인텔리라는 사고방식을 뜯어고쳐야 하고……", "무책임한 언론기관에서 무책임한 소리를 하는데 국민은 부화뇌동(附和雷同)하지 말라"[31]는 등 지식층과 언론의 비판적인 역할을 실타하며 억제해간 것이다. 그의 행정방법은 공격적인 인책 발언과 일방적인 방향 제시로 일관되어갔다. 모든 행정분야에 있어서 사소한 시책에 이르기까지 독단적으로 직접 지시하고 명령하는 식으로 굳어갔다. 예로서 "버스 요금을 올리지 말라. 전체 국민생활에 큰 영향이 있다"라고 하면서 교통부 장관에게 지시하는 발언을 공공연하게 했다(1965. 1. 20). 그리고 문교부 차관, 보통교육국 국장, 시교육감의 인책사임 등을 지시한 일(1965. 6. 26)과 방송을 통해 학교폐쇄 조치와 데모를 막지 못하는 교직자들의 인책을 언명한 것 (1965. 6. 25) 등이 그 예이다. 그리고 흔히 국회의 건의를 무시하며, 대통령이 요청한 특정 법안을 회기 내에 통과시키지 못했을 경우 국회의원을 불러 야단을 치는 것이었다. 그는 또한 중앙정부의 각 부서와 지방 행정기관을 직접 순시하여 행정의 보고를 받으며 그 자리에 앉아서 방향을 지시하거나 훈시하는

---

29 玄勝鍾, 「새 헌법의 근본적 문제점」, 『사상계』, 1963년 5월호.

30 李文永, 『韓國行政論』, 제4장(一潮閣, 1980) 참고.

31 위의 글.

가부장적 자세를 취했다.

이러한 권력행사의 형태는 정책결정에서도 나타났다. 한배호 씨의 평가에 의하면 이승만과 박정희는 결정권을 독점하는 면에서 공통된다는 것이다. 각료들의 정책결정과정에 직접 참여하지는 않으면서도 대통령의 지령이나 승낙 없이는 결정에 진전을 볼 수 없도록 각료들을 견제했다는 것이다. 따라서 정책결정이란 집단적 과정이 결여된 채 행정각료들은 집권자의 지시에 의한 독재의 결정에 추종하며 보좌하는 역할을 하는 것이다.

그리고 대통령을 보좌하여 정책결정에 참여하는 이들과의 관계까지도 자기중심적이어서 그들 상호간의 관계를 좌우하며 그들의 운명을 한손에 쥐고 있는 정도였다. 그들과 공과를 평가할 수 있는 권한도 대통령이 쥐고 있었기 때문에 그들 사이에서는 집단적인 활발한 의사소통과 심의과정을 통해서 우러나올 수 있는 연대의식도 억제되어 상호간의 집단적 유대를 형성할 수 없었다는 것이다.[32]

그러므로 정책결정에 영향을 미치는 사람들은 제도화되고 공식화된 역할을 행사하는 집단이기보다 권력자의 일방적 선택에 의해 형성되는 측근자군이다. 그 당시 대통령 주변에 집중되고 있는 측근자들에 대한 분석을 통해 김해동 씨는 그 성격을 다음과 같이 지적하고 있다.

> 측근자들은 권력자와 비공식적인 접촉이 잦다. 이러한 접촉은 권력자의 요구와 필요에 따라서 언제나 요청된 데서 이루어지며 공식직책의 한계를 언제나 추월할 수 있다. 측근자에 대한 권력자의 신뢰감을 토대로 측근자는 권력자의 의사결정이나 정책결정에 영향력을 행사한다. 이러한 영향력의 정도에 따라 측근자들 사이에서는 등급이 결정

32 한배호, 「권위주의적 정책 결정」, 『신동아』, 1965년 12월호.

> 된다는 것이다. 권력자가 이러한 측근자를 선택하는 기준은 첫째가 충성이다. 권력자는 배신당하는 것을 두려워하며 능력보다 충성을 더 중요시한다. 충성심이 강한 전문가로서 능력 있는 자를 선택한다는 것이 가장 바람직한 것이나 현실적으로 어려운 경우 절충할 수밖에 없다. 그 절충의 기준은 권력자가 자신의 정치적 지위가 안정되었다고 느끼는 경우일수록 개인의 능력에 비중을 둘 것이며 반대로 불안하게 느끼는 경우일수록 능력보다 충성에 둘 것이다.[33]

권력자에게 있어 충성이 중요한 기준이 되는 것은 측근자가 배신하는 경우에 권력자의 권력유지에 중대한 영향을 줄 수 있으며, 특히 그의 사생활의 비행을 은폐해야 하기 때문에 측근자의 절대적인 충성이 요구되는 것이다. 그러한 충성과 신뢰를 확보하기 위해 권력자는 혈연, 지연 또한 학연 등의 1차적인 특수관계의 범위에서 그들을 선택한다. 그러므로 이러한 관계는 독재자를 중심으로 한 측근자들간의 파벌을 조성하는 기반이 되는 것이다. 측근자들은 제각기 자신의 측근자들을 끌어들인다. 이러한 인적(人的) 계열로서 권력자의 신임을 무기로 라이벌과의 경쟁을 조장한다. 이들의 충성을 과시하는 단합은 결과적으로 권력자 주위에 '인(人)의 장막'을 형성하며, 여타의 권력자와의 접촉이나 대화의 기회를 단절시키는 것이다.

국가의 권력이 이렇게 대통령에게로 집중되고 결정권을 독점함에 따라서 청와대의 비서실이 소(小)내각으로 화했다. 정무비서실이 강화되어 그 속에 부처별 담당비서관이 있으며, 대통령 경호실이 비서실과 별도로 독립되어 운영되었다. 그리고 민원담당 비서실까지 설치하여 국민들의 각종 민원을 접수하고 직접 처리하는 일까지 관장했다. 비서

33 金海東, 「側近者群의 社會學的 分析」, 『사상계』, 1966년 10월호.

실은 또한 각 부처간의 이해관계를 조정하는 역할까지 하므로 비서실장은 어느 특정 장관보다도 실권이 높은 강자의 입장에 있다는 정평이 있을 정도였다.

이렇게 비대해진 권력을 기반으로 박대통령은 자신의 장기집권을 위해 1969년에 3선개헌을 단행했고, 1972년에는 유신체제의 강제적인 확립으로 권력을 절대화했다. 제3공화국 헌법에서의 입법·사법과 대등한 지위인 행정권의 수반과 외국에 대한 국가의 대표 자격만을 갖고 있던 대통령의 지위가 제4공화국 체제에서는 더욱 격상되었다. 즉, 행정권의 수반인 동시에 입법·사법보다 우위에서 입법권과 사법권도 통할하며, 모든 국가권력을 조정하고 조화하는 역할을 수행한다. 국가긴급권 등 절대적 권력을 행사할 수 있는 명실상부한 국가원수의 지위를 장악한 것이다.

2) 가부장적 권력과 관료

박정권의 근대화정책은 경제제일주의로서 고도성장을 위한 개발정책을 추진시켰다. 국가가 모든 기간산업과 금융기관을 소유하거나 지배하면서 수출산업을 지원하여 재벌기업을 육성했다. 이것은 근면한 노동력을 착취하는 저임금정책으로서 평등한 분배의 요구와 민주주의 원칙을 희생하면서 성장을 우선시켰다. 그러므로 성장정책을 저해하는 어떠한 사회적 도전도 용납치 않는 강압적 행정을 폈고, 정치안전을 위해서 관료·군대·경찰을 권력의 도구로 삼았을 뿐 아니라 중앙정보부를 신설하여 그 기구를 확대하고 기능을 강화시켰다. 더욱이 고도성장으로 요구되는 행정권의 비대화와 효율화에 따른 관료조직의 확대·강화를 위해 행정기구의 개혁과 정비를 계속 단행했다. 이 과정에서 권력에 충성하며 명령에 복종하는 관료의 위계질서를 더욱 확립해나갔다.

이렇게 박정권은 행정부의 기능과 권한을 사회의 모든 분야를 지배할 정도로 비대하게 만들었다. 그러나 앞서 제시한 바와 같이 권력이 대통령에게로 집중되고 절대화됨으로써 관료권 자체도 중립성과 독립성이 약화되었다. 상부권력자의 통제력에 의하여 시달된 명령과 프로그램을 집행하는 형식적이고 기계적인 역할을 하는 행정관료로 변했다. 그들은 독자적인 재량권을 실제로 행사할 수 있는 기반이 극히 제한되었다. 책임 있는 관료행정이라기보다 명령과 지시에 따른 행정이 되었다.

박동서 씨는 제3공화국시대의 이와 같은 관료권의 변화를 1950년대의 제1공화국의 관료권과 비교하여 그 특성을 분석하여 제시했다. 이 연구를 통해 그러한 성격을 뚜렷하게 엿볼 수 있다.[34] 우선 대통령과 장·차관인 정무관 사이의 관계를 이정권 시대와 비교할 때 기본적으로 크게 변한 것은 통제력면에 있다. 이정권에 비하여 박정권은 행정조직의 정점에 앉아 이를 통제하는 데 더욱 주력했다. 이것을 위해 엄청나게 많은 정보와 방법을 장악하기 위해 이정권 시대에 없었던 여러 기구를 만들어 이용했다. 즉, 청와대의 비서실, 중앙정보부, 기획조정실, 수출확대회의 등을 예로서 지적할 수 있다. 청와대의 비서실은 행정내각 위에 군림하는 소내각이라고 불릴 정도로 대통령의 통제기능을 담당했다. 비서실에 채용된 공무원의 수가 1960년대를 통하여 급증한 현상에서도 알 수 있다. 즉, 1961년에 대통령 비서실 직원 수는 52명이었다. 1970년에는 그 수가 421명으로 여덟 배 이상 증가했다.[35] 1970년 그 수를 정점으로 점차 감소해 77년에는 140명으로 줄었다.

대통령의 통제력의 강화 다음으로 박동서 씨가 지적한 바로서 이대통령과 비교될 만한 것은 전문기술성이 "정무관이나 심지어 직업관료

---

34 朴東緖, 「發展行政下의 한국관료권」, 『한국정치회보』, 제4집(1971), pp.127~134 참고.

35 『한국통계연감』, 공무원 편.

에 못지않게 향상되었다"는 것이다. 1960년대에 행정상의 주요 기능이 고도의 전문성과 기술성을 띠는 근대화사업 계획을 추진시켰기 때문이다. 박대통령의 이러한 행정기능의 향상은 그의 행정의욕과 경제에 대한 열의에 기인한다고 박동서 씨는 설명하고 있다. 그리고 대통령의 이러한 능력으로 인해 부하들의 능력이 상대적으로 과소평가되며 불신의 대상이 되기도 했다는 것이다.

다음으로 주목할 만한 것은 대통령의 통제력이 확대됨으로써 행정관료들의 재량성이 극히 좁아지고 한정된 점이다. 예로서 서울시의 수도요금 인상이나 택시요금 인상까지도 대통령의 재가를 얻어야 하는 정도로 되었다. 대통령의 이러한 통제력 강화는 고급공무원들에 대한 인사권의 장악까지도 포함된다. 대통령의 자의에 의한 인사권 행사는 가부장적 권위주의의 답습으로서 이대통령 시대에도 그런 경향이 있었다. 그러나 이정권 당시에는 선임원칙(seniority rule)이 대체로 지켜져 공무원들이 어느 정도의 안정을 누릴 수 있었다는 것이다. 박정권 아래서는 실적과 충성을 중시한다는 이유로 인사권을 악용하는 경우가 흔히 있어 공무원들은 인사권자에 대해 보다 예속적인 관계에 놓이게 된 것이다.

이러한 가부장적 권위주의는 관료조직 내부에 있어서 관료들의 재량권 위임을 허용하지 않는다. 모든 결정은 각 기관의 장(長)이 하는 것이며 그 이하의 부하들은 장을 보조하는 조직기관에 불과하다. 이것은 왕과 가부장을 절대 권력자로 모시고 보좌하는 권위주의 전통과, 이것을 계승 강화한 식민지통치행정의 답습으로서 이루어진 행정법의 행정관청이론에 의한 것이라고 박동서 씨는 설명한다. 이 전통에서는 장이 결정권을 장악하도록 합법화되어 있다. 이것은 현대적 관리이론과 근본적으로 상극적인 것임에도 불구하고 통제 위주의 권위주의는 박정권 아래에서 더욱 강화되었다. 이러한 권위주의는 국민에 대한 관계에서

뿐만 아니라 부하관료에 대한 불신을 전제로 한 것이다. 권위주의에 입각한 위계질서의 인간관계는 근본적으로 불신하는 인간관계에 기반하므로 충성을 강요하게 되는 것이다. 그리고 이외에도 한국의 관권에는 무엇보다도 이권(利權) 문제가 있기 때문에 윗사람들은 부하들에게 재량권을 위임하지 않는 경향이 강하다는 것이다.

박동서 씨는 1960년대의 이러한 관료권의 변화를 다음과 같이 요약하고 있다.

> 자유당시대와 비교하여 대통령을 포함한 행정권이 월등히 강대해졌으며 행정관료 조직 내에서는 장·차관이나 일반직 관료보다는 대통령에게 집중되어 있다는 것을 파악했다. 이는 무엇을 의미하느냐 하면 자유당시대의 관료주의적 결함, 즉 관료가 비교적 많이 장악하고 있는 권력을 무책임하게 그들의 이익을 위해서 행사할 가능성은 심한 통제로 많이 지양되었으나, 사소한 일까지도 대통령이 결정하여야 하며 그 이하의 정무관을 포함한 일반직 관료는 거의 행정의 수단으로서만 작용하게 된다는 의미에서 막스 베버(Max Weber)형의 근대적 관료제에 접근하고 있다…….[36]

1960년대를 통하여 정부의 관료조직은 이렇게 군대식의 상부의 명령을 집행하는 위계질서의 구조로 변질했다. 이러한 행정조직의 기반 위에 박대통령은 1970년대에 들어와 절대화된 권력으로 더욱더 과감하게 행정을 추진시켜갔다. 박대통령은 1970년대에 들어와서 이른바 서정쇄신의 작업을 단행했다. 사회의 정신혁명을 전개한다는 명목으로 모든 공직자와 공무원의 부조리와 비위를 없애며, 부정부패의 악습

---

36 박동서, 앞의 글, p.132.

을 근절하여 행정능률의 극대화를 이룩한다는 것이었다. 이러한 서정쇄신 작업을 소위 안보적 차원에서 강력히 추진했다. 이것은 "호화주택 소유자의 공직 추방 등의 단편적인 부조리 추방작업"을 넘어 1975년부터는 "각종 행정 부처는 장관 이하 각종 기관장 책임 아래 공무원사회에 잔존하는 비위, 부조리부터 우선 근절시키는데……" 이것을 안보적 차원에서 단행한다는 것이다. 따라서 정부는 1975년 전체 공무원의 2.9%인 1만 3,821명을, 1976년엔 5만 1,468명(10.4%), 1977년에는 4만 5,611명(8.9%), 1978년에는 4만 4,436명(8.5%)의 비위공무원을 계속 적발해 의법조치했다.[37] 즉, '서정쇄신'을 통해서 행정관료들의 충성과 능률을 더욱 높이며 권력자를 위해서 전공무원을 정예화하려 한 것이다. 이러한 작업은 한편 공무원을 위한 처우개선과 후생대책을 뒷받침하면서 전개해나갔던 것이다.

그러나 어느 기자가 '지방 공무원 사기'에 관한 관찰에서 지적한 바와 같이, 권력에 능동적으로 충성하기보다 수동적이며 기계적인 데서 행정의 효율성이 오히려 저하될 뿐이다. 이 기자에 의하면,

> 지방 행정기관이나 다른 곳에서 일하는 공무원들을 인체에 비유한다면 손발과 같다고 할 수 있다. ……중앙으로 연결된 혈관이 혹 동맥경화증 상태에 있는 것도 같고, 공복으로서의 사명감이나 자기 직무에 대한 이해·파악도가 모자라는 것 같기도 했다. ……위에서 내려온 지시요 명령이므로 어쩔 수 없이 수동적으로 끌려가는 듯한 인상은 어쩔 수 없었다.[38]

---

37 『합동연감』, 1981년판, p.100.

38 『한국일보』, 1983년 7월 23일자, 記者의 눈(지방 공무원의 사기)에서 인용.

박정권의 권위주의적 성격은 이렇게 권력이 대통령에게로 집중하고 절대화한 것이나 예속적인 관료조직의 성격에 있어서 전통적인 가부장적 권위를 답습하여 국가적 차원으로 확대시킨 것이다. 전통적인 가부장제 가족이 혈연에 기반한 포괄적 생활공동체이며, 가부장의 권력이 공동체 생활의 전분야를 지배하고 통괄하는 포괄적인 것인 만큼 박대통령은 국가공동체를 독재적으로 지배하며 국가 위에 군림했다. 현대 권위주의적 국가에 나타나는 집단지도체제나 엘리트 중심의 연합적 지배체제와는 약간 차이 있는 대통령중심 지배체제이다. 그리고 이것이 전통적인 가부장제 가족의 가치관이나 인간관계의 원형을 한국적 미풍양속의 계승으로 강조하고 정책적으로 장려한 데서 전통적 권위를 계승한 것이다. 박대통령의 가부장적 이미지와 권위가 전통사회 지배권력의 구조적 또는 논리적 계승은 아니지만 인습적이며 감정적인 측면에서 계승된 것이다. 정부의 권력구조가 이러한 바탕 위에서 국가생활의 모든 분야, 즉 공적 및 사적인 사회생활을 지배하고 예속시켜온 것이다. 비록 산업화를 통해서 생산 및 서비스 분야, 그리고 금융에 이르기까지 대형의 기업체와 경영조직이 전에 없이 많이 생겨나고 확대되어왔음에도 불구하고 이러한 공적 조직은 정부의 관료조직의 형태를 그대로 답습하여 명령에 충성하는 위계질서를 강화한 것이다. 정부의 가부장적 권위 질서가 각종 경제조직에서도 일관되게 나타나고 있다. 더욱이 교육기관이나 각종 민간단체도 형식적으로는 현대적 기능을 띠면서도 각 단체의 구조적 성격과 조직 내의 인간관계는 권위주의를 답습하고 있다. 이것은 다음의 권력이 사회단체에 침투하는 형태를 고찰하는 데서 설명되겠지만 권력이 정부의 관료조직을 통하여 사회 모든 분야를 강압적으로 지배함으로서 모든 기구와 단체를 권력에 예속시키며, 따라서 사회의 인간관계는 공적 및 사적 분야에서 위계질서적으로 조직화된 것이다.

4. 가부장적 권력과 사회집단

1) 산업화와 이익집단의 통제

4·19학생혁명은 분단시대를 통하여 가장 민주주의적 권리를 민중에게 허용하는 민주당 집권의 제2공화국을 탄생시켰다. 제2공화국은 한국역사상 가장 국민의 자유를 폭 넓게 보장하여 제일 민주적이라 할 수 있는 헌법으로 개정했다. 이에 따라 정부의 권력은 필요한 최소한에 머물렀으며 그 반면에 개인의 자유는 그만큼 확대되었다. 그러나 이 자유를 계속 누릴 수 있게 할 성숙된 사회층이 형성되어 있지 못한 데서 각 집단의 성급한 행동이 이 자유의 앞길을 가로막게 되었다.[39]

제1공화국의 억압적이며 부패한 정권 이후 주어진 자유는 급진적인 혁신계와 학생집단을 위시하여 각 직능집단이 압력집단으로 폭발하는 사태를 야기시켰다. 위에서 이미 언급된 혁신계와 학생들로 조직된 민족통일연맹은 자유당 정권하에서 금기로 되었던 남북협상론·중립론·평화통일론을 활발하게 주장했다. 그리고 학생들은 전국학생연맹을 조직하여 과도정부 및 민주당 정권에 대한 강력한 압력단체의 역할을 했다. 부정선거 원흉들이 단호한 처형과 부정축재자에 대한 처벌 등을 요구하는 한편 정치행정에 대한 비판과 더불어 신생활운동을 전개했다. 어느 한 기록에 의하면, 5·16 쿠데타가 일어나기 전까지 거의 1년 남짓한 동안 학생집단들의 거리시위는 전국적으로 거의 2천 번으로 추계되고 있다. 그리고 여기에 참가한 연인원수는 90만 명으로 파악되었다.[40] 학생집단 외에 이미 지적한 바와 같이 직업집단 중 교직자들의

39 차기벽, 「4·19 과도정부, 장면 정권의 의의」, 『4월혁명론』(한길사, 1983), pp.167~168.

40 Yu Suk-ryul, *Role of Interest Groups in Emerging Nations : A Case of Korea*, p.243.

노조조직과 활동이 혁신적인 입장에서 압력 단체의 역할을 하기 시작했다. 그밖에 각 노동현장에서는 수많은 노조단체들이 우후죽순격으로 조직되기에 이르렀다. 따라서 노동운동의 열기를 전국적으로 고조시켜 1962년 보사부 통계연보에 의하면, 60년 1년 동안의 노동쟁의로 인한 파업은 227건으로 6만 4,335명이 참가했다는 것이다.[41] 이 기간 동안 학생과 노동자집단들은 이렇게 활성화되어 그들의 요구를 주장하는 압력단체로 역할하고자 했다.

5·16 쿠데타를 주도한 세력은 이러한 민중집단들의 활성화가 반공의식의 해이로 인해 국가안보를 위협하며, 자유의 남용으로 사회의 혼란을 야기시킨다고 위험시했다. 따라서 활성화된 혁신세력과 민중집단들을 '용공세력'으로 간주해서 3,336명을 체포했다. 『합동연감』 1964년판에 의하면, 이들 체포된 사들은 정당인 1,300명 교직원 818명, 사회단체 408명, 학생 236명, 언론인 80명, 그리고 기타 여러 범주에 속하는 사람들이었다.

> 4·19혁명과 더불어 다시 활발히 전개된 (이들) 진보주의운동은…… 국제적 냉전체제 속에서 분단체제로 출발한 남한사회의 문제점들을 부각시키고 표면화시킨 커다란 의의를 갖고 있다[42]

고 김학준 씨는 강조한다. 그럼에도 불구하고 분단체제의 안보를 앞세운 군사 쿠데타로 그 한계에 부딪친 것이다.

---

41 『합동연감』, 1964년판에는 4·19 이후 5·16까지의 데모 사건들을 다음과 같이 집계하고 있다.
대학교-51회, 고교 이하-177회, 동원된 학생수 11만 9,015명, 노조 시위 데모-35건으로 2만여 명 동원. 민주당 집권 9개월간에 1일 평균 155명이 데모에 참가.

42 김학준, 앞의 글, p.219.

그리고 민정으로 이어진 군사 정권은 급격한 산업화를 목적으로 민중들의 자발적이며 활성화된 조직활동을 억제하며 통제했다. 각종 직업 집단의 자유스러운 노조조직이나 이익집단의 조직을 통제할 뿐 아니라 이익을 대표하고 정책에 반영할 수 있는 압력단체로서의 기능을 억제한 것이다. 즉, 민중의 사회·경제적 이익을 보호하며 증진시키려는 자주적 민중세력이나 집단적인 노력을 정치에서 소외시킨 것이다. 그리고 이익집단의 조직과 활동을, 권력을 지지하고 정부 시책에 협조하는 세력 기반으로 조정하며 통제해간 것이다.

제3공화국이 실시한 경제개발5개년 계획은 산업화를 통한 고도의 경제성장을 이룩하며 사회를 분화시켜갔다. 1962년부터 1970년 사이에 국민총생산이 연평균 10%로 증가했으며 이것은 주로 도시에 근거를 둔 2차산업 부문의 팽창에 의한 것이었다. 같은 기간 동안 제2차 산업 부문은 연평균 18.6%로 증가했으며, 1차산업은 3.8%만이 증가하여 극히 대조적인 양상을 나타내고 있다. 이렇게 산업화는 2, 3차 산업을 기반으로 한 것이어서 도시인구는 더욱 급증하여갔다. 인구집중에 의한 도시화의 추세는 1960년에 전체 인구 중에서 시(32개 시 지역)가 차지한 인구비율 29.9%이던 것이 1970년에는 41.2%로 증가된 것에서 알 수 있다.[43]

이러한 도시화 산업화의 추세는 <표 2-3>에서 볼 수 있는 바와 같이 산업 분야별 취업자의 구성이 변화한 것에서 잘 나타나고 있다.

일반적 추세로서 농수산업을 중심으로 한 1차산업에 종사한 노동자 비율은 1963년에서 79년 사이에 63.1%에서 35.8%로 감소한 반면, 제조업 분야의 취업자 수는 같은 기간에 8.0%에서 22.9%로, 그리고 3차 산업 분야에서는 28.2%에서 40.5%로 크게 증가했다.

43 유의영, 앞의 글, pp.95~96.

<표 2-3> 산업 분야별 노동참여율 추이[44]

(단위: %, 천 명)

구분	1963	1968	1973	1979
1차산업	63.1	52.4	50.0	35.8
제조업	8.0	12.8	15.9	22.9
광공업	0.7	1.2	0.4	0.8
3차산업	28.2	33.6	33.7	40.5
합계	100.0	100.0	100.0	100.0
취업자수	7,662	9,155	11,139	13,664

따라서 각 산업 분야에 종사하는 취업자들의 직업구조에도 변화를 나타내고 있다. 즉, <표 2-4>에서 보면 기업체에 종사하는 관리직 및 사무직이 1975년 12.8%로 증가한 한편 제조업체에 종사하는 숙련·반숙련 근로자들의 수가 63년 47.2%이던 데서 75년에는 77.3%로 대폭 증가했다. 그리고 미숙련 단순노동자들의 수는 1963년 41.1%이던 것이 75년에는 8.3%로 격감한 것이다. 이 기간에 있어 제조업 분야의 급격한 성장은 대기업의 육성을 기반으로 한 것이어서 대규모 기업체수가 1963년에는 237개이던 데에서 72년에는 833개로 3.5배나 되었다.[45] 이러한 산업화는 또한 각종 직능집단 및 시민집단의 자발적 조직화를 야기시키는 사회문화를 의미하는 것이다. 경제성장과 사회변화에서 발생하는 각 계층간의 이해의 갈등에서 권익을 옹호하며 이익을 대표하려는 집단적 요구가 각종 직업 분야와 지역적 및 문화 분야에서 대두되는 것이다. 이것은 민주시민으로서나 공적 생산에 참여하는 직업인

44 Choe Jang-jip, *Interest Conflict and Political Control in South Korea : A study of the Labor Unions in Manufacturing Industries, 1961~1980*(Univ. of Chicago, Ph. D. Dissertation, 1963), p.69.

45 隅谷三喜男, 『한국의 경제』(한울사, 1983), p.59.

<표 2-4> 직종별 산업 근로자 구성비율[46]

(단위: %)

연도	1963	1971	1973	1975
관리 • 사무직				12.8
사무직	9.7	10.1		
자영업주 및 가족종사자			1.2	
전문직, 연구직, 기술직, 기사	2.0	5.4	5.8	1.6
숙련공	29.9	29.1	26.7	56.6
반숙련공	11.2	23.4	24.3	
견습공	6.1	17.2	23.0	20.7
(소계)	(47.2)	(69.7)	(74.0)	(77.3)
기타상용공		10.8	15.0	
단순노동	41.1			8.3
일고		3.9	3.6	
합계	100.0	100.0	100.0	100.0

으로서 분배와 생활복지의 증진을 요구하는 권리와 책임을 행사하기 때문이다. 이에 따라서 각종 민간집단과 이익집단은 산업이 발달한 도시지역에서 집중적으로 조직되고 기능하는 것이다. 산업화로 인한 사회문화의 추세를 한편으로, 한국의 현실에서는 산업화가 본격적으로 시작되기 이전부터 각종 이익단체들이 형식적으로 많이 조직되어 있었다는 것이다.

안해균 씨는 1965년 한국의 이익집단에 대해 연구한 논문에서 정부 각 부처에 등록된 단체의 수와 그 일반적 특성을 다음과 같이 제시하고 있다.[47] 즉, 1963년 현재 중앙정부의 주요 정책기관인 16개 부처에 등록한 이익단체의 총수는 650여 개이다. 이들의 부처별 등록실태

46 Choe Jang-jip, 앞의 책, p.97.

47 安海均, 「한국의 이익집단에 관한 자료 연구」, 『行政論叢』(서울대 행정대학원, 1965)과 「한국의 행정부와 압력단체」, 『사상계』, 1966년 12월호 참고.

는 경제부처와 문교부 계통에 집중되고 있다. 경제관계의 실업가 단체로서 한국경제인협회를 비롯하여 총 126개 단체들이 상공부에 등록했으며 경제기획원, 상공부, 건설부 등에서 그 활동을 집중적으로 전개한다는 것이다. 그 외에 문교부 140, 농림부 50, 외무부 31, 교통부 23, 보사부 20, 노동청 20 등 기타 부처에 소수가 분산 등록되어 있다는 것이다. 안해균 씨는 이익단체를 현존하는 다양한 모든 단체의 활동, 즉 공식적 활동은 물론 비공식적인 모든 활동까지를 포함하여 세밀히 분석하고자 하는 목적에서 비교적 광범위하게 규정했다. "일반적으로 자신의 투자적 이익을 대표하고 있다고 용인되는 제 단체"를 분류해보려는 의도에서 정부부처에 인가 등록된 모든 단체들을 일단 포함시킴으로써 그 수가 많아진 것이다. 그러나 등록된 650개 단체 중에서 "비교적 그 조직과 활동이 근대화되어 있을 뿐만 아니라 이익표명 및 투입방법과 수단이 공개적인 단체는 불과 16개"정도라는 것이다. 이렇게 압력단체의 성격과 기능을 제대로 구비하지 못한 상태에서 수많은 단체들이 정부 각 부처에 등록되어 있다는 사실이 한국의 정치·문화적 특수성을 잘 나타낸다는 것이다.

한국의 이익단체의 일반적 특성을 안해균 씨는 다음과 같이 설명하고 있다.

첫째, 도시지역에 과다한 수가 집중되어 있다는 사실이다. 이 원인은,

> 해방과 동시에, 참여의 성숙한 경험 없이 정책결정과정에 참여하는 기회를 얻어 정당 및 정치단체, 정치인을 최상의 신분으로 착각한 독립 초기의 사회의식에 그 영향을 받아서 집단의 특수이익을 정치 및 행정과정에 임하려는 의도보다는 오히려 집단의 명칭이나 그 조직력과 영향력을 이용하여 자신의 권력에 대한 사적 욕구를 위한 수단으로 이익집단을 남설하는 풍조를 조성했다

고 지적한다. 그리고는 산업화의 초기 단계로서 직능분화가 이루어지지 못했음에도 불구하고 "직능 차위(差位)의 분화가 고도로 발달된 서구사회를 모방하여 외형적으로만 세분되어가는 경향이 하나의 풍조가 되었다는 점"을 덧붙이고 있다. 말하자면 이익을 결합하고 표명하는 주체로서 자기들의 이익의 성격을 명확하게 자각하지 못할뿐더러 이를 정치과정에 투입시킬 능력조차도 갖추지 못한 무수한 단체들이 직능의 외형적 차이에 따라 세분화되었다는 것이다.

둘째로 지적되는 특수성은 대소를 막론하고 성원간의 주체의식의 결핍상태로 인해서 자주성이 약하고, 고정된 목표 추구보다 정치권력에 대해서 피동적 위치에 있다는 것이다. 이러한 주체의식의 결핍과 자주성의 상실은 이익집단의 대내적인 이유라기보다 집단외적인 정치적 요인들의 결과로서 설명될 수가 있다. 이정권 아래에서부터 이익단체는 집단 성원들에 의한 공동목표의 자발적인 설정과 참여의식에 기반한 집단형성이 아니고, 권력층의 목적에 따라 관제로 조직됨으로써 목표가 외부로부터 이식되어 참여를 강요당한데 기인한다는 것이다. 더욱이 이러한 관제조직은 정권유지의 도구로서 어용단체화됨으로써 간부진에 대한 성원들의 불신이 심화되기 때문이다. 주요 이익단체의 활동 방향은 이러한 어용단체의 성격으로 인하여 집권층의 정책방향에 따라서 좌우되었다. "최고 간부진의 인선과 하위조직에 이르기까지 모두가 집권층과 결탁된 이른바 '브로커 정치전략'의 조형물이 되어"가는 기본구조가 '수직적 하향식'이라는 조직유형을 입증하는 근거라고 할 수 있다.

셋째로, 그 특수성은 이익의 잠재성과 이익활동의 비공개성이다. "이익의 잠재성이라고 하면 한국의 농촌지역에서 볼 수 있는 바, 농촌민의 이익주장이 정치 및 행정과정에 투입될 잠재적 가능성은 많으나 개개의 특수이익이 현재화되고 조직화되지 못하고 잠복하고 있는 상태"라는 것이다. "농민들은 타지역사회와의 의사소통의 곤란과 지도적인 인물의 부재, 그리고 농협과 같은 관제조직의 침투, 지역사회에 대한 강력한 지방행정권의 침투 작용으로 인해 농민의 주체의식에 입각한 자주적이고 상향적으로 강력하게 정책기구에 요구 투입을 가할 수 있는 이익단체 또는 압력단체를 결성 또는 출현시키지 못하고 있다"는 것이다. 그리고 이익집단의 비공개성이라 하면 이익집단이 특수이익 추구를 위해서 행정부와 입법부의 정책과정에 접근하는 방법이라든가 여론을 형성하는 방법과 수단이 음성적이라는 뜻이다. 한국의 이익집단은 군소 이익집단의 대부분이 비공개적 방법과 수단을 쓰고 있는 것이다.

이렇게 지적된 한국 이익집단의 특수성은 정부가 이익집단의 민주적 기능을 정책적으로 육성하는 대신 오히려 가부장적 권위주의의 전통을 조장하면서 민간집단을 권력에 예속시키고 어용화해온 데서 기인하는 것이다. 선진 민주사회의 역사에서 볼 수 있는 것은, 시민들은 이익집단의 조직을 통해 그들의 민권을 행사하고 권력을 견제하며 민(民)의 자주적인 공적 생활영역을 확대해나간 것이다. 그리하여 관(官)은 민의 봉사자로서 기능하게 되었으며 시민이 주권자로서의 지위와 역할을 확립해온 것이다. 이렇게 민주화해온 과정은 권력과 민중간의 투쟁적 및 타협적 상호작용의 역사인 것이다. 한국 사회가 지난 30년간 근대화하는 과정에서는 특히 1960~70년대를 통하여 권력층은 민중의 자발적인 조직 활동을 억제할 뿐 아니라 여러 방법으로 통제하며 권력에 봉사하는 방향으로 사회집단을 비민주화하는 데 주력했다. 이익집단으로서 정부에 압력을 가하는 입장에 있기보다 권력층으로부터 압력을 받는 입장에 놓이게 된 것이다.

1960년대의 주요 이익단체로 손꼽힐 만한 '대한노총', '경제인연합회', '대한교련', 그리고 '대한상공회의소'를 대상으로 직접 연구한 유석

렬 씨는 정부가 이익집단을 통제하는 수단을 일곱 가지를 들어 설명하고 있다.[48]

1. 정권은 이익집단의 조직과 기능에 관련된 법률을 권력유지와 안정을 위해 유리한 방향으로 제정한다. 비록 헌법상으로는 결사의 자유와 조직활동의 기본권이 보장되었지만 여러 가지 법률을 통하여 그 자유와 권리를 제한해왔다. 정부의 이러한 법적 제한조치가 5·16 군사혁명 이후 더욱 확대되어간 것이다. 특히 1970년대에 들어서는 노동기본권에 대한 중대한 헌법상의 제한이 가해짐과 아울러 노동3권에 대한 제한입법이 확대되었다. 그리고 모든 분야에서의 시민들의 자발적이며 자율적인 집단적 조직활동을 제한하고 억제하는 입법이 확대되어간 것이다. 집권층은 그들의 비민주적 권력행사를 합법화하기 위해 형식적 입법절차를 통해 제한적 법률을 제정한다. 그리고 대부분의 이러한 법률은 모호성을 띠게 함으로써 정권이 시행과정에서 자신에게 유리한 해석으로 더욱 폭넓은 자유재량권을 행사할 수 있게 한다.
2. 정권의 통제방법은 직접 간접에 의한다. 흔히 권력층의 이익을 위한 간섭과 개입이 이익집단을 위한 정부의 지도와 보호라는 명분으로 위장된다. 한국의 이익집단은 정부의 지시로써 조직되는 경우가 많으며, 그리고 흔히 그들 지도자들에게 집단운영을 지시한다. 이러한 간섭과 지시는 조직단계에서뿐만 아니라 계속되는 것이다. 더욱이 이익집단의 주요 간부를 지명하거나 선출하는 데 영향을 미친다. 이렇게 선출된 이익집단의 지도자와 간부층은 집단

48 Yu Suk-ryul, *Role of Interest Groups in Emerging Nations : A Case of Korea* (University of Missouri, 1974, unpublished Ph. D. dissertation) 참고.

성원의 이익을 대표하기보다 권력층의 하수인 노릇을 하게 된다. 일반적으로 정권이 노동조합에 대해서는 입법조처로서 억제하고 통제해나가는 한편, 기업인 단체와의 관계에서는 대체로 비형식적인 협약에 의하여 조정해나간다. 권력층의 개입은 때에 따라 집단 내의 분열과 갈등을 조장하는 것이다. 그리고 박정권 시대에는 이러한 비형식적 개입이 정보기관에 의하여 자행되었던 것이다.

3. 재정적 지원에 의한 방법이 있다. 대부분의 이익집단은 재정적으로 자립할 수 없을 뿐만 아니라 재정적 자립을 권력에 의해 억제당한다. 정권이 민간집단에 재정적으로 보조하는 것은 직접적인 간섭보다 더욱 효과적이다. 재정적으로 의존상태에 있는 단체들은 정권에 순응하며 권력을 지지할 수밖에 없다. 이들을 지도하고 보호한다는 명분을 내세워 직접 간섭한다면 단체들의 반발을 살 수 있다. 재정원조는 이러한 반발을 자극하지 않고 권력에 예속시킬 수 있는 방법인 것이다. 재정지원이 단체활동에 대한 정부의 호의로서 나타나기 때문이다. 실업인 단체에 대한 정부의 지원은 흔히 특혜금융이나 기타 방법의 특혜조치로써 취해지는 것이다.

4. 공식 또는 비공식적으로 특혜를 베푸는 방식이다. 이익집단들에 대한 정부 특혜의 가장 집중적 대상은 그들의 지도자들이다. 특히 그들이 회원들을 동원할 수 있는 힘이 있는 경우에 그러하다. 권력층은 특수한 혜택을 그들에게 줌으로써 때로는 그들의 생명을 위협까지 하면서 그들을 지배하며 단속한다. 면세혜택은 기업인들의 지지를 얻기 위한 효과적인 방법으로 알려지고 있다.

5. 강권에 의한 탄압 방법이다. 정부는 강권을 사용함에 있어 합법적 이유를 항상 제시한다. 이 강권에는 경찰, 군대 및 정보부의 힘이 포함된다. 비록 합법적 이유를 내세우기는 하나 이러한 정권 탄압의 방법이 빈번하게 사용되는 경우 정부에 대한 시민들의 불신과

적대감을 자아내기 쉽다. 그런 데서 비상조치에도 불구하고 정부의 탄압에 대하여 비조직화된 집단들의 과격한 항거와 규탄이 흔히 폭발하는 것이다. 안보를 우선으로 내세우는 계엄이나 비상사태하에서는 권력의 남용으로 개인들의 인권과 시민생활의 여러 가지 권리와 자유가 마구 침해당하며 억울하게 탄압받는 예가 많기 때문이다. 그리고 권력층에서는 탄압의 대상이 되는 이익집단을 비난하며 반대하는 반동적 조직을 주도하며 지원함으로써 탄압하기도 한다. 가장 악랄한 경우에는 테러집단을 동원하여 폭행을 자행하며 파괴를 일삼는 방법도 있다.

6. 집단들의 활동을 일시적으로 금하는 방법을 취한다. 비상조치를 통해 단체활동을 중단시키며 그동안 비공식적으로 와해공작을 하거나 냉각기를 두어 대결을 피하도록 한다.
7. 이익집단의 요구를 부분적으로 또는 간접적으로 들어주거나, 그 책임을 다른 곳으로 돌려버리는 방법을 쓴다.

군사 쿠데타로 정권을 탈취한 기반 위에 민정을 수립한 제3공화국은 그들의 정권에 정통성이 약한 것만큼 정권 안정을 위해 민간 부문의 집단 활동을 정권지지의 기반으로 확대하며, 각 분야 및 계층간의 이해갈등을 억제하려고 했던 것이다. 이로써 앞서 지적한 여러 가지 방법 중에서도 정책적 수단이나 권력의 직접 개입에 의한 탄압과 통제에 더욱 의존했다. 이 사실은 유석렬 씨가 민간단체 회원들을 상대로 실시한 조사에서 이익집단이 허약한 이유에 대한 그들의 반응에서도 지적되고 있는 것이다.[49]

박정권 아래의 이익집단이 약한 이유로서 48.7%가 정부의 개입 및

49 위의 책, p.286.

<표 2-5> 이익집단의 약화를 초래하는 요인들

(단위: %, 명)

구분	제2공화국	제3공화국
집단간의 경쟁	11.8	8.5
재정 부족	22.8	10.0
정부정책 및 개입에 의한 장애	5.0	48.7
노동자들의 복지에 위배되는 집단의 행동	6.5	6.9
지도력의 부재	29.7	5.4
집단행동이 갖는 한계성	3.3	2.0
낡은 기구조직	3.3	1.0
노동자 교육부족 및 일반회원의 무관심	11.0	9.2
잘못된 법 운용	3.3	5.4
기타	3.3	2.9
합계	100.0	100.0
응답자수	518	518

정책적인 통제에 기인한다고 지적했다. 제2공화국 시대에서의 이 점을 지적한 비율은 5.0%에 불과하다. 이 시기에는 이익집단의 지도력 결핍과 재정부족에 문제가 있다는 것을 대부분 지적하고 있다. 제3공화국 시대의 이익집단이 약한 이유로서는 정부개입 다음으로 재정부족을 10%가 되는 응답자들이 지적했다. 한국의 이익집단들이 정권에 예속되기 쉬운 가장 기본적 조건은 재정적 자립이 없기 때문이다. 그리고 정부는 이익집단의 이러한 약점을 감안하여 재정적 기반을 형성하는 데 통제를 가하는 방법을 미리 사용하는 것이다.

유석렬 씨가 조사한 이익집단의 지도자들과 회원들은 또한 한국에서 정권이 이익집단의 활동을 억제하고 통제하는 데 있어 가장 효과적으로 이용되는 이유를, "공산주의자들의 선동"이라고 지적했다. 지도자들(39.5%)과 회원 응답자들(41.3%) 중 양쪽 집단에서 모두 이 이유를 가장 많이 지적했다. 공산국가인 북한과 대치된 분단사회로서 더욱이 동란을 경험한 남한 사람들로서는 국가안보를 위협하는 공산주의자들의

<표 2-6> 정부가 집단의 활동들을 효과적으로 방해하기 위해 내세웠던 이유들[50]

(단위: %, 명)

구분	지도층	일반회원
공산주의자들의 선동	39.5	41.3
사회적 무질서	33.1	30.2
무리한 요구	14.5	20.6
집단세력의 과다 팽창	10.5	7.1
기타	2.4	0.8
합계	100.0	100.0
응답자수	124	126

선동에 이용당하는 행동이라면 스스로 자제하는 경향이 있다. 더욱이 그러한 행위를 반공법으로 다스리기 때문에 단체들이 압력집단으로 기능하는데 한계를 스스로 제한하는 경향이다. 이러한 자제력에도 불구하고 역대 정권이 반공법이나 이적행위로 다스리는 이유를 정치적 목적으로 빈번하게 이용한 데서 정부에 대한 불신이 비교적 높은 편이다.

조사 대상 집단들의 지도자들과 성원들 중에서는 정부가 이러한 이유로서 집단 활동을 탄압하는 데 대하여 정부의 이유를 액면가치 그대로 받아들이는 경향이 비교적 약한 것으로 나타났다. 지도자로서 응답한 사람들의 74.2%가 그 이유를 전혀 사실로 받아들이지 않는다. 17%만이 정부의 이유를 신임한다는 것이다. 성원들 중에서 응답한 사람들은 전혀 그 이유를 믿지 않는다는 비율이 38.9%이며 약간 정도 사실로 믿는다는 비율은 42.9%이다. 즉, 대부분이 전혀 불신하거나 또는 어느 정도 불신하는 형편이다. 이렇게 정권에 대한 불신이 높은 편이며 좌익 선동을 사실로 믿지 않지만 권력의 탄압 앞에서는 이익집단으로서의

50 위의 책, p.288.

<표 2-7> 정부가 "공산주의자 혹은 사회주의자의 선동"을 구실로 집단의 행동을 통제할 경우, 이를 용납할 것인가?[51]

(단위: %, 명)

일반회원		지도층	
절대 못한다	38.9	용납 못한다	74.2
못한다	42.9	용납한다	17.7
모르겠다	7.9	기타	7.3
용납한다	5.6		
전적으로 용납한다	4.8		
합계	100.0	합계	100.0
응답자수	126	응답자수	124

자주적 활동을 포기하거나 스스로 억제하는 결과를 가져오는 것이다.

이렇게 억제된 상태에서 정책결정에 이익집단이 이익을 표출시키기 위해 교섭하는 범위와 방법은 특수한 형태로 나타나고 있는 것이다. 안병영(安秉永) 씨가 한국 이익집단의 정책결정 기구와의 교섭 유형을 파악한 바에 의하면, 이익투입의 활동이 정책집행과정에 편중해 있다는 점과 그리고 대중 수준에의 간접 행동보다 권력 수준에의 직접행동이 압도적이라는 사실이다.[52] 주로 정책집행과정에 이익투입 활동을 한다는 것은, ① 주요 정책결정에 앞서 이해관계가 같은 이익집단을 정책논의에 참여시키기 위한 제도적 조정장치가 결여되어 있기 때문이며, ② 정부가 유관 이익집단의 전문적 자문이나 조언을 구하는 예가 극히 드물뿐더러, ③ 이익집단 또는 주체적 정책연구, 정보수집 및 일상적 로비활동에 나설 정도로 자체 정비가 되지 못했고, ④ 무엇보다 비대해진 관료권에 대한 예속의식 때문에 이익집단의 활동은 정책의 기본 원

51 위의 책, p.329.

52 安秉永, 「한국의 이익집단과 정치발전」, 『한국정치학보』(한국정치학회, 1977) 참고.

칙이 확정 공포된 이후 시작되는 예가 대부분이다. 그리고 그 접근 방법 또한 건의·면담·답신(答申)이 그 주종을 이루고 있다는 것이다. 이것은 정부의 정책 결정에 있어 사려깊은 정책심의 과정이 없고, 확정된 정책이 변경될 가능성이 크다는 사실에서 비롯된다는 것이다.

다음으로 이익투입 활동이 권력 수준에 직접행동이라는 것은 정책 결정 과정에서 여론이 차지하는 비중이 상대적으로 낮고, 따라서 대중 수준에서의 선전, 폭력 등의 압력수단이 탄압을 받음으로써 권력층이나 관계요로에 직접 교섭하는 방법을 쓰게 된다. 여기에서 비공개적이며 음성적인 거래가 이루어지며 집단적 이익보다는 지도자 개인의 이익을 위해 타협하는 결과를 초래하게 되는 것이다.

지금까지 한국의 근대화 과정에서 대두된 이익집단들의 권력과의 관계에서 조성된 일반적 성격과 권력의 통제방법 및 정부 기구에 대한 이익투입의 방법 등을 고찰했다. 이러한 일반적 상황을 배경으로 다음에는 '대한교련', '노총', '농협' 및 실업인 단체와 같은 개별 단체를 살펴봄으로써 권력이 어떻게 이익단체를 어용화하며 조종하는가를 사례적으로 제시해보려고 한다.

2) 대한교련의 어용단체화

'대한교육연합회'는 일찍이 "일선 교사들의 요구에 의해 조직된 단체가 아니라 서울에 있는 교육계 지도자들과 지방의 교육행정가 등 일부 교육자들의 주도"로써 조직된 것이다. 이 연합회 탄생에 주동 역할을 한 오천석 씨에 의하면 해방 직후 미군정 시대 문교 책임을 수행하는 입장에서 교직단체의 필요성을 느껴 조직을 하게 되었다는 것이다. 즉, 일제시대의 관제 어용단체인 조선교육회가 소위 교사들의 후생사업기금으로 회원들로부터 강제 징수하여 적립한 기금의 행방을 찾는 과정에서 전국 규모의 교직단체의 필요함을 느꼈다는 것이다. 그러는 한편 좌익교사들로 조직된 '조선교육자협회'가 "민주교육의 터전을 착착 다지고 있는 터에 이를 방해하고 파괴하려는 조직체"로 대두했다. 그리하여 당시 교육계의 지도적 인물이었던 소수 인사들과 함께 발족을 서둘러 '대한교련'을 탄생시켰다.[53]

창립 당시의 교련의 목적은 "본회는 우리나라 교육의 발전을 도모하며 세계문화 향상에 공헌함을 목적으로 한다"라고 되어 있어 지극히 막연한 것이었다. 그리고 규약상 나타나 있는 사업내용도 교육에 관한 연구와 회원들의 질적 향상 및 복지에 관한 것으로 되어 있다. 조직의 성격으로서 교사들의 사회·경제적 권익을 옹호하며 대변하는 직능적 이익단체로서의 성격을 띠지 않았다.

그러나 내한민국성부가 수립된 후 대한교련은 교육자를 대변하는 기관으로 국회에 대해 압력단체의 구실을 하기 시작했다. 국회 안에 교육을 이해하고 교육자들 편에 서는 많은 수의 의원 확보가 필요함을 자각했다. 특히 정부가 수립되고 국회가 기능을 발휘하는 초기 단계에서 교육애 관한 입법활동이 많은 시기였기 때문에 그러한 필요성을 더욱 절감한 것이다. 이 목적을 위해 교련 측에서는 국회의원 입후보자 중에서 가장 적당한 인사를 선택하여 공천하고 당선을 위해 노력했다. 국회의원들의 입법활동에서 소외되기 쉬운 교육문제를 유리하게 다루어지게 하기 위해서 이러한 수단을 써야 한다는 자각을 갖게 되었다. 교련은 일단 공천을 한 입후보자에 대하여 교련 발행 회보의 특집호를 만들어 공천을 받은 사람의 자격사항 등을 상세히 소개하여 회원들에게 배부하고 협력을 호소했고, 때에 따라서는 지원인사를 선거구에 파견하여 찬조강연을 하게 했다. 이러한 교련활동은 상당한 효과를 거두

53 이 부분은 『大韓教聯三十年史』(대한교육연합회, 1977)에 주로 기반한 것임.

어 예상외로 많은 교육관계자가 당선되었고 그들의 국회활동에 힘입어 교육에 유리한 입법활동이 가능케 되었다.

교련은 1950년에 실시된 제2대 국회의원 선거 때에는 좀더 적극적으로 나섰고 교련의 공천을 받으려는 인사가 격증했다는 것이다. 당시 교련의 사무국장이던 박모(朴某) 씨도 교련의 공천을 얻어 국회의원으로 당선되었다. 이러한 적극적 활동을 통해 그 당시 제기되는 중요한 교육문제를 행정부나 입법부에 계속 건의했으며, 그 수는 헤아릴 수 없을 만큼 많다고 한다. 이것이 6·25 동란으로 중단되긴 했지만 학교교육의 민주적 기반을 닦기 위해 전국 교육자를 대변하는 집단으로 중요한 기능을 하기 시작했다. 그 결과 이정권 초기에는 교육의 지방자치제를 실시했다. 이것은 군 단위 교육구로 시도(市道) 교육위원회의 구성을 가능케 했다.

그러나 이정권의 권력안정을 목적으로 했던 데서 내무행정 계통에서 지방자치제를 폐지하려는 강력한 움직임이 있었으며, 이것에 대항하여 교련은 교육자치제 수호를 위해 강력한 운동을 전개했다는 것이다. 그리고 교원들의 경제적 상부상조를 위해 공제조합을 1956년 창설했다. 교련의 이러한 조직활동은 일부 지도층에 의해 운영되었으며 교련 산하 각급 교육회는 친목단체로서 기능하는 정도였고, 회원들의 참여의식이나 기회를 마련하지 못한 데서 일선 교사들이 소외되어왔었다.

따라서 4·19 혁명으로 인한 민주화의 요구는 교련조직 내에서도 폭발했다. 1960년 4월 29일 대구시 중·고등학교 교원들이 교련의 중앙집권적 성격을 배격하면서 '교원노동조합'을 결성했다. 이 기세가 전국으로 확산되어 5월 22일에는 '대한교원노조연합회'가 결성되었다. 이 시기에 있어 많은 교원들이 교련에서 탈퇴했다.[54] 교련측에서는 그동안 교련조직에 평교사의 참여가 거의 없었다는 데 대한 불평을 충분히 이해하고, 교련 안에 개혁촉진회를 임시로 구성하여 자체 내에서의 개편을 시도했다. 즉, 평교사 중심으로 정관을 개정하고 대의원, 임원 전원의 총사퇴를 결의한 후 이에 따라 교련 산하 각급 교육회도 교련정관에 준하여 개편을 완료했다. 더욱이 교련 총회에 파견한 대의원을 평교사로서 3분의 2를 차지하게 했다. 그리고 전국교육자대회를 1960년 10월 9일에 개최하고 이를 계기로 교원노조를 타도하는 투쟁에 나섰다. 교원노조와 교련 사이의 분열과 대립은 1년 후 5·16 군사 쿠데타로 인해 중단될 수밖에 없었으나 교련 역사상 교원노조의 탄생과 도전은 "교권의 옹호 확대, 교원의 경제적 지위 향상을 부각"시키는 데 기여한 것으로 평가되고 있다.

5·16 쿠데타 후 군사 정권은 1961년 9월 1일 '교육에 관한 임시특례법'을 세정하여 국공립학교 교원은 노동운동을 할 수 없도록 규제하는 한편 교육자치제를 폐지했다. 따라서 교원노조는 해체되고 교육행정이 내무행정에 예속되었다. 대한교련은 1963년 대회를 개최하고 교육자치제 실시를 촉구하는 '교육선언'을 채택하여 군정 최고회의에 진정하며 건의했다. 그 결과 군정이 민정으로 바뀌는 1964년도부터 도 단위 교육자치제가 다시 부활하게 되었다. 그러나 군 단위의 자치제를 없애고 도 단위로 지역을 확대시켰다. 그리고 교육법이 "시·군·도·중앙별로 교육회를 조직할 수 있다"라는 근거를 제공함으로써 이에 따라 시·군·도 교육회를 지역별 기간조직으로 삼고, 이를 통합하는 연합조직체로서 대한교련은 그 지위를 굳혔다.

제3공화국 시대의 교련은 각급학교의 팽창과 교원수 증가에 따른 조직상의 분화와 기능의 조정을 필요로 했다. 전국 교원수는 1960년 8

54 대한교련 회원이 1956년 4만 3,222명에서 58년 6만 3,118명으로 증가하던 것이 60년에는 5만 5,722명으로 감소했다. 『대한교련 30년사』, p.361.

만 6,870명이던 데서 64만 11만 1,341명으로 증가했으며, 따라서 교련의 회원수도 60년에 5만 5,722명이던 데서 64년 8만 5,069명으로 늘어났다. 기존의 지역적 단위조직의 기본원칙은 조직운영상 회원의 학교 급별, 직위별에 따른 참여비율을 조화있게 반영하지 못한 데서 문제가 파생되었다. 교원의 수가 훨씬 우세한 초등출신이 임원이나 대의원 구성에서 절대다수를 점하게 되므로 중등교육과 대학교육급 교원들의 참여와 요구가 반영되지 못한다는 불평이 있었다. 따라서 3원제(三元制) 조직을 근간으로 하는 정관개정안을 통과시켜서 대의원회의 구성비율을 대학 1, 중등 2, 초등 3으로 하며 이사회 안에 학교급별 분과 이사회를 두고 이에 맞추어 각 시·도 교육회 산하에 학교급별 교육회를 두도록 조직을 분화시켰다. 이것은 학교급별 교원집단의 이익을 대변할 수 있게 기능적으로 대처한 것이다.

그러나 박정권이 유신개헌을 단행하여 장기집권을 목표로 하는 과정에서 박동묘 교련회장을 앞세워 교련의 민주적 발전을 억제했다. 이익단체로서의 성격과 기능을 약화시키면서 권력에 예속시켜갔다. 교련은 1972년 "10월 유신에 대한 우리의 결의"라는 선언문을 발표하고 유신정권을 공식으로 지지했다.

대한교련의 조직을 통합하고 중앙집권제를 강화하기 위해서 문교부에서는 교련으로 하여금 '체질개선'을 하도록 종용했다. 1972년 박동묘 회장의 선출을 기회로 '대한교련 체질개선을 실현시킬 것을 결의하는 결의문'을 채택했다. 그리고 "국민총화가 어느 때보다 요청되고 있는 국가비상사태에 즈음"했다는 명목으로 새 정관을 마련하여 조직개편을 단행했다. 새 정관에 근거한 조직개편은 각 시·군마다 초·중등으로 양분되어 있던 교육회를 단일화하고 각 시·도의 급별 교육회도 해체와 동시에 그 재산이 시·도 교육회에 귀속되었다. 따라서 교련은 "일사불란한 단일 조직체제로 환원"되었다.

그리고 한 걸음 더 나아가 1976년 문교부는 유신정권이 마련한 "공익법인(公益法人) 설립 및 운영에 관한 법률" 및 동법 시행령에 의하여 교련을 이 법 및 이 법 시행령의 적용 대상법인으로 확인하고 이 시행령에 따라 소정기일 안에 교련의 정관을 개정하여 승인 신청할 것을 본회에 통고했다. 교련이 이 법의 적용대상으로 확정된다면 교련은 자립성을 완전히 상실하게 되는 것이다. 즉 ① 임원의 취임 승인 및 취임 임원의 승인 취소, ② 감사의 추천권, ③ 사업계획 및 예산서의 제출 철저, ④ 수익사업의 계획 및 변경의 사전승인 신청, 수익사업의 시정 또는 정지명령, ⑤ 벌칙 삽입 및 강화, ⑥ 예산편성의 요강 지시, ⑦ 공고사항 및 방법의 규제 등 30여 종의 규제를 받도록 되어 있었다. 교련에 대한 권력층의 이러한 요구는 회원의 경제적 사회적 지위향상을 설립 목적으로 하는 법인인 교련으로 하여금 "사회 일반의 이익에 공여하기 위하여 학자금, 장학금 또는 연구비 보조나 지급, 학술 자선에 관한 사업을 목적으로 하는 법인"으로 바꾸어버리려는 의도인 것이었다. 즉, 이익단체에서 공익단체로 바꾸어 정부가 직접 규제하려는 것이었다.

교련은 약 7개월에 걸쳐 이것을 일단 거절하는 데 성공했다. 그 대신 운영상의 합리화를 내걸고 조직의 단일화를 단행했다. 대의원 수와 이사의 수를 대폭 감소했으며, 사무국을 축소했다. 재정에 있어서도 당시까지에는 국고보조, 회비, 출판사업 수입금 등으로 충당해왔으나 정부에서 국고보조를 중단한다는 위협을 받아서 경비절감으로 재정을 안정시키려는 노력을 했다. 더욱이 박대통령의 '4천만 원의 하사금'이 재정 확립에 큰 도움이 되었다는 것이다. 그리고 교련이 "유신 과업수행에 선도적 역할을 했다"는 공로를 인정받는 한편 박동묘 회장은 1976년 유정회 국회의원으로 당선되었다.

교련은 1960~70년대를 통하여 권력의 이러한 개입과 탄압 아래서 이익 단체로서의 기능을 실질적으로 수행할 수 없었다. 1960년대부터 정부의 경제성장 위주의 산업정책 때문에 파생된 여러 문제로 인하여 교권은 점점 실추되고 있었다. "교원의 처우와 사회적 지위는 날로 떨어져 교원의 사기는 저하되고 유능한 인재는 교직을 기피하는가 하면 중견교원의 이직율은 해마다 늘어나 마침내 1968년도에는 전체 교직원의 8.92%가 교직을 떠나는 이직사태까지 몰고왔다"는 것이다. 따라서 1974년에는 교련이 '교원 제자리찾기 운동'을 전개해보려 했다. 이 운동을 통하여 교원의 전문적 자질과 책임에 상응하는 권위와 교원의 사회적 정신적 지위를 확보하기 위한 광의의 교원옹호 활동이었다. 이 활동의 일환으로 교원지위 향상을 위한 전국교육자대회를 개최하여 "교육유신을 위한 교원윤리와 교권확립"을 주제로 심포지움을 개최했다. 그러나 이 대화의 결과는 교원의 사회적 지위향상은 무엇보다도 교원의 윤리확립과 자질향상을 기저로 해야 소기의 성과를 거둘 수 있다는 데 의견을 모은 정도이다. 교권확립의 목적으로 유네스코(UNESCO)와 국제노동기구(ILO)가 채택한 '교원의 지위에 관한 권고'를 문교시책에 반영하는 것이었으나 이것을 실현시킬 수는 없었다.

교련은 재정의 자립적 기반을 마련하기 위해서 여러 가지 수익사업을 시도했다. 그러나 교련이 의존하고 있는 수익사업은 당국의 "검정 또는 인가제도와 관련된 사업이므로 교련이 '자주정책'을 추구해나가는 데 따라 새로운 난관이 예상된다"라고 '대한교련의 청사진(靑寫眞)'(1972)은 지적하고 있다. 즉, 교련과 같은 이익단체가 재정적인 자립기반을 마련하여 '자주정책'을 추구하는 것을 정부는 여러 가지 방법으로 억제하며 방해하는 것이다. 이러한 탄압 속에서도 교련은 교권옹호를 위해 기금을 설치했으며 1979년도부터는 교직상담실을 설치 운영하기 시작했다. 억울하게 면직된 교원의 소송을 맡아 처리하는 한편 사건이 승소하여 복직할 때까지 생계비를 지원하려는 의도에서 기금을 설치한 것이다. 그러나 기금조성이 충분치 않으므로 이 사업마저도 활발하게 운영될 수 없는 상태이다. 교련이 교원의 사회·경제적 지위 향상과 교권옹호를 위해 민주적인 권리행사를 할 수 있는 집단적 역할은 이렇게 완전히 말살되었다. 억울하게 면직된 개인들의 문제를 개별적으로 해결하며 재정적으로 돕는 사업을 시도하려 했지만 그것마저도 재정부족으로 운영이 어려운 상태에 있는 것이다. 교련의 존재는 다만 권력 안정과 유지를 위한 어용단체로서 존속되고 있는 상태이다.

3) 노동단체의 '합법적' 탄압

박정권의 산업화정책은 저임금에 기반한 수출산업 주도로서 특히 대기업을 지원 육성하는 방향으로 추진되었다. 이것은 젊은 여성 노동력을 착취의 대상으로 삼아 노조운동의 탄압으로 이루어졌다.

우선 제조업 분야에서 차지하는 여성 노동력의 비율을 살펴보자. <표 2-8>에서 보면 1972년 여성 노동력은 제조업 분야 전체 취업자(757,413명)의 43%를 차지했으며, 78년에는 그 비율이 46%로 증가했다. 그리고 여성 취업자의 수가 대기업에 이를수록 남자의 수를 능가하거나 비슷한 상태이다. 1972년 1천 명을 이상 고용한 대기업의 여성 근로자는 8만 5,156명으로 남자 종업원 5만 2,811명을 훨씬 능가했다. 그리고 1978년에는 이 수가 여성의 경우 27만 6,610명으로 대폭 증가했으며 남자 종업원수도 28만 3,903명으로 증가했다. 그러나 100~499명 고용한 업체에서나 500~999명 고용한 업체에서는 모두 다 여성 근로자의 수가 더 많은 것으로 나타났다. 이렇게 대기업일수록 여성 근로자들을 대거 고용하여 남자들보다 훨씬 낮은 임금을 지불했다. 1976년 노총이 실시한 임금실태조사에 의하면 "남자의 경우 월 7만 원 이상이 44.7%이고 2만 원 미만은 4.6%인 데 비해, 여자의 경우는 월 7만 원 이상은 5.1%이고 2만 원 미만은 13.0%이며 2~4만

<표 2-8> 종업원 규모별, 성별 분포를 통해 본 제조업의 집중실태[55]

(단위: 명, %)

연도 / 남녀비율 / 종업원수	1960	1972		1978	
		남	여	남	여
	(%)	(%)		(%)	
5~49명		150,805	67,872	248,769	119,091
	(34.6)	(28.9)		(18.3)	
55~99		88,744	66,135	253,140	208,347
	(24.6)	(20.4)		(22.9)	
100~499		77,355	72,510	174,572	194,435
	(20.7)	(19.8)		(18.3)	
500~999		56,565	39,454	125,219	128,627
	(6.1)	(12.7)		(12.6)	
1,000명 이상		52,811	85,156	283,903	276,610
	(14.0)	(18.2)		(27.8)	
합계		426,284	331,129	1,085,603	927,110
	554,816 (100.0)	757,413 (100.0)		2,012,713 (100.0)	

원이 51.9%나 된다"는 것이다.[56]

최장집 씨는 산업화 정책에서 착취당하는 여성 노동자들의 특성을 다음과 같이 지적하고 있다. 이들은 연령층에 있어서 대체로 10대 후반에서 20대 전반에 이르는 미혼자들로서 교육 정도는 35%가 국민학교, 40%가 중학 정도 출신들로서 비교적 높다. 그리고 이들은 40% 이상이 회사 경영의 기숙사에 수용되어 있으며 대체로 근무시간이 길다.

55 Choe Jang-jip, 앞의 책, p.90.

56 한국기독교사회문제연구원, 『한국 산업발전과 노동운동의 과제』(조사연구자료, 1978), p.99.

40% 이상이 10시간 근무로서 흔히 야간 또는 주말과 공휴일에 연장근무한다. 이들은 대체로 가난한 영세농가의 딸들로서 저임금을 쪼개어 가족을 돕고 저축을 하는 경향이 높다는 것이다.[57] 가난한 가부장제 가족의 출신으로서 부모나 남형제의 교육을 돕는 한편 국가의 고도성장에 기여해온 것이다. 이들은 저임금 정책에서 착취당할 뿐만 아니라 노동현장에서 가부장적 권위를 나타내는 남자들에게 극심한 비인간적 대우를 받으므로 인간대접을 요구하는 소리가 대단히 높다.

이러한 고도성장의 산업화 과정에서 노조의 이익집단으로서의 기능적 요구가 강력하지 않을 수 없다. 박정권은 재벌육성과 기업의 이윤확대를 지원하는 정책으로 노조운동을 기본적으로 탄압했다. 이 탄압정책은 법률 제정을 통한 '합법적' 방법으로 이루어진 데서 노조의 이익집단으로서의 기능을 제도적으로 통세하고 억압한 것이다. 이 글에서는 이러한 합법적인 억압의 측면을 중심으로 권력의 통제정책의 형태를 제시하려는 것이다.

한국의 노동법은 대한민국 수립 후 민주헌법에 의거하여 현대적 노동법을 수용하여 제도화한 것이다. 그러므로 노동3권을 전제로 노동자가 근로조건의 유지 개선을 목적으로 조직하는 노동조합과 그 자주적 활동을 합법화한 것이다. 5·16 군사 쿠데타로 시작된 군정과 제3공화국에서는 노동3권을 제한하는 법적 조치와 노조의 자주적 활동을 억압하는 정치적 탄압을 단행해왔다. 첫째, 군사정권은 노조의 조직을 "중앙집권화, 정치·행정 의존의 강화, 획일화 정책 방향에 따른 단위노조의 통솔 등"을 목적으로 산별노조체제로 재정비케 했다.[58] 이것은 외부권력의 개입과 노조의 어용화를 더욱 쉽게 할 수 있는 체제로의 정비

57 Choe Jang-jip, 앞의 책, p.99.

58 『한국 산업발전과 노동운동의 과제』, p.13.

인 것이다. 이런 체제에서 노조활동은 산별노조 위원장 선출을 둘러싼 주도권 쟁탈이 빈번하게 발생하여 법정투쟁으로까지 번지는 경우가 있었다.[59] 노조운동의 내적인 분열과 미숙 상태를 기반으로 고도성장의 산업화는 1970년대에 들어서면서 노동문제의 심각성을 더욱 노출시켰으며, 분신자살한 전태일 씨의 죽음은 이 시대의 노동문제를 단적으로 증명하고 있다. 노조운동은 이익단체로서의 기능을 발휘해야 할 절박한 단계에 이르렀던 것이다.

이에 따라 장기집권을 목적으로 한 박정권은 '국가보위'의 차원에서 노조운동을 더욱 탄압하기 위한 특별조치법을 1971년 제정 공포한 것이다. 이 법에 의하면 9조(단체교섭권 등의 규제)에서 근로자의 단체교섭권 또는 단체행동권을 규제한 것이다.[60] 종전에는 노사간에 자율적으로 이루어질 수 있었던 단체교섭이 주무관청을 거쳐야만 가능하게 되었으며, 노동쟁의 조정법에 의거하여 규제되어오던 노동쟁의도 주무관청에 조정을 신청하지 않으면 안 되게 된 것이다. 이러한 법적 규제로 인하여 노동쟁의가 현저하게 감소했다는 사실을 김여수 씨는 다음과 같이 설명하고 있다.

> 그 까닭은 간체교섭이 진행되지 않을 경우에 일어나는 노동쟁의인 바 단체교섭권이 관권에 의하여 조정 결정된 이상 노사 쌍방은 이에 따라야 하기 때문에 노동쟁의가 일어날 여지가 없기 때문이다. 그러나 이와 같은 관권조정은 노동조합의 고유한 단체교섭 기능을 위축시킨 것이다.[61]

59 李庚文, 「노동조합」, 『신동아』, 1969년 3월호.

60 金麗洙, 『사회 발전과정과 노동운동의 발전과정』(삼성문화재단 학술부, 1976)을 참고.

61 위의 책, p.115.

그리고 1972년에 유신헌법이 공포됨에 따라 노동조합법, 노동쟁의 조정법, 노동위원회법 등 이른바 집단적인 노동관계법이 각각 부분적으로 개정되어 1973년부터 실시되었다. 이 개정된 노동관계법의 요지는 "단체교섭권의 온건화, 노동쟁의의 소규모화, 그리고 노동쟁의의 단기화"[62]를 목적한 것이다. 5·16 군사 쿠데타 이후 산별체제로 정비했던 것을 다시 '직장 단위 노조체제'로 전환시켜 기업별의 단체 교섭을 하게 했다. 그 까닭은 "단체교섭의 온건화 내지는 노동쟁의의 소규모화"를 지향하는 체제로의 전환인 것이다. 그리고 행정관청이 노동쟁의의 알선을 담당하고 공익사업의 범위를 확대하여 행정관청의 직접 개입의 폭을 넓힌 것이다. 이것은 자주적 해결을 원칙으로 하는 노사관계에 정부가 개입하여 노동쟁의를 악화 내지 단기화시키려는 데 그 목적이 있는 것이다.

국가보위법에 의거한 특별조치법 이후에 연이은 노동관계법 개정이 노동조합의 노동3권을 박탈함으로써 기업의 사용자측에서는 부당한 노동 행위를 더욱 자행하게 된 것이다. 이로써 정부는 1974년에 다시 노동관계법을 부분적으로 개정했다. 그 요지는 첫째로, 근로자를 보호하기 위한 배려와 단체협약 불이행자에 대한 벌칙과 부당노동행위에 대한 벌칙 등을 강화하는 근로기준법상의 개정이다. 그리고 둘째로는 노동조합 법상의 노사협의회제도가 보다 구체화되었다. 각 사업장을 단위로 하는 단체교섭을 통한 대립관계와는 차원을 달리하는 노사협의를 통한 협조관계의 수립을 목적으로 한 것이다. 이것은 단체교섭을 단체자치주의에서 정부주도주의로 더욱 전환시킨 것을 나타낸다.[63]

노동조합은 물론 압력단체로서의 정치적 역할이 억제당하여왔다.

62 위의 책, p.117.

63 위의 책.

법률상으로 노동조합은 정당과는 달라서 정치활동을 배제하고 단지 경제 활동을 수행하는 데 필요한 범위 안에서의 정치활동만이 가능한 것으로 해석되고 있다. 노동법상 노동조합의 정치활동 제한 조항의 내용이 원래에는 정치자금 모집 금지와 조합기금의 정치자금으로의 유용 금지만을 규정했었는데, 1963년 개정 때 공직선거에 있어서의 정당지지나 특정인을 위한 선거운동을 하지 못하게 하는 금지 조항이 삽입되었다. 어느 나라에 있어서든지 노조가 존재하는 경우에 정당이나 정치권력의 노동조합에 대한 정치적 영향을 배제할 수는 없을 것이다. 이러한 정치세력으로부터의 노조의 어용화를 방지하는 것은 노조의 내부적 운영이 민주화됨으로써 스스로 견제될 수 있는 것이다. 노조의 정당지지 또는 선거 운동을 기본적으로 허용하면서 정당과의 밀착에서 오는 타락 현상을 막을 수 있는 제도적 조치가 달리 있을 수 있는 것이다. 이것을 금하는 것은 정부가 노조의 압력단체로서의 역할을 봉쇄하는 데 그 목적이 있는 것이다.[64]

이와는 대조적으로 경제인들의 입법부 참여 비율은 노조 출신들의 그것에 비교가 되지 않을 정도로 높고, 행정부에 있어서도 경제관계 부처의 국무위원 구성이 경제인들의 입장을 정부 정책 수립에 반영하는 데 부족함이 없을 정도이다. 노동조합의 입장을 철저히 파악하고 대변해줄 수 있는 제도적 장치나 공적 통로는 허용되지 않고 있다.[65]

권력이 노조운동의 이익단체로서의 기능을 법제적으로 제한하고 정치적으로 탄압하는 상태에서 자율성을 키우지 못했다. 또한 노조지도층이 현장에서 제기되는 노동문제를 중심으로 조합원들을 결속시키며 일체감을 형성하는 지도력을 발휘하지도 못했다. 회원들의 참여 없이

64 『한국 산업발전과 노동운동의 과제』, pp.95~96.

65 위의 책, p.96.

지도층 중심으로 활동을 운영하면서 기업주 또는 외부세력과 타협하여 지도자 개인들의 이익을 취하거나 문제를 외면하는 소수적 입장을 취해온 것이다. 이로써 지도층에 대한 조합원들의 불신만을 조장하게 된 것이다. 1977년 실시한 한 조사결과에 의하면, 조합원들은 조합지도층이 노동자들의 이익을 내변하기보다 자기 개인들을 위해서 일하고 있다는 것이며, 그리고 조합원보다 회사 기업주측에 더 가깝게 지낸다는 인상을 받고 있다.[66]

따라서 1970년대의 노동운동은 조합 내의 소그룹이 주동이 된 것이 특징이다. 그들은 지역지부나 산별노조의 공적 통로를 통하지 않고 그들의 권익을 위한 투쟁이나 여론을 환기시키는 호소를 하는 경우가 빈번했다. 그들이 진정한 내용은 노동조합이 직접 기업주와 교섭해서 해결해야 할 문제들임에도 불구하고 지도층이 이것을 외면함으로써 조합원들이 노동청장이나 회사 사장 앞으로 진정서를 직접 제출하는 방법을 쓰게 되었다. 이 과정에서 기업주와 경찰의 폭력적 탄압과 위협을 받아가며 투쟁을 계속한 경우가 빈번하게 일어났다. 그러므로 1970년대의 노동운동의 성격은 노조의 조직적 운동이기보다 조합외적인 운동이며 회원들의 자발적인 운동인 것이다.[67] 이것은 대체로 착취의 대상으로 탄압 받아온 여성 근로자 중심으로 주도되었으며, 이 과정에서 젊은 여성들이 노동운동의 지도자로 부각되었다. 이렇게 활성화된 노동운동은 권력에 예속된 노총체제에의 도전이었다.

---

66 위의 책, p.60.

67 위의 책, pp.60~61.

4) 농업협동조합의 관제화

농업협동조합법 제1조에는 "농업협동조합은 농민의 자주적 협동조직을 통하여 농업생산력의 증진과 농민들의 경제적 사회적 지위향상을 도모함으로써, 국민경제의 균형있는 발전을 기함을 목적"으로 한다고 명시되어 있다. 이에 따라 농협은 생산 및 생활지도 사업, 구매사업, 판매사업, 신용사업, 공제사업을 농민들로 하여금 자주적으로 추진해나가도록 함으로써 그들의 경제적 사회적 지위를 향상시킬 수 있어야 할 것이다. 이로써 농협은 농민들에 의한 자주적인 이익집단의 역할을 할 수 있어야 한다.

그러나 1965~66년 사이에 한국농협의 실태와 문제점을 조사 파악한 '파슨 보고서' 및 '농협제도 심의 위원회'의 보고서 등은 농협에 대한 정부의 지나친 통제를 문제시 하고 있다. 특히 농협이 신용업무나 구판 사업에 있어서 정부 정책의 대행업무를 맡고 있는 셈이라고 지적했다. 이 양 보고서에 의하면,

> 1962년 2월 농협 임원임명에 관한 임시조치법을 공포하여, 민주적 관리의 토대가 되는 각급 농협 임원의 선거제를 중단하고 임명제로 전환하여 관료 정치방식이 불식되지 못해, 농협발전의 기초가 될 자주적 협동정신에 암이 되고 있다[68]

고 비판했다.

농협은 농민의 자주적 협동조직이어야 함에도 불구하고 사실상 정부의 일개 하청기관이 되어 있다. 농협은 행정관청과의 연결로 중앙집

---

68 朴應仁 · 尹汝儒, 「農業協同組合」, 『신동아』, 1967년 10월호, pp.120~121.

권적이 되어 중앙회의 계통조합(군 · 이동조합)에 대한 통제권이 강화되고 따라서 하향적 관료체제의 총본산이 되고 있다. 이 중앙회는 9개의 도(道) 지부를 갖고 있어 비대한 관료조직으로 확대된 것이다.

관계법상에 나타난 권력구조는 농림부 장관이 농협의 주무 장관으로 중앙회의 정관 변경을 최종 승인하며, 신용업무에 관한 사항은 재무부 장관의 승인을 얻도록 되어 있다(농협법 133조 2항). 또는 농림부 장관은 운영위원이 되며(140조), 긴급한 사태 때에는 회장이 농림부 장관의 승인을 얻어 운영위원회의 권한 내에서 필요한 조치를 할 수 있다(147조 1항). 또 운영위원회의 추천에 의해 주무 장관과 합의하여 중앙회장의 임명을 대통령에게 제청하며(149조 1항), 중앙회의 사업계획도 예산을 승인하도록(160조) 되어 있다.

감독면에서 보면 농림부 장관은 중앙회와 그 회원조합을 감독하고 적절한 감독력을 위해 필요한 명령과 조치를 하며(164조 1항), 또 한은(韓銀) 감독원장으로 하여금 회원조합을 검사케 할 수 있고(164조 2항) 감독권의 일부를 서울시장, 도지사 또는 중앙회장에 위임할 수 있도록 되어 있다(164조 3항).

이외에 농림부 장관의 권한은 조합과 중앙회의 총회 · 대의원회 · 이사회 또는 운영위원회가 의결한 사항이라도 "부당하다"고 인정될 때는 그 전부 또는 일부를 무효화할 수 있다(167조). 그뿐만 아니라 법령에 의한 행정처분 또는 정관에 위배될 때는 시정을 명하고, 명령에 불복하면 업무의 정지 명령을 하고 관계임원을 개선(169조)하는 권한이 있다. 또 모든 군조합의 정관을 승인(99조)하며, 전형시험을 실시하여 군조합 간부의 자격을 부여하고(109조), 그 외에도 공제사업의 인가(112조), 군조합의 예산 승인(114조), 군조합의 결산보고서를 받을 권한이 있는 것이다(116조).

이에 덧붙여 임시조치법과 부칙 9조에 의해 중앙회장이 계통조직의 모든 간부들을 임명하게 되어 있는 점으로 보아 하향식 조직은 물론 완전히 관제조직의 형태를 갖춘 것이다. 중앙회장은 임기가 3년인데도 정부의 편리와 필요에 따라 갈아치우는 전례가 많다. 때로는 농협운동과는 전혀 거리가 먼 분야의 인사를 임명하는 경우도 있었다. 5·16 군사 쿠데타 이후 6년 동안에는 중앙회장이 다섯 번씩이나 바뀌었다. 따라서 인사의 안정성이 없으며, 그 결과 농협정책이 일관성 있게 발전할 수 없음은 자명하다. 이런 상황에서 중앙회장에게 법적 권한이 주어져 있다 하더라도 실질적으로 행사할 수 없으며 외부 압력에 계속 간섭당할 뿐이다. 중앙회장이 정부에 의해 임명되는 외에 농협은 사업 중에서 87.7%가 정책사업이고, 운영자금의 71.2%가 정부 또는 한국은행에서의 대하금(貨下金)에 의존, 완전히 정부에 예속된 기관이다. 이런 실정에서 농민들은 농협을 자신들의 조합이나 단체로 볼 수 없는 것이다.

농협은 지도·경제·신용·공제의 4대 사업기능을 가지고 있다. 조합원의 농업생산력 증대와 경영개선을 위해 영농지도사업을 하며, 소득증대를 위한 구매·판매·이용 가공의 경제사업, 불의의 사고에서 오는 농민의 경제적 피해를 경감시키기 위한 공제사업, 그리고 영농자금을 공급하기 위한 여·수신(與受信)의 신용사업을 한다.

농협에서는 영농지도가 농협의 경제사업과 결부되어 행해져야 함에도 불구하고 조합경제 사업과 관련없는 국가의 농사개량 사업에 치중했다는 것이다. 위에 언급한 농협평가분석보고서 등에 의하면, 농협경영과 생산기술에 관한 지도가 있었다 해도 조합사업과 관련없는 비조합적 지도가 대부분이다. 그리고 농협 일선에서 현지지도를 담당하는 1,400여 명의 개척원들이 영농자금 미수금 회수나 독려하고 다니는 실정이라고 한다.이들은 정부 대행 채권자 노릇을 하는 것이다.[69] 지도사

69 위의 글, pp.128~129.

업에 있어서 1977년 가톨릭농민회가 조사한 바에 의하면, 농협의 작목반 가입과 활동이 조합원에게 이익이 되었다는 조합원들의 반응은 비교적 저조한 편이다. 작목반에 가입한 조합원의 비율은 25%이며, 이 활동을 통해 이익을 보았다는 응답자는 이들 중에서 41.6%이다.[70] 그러나 이 정도나마 농협이 실시한 지도사업 중에서는 비교적 좋은 반응을 보인 편이라고 장상환 씨는 평가하고 있다.

농협은 조합원을 위해 농업생산자재와 생활필수품을 공동으로 구입하는 구매사업을 한다. 이것은 유통과정을 합리화하여 조합원에게 절감된 상업이윤을 환원함으로써 조합원의 경제적 이익에 기여하기 위한 사업이다. 이 구매사업의 내용 중에서 한국농협이 제일 많은 비중을 차지하는 것은 비료구매이다. 이것은 정부의 위촉사업으로서 농협 구매사업의 약 9할을 차지한다는 것이다. 농협은 마치 '비료배급소'와 흡사하다. 정부 방침에 따라 일부 비료를 '강매'하는 경향이다. 따라서 비료배급제도에 대해서 농협회원들 중에서는 81.4%가 부정적인 반응을 보이고 있다. 비료 중에서 그들이 필요로 하는 종류는 오히려 살 수 없는 불편을 겪는다. 농민들은 농업생산성 증대를 위해서도 비료배급제를 없애고 자유판매제로 바꾸는 것을 요망하고 있다. 농약구매도 필요한 농약을 살 수 없다는 불만이 있으며 필요한 농약의 적기 공급체제가 요망되고 있는 것이다.[71]

농협의 판매사업은 조합원이 생산한 농산물을 한데 모아 공동으로 판매한다는 것인데, 이 사업의 기능은 농산물 판매과정을 합리화하고 유통비를 절약하여 그 이익을 조합원에게 환원하며 상인들의 농간으로부터 농민을 보호하는 것이다. 그럼에도 불구하고 농협조합원들은 현

---

70 장상환, 「농협의 역사와 현실」, 변형윤 외 공저, 『한국 농업문제의 인식』(물결사, 1977), p.302.

71 가톨릭농민회, 『농협 실태조사 연구보고서』(1977).

실적으로 공판장을 기피하고 있다. 그 이유는 공판장이 정부의 곡가조절용 양곡을 판매하기 때문이다. 즉, 농민을 대신하여 오히려 곡가하락을 위해 정부사업을 농협공판장이 대행하고 있기 때문이다. 공판장을 기피하는 또 하나의 이유는 공판장 판매에 있어서 수탁(受託) 판매와 매취(買取) 판매의 비율이 비슷하기 때문에 공판장에 나온 농산물이 조합원의 것인지 상인의 것인지 분간할 수 없다는 것이다. 공판장이 특정 거래상인들에게 특혜를 베풀어 그들을 육성하고 조합원의 공판장 이용 기회가 그만큼 줄어들게 된다. 이러한 몇 가지 사례를 지적하는 것만으로도 농협의 구매사업과 공판사업 등이 농민을 위한 것이라기보다 권력층을 위한 정부대행 기능임을 실증하는 것이다.

제4공화국의 유신정권은 1974년부터 1980년까지 농민들로 하여금 1조억 원을 저축케 했다. 농어촌개발에 소요되는 자금을 자체 조달한다는 명목으로 '농어촌 1조원 저축운동'을 전개했던 것이다. 김언호 씨의 「르뽀 농촌」[72]에 의하면 이 운동을 위해서 농협이 주무단체가 되었다. "마을마다 청년회 저축조, 4H 저축조, 부녀 저축조, 협동회 저축조, 목적 저축조 등"을 조직하여 새마을 저축반이 통괄하도록 해서 농협 단위조합으로 이어지도록 했다. 이러한 조직을 통해 가구마다 매일 5원씩을 저축하게 하는 '개미저축'을 비롯, 추곡수매대금의 50%를 일단 저축하도록 하는 시책을 다양하게 펴나갔다. 일부의 농협 단위조합은 출자금 증액을 강요했다. 이 증액 목표액 초과달성을 위해 증자금을 내지 않는 농가에게는 비료공급을 거절하는 횡포를 부렸다. 그리고 어떤 지역 농협에서는 출자 증액 목표액의 4배가 되는 실적을 올렸는데, 이것을 위해 일선 단위조합에서 맥취비를 공급하면서 가구당 2~3천원씩 출자를 강요했다는 것이다. 정부가 비료공급을 관장함으로

72 김언호, 「르뽀 농촌」, 『신동아』, 1974년 7월호.

써 이러한 경우에 이를 농민 상대의 '흥정거리'로 이용하는 것이다. 농협의 출자는 조합원들이 자발적으로 해야 함에도 불구하고 중앙정부가 필요에 의해 전개하는 저축운동을 농협을 통해 대행케 함으로써 출자를 강요하는 것이다. 그래서 앞서 언급한 가톨릭농민회 조사에 의하면, 이 조사의 응답자 중 5.3%만이 자발적으로 출자했다고 답했다. 75%는 권유에 의했거나 또는 융자나 농협 이용시에 공제당한 강요된 출자임을 밝히고 있다. 농협은 농민이 싫어하는 출자를 억지로 하게 하는 것이다.

더욱이 농협의 농사자금융자도 농민으로부터 원망을 사고 있다. 농사자금의 대출은 일반적으로 액수가 적어 영농자금으로 별 도움이 안 될 뿐 아니라 상환기간이 단기적이다. 정부는 농업생산과정의 특수성을 무시하는 기계적 재정정책으로, 재정안정계획에 의한 연말 자금회수의 강행으로 농민들에게 막대한 피해와 손실을 입혀왔다는 것이다. 이렇게 농협의 주요 사업들은 농민들의 요구와 필요에 기반한 농협의 자주적 사업들이 아니다. 농민들은 농협을 통해 착취당하며 강제로 동원되어 왔다. 따라서 농협은 농민들의 불신과 원성의 대상이 되어왔다. 이렇게 농민들의 이익을 대변할 수 있고 그들의 문제를 공동으로 해결할 수 있는 조직이 박탈당한 데서, 그들은 자신들의 문제를 개인적으로 그리고 비공식적인 음성적인 방법으로 해결할 수밖에 없는 것이다.

김언호 씨가 앞서 언급한 글에서 경남 경찰국의 집계를 인용한 것은 보면, 1962년과 73년 사이에 농민들의 고소와 고발사건이 배 정도로 증가했다. 즉, 경남 농촌지역에서 1962년에 고소 · 고발 사건이 6,706건이던 데서 73년에는 17,882건으로 증가했다. 관의 강압적 정책과 급격한 도시 산업화에 따른 농촌지역의 변화가 농민들의 사회 · 경제적 생활에 수많은 갈등과 문제점을 제기한 것으로 짐작된다. 이 시기에 농촌사회에서 농협이 이익단체로서의 기능을 수행할 수 없었으므로 농민들은 개별적으로 관에 호소하며 고발하는 것이다. 그리고 농민들은 그들의 이익을 위해 관리나 관권 주변에 있는 사람들을 상대로 개별적이며 사적인 방법을 사용하는 것이다. 이로써 김언호 씨가 관찰한 바와 같이, '물잔값(소주값)'으로 관청과 농민의 사이에서 융자 한 푼, 비료 한 부대라도 더 타낼 수 있다는 것이다. 농민들 사이에서는 "영농자금을 쉽게 얻으려면 농협직원들에게 응분의 예절을 갖추어야 한다……10만 원짜리 영농자금을 얻기 위해 기천 원을 써야 한다"[73]는 인식이 보편화되어 있는 것이다.

5) 재벌기업집단의 창출

노동세력의 대립단체로서의 상공업 내지 실업부문의 압력단체들은 그 수가 더욱 많다. 상공업 분야에는 각종 제조업단체를 비롯하여 군소 이익단체의 수가 막대하다는 것이다. 이 분야의 이러한 단체들은 대한상공회의소가 총망라하여 결집시키고 있다. 그리고 대기업가들의 결속체로서 한국경제인연합회가 막강한 압력단체로서 실력을 행사한다. 중소기업체들의 권익보호를 위하여는 중소기업협동조합 중앙회가 조직되어 있는 것이다. 이러한 민간기업 분야에서의 집단적 이익표출과 정책결정에 투입시키는 과정은 앞서 고찰한 농민과 노동자단체들의 경우보다 더욱 용이한 경향이다. 더욱이 이들의 이익표출이 집단의 수준이 아닌 특수적 개별적 재벌이익을 위해 과잉투자하는 경향이므로 '이익구조의 불균형'을 더욱 심화시켰다고 안병영(安秉永) 씨는 지적하고 있다.[74] 재벌의 특수이익의 경우 경제인 연합단체나 동종의 직능적 이익

73 위의 글, p.83.

74 安秉永, 「한국의 이익집단과 정치발전」, 『한국정치학회보』(1977), p.77.

집단을 통하여 자기이익을 반영시키는 외에, 예하의 사적(私的) 연줄망을 동원하거나 재벌의 실력자가 정권의 엘리트에게 직접 접근하는 예가 빈번하다. 이런 경우 공적 명분보다 특수이권의 수혜라는 사적 목표가 추구됨으로써 그 접근방법이 집단적 이익투입에 비하여 보다 '내밀적(內密的)', '잠재적', '사리적(私利的)'이며, 사용수단이 또한 선전·중재·거래보다 뇌물·암계(暗契)·모략 등이 난무하게 되었다는 것이다.[75] 이러한 연구결과들이 제시한 바에 의하면 민간기업 분야에서 그들의 이익을 표출하는 압력단체의 기능은 역시 집단적이며 공개적인 민주적 방법에 의존하기보다는, 권력과의 사적이며 개별적이고 비공개적인 관계로서 이루어진 것이 특징적이다. 절대화된 권력자와 그를 둘러싼 주변자들과의 비공식적이며 엄밀한 연줄망을 통해서 기업가들은 특혜를 경생석으로 얻어내기 위한 수단으로 사용했던 것이다.

박정권의 고도성장을 목적으로 한 개발전략은 대기업의 집중적 개발로 나타났다. 특히 국제자본주의에 의존한 개발전략 아래서는 대외경쟁을 감당할 수 있는 규모의 재벌기업의 실현이 당연하고 필요한 것으로 인식되었다. 따라서 대기업 육성에 더욱 편중했으며 그만큼 재벌의 급속한 확대를 가속화해 재벌은 고도성장 개발의 산물로 받아들여졌다.

박정권의 경제개발정책에 따라 산업화의 주역을 담당하게 될 실업계 인사들은 5·16 군사 쿠데타 당시 부정축재 처리의 대상집단이었다. 바로 이러한 상황이 이들로 하여금 공업화 발전을 위한 공장건설의 주역을 떠맡게 하는 계기가 되었으며, 이 과정에서 대기업 육성의 수혜자로 지위가 바뀐 것이다.[76] 군정 당국은 당시의 재벌들로 하여금, 그들이

75 安海均, 「한국 행정과정에의 이익투입에 관한 연구」, 『行政논총』, 9월 제1호(서울대 행정대학원), pp.107~108.

76 金成斗, 「재벌, 그들이 한국경제를 좌지우지하고 있는가?」, 『월간朝鮮』, 1980년 9월호.

물어야 했던 부정축재 환수금을 현금으로서가 아니라 정부가 지정하는 공장을 건설하여 주식으로 국가에 납부토록 조치했다. 이 조치에 따라 정부의 지원으로 1차 경제 5개년계획이 울산공업센터의 기공과 함께 시작되었다. 그러나 이들이 처음 계획했던 공장들은 차관의 부진으로 세워지지 못했다. 그러나 그것을 추진하는 과정을 통한 대기업가들에 대한 지원체제는 한층 본격화되었다. 그 과정을 통한 재벌들의 대외접촉과 차관교섭 등이 그 후의 차관 및 기술도입에 기여한 바 크다는 것을 김성두 씨는 강조하고 있다. 그 과정에서 그 후의 가속화하는 공업화 과정에서 재벌들이 주도권을 쥐고 밀고나갈 수 있는 대내외적인 기반을 공고하게 다졌다는 것이다.

그리고 경제개발 계획이 처음부터 수출진흥을 목표로 함으로써 수출상품 생산의 시설을 보유한 자로서 상대적으로 그 규모가 큰 대기업이 최대의 수혜자로 될 수밖에 없었다. 이러한 것은 수출상품 생산을 위한 자원에 있어서나 그 생산증대를 위한 시설 확장, 나아가서 신규 수출상품의 개발과 신규 공장건설에 있어서도 기존의 보다 큰 수출실적의 소유자가 보다 큰 지원대상자로 될 수밖에 없다는 것이다. 이 과정에서 대규모 기업이 수없이 생겨나고 또 확장에 확장을 거듭해 수출산업의 급신장을 가능케 했다. 이러한 급성장의 과정은 대기업과 보완관계 및 경합 관계에 있는 중소기업들의 상대적 및 절대적인 위축을 가져왔다. 대기업 육성에만 너무 치우친 데서 대기업의 '이상적(異狀的) 비대화'를 초래했으며, 특히 중소기업의 경쟁력을 약화시켜 경제구조의 불균형과 불평등을 더욱 심화시켰다.[77]

전철환(全哲煥) 씨는 박정권이 대기업을 집중육성하는 정책을 '정경유착의 구조'를 통해 합법적으로 추진시켰다고 설명한다. 그에 의하면

---

77 위의 글.

'유착'이란 말 속에 '직접 · 간접의 특혜'가 포함되었다는 것이다.

> 대체로 합법적인 절차와 내용으로 형성되어……입법, 정책의 입안, 그리고 시책의 시행과정에서 나타나는 정치권력의 행사나 행정의 집행으로부터 발생하는 산물[78]

이라고 한다. 이와 같은 이유로 특혜나 유착은 실증적으로는 그 증거를 포착하기가 어렵고 또 명시적으로 나타나지도 않는다. 다만 사회 경제적인 이익이 두 집단에게 결과적으로 귀속되는 형태를 갖출 뿐이라는 것이다. 이어 전철환 교수는,

> 특혜의 부여와 반대급부의 성립이 반드시 동시적일 필요도 없고 현시적인 금전수수에 국한되는 것도 아니다……(정권이) 통제의 해체 또는 특권의 설정 등으로 양자의 이해를 일치시키면 충분하기 때문에 반드시 정경유착이 금전적인 수수에 그치는 것은 아니다

라고 설명한다. 그리고 그는 재벌계급을 창출하는 과정으로서의 정경유착의 현상을 다음과 같이 지적하여 설명하고 있다.

1. 국가는 민간경제활동의 촉진을 위해서 항만 · 철도 · 도로 · 전기 등의 사회간접자본의 공급을 계획적으로 선행시킨다. 이와 같은 사회간접자본의 공급은 대부분이 기업의 새로운 입지지역에서 선행되기 때문에 결과적으로는 기업육성을 위한 특혜로 나타난다.
2. 정경유착은 정부가 직접 특정산업의 성장을 지원하거나 수출을

78 全哲煥, 「특혜의 정치, 특혜의 경제」, 『신동아』, 1978년 9월호.

증대시키고 특정 목적을 위하여 토지사용을 제한하는 등의 시책 추진에서 발생한다. 이와 같이 특정산업을 육성하기 위한 시책은 재정, 금융 가격 및 독과점의 용인 등으로 나타난다…… 이와 같은 특정기업 또는 산업의 육성을 위한 개발도상국의 계획입안은, 이들 산업의 보편적인 금지 또는 억제를 통하여 간접적으로 독과점적 권위를 확보케 하고, 그를 통하여 성장을 유도하는 것을 내용으로 하는 경우도 많다.

3. 자본가의 육성을 통한 유착은 기업의 자본동원 또는 형성에 대한 지원(을 맡으며)…… 이것은 시장경제에 의한 기업의 자본형성 부진을 국가권력 행사에 의하여 보완해주는 것으로서, 그 수단은 기업의 조세감면, 보조금의 지급, 금융의 확대 및 외자도입의 허가 등등이다.
4. 기업육성에 의한 유착의 가능성은 기술개발의 지원, 제품가격의 보장, 노동쟁의의 제한, 임금통제 및 특허권 등의 보장이다.[79]

정경유착은 이렇게 정권과 경제력을 장악한 자본가계급의 이해의 일치에 의해 이루어져 노동자·농민들의 일방적인 희생을 강요함으로써 가능한 것이다. '선개발 후분배'의 슬로건으로 정경유착을 정당화시킨 결과는 권력과 금력의 집중으로 인한 계급적 불평등의 심화와 더불어 인권문제·환경문제·소비자문제 등 사회적 불안을 구조적으로 강화시켰다. 산업화 과정에서 형성된 국가소득의 분배문제를 고찰한 주학중(朱鶴中) 씨는 고도성장을 추구한 근대화정책에서 부(富)의 분배를 평준화하려는 제도적 장치가 없었음을 지적하고 있다. 일부 근대화론자들 사이에서는 박정권이 재벌의 부의 사용을 제약하고 억제한 면을

79 全哲煥, 앞의 글에서 인용.

긍정적으로 지적하고 있다.[80] 정권이 재벌로 하여금 부를 축적하는 것을 촉진했지만 부의 사용에 대한 제약이 있었다. 그러므로 "부는 주요한 정치적 영향력으로 바뀌지 않았다"는 것이다.[81] 사실상 부에 대한 이러한 제약이 분배를 평준화하기 위한 제도적 장치로서 이루어진 것이 아니면 권력의 절대화로서 금력을 억제하는 것이다. 이것은 재벌과 정치권력의 상호 견제적인 유대관계이기보다 가부장적 통치자에게 부를 예속시키는 한국적 특수성을 나타내는 것이다.

하여간 이러한 대기업 육성정책의 과정에서 특혜를 통해 성장한 대기업들은 그 구조적 성격에 있어서 대체로 혈연적이며 가부장적인 가족주의를 벗어나지 못하고 있다. "규모나 법적 형태에 관계없이 모든 한국의 회사들은 1인 회장에 의하여 통상 지배되고 있는 개인 또는 가족기업이다"라고 파악되고 있다.[82] 재벌기업의 경우에도,

> 각 '그룹'의 중앙에는 회장이 있고 회장은 '그룹'의 동태적인 결합력이다. 그는 전형적으로 진정한 의미에서 볼 때 기업가이며 한 기업을 설립한 다음 그 경영을 사업으로 옮긴다. 여러 기업체의 대다수 주식은 회장과 그의 직계가족이 갖고 있다

라고 지적했다. 이러한 친족 중심의 기업에 대하여 정부는 기업의 주식을 일반에게 배분하도록 유도하거나 강요하지만 아직도 계열 및 복합기업들은 일반적으로 창업자 가족에 의하여 지배되고 있는 것이다.[83]

---

80 朱鶴中, 「分配所得決定要因의 歷史的 考察」, 『한국사회 개발연구』, Ⅷ(高大아세아문제연구소, 1982).

81 金滿堤 외, 『한국 경제 · 사회의 근대화』(한국개발연구원, 1981), p.300 참고.

82 위의 책, p.288.

83 위의 책, pp.289, 297.

백선기(白璇基) 씨는 재벌들이 이렇게 "치부(致富)한 것을 치부(治富)하기 위한 단계"에 돌입했다고 한다. 그는 이 현상을 다음과 같이 기술하고 있다.

> 재벌 총수들은……지금까지 이루어놓은 것, 있는 것만이라도 잃지 않기 위해서는 2세체제(二世體制) 정착이 무엇보다도 급박한 상황이 되었다. 특히 경영대권을 이양해주기로 심중에 결정해놓은 후계자 주변에 '믿음직한 막료'를 좀더 많이 놓고 싶어한다. 그리고 이들만이 황금산성에 드나들도록 '철벽'을 쌓아주고 그 울타리 안에서 후계자에게……모아놓은 부를 대대로 오래오래 보존해주기를 갈망하고 있다. 이를 위한 것이 기업 인력을 혈연·지연·학연으로 얽매어놓은 방법이다. 이 중에서도 기업과 기업 간의 혈연으로 재벌동맹을 맺거나 '저명한 집안'을 사돈으로 맞아들이는 경우가 많다.[84]

재벌들은 이렇게 재벌간 사적 혈연적 관계를 통하여 계급적 기반을 굳히는 한편 그들 스스로 국가 생활의 각 분야에 참여하여 지배적 영향력을 행사한다. 집권당이나 행정부 고위직에 직접 참여하거나 각 분야 지배층 인사들과 자녀들의 혼인을 통하여 안사돈, 바깥사돈의 관계를 맺는다. 그리고 수많은 학교재단과 장학재단을 형성하여 운영한다. 이들은 또한 종교단체, 체육단체, 신문사 및 통신사 등을 통하여 각 분야에 영향력을 행사할 수 있는 관계망을 구축한다. 이렇게 하여 상류계급으로서의 지위를 안정시키며, 그들 자손들에게 상류계급이란 지위를 계승하는 것이다.[85]

---

84 白璇基, 「재벌의 사위·사돈들」, 『신동아』, 1983년 3월호.

85 吳甲煥, 「한국의 재벌」, 『서울대학교 논문집』, 제20집(1975. 10) 참고.

6) 사적 관계망을 통한 이익추구

사회가 민주적으로 근대화한다면 사회질서는 공식적인 법과 공평한 절차에 의해 유지되는 것이다. 그리고 각 계층별의 이익추구와 갈등의 해소는 정부의 조정 아래 공개적 방법에 의해 이익집단별로 표출되고 상호 견제하는 가운데 타협적으로 해결될 수가 있는 것이다. 그러나 권력이 이익집단의 자율적 역할을 탄압하며 권력의 지지기반으로 어용화하는 사회에서는 소수 지도층의 권력과의 야합으로 인해 각 계층의 이익추구가 공식적으로 성취될 수 없다는 사실을 앞서 제시했다. 이러한 상황에서 사회의 2차 집단들은 각 계층을 위해 공리적으로 이해중심적 기능을 할 수 없게 된다. 따라서 개인들은 자신들의 이익추구를 개별적인 수단으로 해결할 수밖에 없으며, 그리고 사적 집단과의 관계망에 의존하게 되는 것이다. 개인들의 이익추구와 권익의 옹호가 공적 집단과 전문기관에 의해 해결될 수 있다면, 개인들은 친족, 이웃, 친구 및 기타 지역사회의 1차적 인간관계에서는, 공리적이며 이해타산적인 관계를 떠나서 온정적이며 전인격적인 유대를 형성하며 심화시킬 수가 있을 것이다. 현실적으로 2차집단을 통한 이익추구의 통로가 억압되는 데서 개인들은, 생존을 위한 경제활동이나 생활안정을 위한 이익추구 및 사회경제적 지위향상을 위해 혈연, 지연, 학연 등의 전통적이며 사적인 관계망에 의존하는 것이다. 이것을 통해 영향력을 행사할 수 있는 소위 '빽'과 연계를 맺어 이용하는 것이다. 그리고 법이나 공식수단에 의하기보다 뇌물과 은밀한 사적 거래에 의존하는 사회질서가 지배적이 되는 것이다. 이러한 질서로써 인간적 사랑을 서로 나누어야 할 1차집단의 관계마저도 이해타산적이며 공리적인 목적으로 이용당하며, 서로 불신하는 태도가 지배적이 된다.

장윤식 씨는 한국사회가 도시화·산업화에도 불구하고 일반적으로 공식적 집단관계보다 사적 관계망이 이익추구의 수단이 되고 있음을 관찰하여 다음과 같이 기술하고 있다.

> 어느 개인이 여러 친구관계를 통한 영향력을 취득할 수 있다면 도시생활에서 그는 여러 가지로 대단한 편의를 취할 수 있다. 즉, 관청과의 관계에서 어렵고 까다로운 절차를 쉽게 해결할 수 있으며, 은행 융자금을 쉽게 대부받는 일이나, 자녀들을 일류학교에 보내는 일, 좋은 직장을 구하는 일, 승진하는 일 등에서이다……(그러므로) 한국 도시에서는 친족집단, 동창관계, 동향관계 등을 기반으로 관계를 조직하는 노력이 상당히 보편화되어 있다. 이들의 목적은 인간적 연대성을 유지하려는 목적이라고 하지만 제각기 개인적 이익을 추구하는데 이 집단관계의 도움을 기대하고 있는 것이다. 이러한 공리적 상황에서 사적 관계(personalism)는 복합한 호혜적(互惠的) 원칙으로 특징지워지고 있어 사적 관계에서 이루어진 어떠한 혜택도 신세지는 것으로 생각한다. 그리고 이러한 신세는 반드시 갚아야 하는 것으로 보며, 이 신세를 서로 갚는 상호교환의 관습이 공리적 목적을 위한 관계를 유지하기 위해 도시에서 널리 지속되고 있는 것이다.[86]

장윤식 씨는 또한 이러한 사적 관계가 전통적 인습에서 유래되며, 산업화된 사회에서 요구되는 공적 집단에 대한 충성을 조장하는 데 저해적 기능을 하는 것이라고 설명한다. 전통적 인습이 개인들로 하여금 사적 관계에 집착하게 하며, 현대사회가 요구하는 보편적 인간관계에 기반한 공적 집단의 조성과 이에 대한 참여를 저해하고 있다는 것이

86 Chang Yun-shick, "Personalism and Social Change," *Society in Transition*, Chang, et. al. eds.(Seoul National University Press, 1982), p.32.

다.[87] 특히 그는 공식적인 2차 집단의 관계마저 이러한 전통으로 인해 사적 집단의 성격을 띠는 것이라고 지적하고 있다.

사실상 이러한 관습은 전통사회에서의 인정을 베푼다는 명분으로 공직자나 기타 신세진 사람들에게 물질을 주고받는 것으로 나타나며, 또 이런 관계에서는 으레 기대되어온 것이다. 이러한 인정쓰는 것은 단순한 인정의 표시이기보다 뇌물의 형식으로, 그리고 공리적 목적에 의해 발달해온 것이다. 이 점을 고려할 때, 이익추구를 위한 공식적 집단이 발달하지 않은 전통사회에서 구조적 특성이 되어온 것은 이해할 만하다. 그러나 근대화 과정에서 관이 민을 지배하며 권력이 이익집단의 기능을 통제하고 어용화함으로써 전통사회의 관습을 조장한 것이다. 이러한 관습을 탈피하기 위해 구조적으로나 교육적으로 개혁을 단행하시 않고 권력이 이것을 이용한 데서 전통적 관습은 오히려 심화된 것이다. 민주화를 추구하는 사회변동기에 있어서 전통적 관습이나 가치관을 탈피하지 못하는 사회적 현상은 개인적 의식구조나 개인적 관계의 차원에 국한시켜 설명하기보다 권력과의 관계에서 설명되어야 할 것이다. 근대화론자들은 도시화·산업화 과정에서 개인이 전통적 의식과 인간관계를 점진적으로 탈피하여 합리적 행동을 할 수 있을 것으로 기대했다. 그러나 권력이 제도적으로나 구조적으로 이것을 억압함으로써 관습적 요인을 오히려 조장해온 측면에 대하여는 이론적 관심을 두지 않았다. 전통적 사회구조나 문화가 변하는 면과 변하지 않는 면을 특히 권력구조와의 연관성에서 문제시하지 않았기 때문이다.

사회계층별로 볼 때, 혈연, 지연 및 학연 등의 1차적이며 사적인 관계망을 이익추구를 위해 이용하는 목적에는 기본적 차이가 있는 것이다. 권력과 금력을 지배하는 계층에서는 그들의 가진 것을 안정시키며

87 위의 글, p.31.

유지하기 위한 목적에서 1차적 관계를 확대시킴으로써 종속적이고 복종적인 인간관계의 기반을 더욱 확고히 하려는 것이다. 이미 앞서 재벌기업집단이 친족에 기반한 가족기업을 이루며 재벌가족 사이에서나 각 분야의 지배층 인사들과 결혼을 통해서 안사돈·바깥사돈의 관계를 형성한다는 사실을 지적한 바 있다. 이들은 친족집단을 그들의 사회 경제적 계급의 기반을 굳히는 데 이용하는 좋은 예인 것이다. 중류계층에서는 관을 상대로 한 여러 가지 민원사무를 해결하는 데 있어서나 취직이나 승진을 통한 직업적 이익보호, 자녀들의 교육과 혼인을 통한 사회적 상승이동, 가족의 경제적 문제 및 기타 생활주기의 변화로 인한 위기에 대처하는 데 있어서 대체로 1차집단의 관계망에 의존하는 것이다. 즉 중류로서는 각종 생활문제 해결, 사회적 이동과 위기에 대처하는 생활안정의 문제가 중심이 되는 것이다. 생활이 불안하고 궁핍한 빈민계층에서는 관이나 공식기관에 쉽게 접근할 수 있는 사적 통로가 없는 데서 이웃·친척과 같은 사적 관계망에 더욱 의존하는 상태이다. 이들은 자신과 가족의 생존을 위해 비록 불안하고 이동성이 심한 관계망일지라도 이웃과 친척과의 상호 협조에 의존하지 않을 수 없다.

그러면 먼저 권력이 개인들의 사회생활의 문제 해결을 청원에 의하여 개별적 방법으로 처리하도록 조장한 제도적 형태를 제시해보고자 한다. 이는 박정권이 이익집단을 탄압하고 통제하는 한편 국민들의 여러 가지 이해문제를 개별적으로 해결하는 기구를 대통령 직속으로 청와대 민원실에 설치한 것에서 볼 수 있다. 이 기구는 1965년 대통령 비서실에 민원담당 비서관을 두는 것으로 시작되었다. 1966년 대통령은 특별지시를 통해 민원수집반을 편성하여 전국적으로 두 차례에 걸쳐 민정을 수집하도록 했다. 그리고 1971년에는 정보와 민원비서실을 통합하여 민정 비서실로 발족하고 그 한 해 동안 2만 9,008건의 민원을 접수했다는 것이다. 이러한 민원의 내용을 종류별로 제시한 것을 보면 병치료 호소, 원호 요청, 민사사고 해결 호소, 복역수 사면 청구, 폭행자 및 사기자 엄단 호소, 의가사(依家事) 제대 요청, 체불노임 해결 요청 등이다. 이렇게 접수된 청원사건들은 행정부의 각 소관 부처에 이관하여 해결토록 지시했다. 그리고 비서실에서 직접 해결한 소관 사항의 종류는 구직(求職), 대통령 당선 축하, 금품지원 요청, 일반시책 건의 등이라고 한다.

1975년에 접수된 청원 건수는 2만 104건으로 되어 있다. 이들의 주요 내용은 민사관계, 고소사건 공정 처리, 범법자 엄단 호소, 행정행위 시정, 비위공무원 의법조치, 시책지지 격려, 일반시책 건의, 개인적 서신 등이다. 1978년에도 2만 859건의 청원이 접수되었으며 그 내용들은 민사, 고소사건 공정 처리, 인허가 요정 및 노사분제, 손해배상 및 보상, 범법자 구속, 구호 주선, 제도개선, 세제(稅制), 도시계획, 비위 공무원 의법조치 등에 관련된 것들이다.[88]

이렇게 대통령 비서실이 민원사무를 직접 접수하여 해결해줌으로써 전통사회에서 자비와 은혜를 베푸는 가부장적 통치자의 권위와 수단을 그대로 나타냈던 것이다. 국민은 그의 문제가 대통령의 영향력에 의해 해결됨으로써 은혜를 입는 수혜자 입장에 서게 되는 것이다. 권력자는 이렇게 국민을 자신에게 직접 예속시키는 것이다. 위에 제시된 청원의 내용에서 볼 수 있는 바와 같이, 이 모든 민원들은 행정부서와 공식 기구를 통해 사무적으로 그리고 집단적으로 해결할 문제들인 것이다. 지방자치단체를 통하여 자치적으로 해결하거나 행정기관의 공정한 절차에 따라 합리적으로 접수되고 해결되어야 할 문제들인 것이다. 그러나 모든 권한이 중앙에 집중되고 더욱이 관료들에게 책임과 재량권이 분

88 『합동연감』, 1979년판, p.115.

산되지 않으므로 대통령에게 호소하게 되는 것이다.

기업경영에 있어서도 앞서 친족관계에 기반한 가족주의가 대기업의 특징적이라는 점을 지적했거니와 이러한 구조적 성격은, 생산기업체 내에서 사무원층과 노동자층과의 관계에서도 확대되고 있음을 김진균 씨는 지적하고 있다.

> 생산기업체도 혈연과 지연으로 결합하는 전통적인 결합관계의 범위를 크게 벗어나지 못함으로써, 확대가족적 성원에 의한 경영층의 구성 그리고 사무원층과 노동자층도 경영층과의 혈연·지연적 관계에 의한 구성을 보여주고 있다[89]

는 것이다. 사실상 고용원의 대부분이 농촌출신으로 사적 연고자를 통해 취직하게 되는 것이다. 그런 이유로 가부장적 권위에 복종적이며, 이 가치를 수용하고 또 쉽게 적응하는 것이다. 기업체의 통제수단은 이러한 권위체계로서 한국의 기업체는,

> 가부장적 권위를 중심으로 구조화되고 있으며, 종사원들이……권위체계의 정당성을 뒷받침해주고 있다[90]

는 것이다. 대체로 이러한 경향을 한편으로 노동자들이 기업체 조직 내의 어떤 연고자의 추천이나 알선으로 취업했다 하더라도 기업체 내의 비인간적 대우에 비판적이 되며 기업체에 대한 귀속의식과 일체감이 약화되기 쉽다는 것이다. 더욱이 노조운동을 통한 의식의 변화와 이익

---

89 김진균, 「한국의 생산조직체에 있어서 전통적 관계」, 『비판과 변동의 사회학』(한울도서, 1983), pp.241~246.

90 위의 글.

추구로써 여성 근로자들은 차별대우에 항의하며 비판적이다. '인간적 대우'를 빈번하게 요구하는 경향이 높은 것으로 보아 기업체 내의 가부장적 권위 구조에 비판적이며 반항하는 경향이 일면 농후해지고 있음을 알 수 있다.

김진균 씨가 지적한 바대로 기업체들이 고용인들을 채용할 때, 대체로 사적 연고에 의하여 모집하고 있다는 사실은 다음 자료에 의해서 제시될 수 있다.

<표 2-9> 중소기업의 종업원 채용 방법[91]

(단위 : %)

	공개모집	연고모집	특별채용	기타
합계	28.7	62.6	2.5	6.2
사무직	20.4	65.9	8.5	5.2
기술자	14.2	61.0	16.7	8.1
기능공	25.7	56.3	9.9	8.1
숙련공	22.1	67.2	6.5	4.2
미숙련공	22.4	67.6	3.7	6.3
견습공	29.1	56.9	2.7	11.3

자료 : 『1972년도 중소기업 경영실태 조사보고』.
주 : 특별채용은 기업의 사정에 의한 특수한 방법(스카우트 등), 공개모집은 대부분 문전 게시 광고에 의해 모집.

노동자이든 공장측이든 인적 연고나 신뢰할 수 있는 추천에 의해 고용관계가 맺어진다. 서울 지구의 20개 대공장에서 일하는 여성 근로자에 대한 조사에 따르면 80% 이상이 지방 출신자로서 친척·친구의 소개에 의한 것이 63.4%를 차지하고 있다. 중소기업의 경우도 직종에 관

91 隅谷三喜男, 『韓國의の經濟』, 편집부 역, 『한국의 경제』(한울사, 1983), p.61.

계없이 연고모집이 많아 전체 평균이 62.6%나 된다.[92]

연고 다음으로 많은 것은 공개모집인데 이것은 곧 회사 문전에 모집 벽보를 붙이거나 광고를 내는 방법으로서 실업자와 반(半)실업자가 많기 때문에 이것에 의해서도 취업하는 수가 많은 편이다.

그리고 <표 2-10>에서 보는 바와 같이 종업원 채용 경로는 소규모 업체일수록 연고에 의한 채용이 압도적이며, 100명 이상 규모의 기업체로 올라갈수록 연고에 의한 경로가 감소되는 한편 문전 게시 광고에 의하는 편이 높아진다.

박영기 씨는,

> 중소기업체의 종업원 채용 경로가 공개채용 방법이 아닌 연고·친지·친척 관계를 통한 채용인 관계상 노사간의 권리분쟁은 있을 수 없고, 임금·기타 노동조건이 미비하여도 종업원은 감수해야 하는 지위에 있다고 할 수 있다[93]

라고 한국의 노사관계의 성격을 설명하고 있다. 한국의 노사관계에서는 사실상 기업주가 전통적인 가부장적 관계를 기업의 이익을 위해 심화시키며 조장하고 있다. 한국의 노사관계를 연구한 스미야(隅谷三喜男) 씨는 가부장적 권위에 기반한 노사관계의 문제점을 다음과 같이 지적하고 있다.

> 노동자의 발언권이 표면화되지 않을 뿐만 아니라, 처음부터 혈연적 관계가 성립되지 않은 만큼 상하관계만이 지배적인 관계가 되고 권위

92 위의 책, p.199에서 재인용.

93 Park Young-Ki, *Labor and Industrial Relations in Korea : System and Practice* (1974), p.100. 隅谷三喜男, 앞의 책, p.237에서 재인용.

<표 2-10> 종업원 채용 경로

(단위 : %)

규모별	1970년 7월 1일~12월 1일					1971년 1월 1일~6월 30일				
	학교	직업 안내소	게시 광고	연고	집단 구인	학교	직업 안내소	게시 광고	연고	집단 구인
5~19인	2.7	5.4	6.1	80.2	5.6	2.8	12.4	5.6	68.2	11.0
20~49인	1.5	0.1	7.2	87.2	4.0	1.2		5.4	93.4	
50~99인	1.3	2.6	27.1	66.5	2.5	2.1	1.5	38.4	57.7	0.3
100인 이상	5.3	1.9	42.2	41.2	9.0	7.9	1.7	37.7	32.3	30.4

자료: 중소기업 협동조합 중앙회, 『중소기업 고용실태 조사보고서』(1971. 5).

적인 관계로 발전하게 된다. 복리후생시설이 빈약하고 종신고용적 관계가 형성되지 못한 것도 이러한 권위주의적 가부장적 관계에 그 원인이 있다고 해도 좋을 것이다.[94]

가부장적인 전통이 이렇게 정부나 기업체와 같은 공적 분야에서 지배층의 이익을 위해 적용되고 있는 한편, 중류나 일반서민층에서는 가족생활의 위기에 직면하거나 생활문제 해결을 위해 1차집단 내에서 도움을 청하거나 사적 관계망을 이용하는 것이다. 필자가 1969년 서울시내 중류지역과 빈민지역 주민을 상대로 실시한 조사자료에 따르면 각종 생활문제, 즉 경조사, 경제문제, 자녀문제, 부부문제, 그리고 취직문제 등에 있어서 전문적인 공공기관에 도움을 구하는 경우는 극히 미미하다. 경조사는 부모·형제·친구의 범위에 의존하며, 경제문제는 부모형제와 친구에게 도움을 요청하는 경향이다. 그리고 자녀문제와 부부문제 등도 가족 또는 자기들 스스로 해결하려는 정도이다. 취직문제에

94 隅谷三喜男, 앞의 책, p.236.

있어서만은 부모 친척보다 친구에게 도움을 청하는 비율이 높다.[95] 물론 우리 사회에서는 사회복지를 위한 기관이나 기타 전문 서비스 기관이 적은 탓도 있겠지만 사실상 일반서민으로서 금융기관에서 대부받는 것은 쉬운 일이 아니다. 따라서 많은 경우 계를 통해 목돈이 조달되고 있다. 친척·이웃·동창관계를 중심으로 조직된 계가 경제적 이유로나 사적 관계망을 유지하기 위해 계속 유지되고 있는 현실을 이해할 수 있다.

특히 취직문제에 있어서도 공개채용이나 공적 직업알선 기관을 통하기보다 친척, 친구 등의 사적 연고가 주요한 통로로 기능하고 있는 것이 우리의 현실이다. 각 분야에서 영향력을 행사할 수 있는 인사들과 연고관계에 있거나 사적인 관계망을 통해 그들에게 접근할 수 있어야 한다. 그러므로 "우리나라에서는 연줄이나 배경이 있어야 출세한다"라는 의식이 일반화되고 있는 것이다. 현대사회연구소가 1981년과 82년에 실시한 '국민의식구조' 연구에 의하면 연줄과 배경, 그리고 출신지역이 출세하는 데 중요한 역할을 한다고 일반적으로 믿고 있는 경향이 농후하다.[96]

빈민층의 생활에서는 친척·이웃의 관계가 이들의 생존을 위해서나 생활문제 해결에 있어서 더욱 중요한 역할을 하며 따라서 긴밀한 관계를 나타내고 있다. 먼저 이농민가족으로서 도시에 와서 정착하는 과정에 있어서나 일자리를 구하는 데 있어서 다른 무엇보다 이러한 사적 관계로써 좌우되는 것이 일반적인 예이다. 이는 빈민촌을 사회적 관계망의 시각에서 접근, 연구한 박계영(朴桂榮) 씨의 관찰에서 생생하게 나타나고 있다.

---

95 이효재, 『도시인의 친족관계』(한국연구원 연구총서 27집, 1971), p.120.

96 현대사회연구소, 『국민의식구조연구』(1982. 12), pp.41~42 참고.

낙골 주민들의 경우 일단 빈손으로 서울에 올라와 미리 연락해놓은 친지의 도움으로 며칠을 지낸 뒤 주거지와 일자리를 찾게 된다. 물론 일자리를 먼저 구한 뒤 어느 정도 안정이 되면 주거지를 정한다. 자본, 기술, 학력 등이 갖춰져 있지 않기 때문에 산업체에 직장을 얻을 수 없으므로 그저 친구, 친지들의 소개로 막노동을 배워 그 분야에 종사하게 된다. 막노동의 공사장에 인부로 나가려면 안면이 좀 있어야 하고 또한 건강해야 한다. 더구나 막일을 하다 보면 일당이 중요한 것이 아니라 일을 한 날짜 수가 중요하다는 것을 알게 된다. 그러므로 늘 일자리를 찾게 되고 겨울이면 실업자가 되며, 무엇보다도 두드러진 특징은 불안정하고도 수입이 적다는 점이다.[97]

이러한 막노동의 일자리를 구하기 위해서는 일거리를 도급받는 '오야'와 면식이 많고 신실해야 하며, 경험이 많은 기술자와 뒷일꾼들로서 단골관계의 조(組)를 형성하여 일을 같이하고 평상시에도 서로 도와야만 하는 것이다.

여기서 이윤은 대개 자본만을 가지고 움직이는 건설회사, 건물주들이 (때로는 브로커들까지도) 취득하고 대신 단골관계를 이루는 오야, 기술자, 뒷일꾼 등은 최저 생계수준을 유지한다. 노임이라든지 모든 결정은 주거부락 바깥의 하청구조, 그중에서도 건설회사, 건물주 등에 따르게 되고 계약, 노임체불, 위험부담 등의 불안정한 요인은 모두 이편에서 부담하게 된다[98]

---

97 朴桂榮, 「無許可定着住民의 경제행위에 관한 一考察」(서울대 대학원 인류학과 석사학위논문, 1982), p.21.

98 위의 글, p.58.

는 것이다. 이런 '모임'을 중심으로 한 노동자들의 단골관계는 허석렬 씨에 의하면, 무허가 정착지의 건설 부문 고용관계의 특징을 이루며 "독립십장과 기능공과의 관계로써 설명되고 있다. 이러한 고용관계는 일종의 '보호자-종속자(patron-client)' 관계이다. 기능공의 개인적인 문제까지도 독립십장은 일일이 신경을 써주어야 한다"는 것이다.[99]

빈민지역 주민들의 사회관계망을 여성들을 중심으로 고찰한 연구에서도 가족, 친척, 이웃 등의 1차집단의 관계에 더욱 의존하고 있음을 나타낸다. 조형(趙馨) 씨가 조사한 빈민지역 조사 대상 55가구 중 같은 동네에 친척이 없다는 집은 2가구뿐이라는 것이다. 이농민들이 도시에서 어느 지역에 정착하느냐를 정하는 것부터 친척이나 아는 사람의 연줄로 찾아오는 데서 결정되기 때문이다. 그리고 이렇게 정착한 빈민지역에서 이웃관계가 긴밀하게 유지되고 있다. 공간적으로도 독립주택을 지닌 중상류층과는 달리 공동으로 활동하는 부문이 많고 사적 생활의 경계가 뚜렷하지 않을 정도로 밀집되어 있다. 조형 씨의 관찰에 의하면 이 지역에서 친척관계는,

> 집을 구하거나 결혼주선, 일거리 수소문 등을 서로 도와준다. 그러나 경제적인 교류는 그렇게 두르러지지 않으며, 단지 같은 저소득계층에 속하는 사람들로서 친척 방문도 이웃간에만 자주 한다. 친척간에도 같은 동네 밖에 사는 사람들과는 거의 내왕이 없다. 친척관계도 계층과 지역의 범주에 제한되는 것이다. 따라서 이들이 갖는 친척관계도 좀더 영속적인 이웃관계의 범주 안에 넣을 수 있다[100]

---

99 許碩烈, 「도시 無許可定着地의 고용구조」, 『한국사회연구』 (한길사, 1983), p.265.

100 조형, 「도시저변의 근로여성」, 『한국의 도시여성과 직업』 (연구세미나 발표 논문, 유네스코 한국위원회, 1982), p.31.

는 것이다. 이웃관계는 공간적으로 공동생활의 면이 많으므로 밀접하게 접촉하며 이사를 오고갈 때나 필요할 때 서로 도와주는 편이다. 그리고 이들 사이에서는 친목계가 성행하여 곗돈이 가계에서 차지하는 비율이 높다는 것이다. 즉, 방 전세금이나 장사 밑천을 장만하는 데 있어서 계가 유일한 수단이 되고 있다.[101]

이웃관계는 노동으로 서로 돕는 일 외에 돈을 꾸는 일에 있어서도 중요하다. 일자리가 불안정하고 임금이 낮은 데서 경제적 위기의 타개를 위하여는 이웃에게 의존할 수밖에 없다. 동네경제의 주도권을 잡고 있는 사람들은 박계영의 관찰에 의하면, 첫째, 우체국 직원을 비롯한 경비원, 수위 등의 고정월급을 받는 사람이거나, 둘째, 기타 무허가촌이 아닌 주택가에서 잘살다가 사회·경제적으로 실패하여 들어온 이들, 셋째, 부수입이 많은 부인네들로서 이들이 주로 급한 사람들에게 높은 이자율의 돈을 융통해준다는 것이다. 일거리가 없는 겨울철이면 이들에게서 빚을 많이 얻어다 쓴다는 것이다.[102]

박계영 씨는 무허가 정착지에 살고 있는 빈민들의 사회관계망이 농민에서 노동자로의 역할 변화에 따라 어느 정도의 변화가 있음을 지적하고 있다. 특히 고용관계나 돈 꾸는 관계에 있어서 혈연적 친족중심에서 동료·이웃·친구와의 관계망으로 더욱 확대되며 이익추구의 목적에 따라 다른 관계망을 이용할 수 있다. 그러나 빈민지역 내부에서의 이러한 사회적 관계망이 뚜렷이 분화된 편은 아니다. 전반적으로 이들의 관계망은 집단적 성격과는 다른 전인격적 참여의 관계라는 것이다. 즉, 생존을 위한 경제생활을 사적으로 추구하는 과정에서 형성된 인간적인 관계망인 것이다.[103]

---

101 위의 글, p.32.

102 박계영, 앞의 글, p.23.

103 위의 글, p.57.

5. 관제운동과 지역사회

1) 지역사회와 시민단체

대기업 중심의 산업화는 부의 편재와 함께 농촌과 도시 지역사회에 여러 가지 문제점을 야기시켰다. 산업공해, 주택정책, 도시계획 등에 관련된 정부의 시책이 주민들의 참여 없이 일방적으로 졸속하게 추진되었다. 지역사회 주민들은 그들의 기본권이 침해당하는 문제임에도 불구하고 권익을 옹호할 수 있는 참여의 기회가 허용되지 않은 가운데 생활환경의 변화를 강요당했다. 권력과 기업의 야합으로 인한 무책임한 산업화는 확장만을 일삼아 자원의 낭비와 함께 좁은 국토의 자연환경을 공해로 심각하게 오염시켰으며, 지역에 따라서는 농어민의 생계를 위협하고 생활환경을 회복할 수 없을 정도로 파괴한 사례가 있다. 그리고 대도시 중심의 개발정책은 이농민의 집중을 가져와 서울시에는 한국인구의 4분의 1이 밀집해 있는 상태이다.

우선 도시의 주택 부족은 심각한 상태이며 서울과 부산의 주택 부족은 절반 이상의 주민들이 무주택자일 정도이다.[104] 서울시에서만도 무허가 주택에 살고 있는 인구가 1970년 현재 전체 서울 인구의 36.4%를 차지했다.[105] 서울에서는 5% 인구의 부유층과 35% 인구의 빈곤층이 부촌(富村)과 빈촌(貧村)을 형성하여 지역적 대조를 나타내고 있다. 서울 시내에는 영세민들이 집중적으로 사는 빈민지역이 60군데 있다는 것이다.[106] 빈촌의 주민들 중에는 8식구가 단칸방에서 사는 경우, 6

---

104 『한국도시연감』, 내무부(1969), pp.328~340 ; 김종대, 『서울市 住宅政策의 社會學的 分析』(서울大行政大學院 석사논문), p.30에서 재인용.

105 『시정백서』(1970), 서울특별시 ; 김종대, 앞의 책, p.31에서 재인용.

106 『빈곤의 실태와 영세민대책』(한국개발연구원, 1981).

명 이상의 식구가 7평 미만의 가건물에서 사는 가마니촌을 이루고 있다. 부촌에서 3~4명의 식구가 80~90평의 아파트에 살거나, 100평 이상의 주택에서 주생활을 누리는 것과는 대조적이다. 그리고 공단지역 주변에는 근로자들이 한 방에 4명씩 세들어 240명이 한 건물 속에 집거하여 '벌통집'을 방불케 하는 '뚝방'동네 등도 있다.[107]

빈민들이 사는 판자촌의 주생활 공간을 가구당, 주택당, 그리고 일인당의 평균 건평별로 서울시 전체 평균과 비교한 것에서 보면, 1969년도 서울시 전체 평균건평이 1주택당 42.8평, 1가구당 22.0평, 1인당 4.2평인 데에 비해 1967년도에 조사한 판자촌의 평균건평은 1주택당 7.3평, 1가구당 4.6평, 1인당 0.9평으로 나타나 있다.[108] 이로써 3분의 1이 넘는 서울시 인구가 얼마나 협소한 공간에서 비인간적 삶을 강요당하고 있는가를 알 수 있다. 이러한 판자촌문제를 해결하는 정책으로 1966년부터 강제적인 집단이주 정책을 실시했다. 1966년부터 70년 사이에는 8만 3,129가구의 41만 3,227명을 서울시 변두리 지역에 분산 이주시켰다.[109] 그러나 이들을 공동체적으로 정착시키지 못한 데서 생활기반에 더욱 불안을 조성했다. 1968년에는 당시 서울 시장이었던 김현옥(金玄玉) 씨가 무허가 판자집 정리사업의 일환으로 경기도 광주에 대규모 이주계획을 세워 판자촌 주민들을 강제 이주시켰다. 1971년까지엔 14만 명이 넘는 인구가 이주했으나 "광주단지를 단일생활권으로 만들어 지상낙원으로 만들겠다"는 공약(公約)에 대한 이주민의 기대가 완전히 배반당하고 생계가 위협당하자, 1971년 8월 이들의 불만은 난동으로 폭발했다. "배가 고파 못살겠다", "일자리를 달라", "영세민을 더 이상 착취하지 말라"는 등의 구호를 외치며 5만 명 이상의 군중은

107 「富村과 貧村」, 『동아일보』, 1983년 2월 4일자.

108 김종대, 앞의 책, p.49.

109 위의 책, p.72.

분노를 폭발시켰다.[110]

'광주대단지'에서 일어났던 이러한 대규모 사건은 박정권의 강압적이고 졸속한 근대화정책이 야기시킨 심각한 문제의 일면을 단적으로 나타낸 것이다. 지역사회 개발을 민중의 참여없이 강압적으로 추진시킨 박정권의 성격이 시민의 이주정책에서 나타난 것이다. 시민단체의 육성을 통해 민주적 과정으로 지역사회개발을 추진시키지 않은 결과였다.

신종순(申宗淳) 씨는 시민단체의 한국사회 민주화를 위한 역할을 연구하는 입장에서 다음과 같이 그 개념을 정의했다.

> 시민단체는 넓은 의미의 압력단체 또는 이익단체에 속하면서도 자기 집단원의 특수이익만을 실현하려고 하지 않고 전체의 입장에 서는 점과 직능별이 아니라 지역별 조직이며, 주로 지역문제에 대해서 활동하는 점에서 그것과 구별되며 다소 특이한 압력단체라고 할 수 있다.[111]

그리고 시민단체를 정당과도 구별한다. 원칙적으로 정치권력의 장악이나 특정의 공직을 목표로 하지 않는 점을 강조한다. 국회의원과 공무원 이외에 일반국민과 정당을 대상으로 해서 특정의 정책을 실현하려고 하며 당파성을 띠지 않고 지역사회에 기초를 두고서 지역적 이익에 입각하는 것이다. 일반적으로 정당의 지방조직은 전국적 선거의 기반이 되는 경향이 있으며 지방자치와 지방선거, 지방의 문제 등에 대해서는 비교적 무관심하거나 무력하기 쉽다. 그런 점에서 정당의

---

110 朴紀正, 「광주대단지」, 『신동아』, 1971년 10월호.

111 申宗淳, 「社會近代化와 시민단체의 지도성」, 『한국行政學報』(행정학회, 1967), pp.246~247.

지방조직과는 별도로 초당파적인 시민단체의 존립이 지역사회 발전을 위하여 극히 필요한 것이다. 미국사회의 경우 시민단체는 그 지역의 신민을 교육 계몽하고 있고, 전문적인 조사연구에 입각해서 활동하고 있으며 또한 초당파적 성격을 띤다. 그런 데서 정당의 지방조직이 약하거나 일당 지배하에 있거나 정당의 지방조직이 없는 경우, 그리고 전국선거와의 구별이 강조되는 경우 시민단체의 중요성은 더욱더 크게 되는 것이다.

신종순 씨가 제시한 바에 의하면, 미국사회에서 볼 수 있는 수많은 시민단체 중에는 다음과 같은 단체들이 있다. 즉, 시민연맹 · 납세자연맹 · 시민헌장위원회 · 시민조사위원회 · 시민조사위원회 · 여성유권자연맹 · 시민계획위원회 · 지방주택연맹 · 도시연맹 · 시민행동위원회 · 지역협의회 등 지역사회에 따라 여러 종류가 있다는 것이다. 이늘 단체의 일반적 활동과 사업은 의회와 행정관청에 건의하고 그들의 상의(相議)에 응하며, 필요한 지역사회운동을 전개한다. 그리고 시민과 언론기관에 전문적이고 객관적인 조사에 입각한 자료를 제공하고 대립되는 이익을 조정하며, 시민들이 선거나 기타 공적 활동에 있어서 현명한 판단을 하도록 돕는다는 것이다.

이것은 행정관청의 독주와 관료화 및 부패를 막고 자치의 유지확대와 개선, 그리고 그 지역의 발전을 이루는 데 있어서 더 말할 나위없이 중요한 기능이다. 정당 · 선거 · 언론 기관의 역할과 함께 혹은 이들을 보충하거나 이들보다 더 강한 입장에서 주민의 이익을 결집하여 표명하고 전달하는 중요한 집단역할을 할 수 있는 것이다. 시민 단체의 이러한 기능으로 지방행정기관과 정당의 지방조직, 그리고 지역주민 전체는 크게 도움을 받게 되며, 특히 행정관료와 주민과의 유대를 강화하고 의사소통의 경로를 확보하는 점에서 민주사회의 기본적인 구조적 기능이 되는 것이다.

그동안 우리 사회에서는 시민단체의 민주적 기능을 육성하지 않았을 뿐만 아니라 오히려 탄압하거나 어용화했다. 그리고 시민운동을 관권이 지배하여왔다. 민주적 자치제도를 한국사회에 적합하지 않은 것으로 인식시켜왔다. 행정일반은 물론 행정개혁 그 자체까지도 관권이 독점하여 국민은 대체로 이에 대해 방관하는 상태에 있다.

한국사회에서 지역주민의 조직이란,

> 동리(洞里)·통반 등 기초적 행정구역을 조직단위로 하여 그 지역 내의 가구 또는 주민을 구성원으로 하고 행정보완 활동과 공동사업을 포괄적으로 그리고 자치적으로 운영하는 조직[112]

이라고 내무부가 정의하고 있는 정도이다. 이러한 주민조직은 형식적인 관제조직으로, 모든 주민은 자동적으로 전원이 회원이 되며 행정적 필요나 편의주의를 위해 행정을 보완하는 활동을 하도록 하는 정도이다.

사실상 지역에 따라서는 이러한 행정구역 단위의 조직 이외에 그 지방 특유한 자발적 조직이 여러 종류 나타나고 있다. 강병근 씨가 1965년 충남 예산군 지역을 조사 연구한 바에 의하면, 읍(邑) 지역과 농촌의 이(里) 지역간에는 자발적 단체의 성격과 기능에 있어서 어느 정도 차이가 있음을 발견했다.[113] 예산읍과 같은 지방 도읍에서는 중앙과 직결되는 정당조직을 기반으로 하는 정치지도자, 행정실권을 장악하고 있는 기관장의 집단, 그리고 경제적 실력을 기초로 하는 기업주들 및 일반 유지들로서 구성된 집단들이 있다. 그러나 이들간에는 상호불신과 반목 대립이 심하여 지역사회 문제에 무관심하다는 것이다. 이 상태에

---

112 노융희, 「地方發展과 壓力團體의 역할」, 『사상계』, 1966년 12월호에서 인용.

113 강병근, 「한국 지역사회의 정치적 분석」 참고.

서는 지역발전을 위한 시민단체의 역할을 할 수 있는 자발적 집단이 출현하기 어렵다고 보았다. 각종 업체별 단체가 있긴 하나 이들은 직종별 교섭단체로서의 기능마저도 이 당시로서는 전혀 발휘하지 못하고 있었다. 다만 그 기능을 잠재적으로 지닌 채 그들간의 친목도모를 위한 역할을 벗어나지 못하는 상태라고 했다.

사실 행정기관장들의 모임은 읍의 전반적 발전에 관심을 가진다 하더라도 이들은 관료로서 횡적 단결을 공고히 하려는 데 주목적이 있을 뿐 지역적 시민단체와는 구별되는 것이다. 그리고 이 도읍의 발전을 목적으로 한다는 번영회의 조직을 위해 활동적인 일부 인사들과 재원을 밑받침할 수 있는 인사들이 활동을 시작하는 단계에 있었다는 것이다. 이들은 지역사회의 자조사업(自助事業)을 추진시키고자 노력하는 단계이므로 그 조직이 시민의식을 기초로 한 주민조직의 성격과는 거리가 멀다.

이와는 대조적으로 비교적 동질성이 높은 촌락사회에서는 공식적 지도자(里長)와 비공식적 지도자(有志)가 혼연일체가 되어 촌락의 발전을 위해 지도적 역할을 하는 경우가 흔히 있다는 것이다. 이 당시 발견할 수 있는 대동회(大同會), 부락운영위원회, 향리위원회와 같은 주민조직은 자기 촌락의 자치적인 사업을 운영하는 주체가 되어 있고, 주민의 생활과 직접 관련된 모든 이(里) 행정이 주민조직과의 협력 없이는 제대로 성과를 거둘 수 없을 정도로 큰 역할을 담당했다는 것이다. 그러나 이러한 촌락단체가 이·동정(里洞政)에 주민의 의사를 반영시켰다 하더라도 그것이 중앙정부, 도(道), 그리고 군(郡)의 행정적인 차원에서 결정되는 정책에 영향을 미칠 수 있는 관계에 있지는 않다. 비록 개별 지도자들이 군 차원의 기관장들과 접촉할 수는 있지만 이 접촉을 통하여 지역사회 주민들의 의사와 이익을 제대로 대변할 수 있는지는 의문이다. 농촌 지도자들이 관료들을 개별적으로 접촉하는 데서 농촌주민들의 집단적 이익을 대변하며 집단적 압력을 행사하기보다 개별적 이익과 사적 목적을 위해서 타협하는 경우가 허다하므로 주민들의 불신을 사는 결과를 가져온다. 농촌에는 농민에 의한 자치적 협동조직이 상향적으로 전국적인 조직망을 가지고서 중앙과 지방행정기관과의 상호유대를 형성하지 않는 한, 촌락 단위의 자치집단이 실질적인 압력단체로서의 기능을 할 수 없을 것이다.

강병근 씨는 1964년 그가 실시한 지역사회 연구 결과 나타난 관민(官民) 관계의 문제점을 다음과 같이 지적했다.[114] 첫째는, 관리와 주민들의 태도에 관하여,

> 관리들은 상부의 지시에 유유순종함을 당연지사로 알고 있는 것이며, 지방의 실정을 참작하려고는 하나 그것을 적극적인 태도로 상부에 건의할 의욕은 또한 없는 것이다. ……한편 주민들도 관에 추종하는 습성에 젖어 있으며 또한 관이 백성들의 의사를 존중하지 않는다는 불신적 태도를 갖고 있는 것이다.

둘째는, 말단관청에 대한 중압적 통제에 기인한 것으로,

> 중앙에서 계제적(階梯的) 조직을 따라서 하부구조에 가해지는 통제작용은 관리들을 위축시키는 것이며, 설혹 시책에 대한 개선방안을 상부에 건의해도 그것이 도저히 군·도를 거쳐 권력의 원천이며 모든 명령 지시의 출발점인 중앙에 상승적으로 전달되지 않는다

고 체념한 상태에 있는 것이다. 지방행정기관에서 일하는 공무원들은

114 위의 책 참고.

이렇게 중앙에서 명령하는 일방적 행정지시와 관에 대하여 불신하며, 체념 상태에 있는 민간인들은 또한 행정업무에 대하여 수동적이며 기계적으로 임할 수밖에 없다. 더욱이 고도성장의 산업화 과정에서 발생하는 지역사회문제와 이에 따른 민의 이해관계를 관이 독점적으로 해결하려 함으로써 지방관서가 관장하는 업무는 폭주하여 행정의 비능률을 드러내는 것이다.

지역사회와 지방행정이 이렇게 중앙권력에 예속되어 있는 체제로서, 이미 지적한 바와 같이 모든 이해관계가 중앙에 집중되어 있다. 따라서 지역사회를 위한 시민단체가 성장할 수 없을 뿐 아니라 각종 이익단체를 위시한 여성단체, 문화단체 및 기타 시민단체들이 서울에 집중되어 있다. 이 단체들이 반드시 관제조직으로 시작된 것은 아니며 근대화에 따른 시민생활의 요구에 의하여 자발적으로 형성된 것이 대부분이다. 그러므로 이러한 단체들은 이익단체로서나 시민의 권리를 행사하는 민권단체로서 발전할 가능성이 있는 것이다. 그럼에도 불구하고 이러한 잠재성이 억압된 채 사소한 이익이나 친목을 도모하는 지도자 중심의 단체에 머물러 있는 상태이다. 소수 단체들은 지도층이 정권을 적극 지지하며 관제운동에 호응하는 대가로 관권의 비호와 재정지원을 받아 일시적으로 조직을 급격하게 팽창시키며 활발하게 사업을 전개하는 경우가 있다. 특히 수많은 단체를 관할하는 여성단체협의회의 경우 지도자는 집권당의 국회의원이거나 정권을 지지하는 친여 인사들이 차지한다.

필자가 1968년도에 실시한 여성단체 활동에 관한 조사연구 결과에서 1960년대에 존재한 여성단체들의 성격과 활동의 내용을 고찰해볼 수 있다.[115] 그 당시 여성들이 조직한 수많은 단체들 중에서 종교·직업

---

115 정충량·이효재, 「여성단체 활동에 관한 연구」, 『한국문화연구원 논총』, 제14집(이화여대,

<표 2-11> 취지별로 본 여성단체의 분포[116]

인간적 여성적 교양 및 자질 향상	8(개)
인류복지, 세계평화 및 국제친선	4
신생활운동	3
회원의 상호친목과 복리	7
공민훈련	1
사회복지를 위한 봉사	6
국가발전을 위한 반공 · 방위 · 협동	6
농어촌 지역사회개발	2
소비자운동	3
어권옹호	1
자활 위한 상호부조	1

보도 및 전문분야 단체를 제외한 소위 문화·사회 활동을 위주로 한 단체들로서 24개가 연구의 대상이 되었다. 이들 중 2, 3개를 제외한 대부분의 단체는 산업화가 본격적으로 추진된 1960년대에 형성되었다. 이들 단체들은 그 조직 연한이 5, 6년 정도로 짧은데도 불구하고, 100만 이상의 회원을 가졌다는 한 단체를 선두로 하여 1만 명 이상의 회원을 지닌 단체가 5개 정도였다. 그리고 회원 수가 1천 명에서 1만 명 사이에 속하는 단체가 6개이며, 나머지는 기십 명도 안 되는 적은 규모의 단체들이다. 그리고 이들 단체는 그 조직이 대다수의 경우 서울에 국한되며, 지방 대도시에 지회를 가졌다는 단체의 수가 13개였고, 도읍이나 농촌지역에 지회를 가진 단체는 전혀 없었다.

1969) 참고.

116 위의 글, p.174.

이 단체들의 활동방향과 성질을 나타내는 조직의 취지는 다음에 분류한 자료에서 엿볼 수 있다.

여기에서 두드러지게 나타난 취지나 목적은 첫째가 '인간적 여성적 교양 및 자질향상'이며 둘째가 '회원의 상호친목과 복리', 셋째가 '사회복지를 위한 봉사활동 및 국가발전을 위한 반공·방위·협동' 활동이다. 기타 취지는 인류복지, 평화 및 국제친선·신생활운동·소비자운동·공민훈련·여권옹호·자활을 위한 상호부조 등으로 1~3개 단체가 각각 지적했다. 이렇게 볼 때, 여성단체들은 뚜렷한 시민의식이나 권익옹호를 위한 이익단체 또는 시민단체의 성격이 공식적으로 표명되지 않는다.

여권옹호 의식을 가진 단체가 하나이며, 공민훈련한다는 시민단체로서의 성격을 희미하게나마 지닌 단체도 1개 정도였다. 기타 모든 단체들은 여성의 교양이나 인간적 자질을 높이며 국가사회를 위해 봉사하고 여가를 선용하는 활동, 회원들의 상호친목과 상호부조를 주요 관심으로 하고 있다. 이로써 단체활동의 주요 기능이 교양교육으로 치중되어 강연, 강좌, 좌담회 등의 형식을 취한다. 교육내용은 '반공교육에 관한 것', '자녀교육에 관한 것', '가정생활 합리화에 관한 것', '여성역할에 관한 것' 등이다. 1960~70년대를 통해 여성단체들의 공식 목표와 활동은 시민의식을 고취시키는 교육적 기능을 하지 못한 것이다.

그러나 여성단체들이 여권신장을 위해 압력단체의 역할을 한 것을 볼 수는 있다. 여권운동을 공식목표로 표명한 단체는 1개뿐이지만 실제로는 여성단체들이 연합적으로 압력단체 역할을 해왔다. 특히 신민법의 입안과정에서 가족법의 민주화를 위해 압력단체 역할을 했다. 그리고 1970년대에 와서는 국제적인 여권운동의 열기에 더욱 자극받아 여권의식이 고조되었으며, 이에 따라 61개 단체가 '범여성가족법개정촉진회'를 1973년 결성했다. 이 촉진회에서는 신민법의 가족법을 더욱

더 민주화하기 위하여 10개항의 개정요강을 채택했다. 이 개정요강에 기반하여 가족법개정안을 작성했으며, 1974년 국회에 제출했으나 10년이 지난 지금에도 개정의 요구가 관철되지 않고 있다. 이 촉진회의 회장에는 그 당시 여성단체협의회 회장이 당선되었으며, 그는 그 이후 유정회 국회 의원으로 임명되어 압력단체로서의 활동이 정부에서 허용하는 한계를 벗어나지 않고 답보하는 상태에 머물러 있었다. 이렇게 여권운동도 자율적이고 독립적인 입장에서 전개되지 않고 지도층을 통한 정권의 통제 아래서 제한된 역할만을 한 것이다.

여성단체들은 또한 자본주의 성장에 따른 소비자 문제에 관심을 갖기 시작했다. 이들은 가계를 담당한 주부들을 상대로 합리적인 소비생활에 대한 교육을 시작했다. 1970년대에 와서는 4개 단체가 더 적극적이며 다양한 방법으로 소비자운동에 접근했다. 고도의 경제성장에 따른 자본주의 시장경제가 소비자 문제를 더욱 심각하게 보편화시킴으로써 정부가 이에 법률적으로 대처하기 시작했다. 그러나 소비자보호행정의 명목으로 1979년에 와서는 기획원 산하 물가정책국 내에 소비자담당관 자리를 신설하고 소비자운동 단체들을 감독하게 했다. 소비자운동을 주도해온 5개 여성단체들은 1976년 협의회를 조직하여 더욱 본격적으로 활동을 전개함으로써 정부는 이 협의체에 연간 2, 3천만 원의 보조금을 지불하며 감독하고 있다.[117] 이 단체의 주요사업으로는 "소비자운동에 관한 조사연구와 소비자의 의견 반영, 불량품추방운동, 소비자 계몽을 위한 월간지 발행" 등이다. 그리고 소비자전국대회 개최와 소비자 자료집 발간 등을 계획하고 있다고 한다.[118]

이러한 소비자운동에 있어서도 민간단체로서 독립적 입장에서 정부

117 김성의, 「한국 소비자보호운동에 관한 연구」(고려대학교대학원 경영학과 석사논문, 1979) 참고.

118 위의 글, p.70.

와 협조하기보다는 국고보조금에 재정적으로 의존한 상태에서 감독을 받으며 제한된 역할을 하고 있다. 즉, 관권 주도의 소비자운동의 성격에서 탈피하지 못하고 있는 것이다.

2) 관제운동의 성격 : 재건국민운동과 새마을운동

5·16 군사 정권은 강력한 민주화를 요구하는 민간단체들의 자발적 민주화운동을 중단시키고 억압하는 한편, 사회조직을 권력 중심의 동원체제로 만들기 위해 재건국민운동을 전개했다. 이 운동은 군사혁명 직후인 1961년 6월 11일 '재건국민운동에 관한 법률'을 공포함으로써 시작되었다. 이 운동의 목표는 "전국민이 민주주의 이념 아래 협동단결하고 자립 자조 정신으로 향토를 개발하며 새로운 사회기풍을 확립한다"는 데 있었다.[119] 공표된 목표가 이렇게 민주주의 이념의 확립과 자조자립 정신의 개발을 내세웠음에도 불구하고 이 운동은 군사 정권의 강권 발동으로 조직되어나갔다. 즉, 서울특별시와 각 도에 지부를 두고 시, 군, 구와 읍, 면, 동 등의 행정구역 단위를 기반으로 촉진회를 설치하고 각반에 재건국민반을 두었다. 시·군·구 단위까지는 국가기구로 하고 그 이하 기구는 법인체로 하여 하급조직에서 지방행정기구와 분리시켰다. 그러나 지방에서의 실정은 국민운동의 지도인사들이 행정기구의 공무원인 경우가 많았기 때문에 운동의 성격과 행동도 행정기구와 구분할 수 없는 형편이었다.

발족 당시 이렇게 이·동 단위의 촉진회를 형식적으로 조직했으나 곧 해체되고, 17~40세의 남자로서 구성되는 재건청년회와 16~45세의 여자로서 구성되는 재건부녀회로 대치되었다. 그리하여 1961년 11월

119 「재건국민운동」, 『합동연감』, 1964년판, p.95.

말 현재 통계에 의하면 전국에 360만 회원을 갖게 되었다는 것이다. 그리고 각종 기구의 지도·행정을 담당하는 요원은 50만 명이 되었다. 도시에서도 구·동(洞) 단위에, 또한 종업원 20명 이상의 직장에 촉진회를 결성토록 강요했다. 강제로 조직된 이들 단체들은 사실상 아무런 실적을 거둘 수 없어 1961년 말경에는 유명무실한 존재가 되고 말았다.[120]

재건국민운동의 초대 본부장으로 취임했던 유진오(兪鎭午) 씨는 이러한 관제운동의 성격을 파악한 즉시로 사표를 내고 떠났다. 그가 사의를 표명한 이유로서는,

> 국민적 자각이 민주주의의 최후의 보장이라는 긴박의식과, 군인과 정치인 사이의 교량적 역할을 해보겠다는 사명감에서 본부장직을 맡았던 것인데 취임하고 보니 국민운동의 계획과 구상은 모두 군인들이 미리 짜놓은 것이었고, 실지의 움직임도 국민의 자각에 기여하는 것이 아니라 위로부터 국민을 동원하고 명령하는 속효(速效)를 바라고 있었다

고 말했다. 평소 자기가 생각했던 국민운동의 방법과는 거리가 너무 먼 것이어서 사퇴한다는 것이었다. 이렇게 해서 바뀌기 시작한 국민운동의 본부장직은 1961~64년 사이에 세 번이나 잦은 이동이 있었다. 그리고 막대한 예산과 전국적 조직의 노력에 비추어 첫 3년 동안의 국민운동의 실적과 성과는 인정받을 만한 것이 없었으며 유명무실했다. 이 이유로 1964년 8월에는 관제적 성격을 탈피하기 위해 민간기구운동으로 재출발했다.

재건국민운동은 민간기구로 탈바꿈했지만 민간운동으로 뿌리를

---

120 위의 글 참조.

내리지 못하고 허약한 조직으로 1960년대를 통해 지속될 뿐이었다. 1970년대에 들어와서는 '새마을운동'이라는 형태의 관제운동이 박대통령의 직접적 발상과 지휘 아래 전국적으로 전개되었다. 사실상 제 3공화국의 1, 2차 5개년 경제개발계획은 광공업과 제조업 분야의 성장에 치중하여 농수산업을 제외시켰다. 이리하여 1차산업의 성장률은 현저하게 저하되었고, 따라서 농가소득은 도시근로자 가구에 비하여 그 격차가 더욱 확대되어갔다. 1, 2차 5개년 개발계획이 추진된 이 두 기간 사이의 국민총생산은 7.7%에서 10.5%로 증가했다. 그러나 농림수산업 분야에서는 5.3%에서 2.5%로 저하된 것이다.[121] 이에 따라서 농가의 평균소득은 도시근로자 가구의 소득에 비하여 현저하게 낮아졌다. 1961년 농가의 1인당 소득은 평균 8,059원이며, 도시 비농가가계의 1인당 평균소득은 16,524원이어서 둘을 대비시킨다면 100대 205인 셈이다. 1969년에는 농가의 소득이 1인당 34,678원으로 증가했으며, 도시는 96,550원으로 증가하여 그 대비는 100대 278인 것이다. <표 2-12>에서 제시된 가계 소득 비교에서도 농가소득의 상대적인 저하가 더욱 뚜렷함을 알 수 있다. 1965년 도시 · 농촌 가계의 소득비가 97.6%이던 데서 67년 55.8%로, 그리고 69년에는 56.0%로 큰 차이를 나타내었다. 농업과 타산업간의 격차로 인해 농민들은 경제성장의 분배과정에서 소외되며 도시와 농촌 사이의 불평등은 심각하게 심화되어간 것이다. 이에 따라 농업의 성장을 촉진시키지 않을 수 없게 되었다.

'새마을운동'은 1970년 대통령의 직접 제안으로 시작되었다.[122] 그

---

121 趙淳, 「경제성장, 1955~76」, 이해영 · 권태환 편, 『한국사회, 인구와 발전』, 제1권 ; 인구 · 경제편 (1978), p.203 자료 참고.

122 유네스코 본부 주최로 '지역사회 개발사업에 관한 국제적 비교 연구'가 실시되었는데 연구의 한 대상국으로 '한국의 새마을운동에 대한 평가 연구'가 1976년 李萬甲, Brandt에 의해 실시되었다. 이 연구보고서는 李萬甲, 「새마을운동」, 『한국농촌사회연구』(다락원, 1981)에서 발표되어 있다.

<표 2-12> 도시·농촌가계 소득 비교

(단위 : 천 원)

	농촌(A)	도시(B)	A/B%
1965[123]	109.84	112.56	97.6
1967	138.72	248.64	55.8
1969	186.85	333.60	56.0
1971	317.24	451.92	70.2
1973	426.76	550.20	77.6
1975	722.72	859.32	84.1
1977[124]	1,432.8	1,405.8	101.9
1979	2,275.5	2,629.6	84.7

리고 이것을 추진시키기 위한 직속기구를 청와대 안에 설치했다. 이것을 뒷받침하기 위하여 중앙정부의 차관들로 구성된 중앙위원회가 조직되었다. 이러한 상부조직에서는 새마을운동의 이념과 사업 등을 구상하며 기획했다. 그리고 이 사업들을 마을 단위로 시달하여 범국가적으로 집행하는 것은 내무부가 관장했다. 내무부는 각 도·군·면의 지방행정의 관료체계를 통하여 농민들을 동원시킨 것이다. 즉, 대통령의 진두 지휘 아래 시달된 사업이 중앙과 지방의 관료조직을 통하여 농민들에게 지침으로 시달되며 재정적 투입과 함께 마을 사람들에게 설득하며 협력하도록 강력한 압력을 가했다는 것이다. 사업을 마을 단위로 추진시키는 과정에 있어서 상부에서 결정된 계획과 일치하는 개발사업을 수행하게끔 관주도적으로 집행해나갔음을 이만갑, 브란트(Brandt) 씨의 '새마을운동' 평가연구보고서는 다음과 같이 설명하고 있다.

---

123 1965~75년간의 자료는 金滿堤 외 공저, 『한국경제·사회의 근대화』(한국개발연구원, 1981), p.434에서 인용.

124 1977~79년간 자료는 宋丙洛, 『한국경제론』(박영사, 1981), p.366에서 인용함.

> 지역사회의 주도권과 의사결정의 원리는 전면적으로 금지되었고 지방행정 관리들이 새마을사업의 계획과 수행을 고려하여 빈번한 회의를 소집하도록 농민들을 격려했다……수행가능한 사업의 양과 형태에 관한 대부분의 결정들은 마을 외부의 행정가들에 의해 작성되었다……뒤이어 마을회의에 당국의 요원 파견이 있었다.[125]

강력하게 추진한 새마을운동은 초기 3개년(1971~73) 동안에는 주로 초가지붕 개량, 도로와 교량의 확장, 관개와 가정용을 위한 용수(用水) 공급 개선 등과 같은 환경개량을 취급했다. 그다음 3개년(1974~76)에는 마을의 경제적인 자급자족에 강조점을 두어 그에 따라서 소득수준과 농업생산성의 증대에 비교적 큰 비중을 두었다. 그다음의 3개년(1977~81) 동안에는 이러한 경험을 통해 농민들의 의식과 태도에 있어 독립적인 자조정신의 확립을 이룩한다는 계획이 있었다.

이 계획들을 추진하는 데 있어 농민들의 적극적인 참여를 유도하기 위하여 1973년부터는 마을 사이에 경쟁을 도모하는 전략을 개발했다. 즉, 마을들을 조직과 공동시설 그리고 개발업무의 수행 정도에 따라서 '기초마을', '자조(自助)마을', '자립마을' 등으로 분류했다. "1973년 남한의 3만 4,665개 마을 중에서 53%가 기초마을, 41%가 자조마을, 그리고 6%가 자립마을로 평가되었다."[126] 이러한 범주에 따른 각 비율을 1975년까지는 11%, 60%, 29%로 전환시키려 했으며, 1981년까지는 모든 마을이 자립마을로 되도록 한다는 계획이었다.

> 연평균 농가소득은 1972년의 43만 원에서 1981년에는 140만 원이

125 『한국농촌사회연구』.

126 위의 책.

되도록 계획되어 있다. 그 계획이 지나치게 성공적으로 파악되었기 때문에 상위 범주로 향한 마을의 소득증가가 실질적이기보다는 오히려 행정조작에 의한 것이 아닌가 하는 의구심도 있다……사실상 그 체계는 농민들의 경쟁적인 노력을 자극하고 있다는 점을 나타낸다[127]

라고 이만갑, 브란트 씨의 평가보고서는 지적하고 있다.

이 운동의 실질적인 효과는 이렇게 소득을 향상시킴으로써 도시와 농촌 사이의 불균형을 바로잡는 데 있다는 것이다. 그러나 도시산업부문에서 농촌부문으로의 경제적 전이(轉移)는 극히 소규모에 지나지 않는다. "도로 확장을 위한 시멘트와 지붕 개량을 위한 융자금 등, 정부에 의하여 투자된 총량은 극히 적은 것으로 투입량의 대부분은 농민들의 노동과 다른 종류의 마을자원으로부터 충당되었다는 것이다. 새마을 지도자들은 보수를 받지 않고 일했으며 그들의 마을이 자립의 의지에 이르게 되었다고 평가받게 되면 다소의 외부원조를 기대할 수 있었다. 그러한 지역에 대해서는 관개, 제방, 전화(電化)사업, 도로건설 등과 같은 계획에 재정보조가 비교적 크게 지원되었다. 이러한 경우에도 주민들에 의하여 제공된 노동, 토지 그 외의 다른 자원들의 공헌도는 상당한 비중을 차지한 것이다. 이 보고서에 의하면,

정부투자 또는 외부지원들은 마을의 노동력과 다른 자원에서 나오는 전체 투자액에 비하면 적은 한 부분에 지나지 않는다. 1971년부터 74년간에 전체 투입액은 5억 5,400백만 달러였는데, 그중 정부예산에서의 지원은 단지 1억 2천만 달러였다. 1976년에 정부기금은 전체의 16%에 지나지 않았으며, 주민들이 제공한 물자와 현금이

127 위의 책.

36%, 그리고 나머지 48%는 주민들의 노동 제공에 의한 가치로 평가 되었다.[128]

그리고

국가예산과는 별개의 부가적인 원천의 지원금이 대통령 하사금이다. 1972년 처음으로 20개 마을에 27만 달러를 나누어주었고, 76년에는 8,627개 마을에 공급한 이 기금의 총액은 2,340만 달러에 달했다. 탁월한 과업 수행을 위한 특별지원금의 제도는 마을 수준에서 개발의욕을 촉진시키는 데 중대한 역할을 하고 있다.[129]

즉, 마을간에 경쟁심과 성취욕을 북돋는 데 촉신제가 되었다는 것이다. 이러한 하사금은 대통령에 의하여 우수한 지도자와 마을에 훈장과 함께 포상금으로 직접 지급되었다. 1973년 탁월한 업적을 거둔 새마을 지도자 4천 명으로 범국가적 회의를 처음 개최했으며, 75년에는 7,450명의 새마을 지도자를 참석시켜 범국가적인 새마을운동전진대회를 개최했다. 이 당시 214명에게 특별 포상을 했으며 2,500개 마을에는 특별보조금이 지급되었다. 이러한 방법과 함께 매스컴에서나 새마을 지도자 연수원에서나, 그리고 마을에서 행정관리의 공식적 의견들은 반드시 농촌의 진보와 새마을운동과 관련된 농민생활의 개선은 박대통령의 영도력에 의한 것이라고 역설했다. 이것은 바로 새마을운동의 목적이 박대통령의 권력기반을 굳히며 정원을 연장시키는 데 있음을 나타내는 증거이다.

---

128 위의 책.

129 위의 책.

사실상 새마을운동 사업들은 농촌의 경제성장을 증진시키기 위한 농촌개발에 치중하기보다 '근면·자조·협동' 정신의 터득을 통하여 근대화에 이르는 문화적 전환을 이룩함으로써 새로운 농촌전통을 건설하는데 주력했다는 것이다.

> 한국의 농촌경제의 침체가 농민들의 전통적인 생활태도, 즉 변화에 대한 보수적인 저항, 의례(儀禮)와 의식(儀式)을 위한 낭비, 음주와 놀음이 수반된 농한기인 겨울 동안의 게으름, 그리고 지역사회의 결속보다는 친족간의 유대를 강조한 점 등에 기인했다는 가정(假定)[130]

에서 농민들의 전통적 생활관습과 전통적 의식구조에 그 원인을 귀결시켰다. 따라서 새마을운동이 이러한 구습으로부터 농촌사람들을 급격하게 흔들어놓아 '근면·자조·협동' 정신을 터득하고 근대화에 이르는 새로운 문화적 기반을 확립할 수 있다는 단순한 낙관론이 지배했다.

이러한 목적에서 농민들에게 가해진 새마을사업에 대하여 농민들의 반응은 특히 초기에는 부정적이었다는 것이다. 상기 보고서에 의하면,

> 그 운동의 초기 몇 년 동안에는 종종 농민들이 그들 마을의 특수한 사정에 적합하지 않은 사업을 강제로 수행하도록 한다는 불평을 했다. 그들의 가장 중요한 사업의 성공적 완수를 위해 외부지원에의 의존도가 높기 때문에 지방행정관리들은 의사결정에서 마을을 압도하는 강력한 힘을 가지고 있다[131]

130 위의 책.

131 위의 책.

는 것이다.

이러한 부정적 반응에도 불구하고 강압적으로 추진해나간 새마을사업의 결과에 대하여는 농민들에 의해 긍정적인 평가를 받는 면이 있다. 특히 경제적 조건을 향상시키는 데 크게 기여했다고 평가하는 것이다. 농업용 도로, 전력화, 마을창고, 지붕개량, 상수도 및 하수시설, 마을회관 등이 성공적 사업으로 평가됨과 동시에 이 운동이 그들의 농업생산성을 향상시키며 영농기술의 발달에 기여했다고 평가한 것이다.

그러나 새마을운동의 궁극적인 목적이었던 자립적 농촌경제를 이룩하는 면에 있어서나 협동적인 공동체를 발전시킨다는 면에서는 부정적인 평가를 면할 수 없다. 자립적인 농촌경제로 도시와 농촌간의 불평등을 극복하며, 협동적 공동체가 농민들로 하여금 그 지역사회에 대한 애착심을 증대시켜 개인적 이익추구보다 집단적 공동이익을 위한 연대성을 높이고자 했던 원래의 목표에 비추어볼 때, 새마을운동이 경제적 차원에서나 사회적 차원에서 그 목표를 어느 정도 달성했는지 의심하지 않을 수 없다. 우리 농촌에 이제는 초근목피(草根木皮)라는 말이 없어졌고, 춘궁기나 절량농가라는 단어가 사라질 만큼 농민의 절대적 생활수준이 향상된 것은 사실이다. 그러나 국가경제성장에 따른 농업분야 및 농업생활수준의 향상은 1977년을 고비로 다시 하락하기 시작했다. 농림수산업의 성장률은 새마을운동의 전성기인 1972~76년 사이에 5.0%이던 데서 1977~80년 사이에는 −0.5%로 대폭 하락했다.[132] 그리고 도시근로자 가구에 대한 농가의 상대적 소득비는 앞서 제시한 <표 2-12>의 도시·농촌가계 소득 비교에서 볼 수 있는 바와 같이 1977년 101.9%를 고비로 79년에는 84.7%로 저하된 것이다.[133] 이러

132 朴玄採, 『한국경제와 농업』(까치, 1983), p.163 참고.

133 위의 책, p.164.

한 경제지표만으로도 새마을운동에 재정적 지원을 계속하지 않은 후기에 와서는 농업과 농민 생활이 국가경제 구조에서 차지하는 지위가 다시 후퇴함을 알 수 있다. 새마을운동을 통한 농민 생활수준의 향상은 농민의 노동력과 자원이 동원되고 희생을 감수한 것만큼 지속적이지 못한 것이다. 도시경제와 균형을 이룰 수 있는 농민소득을 계속 유지시킬 수 있는 농촌경제구조를 확립하지 못했다. 따라서 농민의 기대와 욕구에 비추어 좌절과 배신을 느끼게 할 뿐 아니라 촌락사회 내부에서 심화되는 불평등으로 공동체적 의식과 연대성이 오히려 저해당하고 있는 형편이다.[134]

사회적 차원에서 볼 때, 새마을운동을 통한 농촌사회 변화가 계층간의 격차를 좁히거나 계층간의 갈등을 극복하며 협동적인 촌락공동체로 발전하지 못하고 있다는 평가이다. 이만갑 · 브란트(Brandt)의 보고서에 의하면 가난한 농민들의 입장에서는 "집단적 취로사업이 항상 그들 자신에게 희생을 강요하고 보다 많은 토지를 소유한 사람에게 이익이 많이 돌아가게 되었다"고 평가한다. 새마을사업들은 농토가 없거나 적게 소유한 그들을 돕기보다는 부유한 농민들을 돕기 위한 사업이라고 보았으며, 그들에게 강요된 노동에 상응한 대가를 받지 못한 것으로 불평한다는 것이다. 그리고 부유한 농민들의 입장에서는 그들에게 필요한 환경 개선이나 주택개량은 이미 이루어졌다거나 스스로 할 수 있는 입장인데, 이에 덧붙여 마을 전체를 위한 사업에 참여하는 것이 반드시 자신들의 이익에 부합되는 것이 아니라고 본다는 것이다. 물론 마을과 개인들에 따라서는 이러한 이기적 입장을 초월하여 마을 전체의 공동이익에 기꺼이 참여하는 경우도 있다. 그러나 계층화된 촌락사회는 계

134 조옥라, 「현대 농민의 경제성」, 『현상과인식』 1982년 봄호, 이 문제에 관하여 조옥라 씨의 이 연구의 결과도 이만갑 · Brandt의 평가보고서와 일치한다.

층간의 불평등이 점차로 극복되기보다 이것을 심화시키는 경향이 있다는 데 문제가 있는 것이다.

그리고 이 운동을 주도해온 지방관료들의 입장에서의 평가 또한 주목할 만한 것이다. 관리들은 새마을운동을 통해 농민들의 버릇이 잘못 들여졌다는 것이다. 정부로부터의 전폭적인 보호와 원조의 결과 농민들은 "협동적인 자조의 이념이 사라지고 있으며 대부분의 사람들은 즉각적인 물질적 자극에만 관심이 있다"는 것이다. 또한 그들은 상부의 행정 관료로부터 감독을 받고 있는 지방관료들의 약점을 노려 부당한 요구와 항거를 일삼는다는 것이다. 이들은 외부로부터 주입되는 가치와 이념을 받아들여 내면화하지 않고 그들 자신의 사리(私利)를 극대화하려 한다는 비난을 관리들은 하고 있다. 이러한 비판으로 보아 새마을운동이 목표한 바대로 농민들의 의식을 개혁하어 마을 내적으로나 정부와의 관계에서 협조와 조화를 이룩하는 농촌으로 변화시키지 못했음을 나타낸다. 농업성장과 농촌개발을 위한 사업들이 처음부터 농민들의 참여와 요구를 중심으로 자발적으로 주도해나가도록 관이 지도하며 협조하지 않았다. 외부의 지원을 유인(誘因)으로 삼아 참여가 일률적으로 강요된데서 농민들의 대외의존심을 조장했으며 관리에 대한 불신으로 관민관계의 갈등이 오히려 심화되는 경향이다.

새마을운동 과정에서 나타난 이러한 농촌사회의 문제점은 다른 연구논문에서도 다 지적되고 있다. 이근수(李槿洙) 씨는 관 주도의 농촌개발 사업을 위해 조직한 여러 가지 지역사회조직은,

> 비자발적이고 또 어느 정도 강제적이며 하향적 계열에서 생겨난 것이 대부분이라는 점에서 주민의 공동욕구와 관심의 집약체가 될 수 없고 그 기능도 제대로 발휘된다고 볼 수 없다……이렇게 된 원인은 지역사회 주민의 욕구와 관(官)의 지도 목표가 당초부터 부합되지 않

은 상태에서 추종적인 행동방식이 강행되어왔다는 점에 있다[135]

고 강조한다. 이근수 씨는 농촌청년조직인 4H클럽을 예로서 그 문제점을 지적했다.

1978년 11월 현재 '새마을청소년회'라는 명칭 속에 개편된 4H클럽의 경우도 이와 비슷하다. 4H클럽은 원래 학습집단이기는 하지만 그 구성요소에서 인적 구성의 측면과 학습기능의 측면만으로 이루어졌을 뿐, 학습이 지향하는 목표에 대한 회원의 욕구는 전혀 무시되고 목표설정이 이루어지지 못했기 때문에 4H클럽의 행사는 다분히 전시적이었고 형식적이었다[136]

라고 지적했다. 김동일(金東一) 씨는 또한 농촌의 부녀회 조직활동에서도 이러한 공통된 문제점을 발견하여 지적하고 있다. 촌락 내에서는 공식조직 중 부녀회가 가장 많이 조직되었는데,

부녀회의 활동은 대개 마을 구판장의 운영, 마을금고 운영, 가족계획의 추진, 새마을사업의 협동이다. 그러나 대개의 공식적인 조직은 관료적 지도체계의 하향적 조직으로 주민들의 낮은 참여의식, 낮은 기대도, 그리고 관의 하향적 압력감에 대한 선입의식에서 우러나오는 추종적 태도가 나타난다. 이는 곧 사회조직활동이 주민들의 욕구에 제대로, 순응하지 못했고 성취동기에 명확성이 없으며, 집단활동의 저변에

---

135 李槿洙, 「地域社會組織과 住民意識의 變化에 관한 一考察」, 『農村問題論集』, 제4집(梨大 농촌문제연구소, 1978), p.14.

136 위의 책, p.14.

> 뚜렷한 이념형으로서의 행동신조가 결여되어 있기 때문이다[137]

라고 한다. 이렇게 농촌사회의 조직들이 관권주도로 형식적인 데서 농촌 청년층이나 부인층은 자신들의 이익추구와 괴리를 느낀다. 그러나 이들은 농가의 소득을 높이기 위해 농업생산성 향상에 모든 노력을 경주하고 있다. 조옥라 씨의 관찰에 의하면,

> 농민들은 그들의 토지, 여러 농기구, 노동력 등 이용할 수 있는 모든 자원들을 최대로 사용하여 수입의 극대화를 꾀하고 있다

는 것이다. 그러나,

> 경제적으로 부락주민들이 느끼는 괴리는 자신들이 판 곡식들에 투자된 비용을 제외한 수입과 그들이 시장에서 구입할 수 있는 일용품 구입과 자녀교육비 사이에서, 이해할 수 없는 손해를 감수해야 된다고 느낀다는 데서 온다……또한 그들은 그들의 재산, 생활정도와 도시인들의 그것들을 항상 비교하고 있다. 그러니만치 능력이 없어 뒤에 처져 이러한 불이익을 감수해야 된다고까지 사고하는 사람들도 있다. 따라서 자식들에게는 교육을 시켜서 능력이 있으면 도시생활을 시키겠다……[138]

는 것이다. 농민들은 이렇게 가족들의 생활향상을 위해 노력하지만 농민을 착취하는 경제구조로서 소외당하는 자신들의 입장을 도시민과 비

---

137 金東一 외, 『한국 농촌주민의 삶과 質』(한국농촌경제연구원 연구총서, 1982), p.90.

138 조옥라, 앞의 글, pp.220~222.

교하여 불평등을 절감하고 있다. 따라서 농업에 종사하는 자신의 처지를 자조하며 자녀들에게는 농업을 물려주지 않으려는 경향이다. 이러한 현실에서 농촌은 공동체적으로 발전하기보다 외부의 권력이나 경제권에 개별적으로 결탁하는 경향이 조성된 것이다. 촌락공동의 이익이나 협동적 정신을 높은 가치로 의식하기보다 물질적 혜택이나 정치적 위세의 이점을 노리는 이기주의가 앞서고 있음은 새마을운동의 역효과가 분명하다.

새마을운동은 농민의 자율적 의지의 발로가 아니고 장기집권을 위한 정치적 목적이 강하게 작용한 데서 진정코 농민을 위한 운동이 되지 못했다. 양정규(楊貞圭) 씨는 「농촌운동을 통해 본 농촌문제」라는 글에서 정부에 대하여 새마을운동의 주체적 권리를 농민들에게 넘겨줄 것을 촉구했다.

> 현재 전국 마을에 세워진 새마을회관을 '농민의 집'으로 개칭하고 농민 민주화 운동장으로 활용하고, 면 단위의 '농민의 집'을 지어 농협을 비롯한 일체의 농민회의소로 사용함과 아울러 당해 지역 농산물 전시장 및 농업단체의 사무소로 쓴다. 그리고 그중 1개소에 군단위 농업문제협의회를 두어 정책적 건의 안건이나 농민운동의 방향을 논의하고 농업생산력의 향상 문제 또는 기술개발 센터를 두며 농촌 법률상담실을 둔다. 그리고 농촌청년들은 청년회로 묶어 청소년운동단체……나 자원 지도자들을 조직 산하에 두도록 했으면 한다. 그리하여 중앙에는 농협, 기타 농촌문제의 연구기관, 학자 또는 농촌운동가를 망라한 중앙협의회를 구성하여 그 연구지도 개발을 담당하는 체제를 수립하면 되리라고 믿는다. 가장 바람직스러운 일은 뭐니해도 정치적 결단이다. 보다 알차고 소망스러운 농촌근대화를 농민들은 스스로의 권익을 위하여 주체적으로 담당해나가도록 위정자들은 제도적인 분위

기를 마련해주어야 한다.[139]

박정권은 새마을운동을 농촌에 국한시키지 않았다. 1974년에는 도시를 상대로 새마을운동을 시작했다. 도시에서는 직장, 지역사회, 가정, 학교 등을 단위로 삼아 직장은 '자조(自助)하는 생산운동', 지역사회는 '협동하는 근린(近隣)운동', 가정은 '근검하는 시민운동', 학교는 '참여하는 향토교육운동'이라는 등 단위별의 획일적 슬로건을 내세웠다. 실천적인 활동으로는 환경개선 등의 물량적인 사업과 근검생활을 실천하는 '정신적 운동'을 추진시켰다. 구호상으로는 시민정신을 함양한다는 것이었으나 민주사회를 위한 시민운동에 역행하는 관권주도의 획일적 운동이다.

이렇게 시작된 도시새마을운동은 1975년에는 도시환경미화를 비롯해 '자매결연돕기', '이웃회조직' 등으로 불우이웃돕기를 강조했다. 이것을 위해 성금과 성품(誠品)모으기운동을 하는 한편 에너지소비절약, 폐품수집, 은행저축을 강조하는 근검생활운동과 도시빈민을 위한 노임소득사업을 추진시켰다. 이러한 운동에 동원된 연인원 수는 1977년에 집계된 바에 의하면 9,207만 명, 총사업 건수는 지역에서 18만 7,743건, 직능단체에서 7만 4,188건이었다는 것이다.[140] 관권으로 인해서 강제동원된 참여인원과 추진된 사업 등의 형식적인 집계가 이렇게 방대함으로써 이 운동의 성공적 효과로서 평가되었다. 관은 심지어 '차례로 줄서기', '휴지 쓰레기 안 버리고 침 안 뱉기', '고운 말 쓰고 예의 지키기' 등의 '3대 질서운동'까지 내걸어 이를 위한 각종 시민집회를 개최하여 참여를 강요했다. 정부집계에 의하면 이 3대 질서운동을 위한

---

139 楊貞圭, 「농촌운동을 통해 본 농촌문제」, 『신동아』, 1975년 11월호, p.144.

140 『합동연감』, 1977년판, 「새마을운동」 참고.

각종 집회가 전국 도시지역 5,065회 열렸고, 그리고 이러한 집회에 연 181만 8천 명이 참가했다는 것이다. 관권은 이렇게 국민을 동원시키는 데까지 행사되었다.

새마을운동은 또한 반상회조직을 통해 활동을 추진시키는 데 주력했다. 1977년부터는 도심권과 근교권으로 나눈 후, 도심권엔 상가지구와 주거지구로 구분하고 '가로(街路) 이웃회'를 통해 간판을 정비하고 '화분 내어주기', '가로수 가꾸기', '정찰제실시', '점포앞 청소하기' 등을 실시했다. 주거지역에서는 반상회를 중심으로 환경개선, 폐품수집, 이웃돕기운동을 강요했다. 반상회는 동회 산하의 통·반 조직을 통하여 매 가구당 대표자 한 명씩이 매월 한 번의 정기적 모임에 반드시 참여하도록 강요되었다. 전국적으로 이러한 반상회는 25만 6천 개로서 680만여 명이 각 반상회를 통해서 참여했다는 것이다. 이러한 반상회는 동회에서 임명된 통반장에 의하여 주관된다. 그리고 이들은 내무부에서 시달하는 각종 지시사항들을 일방적으로 통고하여 알리며 실천사항에는 협조와 참여를 강권한다. 그리고 주로 아파트 지역에서는 건물관리나 단지생활에 관련된 문제들이 필연적으로 논의되는 기회가 되고 있다.

각 동회 산하에는 새마을지도자협의회 외에 동회에서 강제적으로 조직한 각종 위원회가 있다. 즉, 새마을금고추진위원회, 방범위원, 방위협의회, 민방위협의회 등이 있다. 이러한 조직은 마을 주민들을 각종 목표에 따라 동원시키기 위한 것이며 동회 직원들의 행정적 사무를 보완하기 위한 역할도 하는 것이다. 지역새마을운동과는 별도로 1977년에는 민간단체 새마을운동중앙협의회를 관제적으로 창립시켰다. 이 협의회는 직장새마을운동, 공장새마을운동을 철저하게 추진시키는 주체가 되었다. 즉, 각 직장을 단위로 이에 종사하는 각 직능인을 대상으로 새마을교육을 실시했으며, 도시민들을 위하여서는 소위 '시민학교', '시민대학' 등의 명의로 새마을교육 강좌를 실시했다. 새마을운동은 이렇게 박정권의 지시와 명령에 복종하는 질서를 확립하고 '일사불란(一絲不亂)'한 동원체제로서 조직화하는 데 주력했다. 그러므로 이러한 관제운동에 국민들은 형식적으로나마 수동적 입장에서 참여해왔다.

6. 결론

5·16 군사 쿠데타로 집권한 박정권이 1960~70년대를 통하여 산업화하는 과정에서 한국사회를 어떻게 통제하여 조직화하려 했는가를 고찰했다. 가부장제 사회전통과 대미(對美) 의존적인 분단사회의 제한된 상황에서 고도의 경제성장을 이룩하기 위해 대통령의 권한을 절대화시키며 사회를 동원체제로 조직화한 구조적 성격을 파악했다. 이것은 4·19 혁명을 통해 폭발한 민족통일과 민주화를 위한 민중의 갈구가 이 시대를 통해 어느 정도로 억제당하며 배반당했는가를 이해하려는 문제의식에서 접근했다.

박정권은 분단사회의 한계성을 역이용하여 권력의 절대화를 꾀하며 가부장제 사회의 유산을 계승 강화함으로써 복종적이며 위계질서적인 사회의 질서와 안정을 확립하려고 했다. 그는 대통령으로서 국가권력을 독점하여 모든 정부기구를 도구화하며 재벌기업을 창출함으로써 군부나 재벌과의 연합적 기반에서 상호견제적으로 권력을 유지하기보다는 그에게 예속화시켜 충성을 강요했다. 그리고 산업화 과정에서 비대해진 관료조직과 행정권은 경제성장에서 제기되는 각 계층간의 이익갈등과 대립을 억제하며, 주권재민의 민주사회 발전을 요구하는 민중운동을 탄압하는 권위주의적인 조직으로 변화시켰다. 근대화 과정에서 자발적으로 조직된 민간집단들을 권력의 지지기반으로 삼기 위해서 관권이 개입하여 통제하며 어용화하여, 이익집단으로서의 민주적인 공적 기능을 제한했다. 그리고 대통령 진두지휘 아래 모든 행정력을 동원하여 관제 운동을 전개함으로써 지역사회의 자치적 능력을 억제하고 주민들을 동원체제로 조직화하려 했다.

이렇게 권력이 민간사회를 침투하여 집단적 이익표출과 시민의 권익 옹호를 억제함으로써 개인들은 그들 경제활동과 가족생활의 이익추구나 문제해결을 위해 사적 집단과 관계망을 통해 비공식적으로 관권에 접근하며, 그 영향력을 이용하여 개별적으로 해결하는 경향이다. 이러한 목적으로 혈연 및 지연 등의 전통적 관계가 사적 관계망으로 더욱 확대되는 한편, 이웃 동창 및 기타 친구관계를 포함한 모든 1차적 관계가 이익추구를 위해서 공리적이며 이해타산적인 인간관계로 변하고 있다. 권력과 금력을 가진 자의 입장에서나 사회적 상승이동을 목표로 하는 중류층에서 1차적 관계망을 통해 그들의 권익을 옹호하여 이익을 추구하는 데서 착취당하는 근로층과 빈민계급을 더욱 소외시키고 있다. 공동의 이익을 위해 집단적으로 투쟁하기보다 개별적으로 이익을 추구하는데서 권력에 아부하는 경제질서와, 권력과 금력의 편재를 심화시키는 불평등한 사회구조가 강화된 것이다. 본 연구에서는 이렇게 1960~70년대를 통하여 권력중심으로 조직화된 사회적 · 성격을 파악함으로써 이 과정에서 소외되고 주변화된 민중의 사회 · 경제적 생활이 주요한 분석의 대상으로 포함되지 않았다. 이것은 한국사회 구조를 계급적으로나 계층적으로 접근하는 입장에서 충분하게 취급될 수 있을 것이다.

그리고 본 연구는 공적 분야 중에서 몇 개의 이익집단만을 사례로 취급함으로써 권력이 사회 각 분야에 침투하여 지배하는 양상을 극히 제한된 입장에서 고찰했다. 특히 권력이 비공식적 방법을 통한 특혜로 유인하는 면이나 여러 가지 보복조치로서 위협하고 협박하는 음성적 방법이 우리 사회를 권력에 예속화시키는 데 이용되었다. 이 측면도 언젠가는 이 시대 사회구조의 성격으로 연구되어야 할 줄 안다.

마지막으로 이 시대를 통하여 형성된 사회구조의 성격을 본인은 가부장적 권위주의로 개념화함으로써 앞서 서론에서 제시한 오도넬의 관료적 권위주의 이론에 비추어 그 차이를 강조하고자 한다. 관료적 권위주의론은 남미 국가들이 종속적 자본주의가 발전하는 과정에서 고도의 산업화가 이루어진 단계에서 대두된 권위주의적 사회구조를 설명하는 이론이다. 사실상 남미 사회학에 대한 연구가 없는 본인으로서 관료적 권위주의론을 깊이 이해할 수 있는 입장이 아니다. 그러나 이 이론은 대체로 우리 사회구조를 설명하는 데 많은 도움이 되며, 남미 국가사회와의 공통된 형태를 발견할 수 있을 것이다. 다만 박정권이 대두한 우리의 역사적 및 사회·경제적 상황의 차이와 특수성이 이 시대에 그가 조성하려 한 사회구조적 성격에 특이한 영향을 미친 것이다. 즉, 대미의존적인 분단사회로서 군부의 세력이 가장 우세하게 구조화된 권력기반이며, 산업화가 시작되지 않은 단계로서 자본주의 계급이 이에 상응할만한 권력기반으로 자리잡지 못했다. 이런 상황에서 군부세력을 기반으로 대두한 박정희 장군은 분산된 국가권력을 대통령 권한으로 집중시켜 정부의 행정조직을 군대적 관료체계로 개편했다. 그리고 이러한 관료 정권을 통해 민간집단을 통제하며 산업화를 추진시키는 한편, 관제운동을 총지휘함으로써 지역사회를 지방행정권에 의해 동원체제로 조직화하려 했다. 이런 과정에서 그의 권력을 절대화시켜서 국가사회 위에 군림하는 가부장적 권위자로 행세하려 했다. 이것은 충효를 강조하는 가부장제 전통을 계승하는 문화정책과 가부장제 가족을 사회조직의 기반으로 유지하려는 사회적 보수성을 기반으로 한 데서 어느 정도 가능했다. 이러한 전통성은 고도성장의 과정에서 여성과 노동자들의 희생을 강요하는 데 역이용된 것이다. 즉, 가부장적 권력의 지시로서 관료체제는 국민생활을 지배하며 지역사회를 조직화하려 한 것이다.

그러나 이 시대에 있어서 박정권의 이러한 기도가 그들의 목적에 비추어 어느 정도 성공적이었는가에 대한 평가가 앞으로 이루어져야 할 것이다. 이 체제에 저항하며 민주화를 요구하는 민주화운동이 각 분야와 계층에서 계속되었을 뿐만 아니라, 체제 내적으로 나타난 역기능적인 현상들이 체제유지에 어떻게 작용했는지 연구되어야 할 것이다. 박정권의 종말은 그의 체제의 한계성을 단적으로 나타내고 있는 것으로 보아야 할 것이다. (1985)

3장

인간공동체와 삶의 질
한국교회의 사회적 역할

1. 서론

1983년 초 『동아일보』는 서울시민 1,400명을 상대로 실시한 한 여론조사의 결과를 일면 톱기사로 발표했다. 이 여론조사에 응답한 사람들의 반응에서 우리 국민생활에 관한 세 가지 중요한 문제가 부각되었다. 첫째는 응답자들은 대다수가 공해로 인해 서울을 떠나 살고 싶다는 것이며, 둘째는 지방자치제를 통한 참여민주주의를 원한 것이며, 셋째는 빈부의 격차, 범죄 증가, 그리고 이웃간의 불신과 단절을 심각한 사회문제로 지적했다는 사실이다. 이 결과는 우리 사회가 직면한 근본적 모순을 단적으로 지적한 것이다. 우리는 자연파괴와 공해로 인해 죽음의 환경으로 변해가는 도시에서의 탈출을 원하며, 중앙집권으로 비대해지는 관료주의적 권력에서의 해방, 그리고 심화되는 빈부의 차이로써 사회관계가 분열과 불신으로 병들어 범죄가 증가하는 우리의 현실을 누구나 공감하며 염려하는 것이다.

우리들은 지난 1960~70년대를 통하여 세계가 놀랄 정도의 급격한 고도성장을 이룩했다고 자부한다. 이 성장은 우리에게 엄청난 부를 이룩하게 했다. 그러나 이 국가적 소득은 국가공동체로서 민중이 요구하는 삶의 질을 높이며 인간적 연대성을 형성했다기보다는 우리 생활의 질을 물량적 가치와 기준으로 대치하면서 소수의 '가진 자' 계급을 형성했다.

근년에 와서는 이러한 경제개발에 따른 점증되는 국민의 불만을 해소하려는 시책으로 '삶의 질'을 높이기 위한 사회지표의 연구가 대두되었다. 이것은 사회개발을 위한 통합적 목표를 수립하기 위한 것이라고 한다. 즉, 사회 전반의 균형 있는 개발을 위해 소득·부·고용 등의 경제적 요소, 주택·공기·교통비 등의 환경적 요소, 보건·교육 등의 복지적 요소, 그리고 참여와 소외·사회조직 등의 정치적 요소 등 광범위한 요소들을 사회지표에 포함시켜 측정을 가능케 하려는 것이다.

그러나 삶의 질을 이러한 측정방법으로 높이려는 데는 근본적 문제가 있다. 기술적(記述的)인 사회지표가 어떻게 사람들의 복지나 생활의 질이라는 주관적인 것을 비교할 수 있느냐의 것이다. 다시 말하면 개인이나 사회집단은 다른 개인이나 사회집단보다 보건, 환경, 고용 등의 면에서 객관적으로 더 좋은 상태에 있으면서도 주관적으로는 그들의 개인적 생활경험의 질이 상대방보다 좋지 않다고 생각하는 일이 있을 수 있기 때문이다. 사실상 삶의 질에 있어서 객관적인 상태와 주관적인 상태 사이에는 본질적인 상관관계가 있을 수 없는 것이다.[1] 이러한 사

1 申宗淳, 「社會指標와 '生活의 質'에 관한 考察」, 『行政論輯』(동국대 행정대학원, 1977.7) 참고.

실은 사회가 불평등할수록 더 심각해질 수 있다. 그리고 객관적인 상황의 향상으로서 삶의 질에 관한 만족을 어느 계층의 사람들에게나 채워줄 수 없다는 사실은 분명하다. 삶의 질을 향상시키기 위한 이러한 발상과 접근방법은 지금까지의 물량주의적 개발개념이나 정책이 잘못된 것만큼 실효를 기대할 수 없을 줄로 생각된다.

사실상 현대 과학문명의 발달과 산업화의 노력은 인간을 빈곤에서 해방하려는 노력의 일환으로 시작된 것이다. 그러나 과학기술의 엄청난 발달은 빈곤을 극복할 수 있는 가능성을 지닌 채 인간사회의 현실을 금력과 권력에 편중시켜 빈부의 격차만 심화시켰다. 그리고 현 질서를 유지하기 위하여 강대국들은 가공할 무력경쟁만을 일삼고 있다. 부의 창조를 통해 인간사회가 함께 나누며 즐길 수 있는 세계를 건설해 나가기보다 억압적 정치권력과 착취적인 경제구조만이 국제적으로 비대해지고 있다. 이것은 국가간의 대립경쟁과 함께 계급간의 지배·피지배, 그리고 인간관계에 불신을 조장하는 한편 거대해지기만 하는 사회적 관료조직과 기계조직에 인간은 예속되어가고 있다. 기업들은 이윤추구에서 무절제한 상품의 생산으로 인간을 소비의 노예로 만드는 한편, 무기생산의 경쟁으로 치달아 지하자원을 탕진함으로써 자연생태계를 파괴하는데서 우리 생활환경을 죽음의 환경으로 몰아가고 있다. 이런 모든 현상은 우리에게 '바벨탑의 이야기'를 닥쳐올 현실적 사건으로 절감케 하고 있다. 이러한 세계의 모순된 질서의 지배를 받으며 우리 민족은 남북으로 분단된 채 한반도에서 삶을 영위하고 있다. 우리 민족공동체의 분열과 대립은 이 세계적 모순과 갈등의 부담을 최전선에서 걸머지고 고통당하는 입장인 것이다.

이러한 시대적 상황에서 우리가 추구해야 할 공동체의 인간화 문제는 그동안 잘못된 개발정책으로 결과된 사회질서를 거부하는 것이다. 즉 엄청난 권력과 금력의 편재가 민중을 구조적으로 소외시키고 억압시키는 것을 거부하는 한편, 하느님의 자녀로서 인간답게 함께 사는 공동체를 모색하는 문제일 것이다. 우리는 가정, 교회, 직장 및 지역사회의 일상생활에서 억압적 권력에 대한 두려움 없이 살 수 있어야 한다. 착취적인 노사관계에서 당하는 억울함이 없이 직장과 생활이 안정되어야 한다. 그리고 사후의 천국만을 바라보며 내 마음의 평안만을 누리려 하기보다 다 같이 사랑, 정의, 평화를 누리며 지역사회의 주인 노릇을 하면서 살아가는 인간공동체를 건설하려는 노력을 해야 할 것이다.

기독교공동체는 세속사회와의 관계에서 교회사를 통하여 주로 세 가지 기능을 한 것을 볼 수 있다.

첫째는 은둔자적 공동체로 기성사회의 체제와 삶의 양식을 거부하며 새로운 체제에 대한 대안을 소공동체적으로 모색하며 실천한 것이다. 흔히 박해와 탄압으로 기성사회 속에서 그들의 요구를 실현할 수 없는 경우 도피적 공동체를 마련하여 그들의 신앙적 양심과 이상을 실천하는 것이다. 이것은 은둔적 수도자들의 공동체나 유토피아적 공동체로서 기성사회에 직접 봉사하거나 관계를 유지하지는 않지만 새 사회로의 비전이나 모형으로서 기여해온 것이다.

둘째 형태는 교회가 세속사회에서 협력 또는 순응하는 관계에 있는 경우이다. 이 입장에서는 교회와 기독교공동체가 기존질서 및 구조적 모순에서 결과되는 사회문제들을 부분적으로 해결하고 치유하는 역할을 한다. 기독교적 봉사정신으로 눌린 자, 약한 자, 가난한 자, 병든 자 및 과부, 고아들을 위해 여러 가지 봉사와 구제사업을 한다. 그 방법과 형태는 시대와 사회에 따라 다양하게 나타났으며 이것은 교회와 사회와의 관계에 있어서 비교적 긴장과 갈등을 조성하지 않는 상태이다. 이것은 교회가 기본적으로 기존사회의 체제유지적 입장을 지니기 때문이다.

셋째로는 기성사회를 전반적으로 변혁시키려는 개혁적 역할이다.

즉, 교회가 억압당한 민중들과의 연대로서 그들을 억압하는 사회제도 및 구조를 변혁시키고자 하는 경우의 역할이다. 교회는 가난한 자, 억눌린 자 및 소외된 자들의 편에 서서 그들과 공동체적 연대성을 형성한다. 이렇게 함으로써 그들을 억압하고 차별해온 비인간적 상황의 근본적 원인이 무엇인가를 파악하여 그들의 이해를 돕는다. 그리하여 그들에게 스스로 변화시킬 수 있는 신앙과 힘을 북돋아 불합리한 사회질서와 제도를 개혁하도록 공동체적 노력을 하는 것이다. 이러한 역할은 사회와의 긴장과 갈등뿐만이 아니라 교회의 기성제도와 권력층과의 마찰이나 갈등을 초래하는 것이다. 즉, 교회 안팎의 구조적 변화를 일으키려는 공동체적 역할인 것이다.[2]

교회공동체의 이러한 세 가지 기능은 상황에 따라 서로 독립되고 분리된 형태로 나타나기도 하지만, 대체로 이 셋이 혼합된 상태에서 부분적인 기능을 수행하는 경우가 많다. 즉, 교회가 새로운 공동체의 비전을 제시하지만 실천적인 생활공동체로서의 완성된 모형이 아니며 부분적인 연대 속에서 사회에 대한 봉사를 하며 또는 사회변혁에 영향을 미칠 수 있는 것이다. 그리고 한 시대에 있어서 한 사회 속에서 이 세 가지 형태와 역할이 다 공존할 수도 있으며, 이 셋 중 어느 한 형태가 사회적 요구에 따라 더 지배적인 역할을 할 수 있을 것이다.

본인은 한국교회와 사회와의 관계를 이러한 시각에서 이해하고자 하며 이 시대에 있어서 우리가 극복해야 할 사회적 문제에 대하여 한국교회는 어떻게 역할할 것인가를 고찰하고자 한다. 특히 인간화를 갈망하는 우리의 요구에 비추어 한국교회가 우리 사회와 통일을 완성해야 할 민족공동체를 위해 어떠한 삶의 질을 제시해줄 수 있을 것인가,

---

2 공동체의 형태와 역할에 관한 것은 R.M. Kanter, *Commitment and Community* (Harvard University Press, 1972), 『교회와 사회』, 예총사 자료모음 1982-1 (예장총회 사회부), pp.45~47 참고.

그리고 새로운 공동체를 위해 기독교인의 역량을 어떻게 키워나가야 할 것인가가 이 글의 주요 관심사가 될 것이다.

2. 거부하는 삶의 질서

1) 부의 편재와 빈곤

최근의 계층구조에서 드러나고 있는 특징은 부의 편재와 집중화현상이다.[3] 국가 전체 인구의 10%를 차지하는 고소득층 소득은 1970년도 국가 전체 소득의 25.4%를 차지하던 데서 76년에는 27.5%, 80년에는 29.4%로 증가하며, 인구의 40%의 다수를 차지하는 저소득층의 소득은 70년 19.6%, 76년 16.8%, 그리고 80년 16.0%로 감소했다. 정부기관이 발표한 82년도 사회지표에서는 월소득 13만 원 미만인 영세가구가 29%, 25만 원 이하의 가구는 무려 65.9%를 차지한다. 그리고 50만 원 이상 소득층의 가구는 7.6%로 제한되어 있다.

한국의 계층구조에서 나타나는 또 하나의 특징은 공업화에 따라 전문직, 관리직, 사무직, 기술직 등의 확대로 중산층이 양적으로 확대되었다. 그러나 그들의 경제적 사회적 지위가 매우 불안정하다는 점이다. 그리고 중산층과 저소득층에 속하는 대다수 국민들에게는 상대적 빈곤의식이 확산되어 있음을 계층구조를 연구하는 사람들은 지적하고 있다. 1960~70년대의 고도성장과 정치적인 슬로건들은 대중의 기대를 급속하게 상승시켰고 부의 편재로 인한 고소득층의 소비과시가 이들에게 박탈감과 좌절을 안겨주게 된 것이다. “소비사회의 문화에는 물질이

---

3 임희섭, 「계층구조와 사회구조의 개선」, 『신동아』, 1980년 1월호.

자연적인 기능을 다하는 것을 넘어 문화적인 기능을 발휘하는 것이다" 라고 노재봉 씨는 말한다.[4] 이것은 "마치 대형 고급자동차의 날개가 기능적으로는 아직 필요가 없으면서도 공간에 대한 승리를 뜻하는 것과 같이, 인간관계가 상징적인 의미를 상실하고 관능적인 욕구의 대상이 되는 것과 같이 이러한 상황에서 발생되는 욕구는 끝이 없이 뻗어가는 죽음에의 질주이고 따라서 삶은 항상 불만으로 가득 차게 된다"라고 했다. 중류의 이러한 소비문화적 지향성은 상류사회를 목표로 계층구조의 사다리를 계속 올라가야 하는 경쟁의식과 행동으로 나타난다. 이들의 경쟁은 자녀들에게 출세와 성공을 강요하는 방향으로 이어진다. 교육과 결혼은 자녀들의 인격완성과 인간관계의 성숙을 목표로 하기보다 출세와 성공의 수단인 것이다. 그들의 사회관계는 이러한 이익추구를 목적으로 시회단체, 동창관계, 계 등에 참여힌다. 이리힌 사회괸계를 권력과 금력으로 통하는 연줄망을 형성하는 데 이용하는 것이다. 이들의 이러한 지향성은 그들의 목표가 달성될 수 없다는 불안에서 더욱 불만에 사로잡히며 결국 도피이민으로까지 몰고 가는 것이다.

중류층의 이러한 불안정성과는 대조적으로 상류계급에서는 그들이 치부한 것을 지키기 위해 철벽산성을 드높이 쌓으려고 불안하다. 우리나라에서는 그동안 산업화과정에서 재벌급이 형성되었으며, 상류사회가 대두되었다. 이 산업화과정에서 형성된 국가소득의 분배문제를 역사적으로 고찰한 주학중 씨에 의하면,[5] 고도성장을 추구한 근대화정책에서는 부의 분배를 평준화하려는 제도적 장치가 없었음을 지적하고 있다. 1960년대 이후의 고도성장을 뒷받침하는 물적 자본은 정부·민간 및 해외저축에 의하여 크게 증대되었다. 이 과정에 있어서 실질금리

---

4 노재봉, 「불안한 中流指向性」, 『동아일보』, 1983년 2월 18일자.

5 朱鶴中, 「分配所得決定要因의 歷史的 考察」, 『한국사회 개발연구』, Ⅷ(高大아세아문제연구소).

가 낮은 은행자금이 특정한 기업에 배정됨으로써 자금의 집중현상을 초래했다. 그리고 증대되는 외자도입도 소수기업에 이를 활용할 수 있는 기회가 한정됨으로써 이들은 외자 및 은행금융의 금리와 시중 실세 금리의 차이에서 오는 이득을 독점할 수 있었다.

특히 1970년대에 들어와서 발생한 엄청난 부동산투기현상은 도시의 부동산을 소유하지 않은 대다수 국민에게는 큰 손실을 주었고 부동산을 소유한 일부 계층에게는 그 이익이 집중되었다. 기업들이 소유한 부동산의 평가차익은 물론 지분(持分)의 소유자인 재산소득자에게 귀속되도록 되었다.

백선기 씨는 재벌들은 이제 이렇게 치부한 것을 지키기 위한 단계에 돌입했다고 한다. 그는 이 현상을 다음과 같이 기술하고 있다.[6]

> 파란만장한 생애 속에 성취한 재벌의 성, '황금왕국'의 영광을 영원토록 지키기 위해……재벌 총수들은……지금까지 이루어놓은 것, 있는 것만이라도 잃지 않기 위해서는 2차체제 정착이 무엇보다도 급박한 상황이 됐다.……특히 경영대권을 이양해주기로 심중에 결정해놓은 후계자 주변에 '믿음직한 막료'를 좀 더 많이 놓고 싶어한다. 그리고 이들만이 황금산성에 드나들도록 '철벽'을 쌓아주고 그 울타리 안에서 후계자에게……모아놓은 부를 대대로 오래오래 보존해주기를 갈망하고 있다.
>
> 이를 위한 것이 기업인력을 혈연·지연·학연으로 얽매어놓는 방법이다. 이 중에서도 기업과 기업간의 혈연으로 재벌동맹을 맺거나 '저명한 집안'을 사돈으로 맞아들이는 경우가 많다.

---

6 白璇基, 「財閥의 사위·사돈들」, 『新東亞』, 1983년 3월호.

재벌들은 이렇게 사적 혈연적 관계를 통하여 계급적 기반을 굳히는 한편 그들 스스로 국가활동의 각 분야에 참여하여 권력을 행사한다. 스스로 집권당이나 행정부 고위직에 참여하거나 이와 연계를 갖는다. 그리고 수많은 학교재단과 장학재단을 형성하여 운영한다. 이들은 종교단체, 체육단체, 신문사 및 통신사 등 각 분야에서 영향력을 행사할 수 있는 관계망을 구축하고 있다. 이렇게 하여 상류계급의 지위는 안정되며 그들 자손들에게까지 물려주게 되는 것이다.[7]

"상층계급의 부의 축적이 권력과의 결탁, 소비자와 근로자와 농민의 착취 등에 의해서 이루어진다는 국민들의 인식은 계급적 양극화를 가져올 뿐 아니라 안보에도 위협을 주는 요소"라고 임희섭 씨는 염려한다. 정당하지 못한 부의 축적형태는 그 사회윤리와 가치관에 혼란을 가져오며 사회기강을 흐려놓기 때문이다. 즉, 정직하고 성실한 사람이 성공하기보다 부정하고 요령 좋고 배경이 좋은 사람이 성공한다는 인식이 지배하기 때문이다.

이러한 사회구조와 질서의 밑바닥에는 저소득에 시달리며 불안한 생존에 허덕이는 다수의 빈곤층이 있다. 이 사실은 국가공동체의 사회적 연대성을 약화시키고 있는 것이다. 근대화의 과정에서 착취당하며 공정한 분배에 참여하지 못하는 농민들은 그들 자녀들에게 농업을 물려주지 않으려고 한다. 도시지향적인 직업을 기대하며 교육을 뒷받침한다. 그리고 농촌의 빈곤층은 생존의 기회를 찾아 계속 대도시로 이동해오고 있다. 이것은 농촌인구를 감소시키는 한편 도시빈곤층을 증가시켜 도시영세민들의 생존경쟁을 더욱 치열하게 만든다. 이들이 모여든 서울시는 우리 사회의 모순을 농도 짙게 압축시켜놓은 축도인 것이다.

서울시에는 한국 인구의 4분의 1이 밀집해 살며 전국 소득의 절반

---

7 吳甲煥, 「한국의 재벌」, 『서울대 논문집』, 제20집(1975. 10) 참고.

이상이 집중해 있는 한편, 5% 인구의 부유층과 35%의 빈곤층이 사회적으로 '부촌과 빈촌'의 대조를 나타내고 있다.[8] 서울시내에는 영세민들의 집중지역이 60여 군데 있다는 것이다.[9] 이들은 '부촌'에 사는 주민들 사이에서 3~4명의 식구가 80~90평의 아파트나, 100평 이상의 집에서 소식구가 주생활을 누리는 것과는 대조적으로 8식구가 단칸방에서, 6명 이상의 식구가 7평 미만의 가건물에서 사는 산동네나 가마니촌을 이루고 산다. 그리고 한 방에 4명씩 240명의 근로자들이 한 건물 속에 세들어 '벌통집'을 방불케 하는 '뚝방' 동네 등도 있다는 것이다.

빈촌에 사는 가족들 사이에는 무직자·실직자들이 많다. 남자 식구들 중에는 21.8%가 이에 속한다는 사실을 한 빈민지역 연구는 지적하고 있다.[10] 40대 후반에 속하는 남자들 사이에서는 무직자가 더욱 보편적이다. 그들은 과중한 노동과 불안한 삶에 쪼들려 일찍이 병을 얻거나 불구가 된 때문이다. 그리고 취업기회의 부족도 중요한 이유이다. 저소득층 가족 중에서는 여자 가구주의 비율이 두드러지게 높다(30% 이상). 이들은 날품팔이 노동, 영세상 또는 가정부 등을 통해 가족을 부양하며, 과로한 저임금노동에 시달려 건강을 해치나 의료혜택이나 노후의 생활대책이 막연하다. 그들은 자녀들에게 빈곤을 물려주지 않으려고 자녀교육에 대한 열망이 중·상층의 부모들 못지 않게 강하지만 대부분 그 계층을 벗어나지 못하고 자녀에게까지 물려주고 만다.[11]

이미 우리 사회에서는 부잣집 자녀들일수록 공부를 더 잘한다는 평이 나돌고 있다. 이제 부모들의 여유 있는 뒷받침 없이는 고등교육을 받을 수 있는 가능성은 줄어들고 있다. 대학생들의 가정생활 정도를 조

8 『동아일보』, 1983년 2월 4일자.

9 『빈곤의 실태와 영세민 대책』(한국개발연구원, 1981).

10 위의 책.

11 조형, 「도시빈곤과 여성의 경제활동」, 『한국사회 개발연구』, Ⅲ(고대아세아문제연구소).

사한 연구는 1970년 이후 상·중상층에 속하는 가정의 자녀들이 대학에 진학하는 비율이 훨씬 높아지고 있으며 반대로 저소득층의 자녀들은 그 비율이 저하되고 있음을 제시한다.[12] 교육이 사회계층의 사다리를 올라가는 수단이 되어 고등교육의 기회를 누리지 못하는 빈곤층은 그들의 자녀들에게 사회적 대우를 받을 수 있는 희망마저 줄 수 없는 것이다.

그동안 고도성장의 산업화에서 수출산업의 역군으로 이바지한 젊은 남녀 근로자들은 그들의 '땀의 몫'을 요구하고 있다.[13] 이들은 사회적인 인간대접과 경제적인 생활안정을 요구한다. 노총의 최근 보고[14]에 의하면, 전체 취업자 중 38%를 차지하는 여성근로자들은 하루 평균 9.2시간씩 일하며 평균 10만 원 남짓한 월급을 받고 있다. 남자보다 더 긴 시간을 일하는데도 남자들의 보수의 45.3%밖에 받지 못하고 있다. 이들은 나이 어리고 학력이 낮기 때문에 더욱 낮은 대우를 받는다는 것이다. 이 조사보고에 의하면 우리의 현실은 노동시간이 길수록, 일이 고될수록 임금수준이 낮다는 것이다. 그리고 빈번한 야근, 불편한 작업환경 등 근로자의 복지가 외면당하고 있으며 이것은 '미온적인 국가정책'과 기업가의 과욕에 기인하는 것이라고 한다.

이들은 우리의 젊은 자녀들이다. 인간으로서 충족시켜야 할 여러 가지 욕구를 지니며 국가공동체를 위해 열심히 살아왔다. 이들은 '신체의 안정과 일용할 양식을 위한 욕구', '사랑하고 사랑받을 욕구', '사실과 삶에 대한 지식에의 욕구', '일하고 창조하려는 욕구', '놀이와 즐김을 가지려는 욕구', '정직과 정의에 대한 욕구' 등을 지닌 인간 자녀들인 것이다. 그러나 이 사회가 그들을 배반하여 인간적 욕구를 충족시키

---

12 김영모, 『한국사회계층연구』(일조각, 1982), p.481.

13 「젊은이 發言」, 『조선일보』 1980년 5월 13일자.

14 『동아일보』, 1983년 5월 11일자.

지 못하며 일하고 땀흘린 몫까지도 주지 못하고 있다. 이들에게는 "돈 없는 서러움과 가난이 죄처럼 느껴진다"는 한(恨)만을 안겨주고 있다. 이 한을 풀기 위해 "나도 너 못지않게 잘살 테니 두고 봐라"는 억울한 자의 심리가 이들을 비인간화시키고 있는 것이다.[15]

펄만은 어느 사회에 있어서나 빈민이란 사실상 인간적 야망, 개척자적인 불굴의 노력, 그리고 애국자의 가치관 등을 지녔다고 강조한다.[16] 그러나 그들은 그들의 야망을 실현할 수 있는 기회에서는 소외된 사람들이라는 것이다. 이들은 좋은 조건의 직업을 가질 기회, 정치적 영향력을 행사할 수 있는 입장 및 적절한 생활을 누릴 수 있는 기회에서 배제당한 사람들이다. 이것은 개인적 이유로서 소외된 것이기보다 종속적 저발전에 기인한 구조적 성격으로 수많은 인구계층을 주요 생산관계에서 제외시킨다는 것이다. 그리고 이러한 구조적 소외는 도시에서 무허가 빈민지역의 발생, 주변성의 심리학적 성격 및 사회문화적 행동유형, 그리고 권력과 이들 대중간의 정치관계의 특성으로 나타났다.

그동안 이러한 빈곤에 의한 주변성은 대체로 개인들의 나태성, 무능력 및 무교육 등의 개인적 속성 등에서 그 원인이 설명되어왔다. 그리고 어떤 입장에서는 사회가 발전하는 과정에서 발생하는 과도기적 불균형상태로 보아왔다. 그러나 불평등한 사회구조에서는 체제가 소수 특권층을 위해 다수를 직접·간접으로 착취하는 기반 위에서 균형을 유지하며 착취당하는 계층은 이러한 균형된 체제유지에 필요한 기능적인 부문이 되고 있다. 이들은 권력층과의 상호교환적 참여의 입장에 있기보다 억압의 대상이 되는 주변화된 계층이 되고 있다고 펄만은 강조하고 있다.

---

15 허병섭, 「민중사실에 대한 한 연구」(1983).

16 I. E. Perlman, "Marginality and Urban Poverty", *The Myth of Marginality* (Berkeley: University of California Press, 1979).

2) 비대해지는 관료조직

부의 편재로 인한 사회적 불평등은 또한 권력의 편중으로 불평등을 더욱 악화시키고 있다. 박정권의 산업화정책은 가부장적 독재와 이를 뒷받침하는 관료조직에 의해 추진되었다. 분단과 동란으로 생활고에 시달린 국민들을 빈곤으로부터 해방시키며, 반공을 위한 국력배양을 한다는 정치적 명분으로 정권의 안정과 장기집권을 무리하게 유지해갔던 것이다. 근대화라는 명분 아래 구차스러운 민주정치의 과정을 생략하거나 억압하면서 민중들을 참여 없는 동원의 대상으로 삼았다. 이 과정에서 행정조직은 상부의 계획과 지시를 효율적으로 집행하는 명령계통의 중앙집권적 관료조직으로 거대하게 성장해왔다. 국가행정이 국민에 대한 봉사기관이라기보다 명령하고 동원하는 권위주의 관료조직으로 비대해진 것이다.

과도한 중앙집권은 '중앙에 있어서의 뇌일혈을, 지방에 있어서의 반신불수'를 만들었다. 이러한 권력구조는 국민생활을 관 주도하에 획일적으로 몰아가는 것이다. 따라서 각 지방의 특수성이나 다양성을 무시하며, 주민들의 지역공동체의식이나 애향심을 조장할 수 없다. 더욱이 주민들의 참여에 의한 주체적인 지역개발 의욕을 상실케 하여 관 주도에 의존하며 예속시키게 된 것이다. 이것은 주민들 스스로의 민주적인 책임의식을 약화시켜 관권에 의한 통제와 동원을 조장하게 되는 것이다.[17]

이렇게 비대해진 관권은 언론의 자유를 억압하고 압력단체로서 기능을 해야 할 모든 민간집단을 관제화하고 어용화함으로써 권력은 부패하지 않을 수 없었던 것이다. 이런 부패는 어느 소수의 그릇된 공직

---

17 「中央集權」, 『동아일보』, 1983년 4월 26일자.

자가 공권력을 악용함으로써 빚어지는 부정부패 정도가 아니다. 국가의 전반적인 권력을 통해 버젓이 부정부패를 자행하며 그 영향은 정치, 경제, 사회, 문화 등 사회 전반에 걸쳐 파급되고 있다. 장을병 씨는 이러한 권력구조의 부정부패를 '정치적 차원의 부정부패' 혹은 '구조적 차원의 부정부패'라고 한다.[18] 이와 같이 민중의 참여와 민주화의 과정 없이 이룩된 근대화는 사회발전을 이룩하지 못한다. 부패된 권력은 빈익빈 부익부를 조장하며 따라서 각 분야에서 범죄를 조장하는 병든 사회를 만들고 마는 것이다.

3) 공해문제[19]

민중이 지역사회를 위해 주권자의 역할을 해야 할 지방자치제가 없는 상태에서 권력주도의 경제성장은 환경파괴와 공해문제를 심화시킬 수밖에 없다. 공업화를 통한 GNP 증가를 최대의 목표로 한 데서 경제발전은 인간과 자연의 생태학적 균형을 유지하는 범위에서 이루어지기보다 무책임한 산업의 확장만을 일삼았다. 이제 우리의 좁은 국토의 자연환경은 공해로 심각하게 오염되었으며, 지역에 따라서는 농어민의 생계를 위협하고, 생활환경은 회복할 수 없을 정도로 파괴되었다. 일반적으로 시장경제체제에서는 공해를 발생시키는 산업의 기업가가 공해방지를 위한 투자에 소홀하다. 기업가들의 사적 목적이 이윤획득에 있는 것만큼 공해방지 부분의 투자가 이윤감소에 결부되기 때문에 기업의 사회적 책임의 기피현상이 일어날 수밖에 없다. 더욱이 국가 정책이 성장률에 지배될 때는 자동적으로 그러한 구조가 창출되는 것이다. 또

18 장을병, 「부정부패의 현주소」, 『신동아』, 1978년 9월호.

19 『공해문제의 인식』, 한국기독교사회문제연구원 조사분석자료, 1982-3 참조.

한 가지 주목할 것은 시장경제체제에서는 산업화가 자원의 남용을 수반하는 것이다. “사회적으로 불필요하고, 경제재를 낭비하게 된다 하더라도 유효수요만 있으면 국민의 생활과 복지향상과는 관계없이 공급이 일어나고 따라서 GNP의 증가도 이루어지므로 생산을 하게 된다”는 것이다. 이런 경우 GNP 증가와 국민생활 향상과는 별 관계가 없는 것이다. 공해가 심해지면 공해방지산업이 발달하고 공해전문 치료병원이 생기게 되는데 이런 경우 GNP상으로는 그 증가에 계상되지만 실제로 국민생활의 향상은 아닌 것이다.

물론 산업화와 과학기술의 발달에 의하여 우리가 누리는 혜택은 이루 말할 수 없다. 요는 그러한 기술개발의 성과를 부정하기보다 그것을 무비판적으로 무책임하게 수용하는 데 문제가 있는 것이다. 과학기술의 발달이 얼마만큼 인간생활을 행복하게 할 수 있으며 또한 생활환경을 파괴하지 않고 진정한 발전에 이바지해줄 것인가는 우리가 주체적으로 선택하며 이용해야 하는 문제이다. 특히 과학기술을 기업과 권력층이 독점하고 수용함으로써 국민의 공익보다 일부층의 단기적 이익에만 기여한다면 우리는 이것을 문제삼아야 한다.

우리나라에서도 이미 공해문제에 대한 국민들의 의식이 날카로와졌다. 앞서 제시한 서울시민들의 반응을 보아 공해의 심각성을 몸소 체험하고 있는 것이다. 일반적으로 도시에 있어서의 공해문제는 시민의 생활환경, 건강 및 재산상의 위해나 손실을 야기시키는 인위적 재해를 말하는 것이다. 즉 공장, 업무·상업용 건물, 가정용 난방 및 교통수단의 배기가스에 의한 대기오염, 각종 공장 및 가정의 오수에 의한 수질오염, 곡식, 과일 및 채소류의 농약오염에 의한 중금속 중독, 각종 원인에 의한 소음, 쓰레기 처리문제, 도시계획의 실패로 인한 상·하수도 문제 등 그 범위가 방대하다. 이런 도시의 공해문제는 넓은 의미에서의 도시문제의 한 부분으로서 존재하게 되며, 이것은 교통 혼잡, 주택

부족, 주거환경의 악화, 각종 범죄, 노인문제 등과 같은 여러 가지 도시문제와 서로 인과관계의 고리를 형성하여 더욱 악화되는 구조를 지니게 된다.

사실상 이러한 도시문제는 서울과 같은 대도시에서 이미 만연되어 가고 있으며 그동안 신문지 상에서 계속 그 심각성을 실증적으로 문제 삼고 있는 것이다. 특히 그중에서 한 가지 주목할 현상은 서울시의 대기오명의 농도는 서울 중심과 외곽 공업지대에서 '거의 살인적인 수치'에 도달하고 있다는 것이다. 이러한 지역에는 저소득층 주민들이 집단적으로 거주하고 있다. 이들의 조악한 생활환경, 그들의 열악한 영양실태와 건강상태에 비추어볼 때, 공해로 인한 피해의 사회적 불평등을 또한 실감케 된다. 경제적 평등의 원칙이 선행되지 않는 데서 부의 편중과 공해의 편중은 반대방향으로 나타나고 있는 것이다.

4) 범죄와 교육

우리 사회에서의 범죄행위 증가와 범죄의 포악성은 그 정도가 가공할만 한다. 우리는 그 심각성을 피부로 느끼고 있다. 이미 고찰한 사회구조적 상황에서는 예상될 만한 현상이기도 하다.

법무부에서 공식적으로 발표한 자료에 의하면, 범죄의 유형을 특수범죄와 형법범죄로 나누는데 여기에서는 형법범죄에 관한 통계만을 제시하고자 한다. 1968년을 기준으로 78년까지의 10년 동안 범죄의 증가가 44%이다. 이 중에서 청소년범죄는 70~76년 사이에 70% 증가했으며 살인, 강도, 강간, 방화 등의 강력범죄는 65~75년 사이에 94% 증가했다. 특히 주목할 만한 것은 강도범의 45%와 절도범의 35%가 연령층으로 10대에 속한다는 것이다. 이들은 전체 인구 중 12%를 차지하는 연령층인데도 이러한 강력범죄에서는 높은 비율을 차지하고 있다는 것이다.[20] 청소년들의 이러한 범죄행위의 증가는 또한 이 연령층의 교육정도의 증가현상에 비추어서 문제시되어야 할 것이다. 우리 사회에서는 부모들의 자녀교육에 대한 열의가 강렬하게 나타나고 있다. 각 가정의 소득이나 생활정도의 차이에도 불구하고 자녀들을 대학이나 그 이상으로까지 교육시키고자 하는 욕망은 부모들에게 있어서 한결같다. 따라서 중고등학교로의 진학율은 보편적으로 대단히 높다. 이러한 교육의 보편화에도 불구하고 범죄행위가 늘어난다는 것은 단순히 부모들이나 스승의 실책으로만 돌려버릴 수 없는 더 근본적인 문제가 있는 것이다. 이에 대하여 교육학자들은 이미 교육정책상의 문제점을 되풀이해 지적해왔다.

우리의 교육법상으로는 교육의 이념과 목적인 자주적 인격 완성과 생활능력 및 공민으로서의 자질을 갖추게 하여 민주국가 발전에 봉사케 하는 것이라고 명시되어 있다. 그러나 고도경제성장만을 추진하는 1960~70년대를 통하여 정부의 문교정책은 교육을 정치도구로 삼았던 것이다. 교육의 민주화는 표면적 구호에 그쳤으며 관 주도하에 교육의 획일성이 강화되었다. 이들은 인간을 조작의 대상으로 삼는 행동과학과 지식을 도구화하는 실용주의교육을 무비판적으로 수용하여, 정치에 의한 교육의 지배와 수단화를 더욱 효율적으로 실시할 수 있었다. "우리나라의 교육이 얼마나 정치적으로 되어왔나 하는 것은 우리 외형적으로 교육법개정과 문교부 장관 경질에서 단적으로 잘 나타나고 있다"[21]라고 김성재 씨는 말한다.

그리고 입시제도의 빈번한 변화는 학교간의 불평등한 격차를 없애고 평준화를 달성하려는 정책적 목표에서 이루어졌다. 이 과정에서 중

20 「무서운 社會」, 『신동아』, 1977년 10월호.

21 김성재, 『교육의 이념과 과제』, 한국기독교사회문제연구원 조사분석자료, 1982-1, p.19.

고등학교 사이에서는 명문·일류교가 없어지고 평준화가 이루어졌지만 관의 개입과 지배는 교육을 더욱 획일화했다. 그리고 학교간의 격차는 해소되었으나 학교 내의 심한 격차에 의해 우·열반이 형성되어 교육은 오로지 대학입시만을 위한 것이 되었다. 이에 정부는 이러한 모순을 해결하기 위한 조처로 계속 제도적 변화와 정책적 조처를 취했지만 교육의 현실은 분노와 개탄만을 자아내고 있다.

이러한 교육풍토는 불평등한 사회구조의 개혁 없이는 개선될 수 없는 것이다. 이러한 구조 속에서는 경쟁질서만이 되풀이되는 한편 학생들에게 경쟁심리만을 조장하고 있는 것이다. 따라서 부모들은 자기 자녀들을 위해 '영재·지능개발'을 위한 조기교육에 더욱 열중하게 되는 것이다. 이러한 경쟁심리는 약육강식의 경쟁질서를 더욱 강화시킬 수밖에 없을 것이다.

한국의 기독교는 우리의 교육문제의 심각성을 속수무책의 체념상태로서 방관만 할 수 없을 것이다. 교육이 인간성 회복을 위한 교육, 인간공동체를 위해 사람을 살리는 교육이 되도록 조처를 취해야 할 것이다. 교회는 교육의 민주화를 위해 권력층의 정치적 지배로부터 교육을 독립시키도록 노력해야 할 것이다.

3. 신앙공동체와 생활공동체

인간은 하느님의 형상대로 지음을 받아 서로 사랑을 베풀며 이웃과 함께 온정을 나누는 공동체를 본질적으로 요구하는 것이다. 갈등·경쟁·착취를 일삼는 인간관계보다 협동·조화·공리공생의 관계를 원하는 것이다. 그리고 인간으로서 필요하고 바람직하다고 깨달은 모든 것을 달성하기 위해 물리적 사회적 정신적 힘들이 함께 조화를 이루어나가는 인간공동체를 이상시하며 갈구하는 것이다. 우리는 이러한 공동체를 향해 인간적 연대성의 기반을 확립해나가야 한다.

1) 공동체의 원초적 모형

인간적 연대성은 원초적으로 혈연가족 속에서 가장 자연스럽게 싹틀 수 있다. 부모와 자녀간의 상호의존을 기반으로 서로 용납하며 모든 기본적 욕구를 함께 충족시키면서 같이 살아가는 생활공동체의 원형을 지닌 것이다. 가족의 공동체적 성격은 첫째, 개인적 차이에 따른 차별이 없다. 사랑과 협동에 기반한 인간관계로서 이해타산과 경쟁보다 협조와 이해를 강조하며, 부모·자녀·형제간에 전인격적인 용납과 유대를 지속하며, 개성적 성장을 위해 서로 지지하는 것을 기대하며 노력한다. 둘째, 노동과 소비를 공동으로 한다. 경제생활을 위하여 가족은 노동에 공동으로 참여한다. 노동에 귀천이 없으며 함께 생산한 것으로 가족의 요구를 충족시키는 소비생활을 공동으로 누린다. 셋째, 개인들의 삶에 대해 요람에서 무덤에 이르기까지 공동으로 대처한다. 생로병사를 통해 서로 돌보아줌으로써 물질적 풍요를 누리지 못하는 경우에라도 심리적 안정은 도모할 수 있다. 넷째, 가족공동체는 원시상태에서 자율적 자치적 총체적 삶의 단위였다. 외부의 간섭이나 억압적 권력의 지배 없이 자립적으로 생활을 영위하는 단위였던 것이다.

그러나 가족의 이러한 공동체적 삶의 기반은 이미 상실되었다. 국가 권력의 발달에 따른 불평등한 사회구조로 인하여 원시적인 공동체로서의 삶의 질을 유지할 수 없게 되었다. 왕권과 신분제도는 혈연가족을 가부장제 가족으로 변형시켰다. 부계혈통 계승과 부권 존중이 가정내에서 여자와 어린이들을 수단화하며 예속시켰다. 왕권을 뒷받침하는 신분제도는 사회를 계급화하여 생산계층의 가족적 삶을 궁핍하게 만들어 공동체적 삶의 안정을 불가능하게 했다.

현대적 산업화는 또한 혈연가족을 핵가족화시켰다. 즉, 가정에서 생산노동, 자녀교육, 보건 및 문화생활 등을 분리시켰다. 가족은 소비생활의 단위로 축소되어 개인들은 국가의 복지정책과 제도에 의존하게 되었다. 가족공동체로서의 자립과 자유의 사회적 기반이 없어진 것이다. 따라서 개인들은 자기들의 요구를 반영할 수 있는 민주적 풍토에 참여할 수 없다면 무능력상태에서 좌절하며 권력에 예속될 뿐이다. 현대 사회의 이러한 모순은 이제 가정생활 속에서 집결되어 나타나고 있다. 즉 경제생활의 안정, 자녀교육문제, 청소년문제, 여성문제, 노후문제, 보건문제, 환경오염문제 등등은 핵가족으로 도저히 대처해나갈 수 없는 문제들이다. 그러나 또한 이러한 문제를 정부나 기업에 맡겨 전체적으로 해결하는 데서 관료조직이 더 비대해지며 권력의 집중과 억압이 나타나는 것이다. 이러한 문제를 민중들이 주체적으로 해결하기 위하여 인간사회는 혈연적 기반에서 벗어난 다양한 인간공동체를 창조해야 한다.

우리는 흔히 인간공동체의 연대성을 '본능적'인 모성애나 '자연적'인 혈연적 사랑에 호소한다. 인간은 오래 전부터 자연적 환경 속에서 단순하게 살아가던 공동체적 삶에서 멀어져왔기 때문에 본능적 행위가 복잡한 사회적인 차원에서 유지될 수는 없었다. 이제는 이른바 모성애라는 본능에조차 기대할 수 없는 것이다. 물질의 노예가 되고 권력에 예속당한 인간들에게서는 모자를 포함한 혈연간에 잔인한 범죄행위가 빈번한 것을 볼 수 있다. 이것은 인간공동체의 연대성을 혈연적 기반에 단순히 의존할 수 없음을 의미하는 것이다. 혈연가족의 연대성은 새로운 인간공동체 속으로 흡수되어야 하며, 인간공동체의 연대서은 더 보편적인 이념과 이에 대한 신념으로 형성되어야 할 것이다.

2) 공동체의 성서적 기반

예수께서는 "누가 내 가족인가? 나를 사랑하는 사람들은 다 나의 가족이다"라고 하셨다. 기독교인들은 이 말씀에서 인간공동체의 새로운 연대성을 형성할 수 있게 된 것이다. 즉, 인간의 본능이나 혈연과 같은 자연성에 기반한 것보다 공동신앙과 공동의지에 기반한 연대성인 것이다. 이것이 공동체의 새로운 이념이며 도덕적인 기반인 것이다. 자연적 연대에서 신앙적이고 도덕적인 관계로 발전함을 의미하는 것이다.

기독교의 신앙공동체는 예수 그리스도의 삶과 가르치신 복음을 믿는 사람들로써 구성된 것이다. 이것은 초대교회에서 그 원형을 찾아볼 수 있다. 부활하신 예수를 구주로 믿는 초대교회 신도들은 "……모두 함께 지내며 그들의 모든 것을 공동소유로 내어놓고 재산과 물건을 팔아서 모든 사람에게 필요한 만큼 나누어주었다. 그리고 한마음이 되어 날마다 열심히 성전에 모였으며, 집집마다 돌아가며 같이 빵을 나누고 순수한 마음으로 기쁘게 음식을 함께 먹으며 하느님을 찬양했다……"(「사도행전」 2:44~47) 이렇게 제각기 있는 것을 자발적으로 바치며 기쁜 마음으로 나누는 데서 "그들 가운데 가난한 사람은 하나도 없었다……"(「사도행전」 4:34)는 것이다. 예수를 구주로 믿는 신앙공동체는 바로 함께 먹고 마시며 예배드리고, 모든 것을 공유하는 생활공동체로 발전한 것이다. 혈연적인 가족생활의 범위를 벗어나서 예수를 믿는 공동체 내에서 가진 자들은 있는 것을 없는 자들과 함께 나눈 것이다. 예수의 복음은 인간들 사이의 이러한 분배적 정의를 강조하신 것이다.

예수께서는 그 당시 불평등한 사회구조 속에서 가장 천대받고 소외당한 가난한 자, 병약자, 여자 및 이방인들을 더욱 사랑하셨다. 이들의 절박하고 처절한 삶의 요구를 충족시키기 위해서는 기적을 베풀면서까지 그들을 돌보며 사랑하신 것이다. 부자들에게는 그들의 가진 것을 팔아 가난한 사람들에게 나누어주라고 하셨다. 초대교회 사람들은 그들의 신앙공동체를 위하여 예수의 이러한 가르침을 실천한 것이다.

사회의 불평등은 인간공동체의 연대성을 확립하는 데 가장 저해되는 요소가 되는 것이다. 인간은 개별적으로 성격, 용모 및 능력에 있어서 차이를 갖고 태어난다. 개인적인 능력의 차이는 어느 정도의 불평등을 초래할 수 있는 것이다. 그러나 이것 자체가 공동체의 연대성을 붕괴시키지 않는다. 공동체가 모든 성원들에게 기본권을 평등하게 보장한다면 개인적 차이에서 결과되는 불평등은 집단적 또는 계급적 불평등을 초래할 수 없기 때문이다.

예수의 삶은 1차적으로 인간관계에 있어서 물질적으로나 사회적으로 불평등을 없애는 것을 보여주셨다. 하느님의 사랑을 몸소 실천함으로써 사랑의 공동체의 비전과 희망을 보여준 것이다. 이것은 가난한 자, 약자 및 여성들에게 새로운 인간적 존귀함과 주체성을 부여하는 공동체의 비전인 것이다.

이러한 공동체의 비전은 신도들의 공동체 내에서의 정의로운 관계뿐만이 아니라 공동체 밖에 존재하는 모든 가난한 자, 과부, 고아, 떠돌이, 기타 억압받고 소외당한 자와의 유대를 의미한다. 그리하여 하느님의 공의와 평화를 이룩하는 사회공동체로서의 비전인 것이다. 즉 평등, 자유, 그리고 동참하는 사회를 목표로 하는 것이다. 인간공동체의 성서적 기반은 땅의 공평한 분배, 축적된 사유지의 재분배, 자연에 대한 청지기를 강조했다. 그리고 소비 중심의 생활은 자연을 착취하므로 이로부터 해방되어야 한다. 또한 인간이 누려야 할 자유는 소유와 소비의 자유 및 경제시장의 자유이기보다 가난한 이웃과의 유대를 확대시키는 자유여야 한다는 것이다. 이러한 목표는 인간공동체를 비인간적인 잘못된 질서와 사회구조에서 구원하기 위한 것이다. 그런 데서 구원받은 공동체, 즉 하느님 가족으로서의 공동체는 "파면된 자를 해방하고 밀려난 자를 복귀시키며, 현재의 착취적이며 억압적인 경제·정치·사회·문화적 구조를 공평한 사회로 변혁시킨 것이다. 이러한 공평한 사회의 비전 속에서 인간에 대한 인간의 지배, 인간에 대한 인간의 착취, 여성에 대한 남성의 지배는 극복되어야 한다. 정의·평등·자유·우애·인간존엄이 지배해야 하는데, 통제와 참여의 정치관계는 모든 사람의 동등한 이익을 위한 것이고 의사결정 과정에 모두를 참여시키는 것이다.[22]

3) 현대적 생활공동체

전체 사회를 위한 이러한 성서적 공동체의 비전은 여러 시대를 통하여 수많은 집단들 사회에서 현실사회를 거부하며 새로운 생활공동체를 모색하는 노력을 하게 했다. 특히 현대에 와서 지난 1960~70년대를 통하여 젊은 세대들은 세계 각 지역에서 소공동체운동을 전개했다. 현대사회의 비인간적 현실을 거부한 젊은이들은 그들의 새 사회에 대한 비전을 소공동체를 통해 실천함으로써, 현실에 대한 대안을 제시하며 사회개혁의 추진세력이 되고자 하는 것이다. 캔터(R.M. Kanter)를 포함한 여러 사회학자들은 이러한 현대적 공동체에 관하여 집중적 연구를 했으며 그 결과 좋은 저서와 논문들을 발표했다. 캔터에 의하면, “유토피아적 공동체를 추구하는 사람들은 스스로 창조하고 스스로 선택한, 그러면서도 보다 높은 자연법칙과 정신적 법칙의 질서에 따라 움직이는 사회질서 안에서 친밀하게 행동하면서 함께 일하고 살아간다”는 것이다.[23] 이들은 공동체에 강제적이 아닌 자발적인 참여와 헌신을 하며 인간이 하고 싶어하는 것과 해야 하는 것을 일치시키려고 한다. 개인의

22 「지역사회개발과 교회」, 『교회와 사회』, 예장총회 사회부 자료모음, 1982-1과 『가난한 자들과 함께 하는 교회』(기독교사회문제연구원)를 참고.

23 R. M. Kanter, 앞의 책 참조.

이익이 집단의 이익과 합치하고 개인적 성장과 자유가 타인에 대한 책임을 수반하는 것이다. 그런 데서 갈등·경쟁·착취적 관계 대신 조화·협동·공리공생의 인간관계를 추구한다. 그리고 공동체적 삶이 물리적 심리적인 안정과 안전을 제공해줌으로써 타인의 역경을 딛고 출세하도록 만드는 분열을 조장하는 경쟁이나 자기보존적 행동에 대한 욕구를 제거하며, 대신에 모두에게 유리하도록 상호책임과 신뢰가 꽃 피어나는 것을 보장하려 한다.

그러므로 이러한 공동체가 추구하는 가치들은 조화, 형제애, 상호협조, 자원과 재원의 공유가 되는 것이다. 이러한 가치체계에 따라 공동체는 자결을 추구한다. 자체운영에 필요한 모든 결정들을 그러한 가치관 위에서 내린다. 그리고 정치·경제·사회생활과 가정생활 전부가 공동체 내부에서 이루어지고 공동체에 의해 조절되는 것이다. 이러한 현대적 소공동체는 다양한 형태를 띠는데 비혈연의 핵가족들과 개인들로 구성된 가사단위의 확대가족을 위시하여 농장이나 기업을 중심으로 한 생산적 공동체, 촌락이나 지역적 행동을 중심으로 한 종합적 공동체, 그리고 종교생활을 중심으로 한 종교단체의 생활공동체 등이 있다.

4) 기독교인의 농촌공동체 : 농촌교회의 미래상

우리 사회에도 예수의 복음이 전파되고 교회가 형성됨으로써 인간공동체에 대한 새로운 비전과 희망을 안겨주었다. 이조사회의 붕괴와 외세의 침략적 위협 아래 가난하고 노예화된 삶에서 해방을 갈구하는 남녀들에게, 기독교의 선교와 교회는 새 사회를 향한 구원의 복음이 아닐 수 없었다. 신분의 귀천이나 남녀의 차별이 심한 이조사회에 인간은 모두가 평등한 하나님의 자녀이며 믿음으로 인해 새로운 삶으로 구원받을 수 있다는 소식은 그들에게 용기와 힘을 주었다. 따라서 기존 사회질서와 문화적 관습과의 마찰과 가족과 이웃의 박해를 받는 가운데도 많은 사람은 교회로 찾아들었다. 이 중에서도 여성들이 더 많았으며 그들의 간절함과 열성은 한국교회 부흥의 원동력이 되었다. 이렇게 형성되고 성장한 한국교회는 사랑의 공동체에 대한 비전을 지닌 채 아직은 실질적 공동체로서의 형태를 구현하지 못하고 있다. 즉, 여성을 억압하고 차별하는 남존여비의 관습과 사회경제적 지위에 따른 불평등한 빈부의 차별을 거부하고 가난한 자와 약자, 그리고 소외당한 자와 함께 나누며 함께 활동하는 교회공동체의 형태가 부각되지 못하고 있다.

일제 식민지시대를 통하여 한국교회는 일제에게 박탈당한 민족공동체의 주권과 착취당하고 예속당한 민족적 삶을 구하고자 하는 애족신앙이 더욱 강렬했다. '구국은 복음화'라는 표어 아래서 전도사업에 한국교회는 더욱 열중하여 교회는 양적으로 성장해온 것이다.

이러한 민족독립을 갈구하는 애국적 신앙을 기반으로 기독교인들 사이에서는 민족을 위한 새로운 사회를 모색하려는 운동들이 농촌운동, 문화운동, 청년운동, 교육운동 등 다양한 형태로 전개되었던 것이다. 이 중에서도 특히 주목할 만한 것은 식민지 수탈정책으로 가장 피폐되고 빈곤에 시달린 한국농촌에 기독교적인 새로운 생활공동체를 실천하려는 진지한 노력들이 있었다. 농촌교회를 통하여 기독교적 신앙을 실천하는 생활공동체를 만들어 자주적 민족공동체의 기반이 될 수 있는 세포적 공동체를 뿌리내리고자 했던 것이다. 이러한 농촌공동체 운동의 대표적 예로서 1930년대에 시작한 경기도 양평군의 봉안촌을 고찰할 수 있다.[24] 당시 청년으로 독실한 신앙가인 김용기 씨(현 가나안 농군학교 설립자)는 그의 소원이 언제나 하느님을 믿고 사람과 사람끼리

24 李一善 編,『理想村』(농촌문화사, 1947).

서로 사랑하고 전부가 근로하며 생산함으로써 경제적으로 풍부한 생활을 하고, 하느님을 공경함으로써 정신적 영적 안위를 얻을 수 있는 '에덴동산'의 재현을 생각하고 있었던 것이다.[25] 그는 이러한 이상촌을 흙을 상대로 노동하는 농촌에다 건설하려고 꿈꾸고 있었다는 것이다. 마침 이 뜻에 동조하는 신앙의 동지를 얻어 1935년 유무상통(有無相通)의 생활을 하기 시작했으며 각지에서 여러 동지들이 모여와 봉안 이상촌을 건설했다는 것이다. 이들은 또한 동지애에 못지 않게 민족애에 뜻을 같이한 사람들이다. "허물어진 조국을 원수의 손에서 회복하려는 민족주의자였다는 것이다."[26] 이들은 교회를 중심으로 공동체를 형성함으로써 이듬해 예배당을 신축하고 이것을 공동체의 중심으로 삼았다. 교회의 교역자와 교인들은 모두가 형제로서 함께 예배보고 함께 노동하면서 경제생활의 자립적 기반을 세웠다. 이들은 공동작업단을 조직하여 회원들이 순번대로 가축을 돌보며 과수농사 및 다양한 농작물을 재배했다. 그리고 교회청년회를 조직하여 경제생산활동뿐만이 아니라 공동체 안팎의 청소년들을 위해서 교육사업과 봉사사업을 전개했다. 이들은 특히 농민복음학교를 설치하여 신앙과 경제, 이상과 현실을 일치시키기 위한 정신교육 및 협동조합교육을 실천했다. 공동체의 경제적 활동을 위해서는 협동조합을 조직하여 생산, 소비, 판매, 구매 등에 착취가 없고 싸움이 없이 서로 협동할 수 있게 실천하려 했다. 이들이 협동조합운동에서 강조한 바는, 비록 농촌경제생활을 향상시키는 데 있어서 협동조합이 도움은 되지만 종교적 신념을 토대로 한 형제애를 기반으로 하여 각 개인은 공동체생활의 의무를 자발적으로 즐겁게 이행할 수 있도록 하려는 것이었다. 그리고 해방된 후 이일선 씨가 이곳을

---

25 위의 책, p.27.

26 위의 책, p.39.

방문했을 당시 그들은 좀 더 큰 범위의 이상촌을 건설하고자 계획하고 있었다. "현재의 봉안은 토지가 협착하여 대규모의 건설이 불가능하여 넓고 좋은 지대에 50호 표준의 촌락을 목표로 적지를 물색 중"[27]이라는 것이었다. 그러나 그 이후 이 봉안촌은 6·25 동란으로 인해 잿더미로 화했다.

이러한 기독교 농촌공동체운동은 그 이후도 계속되고 있다. 비록 공동체운동이 한 집단을 중심으로 지속적이지 못한 경우가 허다하지만, 여러 집단들이 제각기 다른 장소와 시기에 필요와 이상에 따라 추구하며 노력해온 것이다. 여러 가지 현실적 어려움에도 불구하고 기독교인들 사이에서는 새로운 공동체를 이 땅에 뿌리내리고자 하는 희망과 노력이 단절되지 않고 있음을 나타내는 것이다.

이 분단시대를 통하여 이러한 노력은 또한 계속되고 있다. 최문환 목사를 중심으로 하여 지난 30여 년간 제1, 2, 3 선린촌을 건설하며 지속적으로 전개해오고 있는 '선린촌운동'은 기독교공동체의 좋은 본보기로 지적될 수 있다. 6·25 동란으로 북에서 월남한 피난민가족 5세대가 1954년 경기도 광주군 천호동에 함께 정착하면서 '선린마을'을 세웠다. 이들은 기독교신앙에 근거하여 착한 사마리아 사람을 본받아 불우한 사람의 이웃이 되고자 '선린촌'의 이름을 붙인 것이다. 이에 따라 선린마을의 목적은 "우리는 신앙과 생활강령을 같이하는 동지들이 기독교적 형제애와 봉사의 정신을 근간으로 한 협동적 복음의 마을을 건설하고, 나아가서는 피폐한 조국의 농촌재건을 복음과 기술로써 이바지함을 목적으로 한다"[28]는 것이다.

제1선린촌을 시작할 당시 이들은 경제생산을 위해 땅 살 돈이 없어

---

27 위의 책, p.31.

28 「선린마을의 어제와 오늘, 그리고 내일」, 『사랑의 모임』, 제3신, 그리고 吳蘇白, 『울타리 없는 理想村』.

공동으로 산양을 키우고 양계를 하며, 그리고 작은 땅에서 밭농사한 소득으로 3년 후 어느 정도의 땅을 확보하여 각 가구에 분배할 수 있었다는 것이다. 그 이후 신용협동조합을 조직하고 양계를 협동조합 방식으로 생산함으로써 국내 최초의 기업적인 양계사업으로 급격하게 성장할 수 있었다. 제1선린촌 협동조합은 우리나라 협동조합(단위조합)으로는 스무번째이고, 신교로서는 첫 번째 조직한 조합이다. 제1선린촌의 식구는 계속 불어나 15세대 40여 명이 되었다. 이들은 모두 일요일이 되면 모여서 예배를 드리고, 그리고 농촌지역의 사회발전을 구상하면서 농촌계몽교육을 시도했다.

"우선은 농촌교역자들을 위시해서 농촌교역자 사모님들, 그리고 농촌의 중견청년들을 모아서 때로는 단기, 때로는 장기교육을 실시했다. 매년 1, 2회 교육을 실시해서(제1선린촌에서) 그동안 1천여 명을 넘는 수강생들이……거쳐나갔다"는 것이다. "유치원을 설치하고 인근의 어린이들을 모아 정서교육을 시도하는 한편 선린영아원을 개설하고 미감아동(나환자 정착촌)들을 격리, 보육하는 일을 시도해서 7개년간 80여 명 어린이를 보육했다"고 한다. 제1선린촌의 공동체적 삶은 그 이후 제2, 제3선린촌으로 연장되고 확대되어갔다. 1968년 제2선린촌은 광주군 동부면 천현리에서 7세대 20식구들이 정착했다. 여기에서도 협동적으로 양계·축산을 경영하여 짧은 기간에 중농 이상의 소득을 올려 생활기반을 구축했다. 동시에 100평의 교육회관(선린의 집)을 지어 마을식구들이 모여 예배도 드리고 농촌계몽교육을 계속 실시했다. 특히 신용협동조합교육을 실시했다. 그리고 수많은 농촌청년들이 선린촌에서 공동체생활과 양계생산의 훈련을 받아서 자립적 생활기반을 마련할 수 있었다.

제2선린촌의 급격한 성장은 지역적 한계에 이르러 일부 동지들은 다시 제3선린촌을 개척하기로 하고, 1971년 5세대 15명 식구들이 광주군 초월면 대쌍령리에 정착했다. 여기에서도 양계를 중심으로 한 협동적 생산과 '농민의 집'을 지어 지역사회를 위한 예배실, 교육실, 도서실, 보건실, 협동조합사무실, 어린이집 등으로 사용하고 있다. 여기에서는 특히 농민을 위한 무료진료사업을 개척했다. 서울에 있는 제일병원과 자매관계를 맺고 매월 첫 주일 의료반이 나와서 환자들을 돌보게 했다.

그들은 선린마을의 내일을 내다보면서 "우리 모두가 사는 길, 오늘 인류사회가 살아남는 길은 오직 서로가 사랑하는 길뿐이다"고 강조한다. 그리고 "선린마을의 운동은 어느 특정인들이 어느 특정한 지역에서만이 일으킬 운동이 아니라 그 누구나 그 어디서나 다 같이 일으켜야 할 운동임을 절감하는 바입니다"라고 최문환 목사는 호소하고 있다.

경기도 양주군의 '독바위교회'도 농촌복음화운동에 앞장선 모범교회이다. 교역자 민정웅 목사는 교인들과 함께 양돈·양계조합을 운영하면서 교인과 주민들의 생계문제부터 해결하는 데 주력했다. 농촌교회의 80%가 자립을 하지 못하고 있는 상황을 문제시하여 독바위교회를 자립교회로 만든 것이다. 그는 농민과 더불어 사는 성직자로서 "주민 속의 공동체가 되도록 노력하고 있다"[29]는 것이다.

이들의 이러한 공동체운동의 역사는 교회가 새로운 생활공동체의 이미지를 우리 농촌에 뿌리내리고 있음을 의미한다. 비록 이것이 잘못된 이 시대적 흐름에 휩싸여 소수에 한정된 미약한 노력으로 보이지만 한국교회가 앞으로 지향해야 할 농촌교회의 미래상을 제시해주고 있는 것이다.

---

29 「독바위교회」, 『동아일보』, 1983년 1월 20일자.

4. 인간공동체와 교회의 역할

한국교회는 참으로 엄청난 성장을 했다. 급격한 양적 증가는 세계교회를 놀라게 할 정도라 한다. 이것은 우리 민족공동체가 예수의 복음을 통한 구원의 요구와 희망을 기대하고 있음을 단적으로 나타낸다. 남북분단과 불평등으로 인한 공동체로서의 분열이 우리를 비인간화시키는 죄악의 상태에 머물게 하고 있다. 이에서 우리는 해방되고 구원받기를 원하기 때문이다. 한국교회는 성령의 은사로 죄에서 용서받는 하느님의 사랑을 체험케 하는 신앙공동체이다. 여러 가지의 종교적 요구에도 불구하고 궁극적으로는 이 체험으로 인해 많은 사람들이 교회를 찾는 것이다. 그러나 이 체험은 아직도 개인적인 구원과 내세지향적인 신앙공동체에 머물고 있으며 실천적인 생활공동체로 발전하지 못하고 있는 상태이다. 가난한 자, 억눌린 자, 약자들과 가진 것을 나누며 서로 용서하고 하나가 되어야 하는 공동체를 향해서 아직은 실천적이지 못하다. 그런데서 한국교회의 양적이며 외형적인 성장은 한국사회의 빈익빈 부익부를 그대로 반영하고 있다.

1) 교회가 극복해야 할 불평등

교회의 빈익빈 부익부는 참으로 놀라울 정도이다. 윤승은 씨가 제시한 것에 의하면 농어촌과 도시교회 목회자들의 월급의 차이는 최고 30배가 된다.[30] 농어촌교회에서는 5~6만 원, 개척교회 목회자는 일반적으로 10만 원 미만인 데 비해 대도시 교회에서는 그것의 30배가 된다는 것이다. 그리고 도시교회의 1년 예산은 억대에 이르며 한 교회성가

---

30 윤승은, 『교회의 경제는 어떻게 운영할 것인가』(성광문화사, 1983).

대의 1년 예산만도 60만 원인 데 비해 면소재지의 한 교회 1년 예산은 30만 원 정도라고 한다. 목회자 월급의 그 엄청난 차이는 같은 직종에서 나타나는 월급의 차이치고는 한국 직업구조에 있어서 어느 직종에서도 찾아볼 수 없는 예라는 것이다. 윤승은 씨는 이러한 교회의 불평등을 바로 잡기 위해 재정의 풀(pool)제도를 건의했다. 그리고 교회건축이나 외형적 소비에 치중하는 데서 벗어나 가난한 교회와 소외된 이웃을 돕는 것을 강조하고 있다.

교회의 불평등은 이러한 재정에서만이 나타나는 것이 아니다. 사회에서 돈과 권력을 가진 자는 교회 속에서도 대우받고 영향력을 행사하는 지위를 차지한다. 이것은 또한 전통적인 계급의식과 남존여비의 가부장제도와 함께 교회의 제도와 인간관계에서 불평등을 심화시키고 있다. 이에 대하여 근년에 와서 교회여성연합회와 여신학자협의회는 비판하며 도전해오고 있다. 교회제도와 운영에 있어 남녀평등을 실천할 것과 교회의 민주화를 요구하는 것이다. 교회가 남성권위 중심으로 계속 유지된다는 것은 유교사회의 봉건적 관습을 그대로 유지하는 것이다. 교회 대다수를 차지하는 여신도들과 교회살림에 희생적으로 봉사하는 여교역자들을 차별하고 예속시키는 상태에 머물게 하는 것이다. 한국교회는 남녀평등을 실천하는 민주적 공동체로서 한국사회를 새롭게 하기보다 오히려 더 가부장적 전통을 유지해가는 죄를 범하고 있는 것이다.

교회가 이렇게 남성권위 위주로, 가진 자와 물질적 축복, 그리고 그들의 마음의 평안을 위주로 나가는 데서 교회는 우리가 거부해야 할 현실사회의 질서를 용납하며 현 체제의 권력에 아부하는 것이다. 불평등한 사회구조가 다수의 인구층을 빈곤화시키고 소외시키는 것과 같이 교회도 그들을 소외시키는 입장에 있는 것이다. 가난한 자, 노동자, 농민들의 요구에 적극적으로 대응하지 못하고 있다. 교회는 가진 자의 입장에서 영적 복음화운동을 하는 한편으로 가난한 신도들과 불우한 이웃을 위해 구제사업과 봉사사업을 하는 정도이다.

복음화를 위한 선교사업의 열의와 전략은 한국교회 초기에 형성된 단순한 목적과 방법에서 벗어나지 못한 상태이다. 1970년대의 산업화와 도시화로 인해 발생한 문제지역과 특수집단을 대상으로 다원화되기는 했다. 즉, 농어촌선교를 위시하여 광산, 학원, 빈민지역, 공장지대, 교도소, 윤락여성, 군대, 시민아파트 단지, 근로자집단들을 상대로 하는 선교사업들이다. 이렇게 대상이 다양화되었는데도 불구하고 과거의 개척전도나 문서전도의 방법을 대체로 답습하고 있는 듯하다. 각 교파에서 지역사회개발과 도시산업선교의 새로운 신학을 기초로 더욱 적극적인 방법을 모색하며 어려운 상황에서나마 실천석 노력을 하고 있지만, 아직도 극히 초보적이며 미약한 단계에 머물고 있는 것 같다.

그리고 교회의 봉사활동에서도 전통적인 구제사업과 현실유지적인 방법에서 탈피하지 못하고 있다. 교도소, 병원, 고아원, 양로원 등의 특수기관을 위문방문하거나 수재, 화재 등으로 인한 불우이웃돕기, 농번기 탁아소 설치, 지역사회봉사 등의 활동이다. 그리고 교육활동에 있어서도 주일학교가 전통적 형태에서 크게 탈피하지 못하고 있는 한편, 교회여성의 교육부활동에서도 전통적인 성경연구와 신앙강좌가 그 기본을 이루고 있다. 그 외 가정생활, 가정의 민주화, 자녀교육 및 생활개선, 공산주의 비판 및 기타 교양강좌 등이 교과과정을 이루고 있다. 이것들은 시대적 요구에 비추어 너무나 상식적이며 협소한 범위에 제한되어 있으며 안이한 교육방법의 수준이다.

2) 고난의 공동체

한국교회는 교회 안팎의 제도적 및 구조적 개혁을 위해 도전받고 있다. 교회가 사회의 모순된 질서를 그대로 반영하며 사회구조의 연장된 상태에 머물러 있을 수 없을 것이다. 우리가 앞서 지적한 불평등한 사회의 질서를 거부하고 새로운 삶의 질서를 창조한다는 것은 이 시대 우리가 갈망하고 요구하는 민주주의사회와 통일사회를 이룩하는 과제와 직결된 문제인 것이다. 일부 교회에서는 1970년대를 통하여 이러한 과제에 대응하기 시작했다. 민주화를 요구하다 탄압받고 구속당한 학생들과 민주인사들의 인권을 위해 정부와 투쟁했다. 노동자들의 정당한 권익을 위해 노동운동을 도우며 싸우다 해고당하고 탄압받는 자들을 위해, 그리고 도시빈민지역의 개발을 위한 도시산업선교 등은 민중신학의 입장에서 권력의 박해를 받으며, 그 명맥을 유지해오고 있다. 교회는 또한 언론탄압에 항거한 자유언론수호투쟁에서나 이 시대 정치·경제·사회 분야의 민주화의 민족통일을 요구하다 권력에 탄압받고 고통당하는 소외계층과 연대성을 이루며, 고난의 공동체를 여러 분야에서 체험하고 있는 것이다. 더욱이 일부 교회청년들 사이에서는 민중·민족문화의 새로운 창조를 위한 운동에 참여하여 가진 자의 소비지향적 문화를 거부하고 새로운 문화적 가치와 질서를 확립하려는 노력이 시작되었다.

교회여성연합회와 여신학자협의회는 여성신학의 입장에서 여성해방을 주장하며 한국교회가 남녀평등을 실천하는 공동체가 될 것을 요구한다. 이 운동을 계속 전개한다면 교회제도의 민주화에 크게 영향을 미칠 것으로 생각한다. 1970년대를 통한 교회여성연합회의 인간화운동은 특히 관광사업에서 착취당하는 이른바 '기생관광'의 문제를 고발하여 국내적으로나 국제적으로 여론을 환기시켰다. 이 연합회의 원폭피해자를 위한 개척적 사업 또한 오랫동안 우리의 기억에서 사라진 그들의 문제를 제기함으로써 피해자들을 위해 필요한 생계보호와 의료혜택을 받게 했다. 핵무기의 피해에 관한 기독교인의 관심은 여기에 머물 것이 아니라 인간공동체의 생존을 위협하는 핵무기경쟁과 특히 그 경쟁의 희생제물이 될 수 있는 분단된 한반도의 평화를 요구하는 평화운동으로까지 발전되어야 할 것이다.

3) 고난의 공동체에서 생활공동체로

이렇게 시작된 교회의 문제의식과 활동의 방향은 비인간화된 현실구조와 제도를 혁신하려는 우리 민중의 요구에 대응하려는 것이다. 이것은 한국교회가 2세기를 향해 전진해야 할 방향인 것이다. 그러므로 이 방향을 향해 더욱 적극적이고 창조적인 실천이 있어야 할 것이다. 이것은 이미 형성된 고난의 공동체의 연대의식을 강화하는 것으로 시작될 수 있다. 고난의 공동체는 인간공동체를 위한 새로운 가치질서와 삶의 질서를 창조적으로 실천하는 데 신앙과 희망을 가져야 한다. 이 신앙 위에 새로운 신앙공동체가 형성되며 용기와 힘을 얻을 수 있을 것이다. 먼저 이러한 신앙적 연대성을 더욱 확고히 하면서 앞서 농촌공동체운동에서 볼 수 있는 생활공동체를 각 집단과 지역에서 모색해야 할 것이다. 산업지대, 도시빈민지대 및 다른 형태의 소외된 계층이 사는 집단이나 지역사회에서 형성해야 할 것이다. 여러 형태의 소공동체가 형제애에 기반한 협동적 삶을 경제·문화·사회적으로 함께 확립해야 한다. 이것은 기독교적인 사랑의 공동체를 신앙의 차원에 그대로 머물게 할 것이 아니라 실천함으로써 이 시대의 소외된 자, 억울함을 당한 약자들에게 희망이 될 수 있는 것이다. 이러한 희망을 직접 체험하는 데서 억압적이고 불평등한 사회를 개혁하기 위한 공동체적인 힘은 발휘되어야만 할 것이다.

우리 주위에는 이미 많은 소외된 계층이 집단적으로 생활기반을 잃고 있다. 직장에서 해고당한 근로여성집단을 위시하여, 학원에서 쫓겨난 학생들, 감옥에서 풀려난 자, 직업을 잃은 자 등은 노동력은 있고 직장을 요구하나 기회를 박탈당하고 있다. 교회는 이들이 각 지역에서 협동적인 생활공동체를 뿌리내릴 수 있게끔 연대적인 노력을 해야 할 것이다. 일시적인 생활보조가 아니라 생활기반을 확립할 수 있는 소공동체 형성을 위해 다각적으로 지원해야 할 것이다.

그리고 산업지대에서는 교회가 한 공장을 단위로 생산적인 공동체로 기능할 수 있게 되어야 한다. 교회건축에 엄청난 투자를 하기보다 생산적 공장을 세워 경영층과 근로층이 한 가족으로 같이 예배보며 같이 경영과 노동에 참여할 수 있는 가능성을 보여줄 수 있어야 한다. 경영과 노동을 협동적으로 하는 데서 대립적이고 착취적인 노사관계를 극복할 수 있을 것이며, 근로자들의 가족생활이 상부상조의 기반 위에서 안정될 수 있다. 그리고 복지와 문화생활에 이르기까지 협동적으로 대처해나갈 수 있어야 할 것이다. 생산과 소비생활에 관한 이러한 협동적 관계는 지금껏 혈연가족 중심이며 착취적인 경제구조에 젖어온 우리들에게 쉽사리 실천될 수 있는 것은 아니라고 생각한다. 그러나 예수의 사랑의 공동체를 확신하는 신앙 위에서는 그 방향으로 향해 계속 노력해야 할 것이다. 이러한 실천 없이는 오늘날 우리가 거부하는 착취적 노사관계와 노동문제에 새로운 대안을 제시할 수 없는 것으로 본다.

협동적 공동체는 생산공장에서뿐만 아니라 여러 가지 서비스 산업 분야에서도 모색될 수 있다. 공동체의 경제생활 확립을 위한 소득활동을 여러 분야에서 개척해야 할 것이다. 이에 공동으로 종사하므로 공동체 가족의 생활을 안정시킬 뿐만 아니라 소외된 계층을 위한 여러 가지 서비스에 공동으로 대처해나갈 수 있는 것이다. 이러한 공동체는 자신들만을 위한 예배와 생활을 할 것이 아니라 그 지역을 위한 교회로 개방될 수도 있는 것이다.

일부 한국교회들은 이미 신용협동조합운동에 가담하고 있다. 이것은 저소득층 교인들의 경제적 문제를 협동적으로 해결하는 한 방법인 것이다. 이러한 협동을 기반으로 교회는 협동의 범위를 다른 경제적 생활면으로까지 확대시켜가야 할 것이다. 그리고 교회 내에 머물러 배타적이 될 것이 아니라 불우한 이웃과 지역사회로 그 협동적 유대가 확대되어야 할 것이다.

4) 지역적 민주센터의 역할

마지막으로 한국교회가 창조적 기능을 해야 할 분야로서 지적하고 싶은 것은 민주센터의 역할이다. 이것은 일제 식민지배에서 한국교회가 민족의 독립을 위해 애국신앙을 키우며 그 운동에 참여한 선통의 기반 위에서 이해될 수 있는 것이다. 일제의 지배하에서는 민족공동체의 주권을 회복하는 것이 그 시대적 요구였다. 이 시대에 있어서는 국가적으로 민주사회를 이룩하는 것이 시대적 요구이다. 우리 민중의 오랜 숙원인 평등하고 정의로운 사회로의 요구가 국가의 민주헌법으로 제도화되었다. 이에 따라 국가적인 과제는 민주사회를 수립하는 것이며, 한국교회는 이 시대적 요구에 앞장서야 할 것이다. 이러한 요구는 앞에서 지적한 바와 같이, 현실적인 권력구조가 중앙집권적으로 비대해진 데서 국민들은 더욱 지방자치제를 갈구하고 있다. 권력이 억압적이고 정체가 비민주화된 데서 민주화의 요구는 더욱 절실하며 강력해지고 있다.

오늘날 우리 사회는 중앙집권적 권력과 관료조직에 의해 위계질서적 명령계통만이 강화되며 지역적 자치단체 약화되고 있다. 모든 민간단체도 주체성을 잃고 자발적인 힘을 발휘하지 못하고 있다. 이것은 우리가 지역사회에서 주민으로 무기력하게 살아갈 뿐 민주시민의 책임과 권리를 행사하지 못하고 있음을 의미한다. 더욱이 학교교육마저 민주시민의 자질을 위한 인간교육을 수행치 못하고 있으므로, 우리 사회는 민주화를 위한 정신적 교육과 실천적 훈련이 이룩될 수 있는 사회적 기반이나 집단의 대두를 기대하기 어렵게 되었다. 현대적 민주사상의 기반이 한국의 전통적 종교나 전통적 공동체들에 전혀 없는 것은 아니나 극히 미약하다. 한편 서구의 기독교사상에서 배태된 것이지만 한국의 민주화를 위하여 교회는 개화기에서부터 그 선구적 역할을 해온 것이다. 이러한 교회의 전통은 앞으로 지역사회를 위한 민주센터의 기능으로 충분히 발전될 수 있는 것이다.

이러한 민주화의 요구에 교회가 대응하기 위하여는 기존 교회들이 먼저 민주적 공동체로 개혁되어야 할 것이다. 교회제도와 운영에 있어서나 교인들 사이에서 사회적 지위, 남녀 성별, 세대별에 따른 차별이나 간격을 극복할 수 있도록 참여민주주의를 실천해야 한다. 이것을 위해 가정생활의 민주화와 인간관계의 민주화를 위한 기초교육을 강화하는 한편, 국가사회를 위해 민주시민이 되는 교육이 실시되어야 할 것이다. 이것은 이론적 교육에 한할 것이 아니라 교회를 둘러싼 지역사회의 공해문제 · 청소년문제 · 빈곤문제 · 교육문제의 사실들을 중심으로 민주시민의 책임과 권리를 이해하는 교육이 이루어져야 할 것이다. 민주시민의 역량을 지역사회의 현실문제와의 관련성에서 키워나가야 할 것이다. 이것은 교회가 지역사회와의 연대성을 확립하는 길이며, 장차 지방자치제를 실시하는 데 대비한 민주시민의 역량을 기르는 것이다. 모든 것이 중앙집권적이고 대도시지향적인 데에서 우리 사회는 사지가 약한 소아마비의 형태로 병들고 있다. 그리고 관 주도의 명령과 지시에 의존함으로써 자조적이고 자립적인 시민생활의 능력을 기르지 못했다. 이것은 민주적인 통일사회를 성취해야 할 우리의 요구와 과제에 비추어 볼 때 참으로 모순되고 염려스러운 상태이다. 이로써 한국교회는 지역사회의 어느 집단보다 이 문제에 민감해야 할 것이다. 한국

교회가 먼저 민주적 공동체의 모형과 대안을 제시해야 할 것이며, 기독교인들이 민주시민의 이상을 제시할 수 있어야 할 것이다. 교회가 이러한 기능을 담당함으로써만이 민주화와 민족통일에의 희망이 있는 것이다. (1983)

2부

분단과 가족문제

4장

전환기에 선 가족주의

1. 서론

오늘날 분단사회에 살고 있는 우리들이 지향하는 역사의 방향은 통일된 민족국가사회이다. 이 시대 사회과학은 우리가 이룩해야 할 통일사회에 대한 비전을 가져야 할 것이다. 비록 우리의 현실이 이 방향에 역행하는 듯하며, 분단을 극복하는 과제가 불가능하게 보일수록 이것을 지향하는 공동의 갈망과 의지는 더욱 강력해지고 있다. 이것은 정책적 차원에서 내세우는 슬로건이나 정권의 노력에서만이 아니다. 분단으로 인한 전쟁의 위협과 경직화된 권위주의적 사회구조에 억압당하는 삶에서 해방되고자 하는 우리 모두의 갈구에서이다. 이것은 이 땅의 진정한 주인으로서 인간답게 살 수 있는 민주사회를 건설하고자 하는 강력한 욕망이 있는 데서 더욱 뚜렷하다.

우리 사회의 민주화는 남북분단이 고정화되는 단계에서 이미 명분화되고 형식화된 것이다. 그러나 지금까지 우리 사회에 민주주의를 뿌리내리지 못함으로써 분단사회의 명분이 상실될 수밖에 없는 것이다. 이로써 우리는 이 역사적 과제를 더욱 뼈저리게 느끼지 않을 수 없으며 한국사회의 민주화를 위해 더욱 고심하지 않을 수 없다. 지금껏 민주화는 주로 정치체제 및 과정의 차원에서 심각하게 문제되어왔고 논의되어왔다. 마치 한국정치가 민주화됨으로써 민주사회가 결과될 것으로 기대하여왔다. 한편 정책적으로는 산업화를 통한 근대화정책을 정치적인 민주화를 억제하며 '유보'(留保)하는 명분으로 삼았던 것이다. 그러나 산업화와 근대화는 정치적 및 사회적 민주화에서 계속 이탈되는 방향으로 결과되어왔다. 이런 현실에서 일부 사회과학자들 사이에서는 민주주의가 서구적이어서 우리 사회에는 적합지 않다고 주장하는 이도 있었다. 즉, 민주주의가 뿌리를 내릴 수 있는 전통이 없다고 판단한 나머지, 한국적 전통에서 미래지향적인 이데올로기와 주체성(主體性)을 발견하고 재발견하려는 노력을 기울이고 있는 것 같다. 이 노력의 결과가 아직 완결되지 않았기 때문에, 그들이 발견한 미래지향적 방향이 한국사회 발전에 앞으로 어떻게 기여할 것인지에 대하여 평가할 만한 근거가 없다. 그러나 한국사회의 전통이 정치구조나 사회구조에 있어 가부장적인 가족주의문화에 뿌리가 박혀져온 만큼 가족주의(家族主義)의 전통적 성격을 문제삼지 않을 수 없다. 더욱이 한국사회의 민주화는 이 전통적 시대적 모순을 극복해야 할 과제를 안고 있는 데서 거듭 논의되고 분석되어야 할 문제인 것이다. 더욱이 전통적 가족주의가 한국사회의 민주화와 통일을 지향하는 데 있어 기여할 수 있는 긍정적 측면이 무엇이며, 또한 극복되어야 할 부정적인 측면이 무엇인가에 대한 검토가 이루어져야 한다. 이것은 민족주의적 이념적 차원에서만 논의될 것이 아니며, 사회구조의 각 차원에 관련시켜 연구되고 논의되어야 할 것이다. 특히 사회의 기저를 이루는 가족을 포함한 1차집단과 분업화된 사회 각 분야에 형성된 이익집단들인 2차집단의 차원에 관련시켜, 가족주의 전통의 이 시대적인 기능과 역기능을 예리하게 비판해야 할 것이다. 이것은 곧 한국사회학의 시대적인 주요 과제가 아닐 수 없다. 이처럼 사회구조의 민주화가 시대적 과제인 것만큼, 가부장적 가족주의를 사회구조에 관련시켜 연구하는 것 또한 사회학의 과제이다. 이러한 문제의식에서 이 논문은 가족주의의 문제를 고찰하려는 것이다. 정치의 민주화가 사회구조의 민주화 없이 이루어질 수 없는 것만큼, 사회구조의 민주화는 가족을 포함한 사회의 기본집단의 민주화 없이 기대할 수 없는 것이다. 그리고 사회 기층(基層)의 민주화는 통일된 민족국가사회를 향한 기초작업으로 시작되어져야 하기 때문이다.

2. 근대화와 민주화

민족분단으로 인해 야기된 한국사회의 변화는, 지난 1960~70년대를 통하여 실시된 근대화작업으로 인해 더욱 급격하게 그리고 광범위하게 추진되어왔다. 이것이 한국사회의 구조를 변화시키는 데까지 영향을 미침으로써 이 구조적 변화가 어떤 방향으로 어떻게 이루어지고 있는가에 대한 연구는, 한국사회를 연구하는 모든 연구가들에게는 관심거리가 아닐 수 없다. 이에 대한 분야별 연구는 많이 진행되고 있는 줄 안다. 임희섭 씨의 「한국사회의 구조변화」(『韓國社會論』, 民音社, 1980)라는 논문은 지금까지 연구된 자료들을 집약해서 제시한 것으로 참고삼을 만한 것이다. 특히 이 논문에서 취한 그의 입장은 근대화에 대한 지금까지의 사회학적 접근을 대표한 것임을 알 수 있다.

임씨는 한국사회의 구조변동이 19세기 말서부터 시작된 것으로 본다. 즉, 이 시기부터 한국사회의 근대화가 시작되었으며, 분단시대에 와서는 "한국의 주도적 엘리트들이 '근대화'를 이상으로 하고 적극적으로 추진"해왔다는 것이다. 그 결과 사회변화는 "민주화 · 산업화 · 도시화 · 평등화 등의 방향으로 진행되어져왔으며, 그에 따라 일반적인 문화변동의 정향(正向)도 전통적인 집단주의(集團主義, collectivism)로부터 개인의 자아와 권리를 해방하는 개인화(個人化, individualism)의 이상(理想)을 추구해왔던 것이라고 요약할 수 있을 것이다"라고 했다. 그에 의하면, 근대화란 "정치구조는 넓은 의미에 있어서의 '민주화'의 방향으로, 경제구조는 '산업화'의 방향으로, 생태구조는 '도시화'(都市化)의 방향으로 그리고 문화구조는 '개체화(個體化)' 또는 '자아의 확대'를 변화의 정향으로" 삼는 것이다. 그는 이러한 전제하에서 비록 그 과정에 있어서 일제 식민지정책의 수탈의 대상이 되기도 하고 분단시대에 와서 남북간의 이념적 갈등과 경제적인 대미(對美) 의존체제가 현실이긴 하지만, 전체적인 방향에서는 근대화의 분야별 목표를 향해 변화해가는 것을 긍정적으로 인정하고 있다. 그는 이러한 방향으로의 변화를 사회구조에 국한시켜 실증하기 위해 산업화, 도시화 및 계층화(階層化) 등에 관련된 통계자료를 고찰했다. 이것을 토대로 1960~70년대의 변화가 너무 빨랐기 때문에 여러 가지 불균형이 초래되었다는 결론을 내린다. 즉, "……산업화의 발전가치와 민주화 및 평등화의 발전가치관의 불균형과 긴장이 발생했으며……도시와 농촌간의 불균형성장 및 격차……부의 편중화로 인한 분배구조의 악화와 계급적 양극화……사회구조와 가치관간의 괴리……사회구조의 분화속도와 엘리트의 체계관리(體系管理) 능력 간의 격차 등"이 초래되었다는 것이다. 그는 근대화정책의 효과가 결과적으로 이렇게 심각한 사회구조적 문제들을 야기시킨 데 대하여 염려한 나머지, 이것을 극복하기 위한 다음과 같은 몇 가지 과제를 제기했다.

(1) 사회구조의 변화정향이 보다 이념적으로 정립되고 보다 체계적인 계획에 의해서 관리되어야 한다는 것이다. 지금까지의 근대화정책은 막연하고 구호에 그쳤다. 따라서 정치·경제·문화적으로 불균형과 모순이 없도록 조직되고 개편되어야 할 통합된 국가이념으로 정립되어야 한다.
(2) 앞으로는 사회구조적 변동이 중산층과 대중의 경제적 사회적 기반을 강화해서 사회구조변동의 담당세력을 형성해야 한다. 사회구조의 변화를 주도하고 담당할 사회적 기반이 가지는 중요성을 인식해야 한다.
(3) 1960~70년대의 사회구조적 변화는 '삶의 질'에 대한 진지한 배려없이 양적인 확대만을 추구해왔다. 낙관적인 성장이론을 지나치게 신봉한 결과로 회복하기 어려운 구조적 불균형과 질적 훼손을 가져온 것이다.
(4) 보다 주체적 입장에서의 정치적 선택과 정책결정이 강조되어야만 한다. 모방적이며 비주체적인 근대화는 한국사회의 구조에 변화를 가져오지만 그 변화가 반드시 한국사회를 위해 바람직하고 적합한 것은 아니다.

임희섭 씨는 그가 앞서 전제한 근대화의 방향을 낙관적으로 그리고 긍정적으로 받아들인 입장과는 달리 한국 사회구조의 변화가 잘못되어가고 있음을 염려한다. 그가 지적한 바에 의하면 사회발전을 위한 통합된 이념의 결여, '삶의 질'을 무시한 발전정책, 사회발전을 위한 주체성과 주체적 집단이 형성되지 않고 있다는 점을 지적했다. 이러한 문제점들은 그동안의 근대화가 이 시대에 있어서 우리가 지향하며 갈구하는 바람직한 방향으로의 변화를 가져오지 못했음을 단적으로 지적하는 것이다. 사회계층적 이동이나 소비생활의 향상이 이루어지기는 했지만 바람직한 구조적 변화를 가져오지 못한 것이다. 그러면 임희섭 씨가 지적한 이러한 과제는 사회학에 무엇을 시사하는 것일까? 한국사회학으로서 사회구조의 바람직한 변화를 위해 관심을 기울이며 연구하고 제시해야 할 중요한 문제점은 무엇인가?

첫째, 임씨가 대표하는 근대화에 대한 사회학적 접근의 입장에 문제가 있음을 지적하지 않을 수 없다. 그는 전(前)식민지국가들이 서구문화의 접촉과 산업화로 인해 점진적으로 근대화한다는 구미 근대화론자(近代化論者)들의 입장을 그대로 전제로 삼아 한국사회의 구조변화를 안이한 방법으로 설명하고 있다. 그는 근대화가 민주화 · 산업화 · 도시화 및 평등화를 의미하는 것이라고 설명한 다음, 한국 사회구조가 이 방향으로 변하고 있는 것인 양 긍정적이다. 그러나 이것은 인류역사의 대체적 흐름의 방향이 이러하다는 상식론적인 대전제를 용인하는 데 불과하다. 이것을 실증하는 데 있어서는 경제구조의 산업화를 통계적으로 제시하며, 도시화를 인구구조(人口構造)의 차원에서 고찰하며, 그리고 직업구조의 변화를 통한 계층화를 통계적으로 제시하는 방법을 사용했다.

그러나 이러한 변화가 한국 사회구조의 민주화 및 평등화를 설명할 수 있는 것인지에 대하여는 전혀 관심을 두지 않았다. 또한 그는 민주화를 사회적 차원과 관련시키지 않고 정치적 차원에 국한시켜놓고, 평등화를 전통적 집합주의에서 개인의 권리와 자아가 해방되어 개체화하는 것이라는 정도로 설명한 데서 그쳐, 이것마저 심리학적 차원으로 환원시킨 결과가 되었다. 그러고 보면 근대화를 사회구조적 차원에서 설명할 수 있는 변수(變數)나 지표(指標)는 직업구조를 통한 계층화에 관한 것뿐이다. 그는 직업구조가 산업화를 통하여 전통적인 것에서 현대적인 구조로 변하고 있음을 통계적으로 제시했다. 사실상 그는 근대화가 직업적 이동을 허용하는 계층구조로의 변화뿐만이 아니라, 시민사회로서 지녀야 할 사회구조의 민주적 성격을 어느 정도 전제한 것이다. 그러므로 그가 긍정적으로 받아들인 근대화의 방향과는 모순되는 문제상황들을 결과적으로 지적하게 된 것이다. 그는 한국의 근대화를 고찰함에 있어 일제시대와 분단시대를 통하여 근대화를 추진시킨 집권층의 정치적 목표와 의도를 분석적 변수로 삼지 않았다. 즉, 일제 식민지정책의 근대화가 한국을 착취의 대상으로 삼았으며, 유신정권의 산업화정책이 민주화보다 집권층의 장기집권을 목표한 점에 대한 문제의식이 결여된 것이다. 따라서 사회구조의 변화를 설명하는 데 있어 일관된 관점을 지니지 못한 것이다.

다음으로 그가 지적한 문제점들을 고찰해보기로 하겠다. 그는 5·16 이후 정권이 근대화정책을 강력하게 추진시켰으나 지배적인 통합된 이념이 결여되었다고 지적했다. 이것은 사실상 우리 사회에 있어서 이미 합의된 가치관, 즉 민주주의가 헌법으로 제도화되어 있음에도 불구하고, 근대화정책을 추진한 집권층이 이것을 '한국적 민주주의'로 왜곡한 데서 결과된 것임을 시인하지 않고 있는 셈이다.

분단과 더불어 형식적으로나마 제정된 민주헌법은 한국사회가 개화기 이후 추구해온 이념을 제도화한 것이며, 이 시대에 있어서 통일된 민주사회로 향해 구현시켜야 할 통합된 이념이 아니겠는가? 근대화 과정에서 집권층의 특수한 목적으로 민주주의를 억제하며 '유보'시킨 것이 아닌가?

임씨가 지적한 대로 우리가 바라는 인간다운 삶의 길을 향상시킬 수 있는 주체성을 뒷받침하는 사회구조가 형성되지 않았다는 것은 무엇을 의미하는 것일까? 이것은 곧 정치의 민주화, 경제의 민주화, 그리고 사회의 민주화가 이루어져야 함을 의미하는 것이 아니겠는가? 다시 말해 민주주의 이념을 이 모든 분야에서 균형있게 점진적으로 구현시키는 것이 우리의 역사적 과제라는 것이 아니겠는가? 이것은 민중이 주체자로서 참여함으로써 가능한 것이다. 그러므로 지금까지 민주화가 구현되지 않고 있는 상황에서 사회학은 그 원인을 사회구조적 차원에서 규명하기 위해 관심을 기울여야 할 것이다. 따라서 사회구조의 민주화를 위해 정치 및 경제구조의 요인과의 상관성에서 고찰하는 문제의식이 요구되는 것이다. 지역사회의 여러 집단들이 권력의 집중화를 막기 위해 어떻게 조직되어야 하며 어떠한 기능을 해야 할 것인가? 시민의 권리와 책임을 누리기 위해 개인들이 속한 1차 및 2차집단 내에서 대내적으로는 어떠한 인간관계를 지니며, 대외적으로는 어떠한 역할을 해야 할 것인가 등이 역시 사회학적 관심이 아닐 수 없다. 단순히 직업구조의 변화나 사회계층의 이동을 통계적으로 고찰하는 데서 머물 수 없으며, 산업화로 인한 경제적 변화가 집단관계 및 인간관계상에 어떠한 변화를 가져온 것인가에 관심의 초점이 맞춰져야 할 것이다. 모든 계층의 생활수준이 과거보다 상승했다고 해서 사회구조가 민주화된 것도 아니며, 오히려 현실적으로는 극심한 불평등과 양극화를 초래해온 것이다. 더욱이 직업구조의 변화로 임씨가 제시한 대로 중산층이 양적으로 확대되어 신중간계급이 형성되었음에도 불구하고, 민주화의 담당세력이 되어야 할 시민계급으로 발전하지 못하고 있는 것은 무엇 때문인가? 그것을 임씨는 "중산층이 건실하게 육성되지 못한 데에는 여러 가지 원인이 있겠으나……봉급생활자들이 저축을 통해 재산을 형성하고 경제적 기반을 안정시킬 수 없는 조건" 때문이라고 설명한다. 그는 민주화의 주체가 되어야 할 시민층이 형성되지 못하는 것을 경제적 이유로서 설명할 뿐, 사회구조적인 측면은 고려하지 않고 있다. 각 직업분야에서 종사하고 있는 개인들이 이 사회의 주인이 되며 주체성을 지닌 안정된 계층이 되기 위해서는, 직업의 안정을 보장하며 공정한 분배를 실시할 수 있는 제도(制度)의 확립과 이를 실시하는 과정에 참여할 수 있는 권리와 책임을 행사할 수 있어야 할 것이다. 이것은 직업인들이 노동조합이나 각 직업집단의 민주적 기능을 수행하는 데 주체자로서 참여할 수 있어야 가능한 것임은 자명한 사실이다. 이러한 2차집단의 기능이 아직도 발전되지 않고 있는 상태에서는 중간층의 안정은 높은 수입과 재산의 형성만으로 보장될 수 없는 것이 아니겠는가? 말하자면 직업적인 범주로서는 중간계층이 형성되었으나 민주사회의 주인으로서의 중간계층이 형성되지 않고 있는 것이다. 즉, 근대화과정에서 나타난 직업구조의 변화나 도시화는 사회구조의 민주화를 수반하지 않고 있음을 보이고 있는 것이다.

정치학자 차기벽 씨는 한국의 정치발전에 있어서 가장 저해적인 요인을 권위주의적 전통에 기인시켜 설명하고 있다. 그는 「한국의 정치발전과 전통」(『한국민족주의의 이념과 실태』, 까치, 1978)이라는 글에서 "한국에서의 권위주의적인 정치 출현은 한국의 권위주의 전통의 정치문화와 밀접한 관련이 있는 것이다"라고 했다. 국가를 사회와 개인에게 종속시킨 서구의 정치문화와는 정반대로 "한국의 전통적 정치문화는 백성을 충성의 의무에 의해 국가에 종속시켰다"는 것이다. 이것은 부모에 대한 자식의 무조건적 효도를 강요한 가부장제 가족주의의 윤리가, 국가사회의 인간관계로 확대되어 권리와 책임을 자각하는 근대적 시민으로 성장하지 못하게 한 중요한 요인으로 지적된다. 이러한 문제의식은 정치학에서뿐만 아니라 사회학과 기타 모든 분야에서 문제시해온 비판적 인식인 것이다. 이것은 거의 상식적인 설명이 되어온 것이다. 사회학에서도 아직 상식적 문제의식에 머물고 있을 뿐, 이것을 이론적 가설로나 문제로 삼아 사회구조의 성격을 규명하지 않고 있다. 즉, 사회구조가 아직도 통계적으로 접근되고 있을 뿐, 인간관계의 차원에서 특히 권위주의를 실증하는 역할구조(役割構造)의 측면에서 연구되지 않고 있는 것이다. 그런 데서 근대화정책으로 인해 결과된 우리 사회의 문제를 구조적 차원에서 접근하지 못하며 개인의 심리적 차원이나 경제적 요인으로 설명해버리는 경향이 있는 것이다.

사실상 한국사회의 구조적 성격과 문제를 계급간의 갈등으로 접근하려는 입장이 있을 수 있는 것이다. 권력투쟁의 차원에서 계층 또는 압력집단간의 대립과 갈등에서 파악할 수도 있을 것이다. 그러나 본인의 견해로는 한국사회가 이 시대에 있어서 민주주의적 과정으로 인한 점진적 발전을 요구해왔으며 지금까지는 근대화로 인한 사회계층적 이동에 희망을 걸고 있는 한편, 분단사회의 제약으로 안전을 요구하는 보수적 경향이 짙은 데서 점진적 민주화를 바라는 경향이었다. 시민들의 이러한 경향이 어느 정도 지속될는지 알 수는 없지만 지금까지의 이 경향을 부인할 수는 없는 것이다. 그러므로 사회구조의 민주화를 전통적인 권위주의, 즉 가부장제 가족주의의 극복이라는 문제의식에서 접근해볼 여지가 많은 것이다. 이것은 사회집단의 민주적 구조 및 기능을 문제시하는 입장에서 접근해볼 수 있는 것이다.

3. 근대화와 가족주의

가족주의라는 낱말은 가족적 인간관계를 가족외적인 일반사회로 확대시켜 사회관계에서 나타나는 행동양식 및 가치체계 등에 적용하여 통칭하는 것이다. 가족이란 개념적으로 혈연과 결혼을 통해 맺어진 특수한 관계에 기반한 인간생활 공동체의 기본단위이다. 이것은 남녀간의 성별에 의한 상호의존성과 유아들의 생존을 위한 부모에의 의존 등으로 가장 자연스럽게 형성된 생활단위인 것이다. 이로써 사회구조의 다른 집단들과는 구별되는 1차집단으로서의 성격을 띠는 것이다. 사회학자들은 이것을 이익중심으로 형성된 2차집단과 대조시켜 설명한다. 1차집단은 인간관계가 전인격적으로 접촉하며 상호용납적이다. 그리고 사랑과 협동에 기반한 상호의존적 관계의 성격을 지닌다. 2차집단은 이익 추구를 위해 형성된 계약에 기반한 관계로서 부분적으로 접촉하며 이해타산적인 성격을 띤다. 따라서 상호간에 경쟁적이며 공리적일 수밖에 없다. 이와 대조적으로 1차집단인 가족은 온정과 화합의 인간성을 발휘하는 연대적 공동체로서 미화되며 이상화되어온 것이다. 실제로 가족관계의 현실은 이와 유리되는 것이다. 그러나 인간은 가족생활에서 이러한 인간적 관계를 기대하며 발휘하려고 노력해왔다. 그러므로 유토피아적인 공동체를 추구하는 사상과 이론은 그 원형을 가족적 공동체에서 찾는 것이다. 이것은 혈연이나 결혼에 관한 특수한 제도에 구속당하는 측면에서보다는 가족관계에서 발휘되는 더욱 순수한 인간애의 성격을, 생활공동체나 국가공동체에 보편적으로 확대시킬 수 있는 사회조직의 원리를 추구하려는 데 있는 것이다.

역사적으로 가족은 민족문화나 국가체제의 제약을 받아왔다. 그리하여 그 시대적인 이데올로기에 기능적으로 작용해온 것이다. 특히 가부장제 가족제도가 봉건적인 신분사회를 뒷받침하며 가부장적 대가족이 왕권중심의 전제국가의 원형이 되어온 것이다. 따라서 군주국가에서는 충과 효 등의 가족주의 이데올로기가 지배적 이념으로 되어왔다. 이런 체제에서는 가족주의가 가부장적 권위에 복종하는 질서로서 총화와 단결을 도모하기 위한 것이다. 가족 내에서 효에 기반한 복종적 부모 자녀관계가 국가적 차원에에서 군신간의 충(忠)의 관계로 확대되는 가족주의를 이상화했다. 전통사회의 이러한 가치관과 인간관계는 산업화의 과정에서 약화되며 민주화를 통해 보편적인 인간애의 가치관과 인간관계로 변해야 한다. 산업화는 특히 개인들을 신분제도와 가부장제도에서 해방시키는 기능을 해왔다. 이것은 개인의 능력과 업적에 따른 직업이동을 가능케 하며, 결혼이 가부장의 권한에서 당사자들의 권한으로 변했고 따라서 부자관계보다 부부애의 관계를 중요시하는 경향에서 엿볼 수 있다. 그러나 이러한 개인적 해방이 사회구조적 차원에서 인간애적 공동체의 형성으로 발전되지 못한 단계에서는 가족의 분열과 해체만을 촉진시킨다. 그리고 대형화되어가는 산업사회의 경제적 및 행정적 관료조직과 권력에 개인들을 종속시키는 결과를 가져올 수 있는 것이다. 인간애에 기반한 민주화를 추구하지 않는 근대화는 개인을 군주적이며 가부장적인 권위에서 해방을 시키는 동시에 산업사회의 관료적 권위주의로 다시 구속시킬 수 있는 가능성이 있는 것이다. 그런데서 가부장적 권위주의는 관료국가의 차원으로 확대되어 시민사회로의 주체적 세력이 형성될 수 없는 것이다.

이러한 이론적 전제에서 가족주의를 한국 근대화와 관련시켜 문제 삼고자 한다. 한국의 가족주의는 사회구조의 두 차원에서, 즉 1차집단과 2차집단의 차원에서 제각기 다른 영향을 미치고 있음을 발견하게 되는 것이다. 이해중심적인 권력집단의 차원에서는 전통적 가족주의가 이데올로기화하여 권위주의적 가치관을 강화하며 총화와 안정을 도모하는 데 적용된다. 이와 반대로 부계혈통에 기반한 동족집단이나 친족관계의 1차집단의 차원에서는 도시화 및 산업화의 영향으로 전통적 가족주의 의식과 친족관계가 약화된다. 친족간의 상호의존적인 기능은 약화되며 부부관계를 중심으로 한 핵가구화(核家口化)를 촉진시킨다. 핵가족 내의 인간관계에서도 전통적인 부자중심의 연대와 단결 대신에 세대간의 격차로 인한 갈등이 심화되고 있는 것이다. 즉, 혈연에 기반한 생활공동체 또는 상부상조의 세대간의 범위는 극소화하는 경향이다. 충효를 강조하는 국가주의에도 불구하고 혈연관계의 분열과 약화가 더욱 촉진되었다. 권력구조의 차원에서는 1960~70년대에 집권한 박정권의 성격에서 그런 예를 찾아볼 수 있을 것이다. 중앙집권 관료제에 기반한 박정권은 근대화의 강력한 추진을 장기집권의 수단으로 삼기 위해 전통적인 권위주의를 조장했다. 한국적 전통의 계승이라는 명분을 내세워 충효의 이데올로기로써 사회의 안정과 총화를 도모했다. 이로써 산업사회의 민주화를 위한 시민의식과 역할을 개발해야 하는 요구에도 불구하고 총화단결을 위한 충성, 사도(師道)의 확립, 또는 경로사상 등의 고취를 앞세웠다. 이러한 권위주의적 정권의 힘으로 관료주도적인 산업화와 농촌의 근대화를 강력하게 추진한 것이었다. 이 관료주도적 근대화는 1970년대에 추진된 농촌의 새마을운동이 그 성격을 단적으로 잘 나타내고 있다.[1]

이만갑 씨의 평가적 연구보고에 의하면 새마을운동은 1970년 대통령의 직접 제안으로 시작되었다. 그리고 이것을 추진시키기 위한 직속기관을 설치했고 또한 이를 뒷받침하기 위하여 중앙정부의 차관들로 구성된 중앙위원회가 조직되었다. 이러한 상부조직에서는 새마을운동의 이념과 사업 등을 구상하며 기획했다. 그리고 이 사업들을 마을단위로 시달하여 범국가적으로 집행하는 것은 내무부가 관장했다. 내무부는 각 도·군·면의 지방행정의 관료체계를 통하여 농민들을 동원시킨 것이다. 즉, 대통령의 진두지휘 아래 시달된 사업이 중앙과 지방의 관료조직을 통하여 농민들에게 지침으로 시달되며, 재정적 투입과 함께 마을 사람들을 설득하며 협력하도록 강력한 압력을 가했다는 것이다. 이만갑 씨는 사업을 마을단위로 추진시키는 과정에 있어서 상부에서 결정된 계획과 일치하는 개발사업을 수행하게끔 관료주도적으로 집행해나갔음을 다음과 같이 설명하고 있다.

---

1 새마을운동에 대하여 연구한 李萬甲 씨의 평가보고 참고. 『한국 農村社會研究』(다락원, 1981).

> 지역사회의 주도권과 의사결정의 원리는 전면적으로 금지되었고, 지방행정관리자들이 새마을사업의 계획과 수행을 고려하여 빈번한 회의를 소집하도록 농민들을 격려했다.……수행 가능한 사업의 양과 형태에 관한 대부분의 결정들은 마을 외부의 행정가들에 의해 작성되었다.……뒤이어 마을회의에 당국의 요원파견이 있었다.

이러한 과정으로 농민들에게 가해진 새마을사업에 대하여 농민들의 반응은 특히 초기에는 부정적이었다는 것이다. 그의 설명에 의하면 "그 운동의 초기 몇 년 동안에는 종종 농민들이 그들 마을의 특수한 사정에 적합하지 않은 사업을 강제로 수행하도록 한다는 불평들을 했다. 그들의 가장 중요한 사업의 성공적 완수를 위해 외부 지원에의 의존도가 높기 때문에 지방행정관리들은 의사결정과정에서 마을을 압도하는 강력한 힘을 가지고 있다"는 것이다.

초기의 이러한 부정적인 반응에도 불구하고 정치적으로 강력하게 추진해나간 새마을사업의 결과들은 농민들에 의해 긍정적인 평가를 받는 면이 있다. 이 보고서에 의하면 경제적 조건을 향상시키는 데 크게 기여했다고 농민들은 스스로 평가한다는 것이다. 농업용 도로, 전기화, 마을창고, 지붕개량, 상수도, 하수시설, 마을회관 등이 성공적인 사업으로 평가됨과 동시에, 이 운동이 그들의 농업생산성을 향상시키며 영농기술의 발달에 기여했다고 평가한 것이다.

그러나 새마을운동의 궁극적 목적에 비추어보면 이러한 경제적 측면의 긍정적 평가에도 불구하고 사회구조적 및 인간관계의 측면에서 부정적인 평가를 면할 수 없는 것이다. 새마을운동은 "협동과 조화관계를 확립하고 보다 편리한 환경을 건설함으로써 주민들의 의식구조를 개선하고 마을 생활의 질을 개량시키려는 점"에 그 목적을 둔 것이다. 이것은 경제적으로 도시와 농촌간의 소득과 생활수준의 심한 불균형을 극복하며 자급자족하는 농촌을 개발하려는 것이다. 정치적 측면에서는 성공적인 새마을사업에 참여하는 길을 통해 농민들로 하여금 그 지역사회에 대한 애착심을 증대하며 국가에 대한 충성심을 강화하려는 데 있다는 것이다. 사회적 차원에서는 개인적 자유나 개별적인 욕망의 성취보다도 집단적 노력과 자제를 통해 협동을 권장하며 지역사회에 대한 애착심을 확립하려는 것이었다. 이러한 목표는 한마디로 '잘살기 운동'이라는 구호로써 요약되었던 것이다.

이러한 목표에 비추어 새마을운동이 사회적 차원에서 그 목표를 어느 정도 달성했는지 주목하지 않을 수 없다. 농민들 사이에서는 새마을운동이 계층간의 격차를 좁히거나 계층간의 갈등을 극복하는 데 근본적으로 영향을 미치지 못한 것으로 나타나 있다. 가난한 농민들의 입장에서는 "집단적 취로사업이 항상 그들 자신에게 희생을 강요하고 보다 많은 토지를 소유한 사람에게 이익이 많이 돌아가게 되었다"고 평가하는 것이다. 새마을사업들은 농토가 없거나 적게 소유한 그들을 돕기보다는 부유한 농민들을 돕기 위한 사업이라고 보았으며, 그들에게 강요된 노동에 상응한 대가를 받지 못한 것으로 불평한다는 것이다. 그리고 부유한 농민들의 입장에서는 그들에게 필요한 환경개선이나 주택개량은 이미 이루어졌거나 스스로 할 수 있는 입장인데, 이에 덧붙여 마을 전체를 위한 사업에 참여하는 것이 반드시 자신들의 이익에 부합되는 것이 아니라고 본다는 것이다. 물론 마을과 개인들에 따라서는 이러한 이기적 입장을 초월하여 마을 전체의 공동이익에 기꺼이 참여하는 경우도 있다는 것이다. 그러나 계층화된 촌락사회는 계층간의 불평등이 극복되지 않고 이것을 심화시키는 경향이 남아 있다는 데 문제가 있는 것이다.

그리고 이 사업을 추진해온 지방관료들의 입장에서의 평가 또한 주목할 만한 것이다. 그들은 새마을운동을 통하여 농민들의 버릇이 잘못

들여졌다는 것이다. 정부로부터의 전폭적인 보호와 원조의 결과 농민들은 "협동적인 자조의 이념이 사라지고 있으며, 대부분의 사람들은 즉각적인 물질적 자극에만 관심이 있다"는 것이다. 또한 그들은 상부의 행정관료로부터 감독을 받고 있는 지방관료들의 약점을 노려 부당한 요구와 항거를 일삼는다는 것이다. 이들은 외부로부터 주입되는 가치와 이념을 받아들여 내면화(內面化)하지 않고, 그들 자신의 사리를 극대화하려고 한다는 비난을 관리들은 하고 있다. 이러한 비판으로 보아 새마을운동이 목표한 바대로 농민들의 의식을 개혁하여 마을 내적으로나 정부와의 관계에서 협조와 조화를 이룩하지 못했음을 나타내는 것이다. 농민들의 대외의존심을 조장하여 관에 대한 불신과 그리고 제각기 자신들의 물질적 이익을 취하려는 이기심이 조장되었다는 것이다. 이만갑 씨는 미래를 전망하는 입장에서 새마을운동의 효과에 대하여 다음과 같이 의미 있는 염려를 표명하고 있음을 볼 수 있다.

> 개발계획의 결정, 노동력 동원, 실질적인 작업감독을 위한 정치적 도구들이 각 마을 차원에도 존재하고 있고, 사람들은 그러한 작업을 통하여 많은 경험을 쌓았다. 효과적인 의사결정과 행정체제로서의 마을회의의 일신은, 새마을운동이 이룩한 가장 중요한 공헌 중의 하나이다. 농민들은 사실상 성공적인 사업의 완성에 의하여 크게 자극받아, 그 결과는 보다 거창한 사업에 쾌히 협력하고 나서는 경향이 발견되고 있다. 농민들의 경제와 생활수준이 향상되고 그들이 농업적인 기업가와 소비자로서 범국가적인 시장(市場)과 긴밀하게 연결되게 될 때의 문제는 지역사회의 결속력과 협동의 붕괴가 일어나지 않을까 하는 점이다. 또한 그러한 장기예측을 뒷받침할 만한 많은 증거들이 있다.

이것은 농민들로 하여금 자조적(自助的)인 협동마을을 조성하여 농업생산성과 소득의 수준을 향상하며, 다 함께 잘살 수 있는 생활의 질을 개선하려는 데 목적이 있었던 데 비하면 염려스러운 결과가 아닐 수 없다. 가부장적인 정치권력에 의하여 관권주도의 근대화정책을 획일적으로 추진한 데에서 사회구조의 민주화가 이루어지지 않았다. 따라서 촌락이 공동체적으로 발전하기보다 외부의 권력이나 경제권에 개별적으로 의존하며 결탁하는 경향으로 조성된 것이다. 촌락 공동의 이익이나 행동적 정신을 높은 가치로 의식하기보다, 물질적 혜택이나 정치적 위세의 이점을 노리는 이기주의가 농촌사회에서도 앞서고 있다는 사실은 근대화의 부정적 결과가 아닐 수 없는 것이다.

4. 새로운 공동체의 요구

우리 사회에서 근대화는 기술과 물리적 환경의 변화와 함께 경제적 소득과 소비생활의 수준을 도시에서나 농촌에서 다 같이 향상시켰다. 그러나 이것이 빈부의 격차를 조성하여 이기적인 개인주의를 조장하는 결과를 동시에 초래했다. 이것은 개인간에나 계층간에 협동과 조화를 이룩하기보다 경쟁과 불신을 심화시키게 되는 것이다. 또한 우리 사회의 진정한 총화와 단결을 목표로 하는 민주화의 방향에 더욱 역행하며 저항하는 사회구조적 기반을 조성한 것이다.

한편으로 국가정책은 다 같이 잘 살 수 있는 사회복지정책을 약속해 정권에 대한 국민들의 기대를 더욱 높이고 있는 것이다. 사실상 경제성장이 둔화될 수밖에 없으며 성장보다 안정을 도모해야 하는 현실에 비추어볼 때, 민주적 사회기반이 조성되지 않고 시민의 자발적인 책임의식이 조성되어 있지 않은 상태에서 문제는 심각해지지 않을 수 없는 것이다.

전통사회에서의 대가족제도는 개인이 요람에서 무덤까지 생로병사(生老病死)의 위기를 가족공동체에 의존하며 모든 요구가 충족되었던 것이다. 그것이 풍족하거나 충분한 정도는 아닐지라도 최소한 위기를 당면했을 때 가족적으로 대응하는 것을 서로 기대했다. 이것은 도덕적인 책임으로 인식되었던 것이다. 그러나 산업사회의 현실은 이것을 불가능하게 한다. 실직의 경우 형제나 친척의 도움을 계속 기대할 수 없는 것이다. 가족 중에서 한 사람이 장기적으로 병을 치료해야 할 경우 또는 불구자가 된 경우 핵가족적으로 해결한다는 것은 더욱 어려워지고 있다. 그리고 저소득층의 노후 생활보장은 자녀들에게만 기대할 수 없다. 경제적으로 인력(人力)상으로, 그리고 심리적으로 가족들에게 큰 부담이 아닐 수 없다. 부부간의 사별(死別)이나 이혼은 또한 한 가정의 생활을 위협한다. 부모의 사망은 고아들의 삶을 위협한다.

그리고 핵가족이 부부간에 역할을 분담시켜 여성은 주부로서, 남성은 경제적 생활의 부양자로 봉급생활을 하게 했다. 그러나 저소득층에서는 부부가 함께 벌이를 하지 않을 수 없으며, 고소득층에서도 여성의 직업활동이 여러 가지 측면에서 요구되고 있는 실정이다. 가정이 생산적 단위에서 소비생활의 단위로 변한 산업사회에서 여성으로 하여금 일생을 가사담당자로 머물게 한다는 것은 인간적 요구와 권리를 억제하는 것이다. 그러므로 남녀가 다 함께 가정과 사회에 참여하는 역할을 요구하게 되는 것이다.

이렇게 가정생활의 차원에서는 가부장적인 대가족의 구조와 기능이 변하고 있으며, 부부중심의 핵가족마저도 인권을 누리는 기본생활의 보장과 안정을 스스로 확보할 수 없는 것이다. 현대사회는 이로써 가정생활을 위한 복지제도를 확립하며, 보험제도를 통하여 개인과 가정의 위기를 해결하는 데 도우려 하고 있다. 구미사회에서는 앞서 사회복지제도를 확립했으며 이미 우리에게 복지사회의 허실(虛實)을 보여주고 있는 것이다. 그들의 제도가 개인의 생활기반을 공적으로 보장하지만 이로써 발생하는 인간적 문제를 볼 수 있다. 개인이 정부의 복지기관이나 보험회사에 의존함으로써 사생활의 자율성을 상실할 뿐 아니라 가족적인 온정적 유대가 약화된 것이다. 그들은 부모 자녀간 그리고 조손(祖孫)간뿐만 아니라, 이웃 가족과 상호의존적으로 협동할 수 있는 인간가족적 공동체가 없는 것이다. 즉, 1차집단의 기반을 약화시킨 것이다. 그들은 노동조합, 기타 작업단체 및 여러 가지 형태의 경제적 또는 사회적 이익집단이 민주적인 기능을 하는 데서 2차집단을 통한 시민의 권리를 누리는 것이다.

그러나 2차집단이 시민들의 이익을 위해 정치적인 압력단체의 기능을 하지 못하는 사회에서는, 사회의 복지정책이 개인들로 하여금 정권이나 관료집단에 더욱 의존하게 만드는 것이다. 정부나 기타 조직의 간섭과 압력에서 스스로를 보호할 수 있는 자율적 공동체가 없는 것이다.

개인주의를 촉진시키는 산업사회에서 인간적 사랑과 정을 나누며 협동적으로 살아갈 수 있는 공동체를 모색하는 것은, 비대해지는 복지정부와 보험기관에서 사생활의 자율성과 자유를 보호하고 그 한계를 넓히고자 하는 인간적 요구에 기인하는 것이다. 이것은 우리의 가족주의를 새로운 이념으로 변화시키며, 현대 사회에 적합한 가족생활의 공동체적 기반을 모색해야 할 필요성을 나타내는 것이다.

현대 가족이론가들은 한 사회가 어느 한 가지 형태의 가족을 이상적 모델로 제도화하거나 법제화할 필요가 없다는 것을 주장한다. 가족생활의 단위를 반드시 부부중심의 핵가족으로나 부계중심의 삼대가족이어야 한다거나, 또는 혈연중심의 자연적 가족 등 어느 한 가지로 국한시킬 필요가 없다는 것이다. 여러 가지 생활조건과 처지에서 다양한 생활공동체를 조직하여 개발시켜나갈 수 있는 것이다. 자연적으로나 직업적으로 연관된 개인과 가족들이 생산 및 소비생활면에서 종합적으로 협동하는 생활동공체가 가능할 것이다. 또는 여러 가족이 자녀 양육이나 소비생활, 또는 생산활동 중 어느 한두 측면에서 부분적으로 협동하는 공동체도 가능할 것이다. 종교적으로나 문화생활면에서도 공동의 이상과 관심을 살리는 공동생활의 기반을 또한 개발할 수도 있는 것이다. 각 가정이 직면한 공통의 문제를 공동으로 해결하는 데서 생활의 안정을 기하며, 위기를 스스로 극복할 수 있는 가족주의적 공동체가 절실히 요구되는 것이다. 이것은 가부장적 가족주의를 인간애적 가족주의로 변화시키는 것을 의미한다. 그리고 이것은 인간화를 위한 민주사회의 기층을 이룰 수 있는 것이다. 이러한 가족주의적 공동체는 미래지향적인 것으로 통일사회의 기층을 이룰 수 있는 생활단위가 될 수 있을 것이다. 따라서 자치적이며 자율적인 민주시민의 공동체를 다양하게 개발하여 이 땅에 뿌리를 박음으로써, 어떠한 가부장적인 전체주의를 배격할 수 있는 이 사회의 주인노릇을 할 수 있어야 할 것이다. (1982)

5장

분단시대의 가족 연구

1. 서론

지난 20여 년 동안 한국 가족연구는 양적인 많은 확장을 해왔다. 이것은 가족사회학을 위시하여 가정관리, 아동발달, 가정복지 등에 종사하는 전문가들의 인적 증가에 많이 기인한다. 또한 급격한 경제성장의 영향으로 일어난 가정생활의 변화와 문제에 관심을 가지고 연구하는 사람들이 많아졌기 때문이다. 이리하여 근년에 와서는 여러 분야에서 종사하는 전문가들을 망라하여 조직된 '한국가족학회'가 조직되기에 이르렀다. 이러한 전문화된 분야에서의 가족연구는 한국 가족형태와 생활에 대한 수많은 양적 연구를 가능케 했으며 따라서 많은 통계적 자료와 지식을 제공하게 되었다.

이 단계에 있어서 이러한 연구결과가 이 분단시대를 살아가는 우리 가족의 공동체적 삶을 인간적 현상으로 의미 있게 파악하여 체계적으로 이해하는 데 도움을 주고 있는지 스스로 질문해보지 않을 수 없다. 더욱이 이러한 연구가 오늘날 한국 가족생활이 안고 있는 심각하고 복잡한 구조적인 문제들을 객관적으로 분석할 수 있는 비판적 인식 위에서 이루어지고 있는지 자성해보지 않을 수 없다.

지금껏 연구의 대상가족들은 연구가들이 접근하기 쉬운 일부 계층에 국한되었으며, 분석은 적은 가구를 단위로 그 내적인 인적 구성이나 관계에 집중되어 미시적일 뿐만 아니라 연구의 관심도 통계적으로 처리되기 쉬운 생활경험에 한정된 데서 결과들이 극히 단면적이며 피상적임을 면할 수 없다. 특히 한국 가족이 발전해가야 할 방향의 비전이나 가능한 여러 가지 모델의 이론적 연구가 전혀 없는 상태이다. 현재 나타나고 있는 상태를 전통적 제도와 관습에 비추어 비교하는 것으로 변화와 발전을 설명하고 있음으로 인해, 변화의 방향과 발전해가야 할 방향에 대해 혼란만을 조장하고 있는 것이다. 그러므로 앞으로의 가족연구의 의미있는 발전을 위해서는 지금까지의 연구에 대한 비판적 평가가 있어야 할 줄 안다. 이 작업을 1차적으로 필자가 속한 가족사회학에 국한시켜 본 논문에서 시도해보려 한다. 이것은 필자 자신이 지금까지 가족연구에 있어서 지배되어온 이론적 인식과 접근방법에 대한 스스로의 반성과 비판을 필요로 하기 때문이다. 그리고 이 비판적 평가 위에서 새롭고 다양한 접근방법을 제시해보고자 하는 것이다.

2. 가족사회학적 접근에 대한 비판적 개관

사회학계(인류학계도 포함)에서는 그동안 최재석 교수를 위시한 여러 연구가들의 꾸준한 노력의 결과, 업적들이 축적되었으며 연구의 접근 방법과 이론적 인식의 성격이 부각되어지고 있다. 지금까지의 연구의 관심과 문제 분야를 크게 분류해보면, 한국의 전통적 가족제도 및 그 역사적 변천을 연구한 것과 현재의 도시 및 농촌의 친족집단과 친족관계, 가족의 구성형태, 가족원의 역할분담을 통한 인간관계, 그리고 가족과 결혼에 관련된 관습과 태도 등이다. 가족제도의 변천에 관한 역사적 연구에서 주목할 만한 것은 주로 호구조사자료와 호적을 기반으로 호적상에 나타난 가족형태가 신라시대 이래 어떻게 변천해왔는가를 제시한 것이다. 여기에는 제사 및 재산상속세의 변화를 좀더 실증적으로 제시하는 연구도 포함되어 있다. 이런 연구의 대체적 결과는 이미 한국 가족사에서 암시되었던 가설이 실증된 것이다. 즉, 고대사회에서는 부모양계적인 성격이 뚜렷했었는데, 유교의 영향으로 이조사회에 와서 더욱 엄격한 부계제로 변천했다는 것인데 호적제도의 자료들은 이것을 어느 정도 실증한 것이다.

이조사회에서 엄격한 가부장제로 변천한 것은 그 시대 지배계층의 유교적 가치관에 따라 정책적으로 그 제도를 확립했으며 이것을 관습화하기 위해 강력한 시책을 펴나갔던 때문이었다. 따라서 이조 후기로 올수록 호적제도는 이것을 더욱 명확하게 반영한 것이다. 그러나 호적제도나 호적상에 나타난 가족구성원의 실태나 가족관계의 형태는 현실적으로 살고 있는 가구들의 실태와는 차이 있는 경우가 많은 것을 지금의 우리 호적과 가구들과의 차이를 기반으로 얼마든지 추측해볼 수 있는 것이다. 특히 이조 후기사회는 15세기 말에 일어난 임진란과 그 이후 계속된 사회경제적 불안이 무토불농지민(無土不農之民)을 대량으로 배출시켰으며, 18, 19세기 중에는 지배층의 착취와 압제에 시달린 상민과 천민들 사이에서 유민들의 수가 더욱 증가되었다는 사실에 비추어볼 때, 가부장제 대가족의 안정된 생활을 누릴 수 있는 계층은 실제로 소수층에 불과했을 것으로 짐작할 수 있다. 이러한 유민들과 가난한 민중들의 가족생활의 관습에서는 가부장제 이외 양계적(兩系的) 또는 기타 다양한 관습과 인식이 계승되어온 것이다. 결혼과 가족생활에 대한 민속자료에서 이것을 엿볼 수 있는 것이다. 최근 관심의 대상으로 논의되고 있는 제주도 가족도 이러한 맥락에서 이해해야 할 것이다. 즉, 변방지대에서 사는 소외계층의 빈궁상태에서 생존을 위해 여자들이 기둥 노릇하는 가족의 변이적 형태로 보아야 한다.

지배층에 의한 제도적 변화는 지배층의 가족생활과 의식을 변화시키는 데는 직접적 영향을 미쳤을 것이며 그들 생활을 지배하는 원리로 작용해온 것이다. 그러나 대다수 가난하고 쫓기는 소외계층의 생활에서는 제도직 원리를 그대로 추종하며 실천할 수 없는 불안하고 궁핍한 사회경제적 상태에 좌우당할 수밖에 없다. 그들이 처한 절박한 상태에서 지배받는 생활의 원리는 생존을 위한 임기응변적인 것이 앞설 수밖에 없다. 그럼에도 불구하고 지금까지 전통사회의 가족연구가 제도적 차원이나 지배계층에 국한됨으로써 일반 민중이나 소외계층의 가족적 삶이 실제로 어떻게 이루어져왔는가에 대한 체계적 연구가 전혀 없는 실정이다. 통계적으로 다수를 차지해왔을 뿐만 아니라 국가사회의 토대(grass-roots)를 이루는 가난한 상민과 천민들의 가족에 대한 연구가 전혀 선행되지 않은 이유에서 한국 가족의 전통적 성격과 형태를 종합적으로 파악하는 것은 아직도 요원한 상태에 있다. 지배계급의 제도적 원리에 입각한 가부장제 모델을 전통가족의 모형으로 기준삼아 현대가족의 변화를 연구한다는 것은, 이론적으로나 실제적으로 얼마나 왜곡되며 단면적인가를 자인하지 않을 수 없는 것이다.

현대가족의 연구에 있어서도 이러한 지배계층 중심의 접근방법에서 크게 벗어나지 못하고 있다. 서양문화와의 접촉과 도시산업화와의 정책으로 현대가족이 가부장제 가치관과 형태에서 얼마나 변하고 있는

가를 파악하고자 하는 입장인 것이다. 모든 연구가 체계적으로 분명하게 전제하든 않든 간에 이조사회의 가부장제적 가족을 전통적 모형으로 인식한 데서 출발했다. 그리고 변화해가는 방향은 서양사회의 핵가족을 모형으로 삼고 있다. 이 모형은 미국이론의 수용으로 주거단위의 가구 구성원이 부부와 미혼자녀로 구성되었으며, 부모가족과는 독립된 단위로서 부부중심의 생활을 하는 가족인 것이다. 그러므로 한국 가족은 전통적인 부계 대가족에서 미국적인 부부중심의 핵가족으로 변하고 있다는 이론적 전제 위에서 통계적 조사를 실시해온 것이다. 그리고 가족내 역할구조나 인간관계가 전통적인 부자관계나 부권중심에서 서양적인 개인주의나 남녀평등의 방향으로 변해간다는 막연한 전제하에서 가족관계를 설명해온 것이다. 따라서 가족관계가 핵가족적으로 분화됨에 따라 노부모와 친척과의 관계가 서양사회처럼 소원해지며 이에 따른 노후생활의 보장이 사회문제로 부각되어 정책적 관심의 대상이 되고 있다. 이러한 대체적인 변화의 과정은 교육정도나 생활정도에 따라 계층적 차이가 어느 정도 나타난다는 것이다. 더욱이 농촌가족 연구에서는 비록 핵가족화의 정도가 통계적으로 볼 때 도시에 비해 느린 편이며, 가족구성원의 역할이 가족적 농업생산에 참여하는 데서 오는 차이가 특히 도시여성과 비교해 뚜렷이 있음을 인정한다 하더라도 가족형태와 그 관계가 점점 핵가족화해간다는 근본입장에는 공통된 것이다. 계층이나 도시와 농촌간에 그 속도와 범위에 어느 정도 차이가 있지만 대체적으로는 핵가족화하는 과정에 있다는 것이다. 한국 가족의 변화가 이러한 면이 없는 것은 아니나 가족연구의 이론적 인식과 접근방법이 이 입장에서 벗어나지 못한 데서 이 분단시대를 살아가는 우리 가족의 다양하고도 특이한 인간적 삶의 양상을 광범위하게 파악하며 깊이 이해할 수 없는 것이다.

근대화에 따른 핵가족의 이론은 서양사회가 세계를 식민지화하는 과정에서 제기된 서양사회 중심의 진화론에 입각한 확산이론(diffusion theory)의 영향에 의한 것이다. 즉, 한국과 같은 '후진사회'가 구미문화와의 접촉과 자본주의를 통한 산업화의 단계에서 필연적으로 경험하는 가족변화와 진화의 현상으로 이해하려는 것이다. 이러한 이론적 접근으로 인해 대부분의 가족연구의 결과는 핵가족화한다는 일반론을 정당화하는 상식적 자료와 지식을 제공한 것에 불과하다. 핵가족화가 마치 필연적이며 기계적으로 변화해가는 하나의 현상으로서 이해되며 사회학적 가족연구는 이것을 뒤좇아 파악하여 객관적 자료로써 이를 실증하는 상태이다.

이 시대 우리 사회는 가족생활을 포함한 사회 전반에 걸쳐 변화를 경험하고 있나. 그러나 변화의 모든 현상이 모두 우리가 원하며 그리고 우리가 모두 인간답게 잘 살 수 있는 바람직한 사회를 위한 발전의 지표가 아니라는 것은 이미 경험하고 있는 사실이다. 즉, 변화의 현상을 연구한다고 해서 모두가 의미있는 연구가 될 수 없다. 변화가 발전을 위한 것이냐 또는 발전에 저항하며 발전을 저해하는 현상이냐, 다시 말해 변화가 인간다운 사회로의 변화이냐, 아니면 비인간화의 현상이냐에 대한 문제의식을 가지고 연구하는 데 의미가 있을 것이다. 따라서 가족연구가 현재 상황이나 실태를 전통적 모델이나 과거의 통계적 자료에 비교하여 그 변화한 정도를 제시하는 것으로 객관적이며 가치중립적인 과학적 연구의 사명을 다한 것처럼 만족해할 수 없는 것이다. 변화의 다양한 현상을 전통사회의 제도나 관습에 비추어 연구한다는 것은 취미위주의 자료수집가들도 할 수 있는 것이 아니겠는가? 가족과 사회의 발전을 위해 현실을 체계있게 객관적으로 분석하며 이해하기 위하여는 우선, 발전적 모델에 관한 이론적 연구가 앞서야 할 것이다.

서양 이론가들이 제시한 핵가족의 이념형은 그들의 근대화 과정에서 결과된 가족형태와 가족관계를 이론화한 것이다. 이것을 마치 모든 산업화된 근대사회의 보편적 가족형태인 양 그리고 이것이 필연적으로 나타날 가족형태인 양 일반화한 데 문제가 있는 것이다. 이것을 한 이론으로 받아들여 산업화 과정에서 나타나는 우리의 가족을 이해하는 데 참고로 삼을 수는 있는 것이다. 그러나 지금까지 우리가 앞으로의 발전적 비전과 이론적 모델을 설정하지 못한 상태에서 서양의 핵가족을 우리가 지향하는 가족의 모델인 양 전제하고 있는 것에 문제가 있는 것이다. 더욱이 발전의 방향이나 모델의 설정이 분명하지 않고 전통에서부터 변화된 현상을 파악하여 설명하는 데 있어서 설명의 가치기준이 애매한 것을 볼 수 있다. 한국 가치관 연구를 주도해온 홍승직 교수의 설명에서 이 점을 단적으로 엿볼 수 있다. 그는 다음과 같이 설명한다.

> ……농민의 복(福)에 대한 관념을 보더라도 돈을 버는 것은 가정의 화목과 자식에 관한 조항보다 그 중요성이 낮게 나타나고 있다. 장기적인 안목으로 볼 때 이러한 정신상태가 국민을 지속적으로 지배하면, 자유경쟁과 개인주의와 실리주의가 강력하게 작용하는 현대사회에 있어서는 건전한 한국의 발전에 저해요인이 될 수도 있을 것이다.[1]

이 설명에 의하면 농민들 사이에서 가정의 화목이나 자식을 더욱 중요시하는 가족주의적 가치관이 돈을 버는 것을 중요시하는 가치관보다 '건전한 한국의 발전'을 저해하는 요인이 되는 것이다. 홍승직 씨가 전망하는 앞으로의 사회는 자유경쟁에 입각한 개인주의와 실리주의가 지배하는 사회이며 이 방향으로의 발전이 건전한 한국의 발전이라고 보는 것이다. 이러한 그의 주장에 대해 동조할 사람들이 사실 어느 정도가 될지 알 수 없다.

---

1 홍승직, 「가치관 연구」, 『한국사회론』, 한국사회과학연구소 편(민음사, 1980), p.84.

근년에는 한국사회가 자본주의 경제의 발달로 가족생활이나 사회생활에 있어서 실리적이며 물질적인 이기주의에 지배받는 데 대한 위기의식을 갖기에 이르렀다. 이 현상이 구미 민주주의를 모방한 데서 얻은 결과인 양 민주화를 요구하는 것조차 경계하기에 이르렀다. 구미 민주주의가 이기적인 개인주의를 조장한 것으로 받아들여 한국 가족의 핵가족화를 비난하며, 따라서 충효와 같은 전통적 가치관과 한국적 '미풍양속'을 앞세우려는 경향으로 가부장제 가족주의가 이데올로기화했다. 이것은 보편적 가치관을 지향하는 현대 사회발전에 큰 혼란을 야기시키고 있는 것이다. 인류가 보편적으로 지향해야 할 민주주의 가치관이나 이에 지배를 받는 가족 및 사회구조의 형태가 자본주의 발전을 통해 근대화한 미국사회의 민주주의와 반드시 일치될 수는 없는 것이다. 역시 한국사회가 지향해야 할 민주화의 방향과 민주화한 가족의 모형을 자본주의를 통한 산업화에서 발생하는 비인간적인 측면과 요소에서 분리시켜 연구해야 할 것이며 이것이 우리의 이론적인 연구의 한 과제가 되는 것이다.

또한 지금까지의 가족연구가 가구단위의 미시적 차원에서 파악한 데서 가족형태나 가족관계의 변화하는 과정에서 부각되고 있는 모순과 문제점들을 이해하고 설명하는 데 혼란을 겪고 있다. 연구가 자신들이 이 분단시대의 사회구조와의 관련성에서 가족을 이해하려는 역사적 인식이 없어서 현실을 파악하는 데 단면적이며 피상적일 뿐만 아니라 파악된 사실을 설명하는 데도 애매하고 혼란스런 결과를 나타내고 있다. 이것을 다음 인용문에서 살펴보고자 한다.

> ……한국 가족은 유형상 직계가족과 부부가족 두 개가 존재하고 통계상 부부가족이 3 분의 2 정도를 점유하지만 부부가족도 장차는 직계가족이 될 잠재력을 갖고 있기 때문에 한국 가족은 성격상 직계가

족이라 할 수 있다……

가족이 근대화 및 산업화를 겪으면서 소수가족화, 부부중심가족화를 했고 고립화를 했다. 그리고 가장권, 주부권 들이 약화되는 특색을 보였다.

이러한 형태적 변화에도 불구하고 가족의 기능은 근대사회에서도 같은 것이다. 가족의 외형적 변화를 초래케 한 사회는 여전히 무거운 짐을 그것도 소형화한 한 가족에게 부과시키고 있다……

근대화가 보다 진전되고 보다 많은 시간이 경과하면……따라서 우리의 가족도 서구의 가족과 같이 부부중심가족, 핵가족이 될 것이라 생각할 수 있고 실제 그렇게 생각하는 사람이 많다. 그러나……조상숭배를 생각하고 이에 따라 직계가족의 사고방식을 버리지 않을 것이며, 근대화가 어떻게 진전되더라도 거기에 따른 직계가족적 유형제도가 생길 것이다.[2]

이에 의하면 한국 가족의 유형은 부부중심의 2대 가족과 부자중심의 직계가족의 두 개인데 통계적으로는 전자가 3 분의 2 이상을 차지하고 있다. 그러나 부부중심가족도 직계가족이 될 '잠재력'을 갖고 있기 때문에 한국 가족은 성격상 직계가족이라는 것이다. 이러한 결론에도 불구하고 다시 그는 핵가족의 문제를 염려한다. 즉, 근대화 및 산업화가 서구식 핵가족을 초래할 것이며 복지제도의 확립이 없는 한국사회가 소가족에게 여전히 무거운 짐을 부과시키고 있다는 것이다. 이렇게 핵가족이 직면한 문제를 염려하는 한편 '직계가족적 사고방식'을 한국사람들은 버리지 않기 때문에, 근대화의 진전에도 불구하고 거기에

2 이광규, 『전통적 가족구조와 변화』, p.136 및 p.149.

따른 '직계가족적 유형제도'가 생겨날 것이라고 낙관한다. 그가 보는 한국적 직계가족이란 핵가족이 지니는 문제를 앞으로도 쉽사리 극복할 수 있다고 생각하기 때문에 낙관하는 것인지 알 수 없다. 더욱이 앞으로는 근대화에 따르는 '직계가족적 유형제도'가 자연적으로 발생할 것인 양 안이하게 전망하는데, 이 제도나 유형이 가부장적인 전통형인가 또는 어떠한 변형을 예상하는 것인지 분명치 않다. 만일 변형이라면 어떤 모형이 가능할 수 있는지 또는 바람직한 모형인지 등에 관하여는 아직도 시사하는 바가 없다. 점점 심각해지고 복잡해지는 가족관계와 생활의 문제를 이렇게 애매하게 설명하고 보면, 가족의 실태를 객관적으로 파악하는 데 있어서나 가족의 발전을 위한 연구에 있어서나 별 도움이 없이 오히려 많은 혼란을 야기시키고 있는 것이다.

한국 가족연구가 전통적 가족의 원형이나 제도를 연구하여 이것이 사회변화에 따르는 인간적 요구에도 불구하고 그 원형대로 지속할 것이라는 주장에 만족하며 머물 수 없다. 가부장제도나 전통적 가족의식 및 가치관이 우리가 살아가는 현시대에 있어서, 분단으로 인한 인구의 대이동과 급격한 산업화로 인한 사회이동 속에서 생존을 지속하며 인간답게 살아보고자 갈망하는 가족생활에 기능적으로 또는 역기능적으로 작용하는가를 규명해야 할 것이다. 급격한 변화와 불안한 사회상태에서 가족이 전통적 형태로 지속해가고 있느냐 그렇지 않느냐를 규명하는 것만이 의미 있는 연구가 될 수 없다. 오히려 급변하는 사회의 불안한 상황에 대처하며 살아가는 민중들의 다양한 가족형태 및 의식의 양상을 파악하여 전통적 제도와 의식이 가족의 인간적 유대를 결속시키는 데 어떤 측면에서 기능적이며, 어떤 측면에서 역기능적인가를 분석해보아야 할 것이다. 더욱이 가족의 인간적 요구를 변화하는 상황에서 충족시키려는 데 있어 전통적 가치관이나 인간관계가 어느 정도 유용하게 작용하느냐 또는 저해적 요인으로 작용하느냐 등을 규명할 수 있어야 한다. 즉, 한국 가족의 진정한 발전을 위해 전통적 요인의 어느 측면을 우리는 앞으로 극복해야 하며 어느 측면을 지속시켜야 하는가를 규명할 수 있어야 한다. 이것은 우리 가족생활에 있어 현저하게 변하고 있는 여성들의 역할이 가족연구에서 문제시되어야 하며 그들의 인간화를 요구하는 갈망이 앞으로의 한국 가족의 발전과 직결되어야 하기 때문이다. 한국사회의 민주화와 산업화의 혜택이 남녀를 위해 가족의 진정한 발전으로 결과되어야 함을 말한다.

3. 민족이동과 가족

한국사회의 보수적 성격은 가부장제도를 법적으로 존속시키며 남권중심의 사회윤리를 조장하고 있다. 그럼에도 불구하고 분단으로 인한 인구의 대이동과 분단하의 산업화정책이 광범위한 사회이동을 촉진시킴으로써 이 시대의 가족생활에 많은 변화를 초래했다. 특히 분단은 '분단가족', '분단오입' 또는 '분단과부'라는 어휘들이 시사하는 바와 같이 직접적으로 피해를 당한 가족들의 문제가 가족연구에서 외면당하고 있다. 이들의 말 못할 결혼생활의 복잡한 문제나 가족적 재결합을 갈망하는 깊은 한이 이 시대의 문학의 중요한 소재가 되어 소설에 반영되고 있다. 이러한 가족문제가 언젠가는 체계적으로 파악되어야겠지만 분단사회가 일반 가족에 미친 영향을 역사적 및 사회구조적 인식에서 접근해야 함은 가족사회학의 1차적 과제가 아닐 수 없다.

이 분단사회에 있어서 한국 가족이 동족이나 지역공동체에서 뿌리가 뽑히고 불안하게 떠돌아다니는 핵가족 또는 결손가족의 사회이동적 현상은 산업화에만 관련시켜 설명될 수 없다. 더 근본적 원인으로서 규명돼야 하는 것이다. 이 시대에 우리가 겪는 격심한 이동의 역사적인 기원은 일제 식민지화를 전후한 이조 후기까지 거슬러 올라가야겠지만 더 직접적인 역사적 사실은 일제에서의 해방, 그리고 분단과 6·25 동란인 것이다. 이 시기를 통하여 일어난 민족의 대이동이 어느 정도이며 그리고 그 후 1950년대를 통하여 계속된 인구이동의 격심한 현상이 어느 정도인가를 이해하기 위하여 인구통계를 인용해보고자 한다.

해방과 분단으로 인해 결과된 인구의 이동을 권태환 씨의 추계에 의하면 총 260만이 남한으로 이입해왔다는 것이다. 이 중에서 140만은 일본과 만주 등 외지에서, 120만은 북한에서 월남한 것이다. 이들은 그 당시 전체 인구의 14%를 차지하며, 1945년에서 49년 사이의 인구증가의 60%를 이루었다는 것이다. 그리고 이들의 대부분이 도시지역에 집중함으로써 한국의 급격한 도시화는 사실상 이때부터 시작된 것이다.[3] 이러한 인구이동이 1950년대를 통하여 계속 한국 도시화에 미친 영향을 유의영 씨의 통계분석을 통해 더욱 자세히 고찰할 수 있다.

> 월남민과 만주로부터의 귀환민은 대부분이 서울과 경기도 지역에 정착했다. 결과적으로 서울의 인구는 급성장하여 해방 직전(1944), 82만 5천 명에서 49년에는 143만 8천 명으로 5년 사이 74%가 증가했다. 일본에서 돌아온 귀환민의 대다수가 영남 및 호남지방에 정착했는데 그 결과 1944년과 46년 사이에 경상남북도의 인구증가는 전국에서 가장 높은 비율을 보였고, 전라남북도는 그다음으로 높은 성장률을 보였다.[4]

이렇게 외지에서의 귀환동포와 월남한 인구들은 서울지역 및 영·

---

3 권태환, 「인구성장의 추세와 요인」, 『한국사회 : 인구와 발전』(제1권, 인구·경제), pp.23~24.

4 유의영, 「인구이동과 도시화」, 『한국사회』(제1권, 인구·경제), pp.90~91.

호남지역의 인구를 급증시켰으며 특히 1946년과 49년 사이에 서울, 인천, 대전, 광주 등의 대행정도시의 인구를 크게 성장시킨 결과를 초래했다는 것이다.[5] 이때 시작된 인구이동의 추세는 6·25 동란으로 더욱 큰 충격을 받아 1950년대를 통해 계속적인 이동현상을 나타낸다. 다시 유의영 씨의 분석에 의하면 다음과 같다.

> 1950~55년간은 6·25 동란으로 인한 피난민의 대이동으로 특징지워진다……결과적으로 한국의 도시인구는 1949년과 55년 사이에 325만 3천 명에서 458만 2천 명으로 105만 9천 명이나 증가했는데 이는 같은 기간 동안 전체 인구증가의 79%에 해당하는 것이다.[6]

6·25 동란은 이렇게 피난민들로 인해 한국의 도시인구를 증가시키는 데 크게 작용한 것이다. 그리고 전쟁은 피난민들로 인한 인구증가를 가져오는 것에 한정하지 않았다. 전쟁 이후 60년까지 발생한 인구의 자연증가율이 기록적 추세로 나타나 "연평균 2.9%의 성장률로……1955년의 2,150만 2천 명에서 60년의 2,498만 9천 명"[7]으로 급성장했다는 것이다. 이러한 피난민과 자연증가에 의한 인구성장을 한편으로 하고 1955~60년 동안 농촌지역에서도 광범위한 이농현상이 시작되었음을 다음 글에서 이해할 수 있다.

> 이때에 한국의 농촌지역은 경기도와 강원도의 일부 지역을 제외하고는 대부분 심한 인구 이출현상을 보이고 있는데, 특히 경상도와 전라도 지방에서 더 심한 것으로 나타나고 있다. 이미 포화상태에 이른

---

5 위의 책, p.92.

6 위의 책, p.92.

7 위의 책, p.93.

> 한국의 농촌은 6·25 동란 이후 기록적으로 증가하는 인구를 더 이상 포용할 수 없었다. 또한, 전쟁의 피해로 그 기능을 상실한 지방의 중소 도시들은 이농민을 받아들일 여지가 없었고, 자체의 인구도 부양할 수 없었다. 따라서 농촌지역과 지방도시를 떠난 많은 사람들은 막노동, 품팔이, 서비스업 등의 고용기회를 찾아 대행정도시, 미군부대 주둔지, 또는 관광지대로 몰려든 것이다. 한국동란 이후 1960년까지의 도시화는 도시산업의 발달에 따르는 '끌어들이는 힘'에 의한 것이 아니라 농촌지역과 중심도시의 인구과밀, 어려운 생활여건으로 초래된 '밀어내는 힘'에 의한 것이었다.[8]

사실상 분단으로 시작된 인구의 대이동은 피난민과 귀환동포들의 도시집중으로 한정되지 않고 피폐된 농민들의 이농현상으로 계속되어 1960년대에 시작된 산업화정책을 더욱 촉구하게 된 원인이 되었다.

이러한 통계적 현상의 이면에 숨겨지고 아직도 파헤쳐지지 않은 가족적 삶의 처절한 수난의 경험들은 이 시대 가족연구가 접근하지 못한 미개척분야로 남아 있는 것이다. 그리고 이것이 체계적으로 파악되기까지는 한국 가족이 지닌 문제들을 제대로 이해할 수 없을 것이다. 민족분단과 분열로 강요당한 가족들의 대이동은 여러 가지 형태로 그들의 생존을 위협했으며, 공동체적 삶의 기반을 뿌리째 흔들어놓아 불안과 공포의 경험을 무의식의 단계에까지 심화시킨 것이다. 지금 한국 가족연구가 이러한 측면을 고려하지 않은 채, 가족의 변화를 단순히 전통적 관습과 관련시켜 분석하며 이해한다는 것은 너무 제한되고 피상적인 접근이 아니겠는가? 이동의 불안한 과정에서 생존을 위해 가족적으로 노력하는 이들의 경험에 전통적 의식이나 제도적 규제가 어떻게

8 위의 책, pp.94~95.

작용하며 기능했는가를 오히려 문제삼아야 할 것이다. 전통적인 가족 유대의 의식이 가족의 분산과 파괴를 극복하는 데 중요한 기능을 했을 가능성도 있으며 다른 한편, 부계혈통 중심의 제도적 규범이 생존을 위한 삶의 노력에 역기능으로 작용할 가능성도 많았을 것이다. 그럼에도 불구하고 1950년대 말에 실시한 도시가족의 통계적 연구는 전혀 이러한 문제점에 둔감했다.

한국의 도시가족을 가족사회학적인 입장에서 연구하기 시작한 것은 1959년 실시한 「서울시 가족의 사회학적 고찰」이 첫 효시를 이루고 있다. 이 연구는 필자가 주동이 되어 그 당시 사회학계에 종사한 몇 분 교수들의 도움으로 계획하고 실시한 것이었다. 이 당시 필자는 장기간의 미국유학을 마치고 귀국한 직후여서 분단과 전쟁으로 당한 수난과 고통의 직접적 경험이 결여되어 있었다. 관념적으로는 알고 있었지만 경험을 갖지 못했다. 더욱이 가족의 실태를 연구하는 입장이 미국사회학의 깊은 영향으로 한국의 역사적이며 구체적인 사회현실을 접근하는 데 주체적 의식이 결여되어 있었다. 따라서 가족연구를 단순히 가족구성형태·결혼관·자녀관의 측면에서 고찰했다. 그리고 이것이 전통적 형태와 관습적 인식에서 어느 정도 근대화하고 있는가를 파악하려는 문제의식에 사로잡혀 있었다. 그 연구의 결과 필자는 서울의 가족이 비교적 전통적 성격에 머물러 있다는 점에 의아했으며 이것이 한국인의 보수성에 기인한 것으로만 해석했을 뿐이다. 그들이 경험한 처절한 공포, 불안 및 사회적 혼란 등이 그들을 더욱 보수적으로 경화시킬 수 있는 가능성에 대하여는 미처 인식하지 못했다.

그리고 표본추출을 하는 데 있어서도 월남한 피난민이나 이농민들을 모집단에서 제외시킬 가능성이 많은 비교적 안정된 가족이 정착해서 사는 주택지역민을 선정했던 것이었다. 이 가족들은 특히 1960년대를 통해 가족연구가 주로 접근한 중류가족의 표본에서는 제외되었을 것이다. 1971년도에 실시한 빈민지역의 가족조사에서 특히 인천 지역의 표본에서 추출된 빈민가족 중에서 북한 출신의 가구수가 36%를 차지함을 발견했다. 이것은 월남한 가족들의 많은 비율이 빈민가에 정착했음을 암시하는 것이며, 이에서 일부는 상승이동으로 그 지역을 벗어났겠지만 그렇지 못한 가족의 비율도 이처럼 높은 것을 알 수 있다. 이러한 통계적 발견에도 불구하고 가족과 결혼생활을 연구하는 데 있어 분단의 직접적인 피해자들로서의 분단가족·월남가족의 문제를 분석적인 개념으로 파악하지 못하고 지금껏 도외시해온 것이다.

우리에게 어느 정도의 사회학적 상상력이나 이론적 통찰력이 있다면, 분단가족의 가족구성이나 결혼이 비분단가족의 것과 동일하게 나타났다고 하더라도 그 이면에는 다른 경험이 작용하고 있음을 통찰할 수 있었을 것이다. 즉, 분단으로 인한 재혼이나 새 가족의 형성, 인척이나 고향 친지들간에 서로 이해할 수 있는 처지로서 기혼자들끼리 재혼하는 경우 등을 추리해볼 수 있다. 더욱이 시부모 형제와 동거하는 전통적 가족관념에 얽매이지 않고 필요에 의하여 처가친적이나 비혈족의 의형제 자매들이 동거하는 가족형태 등 생존을 위해 가족을 구성하며 공동체적으로 살아가는 경우가 많은 것이다. 이러한 월남가족들의 이 시대적인 체험과 삶의 형태는 '분단시대의 문학'을 특징지우는 소재들로서 중요시되고 있다.[9] 1945년 이후 1950년대의 월남민들이 정착하는 과정에서 경험하는 그 시대적 삶을 반영하는 대표적 작품들로서 이호철 씨의 『나상』(裸像), 『탈향』 및 『소시민』, 황석영 씨의 『한씨 연대기』, 그리고 정을병 씨의 『분단기』 등을 지적하고 있다. 이 작품들은 특히 월남한 피난민들이 "낯선 땅에서 뿌리를 내뻗으려는" 재정착의 과

9 김윤식·김현, 「제5장 제1절 민족이동과 민족 재편성의 의미」, 『한국문화사』(민음사, 1981).

정과 분단가족의 쓰라린 아픔을 반영한 것이라고 한다.

분단과 동란으로 인한 가족의 수난은 비단 분단가족에 국한되지 않는다. 이데올로기의 대립과 정치적 혼란에 기인한 다양한 원인으로 경험한 수난이 더욱 많은 가족들의 깊은 비밀로 숨겨져 있기도 한다. 1970년대를 통해 발표된 젊은 작가들의 작품 중 특히 윤흥길 씨의 『장마』나 『무지개는 언제 뜨는가』, 이정환 씨의 단편 「부르는 소리」, 그리고 김원일 씨의 『노을』 등의 소설은 이데올로기 대립으로 피해당한 한 가족이 안고 있는 한을 예리하게 형상화시키고 있는 데서 가족연구의 좋은 자료가 될 수 있을 것이다. 이 민족수난기를 통해 가족들이 경험한 이별의 충격, 불안과 공포 등은 세월이 경과한다고 해서 쉽사리 망각될 수 있는 것이 아니다. 가족의 집단적 무의식으로 자리잡힌 가운데 때로는 병리적 요인으로 작용할 수 있을 것이다. 이것은 1980년에 발표한 박완서 씨의 자전적 소설 『엄마의 말뚝』에서 잘 대표되고 있다. 사상적 대립에서 애매하게 겪은 한 가족의 수난이 얼마나 깊은 상처를 남겨 한 가족의 삶에 심리적으로 어떻게 작용하고 있는가를 밝힌 소설이다. 이 분단사회의 가족연구에 있어서 분단으로 결과된 여러 가지 상황으로 가족들이 당한 피해나 피해의식을 분석적으로 파악하지 않고서는 한국 가족이 안고 있는 문제와 의식상태를 이해할 수 없을 것이다. 자녀들에 대한 지나친 기대와 불안이 부모와 자녀간의 세대갈등으로 폭발하기도 하며, 이 땅에 뿌리를 박고 영구히 살겠다는 안정감보다는 외국으로만 자녀들을 빼돌리거나 궁극적으로 가족이민을 갈망하는 해외도피의식 등이 이 시대적 현상이 아니겠는가? 이 땅에서 산다는 것을 해외로 도피하기 위한 발판으로 삼아 불안 속에서 살아가는 심리가 지배하고 있다. 이러한 불안의식은 비단 '분단가족'에 한한 것만이 아니며 계급의 상하나 교육정도의 고저를 막론하고 대다수 가족의 공통된 현상인 것이다. 사실상 1960~70년대의 경제성장을 통해 나타난 가족들의 상승이동의 강력한 욕구와 인력수출 및 해외유학을 통해 해외로 전출한 인구의 급증 등은 단순히 가난을 극복하고자 하는 의욕에서 기인되었다고만 해석할 수 있을 것인가? 이것은 분단사회에서 심화되는 불안과 공포에서 탈피하며 이에서 받는 억압된 상태를 극복하려는 노력의 일시적 수단으로 이해되어져야 할 것이다.

1950년대를 통한 인구이동이 이렇게 민족의 수난에 기인함으로써 우리 가족에 미친 피해적 영향이 심화되어져 있는 한편 1960년대와 그 이후에 계속된 인구이동은 산업화가 더욱 직접적인 원인인 것이다. 그러나 산업화를 촉진시킨 정책도 분단으로 인해 한국적 특수성을 띠게 됨을 간과할 수 없는 것이다. 원래 국토는 자연적인 지역조건에 따라 남북간에 산업의 시역적 분업화를 동하여 국가경세의 상호보완적 동일성을 이룰 수 있었으나 일제 식민정책은 남부지역을 농업중심으로, 북부지역을 중공업중심으로 하여 불균형을 촉진시키더니, 1945년 이후 분단의 영구화로 인하여 남북한이 단절됨으로써 남한에 있어서 산업화의 정책에 박차를 가하지 않을 수 없었다. 더욱이 남북대결 상태에서 경제적인 경쟁의식을 띠게 되어 한국이 경제적 우위를 차지해야 한다는 데서 산업화를 더욱 급격하게 강력히 추진시켜온 것이다. 이러한 산업화과정에서 발생한 이농민들의 대량이동과 도시가 급격하게 비대해짐에 따르는 주거 및 취업문제 등은 대다수 이농민들의 가족생활을 불안과 빈궁상태로 몰아넣어 비인간적인 삶의 조건에서 허덕이게 했다. 특히 산업화과정에서 발생한 도시근로계층의 증가와 이 계층을 충당해온 이농민들의 도시로의 이동과 정착의 과정에서 겪는 가족적 및 개인적 삶의 경험들이 얼마나 처절한가는 1970년대 여러 소설들이 잘 반영하고 있는 것이다. 이 문학작품들은 앞으로 이 계층의 가족들을 체계적으로 연구하는 데 도움되는 예비지식과 좋은 자료의 원천이 될 수 있을 것이다.

4. 사회이동과 가족

1960~70년대를 통하여 산업화에 따른 이농민들의 도시이동의 경험은 또한 1950년대를 통한 피난민들의 생활상의 연장으로도 볼 수 있을 것이다. 부모, 친척 및 동족의 지역적 유대에서 벗어나 도시빈민지대, 무허가주택, 공장지대 등으로 이주하여 가족적 또는 개인적 삶을 시작한 것으로 짐작할 수 있다. 이들은 주로 계절적이며 가족적인 농업에서 여러 가지 형태의 생업으로 적용해나가야 한다. 즉, 고용상태의 공장노동을 위시해 단순한 날품팔이노동, 행상 및 기타 여러 가지 저임금의 서비스직으로 전환할 뿐 아니라 여러 일자리를 이동해 다니는 불안상태 속에서 살아간다. 주거와 생업의 안정 없이 임기응변적으로 살아가는 대부분의 근로층 가족들의 삶은 생존을 위한 원리에 좌우될 수밖에 없는 것이다. 따라서 가족사회학에서는 생존이 위협당하는 상태에서 살아가는 이들의 가족적 구성이나 공동체적 유대 또는 결혼 및 친족관계에 대한 의식상태가 어떠한 현상을 나타내는지 먼저 파악하여야 한다. 이러한 현상이 어느 정도로 비인간적 삶을 강요하고 있는가에 비판적으로 접근해야 한다. 지배적인 제도의 원리나 전통적인 성윤리와 도덕적 가치관의 입장에서 어느 정도 변화하고 있는가 또는 이탈되고 있는가를 문제 삼는 입장에서만이 접근될 수 없다. 민주사회로서 그들의 기본권리가 보장을 받아 가족생활의 안정을 누리지 못하는 상태에서 그들의 다양한 삶의 형태는 생존을 위해 강요당한 상태인 것이다. 결혼생활을 예로 들 때, 약혼이나 결혼식을 거치지 않고 편의에 따라 동거생활에서 시작하여 사실혼에 머무는 경우가 허다하다. 이로 인해 시부모와의 관계, 결혼관계 또는 이에서 출생하는 자녀들과의 관계는 여러 가지로 불안정한 요인을 지니게 되며 따라서 가족유대의 기반이 약화되지 않을 수 없다. 그리고 빈민가족을 소재로 한 문학작품 등에서 나

타나는 가족형태로서 반드시 제도적 결혼이나 혈연적 관계에 기반하지 않은 공동체적 삶의 형태를 볼 수 있다. 부모 없는 고아들이나 독신으로 이주해온 청소년들 중에서 의형제로서 또는 과부 아주머니나 할머니와 모자관계를 맺어 가족적으로 살아가는 경우를 흔히 볼 수 있다.

이러한 가족형태는 어느 시대를 막론하고 권력이나 지배층의 압박으로 쫓겨다니며 소외당하는 민중들의 삶의 형태로서 나타날 수 있는 현상인 것이다. 더욱이 지금까지의 가족연구가 소가구 단위를 분석의 대상으로 삼아 가족내적 문제에만 초점을 두어왔다. 이러한 접근방법은 독립주택을 지니고 사는 중류층 이상에는 해당될 수 있겠지만, 지역적으로 공동생활의 형태를 영위하는 빈민가족들의 실태는 충분히 파악될 수 없다. 몇 평의 판자집이나 한 간의 셋방살이가 밀집해 있는 지역에서는 공간적으로나 의식상태에 있어서 각 가구가 독립된 단위로 살 수 없다. 생활공간이 마당, 상하수도, 변소 및 심지어 부엌까지도 공동시설을 협동적으로 이용하는 데서 중류가족과는 다른 성격을 띠게 된다. 비록 한솥에 밥을 같이 끓여먹거나 가계를 공동으로 하지 않는다 하더라도 좁은 공간에서의 이웃간의 접촉과 인간관계는 중류와는 다른 가족생활의 측면을 지닐 수밖에 없다.

그리고 이 시대 가족변화의 연구는 또한 산업화에 따르는 직업의 다양화와 관련시켜 분석되어야 할 것이다. 한국 가족을 단순히 농촌과 도시 또는 교육이나 생활정도의 차이에 기반하여 상·중·하의 계층만으로 구분해 고찰한다는 것은 가족변화의 다양성과 특히 생업과 관련된 가족의 인간적 삶의 형태를 충분히 이해하기 어려운 것이다. 중류층의 가족도 직업의 성격에 따라 계층화될 수 있을 것이다. 경영직, 전문직, 자영업, 사무직 등의 직업형태에 따라 가족의 의식상태, 가치관, 결혼관계 및 부모자녀 관계에 차이 있는 경향이 나타날 것이다. 더욱이 일반 서민층의 생활상태는 농촌사회의 가족단위의 농업에 종사하는 집단, 날품팔이의 농업노동, 광부가족, 어민가족 등으로 분류하여 생산활동의 입장에서 접근되어야 할 것이다. 그리고 도시가족들은 미숙련노동자계층, 기술노동자가족, 영세상인, 서비스직 종사자 등의 생업의 형태와 관련지어 파악되어져야 할 것이다. 가족의 생계를 위한 경제활동이 농수산업과 같은 1차산업에 속하느냐, 서비스업이나 공업에 속하느냐에도 차이가 있겠지만, 이것이 가족단위의 생산형태인가, 가족적인 자영업이냐 또는 개별적인 피고용상태인가에 따라서 가족의 구성형태, 가족관계 및 가치관 등 여러 측면에서 차이를 나타낼 것이다. 특히 부부관계에 있어서, 농업에 종사하는 가족과 부부간에 역할분담이 직장과 가정으로 분리된 고용상태의 가족간에 차이가 있으리라는 것은 쉽게 짐작할 수 있다. 더욱이 미숙련의 노동자가족으로 남편의 취업이 불안하거나 40~50대에서 실직당하기 쉬운 처지에 있는 빈민가족의 경우, 부인들의 가정경제를 위한 가외노동이 정상적일 수밖에 없을 것이다. 생계를 위한 부인들의 경제활동은 남편과의 결혼생활에 영향을 미칠 뿐만 아니라, 자녀들과의 관계에 있어서도 아버지로서 그리고 어머니로서의 지위와 역할에 있어 파슨즈(Parsons)가 제시한 가족의 역할구조에 관한 이론으로서는 도저히 분석적인 연구를 할 수 없는 것이다. 즉, 파슨즈의 가족에 관한 역할구조론은 부부간의 역할분담이 뚜렷한 일부 중류가족에 국한시켜 적용될 수 있는 이론이기도 하다. 이처럼 가족의 생계를 위한 경제활동은 농촌과 도시에서 다양한 형태를 나타내며 이에 따라 가족구조의 기능이 다양화되어지고 있는 것이다.

산업화에 따르는 계층화는 가족의 사회이동을 촉진시키지만 이것이 생활정도의 평준화를 보장하지 않는다. 사회체제의 민주화로서 평등화를 이룩하거나 사회보장제도를 확립하기까지는 경제성장은 빈부의 격차를 심화시키는 경향을 가져왔다. 따라서 농업에서 도시직업으로, 그리고 각종 직업간의 직업이동을 통한 가족의 사회이동을 초래했지만 소수 부유층을 제외한 대다수 가족은 공동체적 삶의 기반이 핵가족화에 따라 기본적으로 불안하다. 즉, 이 분단시대를 살아가는 가족생활은 분단으로 위협받는 것뿐만이 아니라 사회경제적 불평등의 심화로 불안을 겪고 있는 것이다.

산업화로 인한 사회이동이 이 시대의 가족변화에 미치는 영향을 이 농민들의 지역적 및 직업적 이동에 따르는 불안상태의 측면에서 고찰해야 하는 한편, 급증한 남녀 독신자들의 가족관계와 특히 근로여성들의 지위와 관련시켜 고찰할 필요가 있음을 또한 강조한다. 1960~70년대를 통하여 농촌에서 전출해온 인구이동의 대다수는 남녀 젊은층임은 이미 다 아는 사실이다. 그중에서도 10대와 20세를 전후한 젊은 여자들의 비중은 상당히 주목할 만한 것이다. 유의영 씨가 분석한 자료를 인용한 다음 글에서 그 정도가 더욱 명확하게 제시되고 있다.

> 이동인구의 특징 중에 시대와 공간을 초월해서 가장 뚜렷하게 나타나는 현상은 20~30세를 전후한 젊은이들이 그 주류가 되고 있는 사실이다.
>
> 우리나라의 경우 인구 센서스 자료를 분석해보면 15세에서 29세 사이의 연령층이 가장 이동이 심한 것으로 나타나 있다. 15~29세의 연령층은 1970년 현재 도시인구의 36%를 차지하고 있는데, 1960~70년 사이에 농촌에서 도시로 이동한 인구 중의 50%, 그리고 도시에서 도시로 이동한 인구 중에는 48%를 차지하고 있다. 또 농촌인구 중 20~34세의 연령층이 점하는 비율은 22% 뿐인데, 도시로부터 농촌으로 이동하는 인구 중 같은 연령층이 차지하는 비율은 42%나 되고 있다. 즉, 이동의 방향이 도시이든 또는 농촌이든, 그 주류는 20대와 30대를 전후한 젊은 사람들로 형성되어 있다……농촌에서 서울로 이동하는 인구는 모든 이동형태 중에서 가장 나이가 어린층으로 구성되어

있는데, 15~19세의 연령층이 이의 22%나 차지하고 있다.

……우리나라의 경우는 남자들보다 여자들의 이동이 더 활발한 것으로 나타난다……여자들의 비율이 제일 높게 나타나는 것은……농촌에서 서울로 이동한 인구의 성비는 여자 100명 당 남자 81명이었다. 그리고 정착지가 어디이든 일단 군을 떠나는 이동인구는 특히 여자들이 지배적이다.[10]

도시화에 있어서 이동하는 인구의 큰 비율이 남녀 독신자계층이라는 사실은 농촌가족의 전통적 의식이나 가부장제 관계를 약화시키는데 크게 작용하는 변수로 고려될 수 있다. 그들의 남녀관계 및 결혼이 부모나 친족의 통제를 벗어나며 부부중심의 핵가족 단위로서 살아가는 데서 전통적인 생활방식보다 도시의 소비생활양식을 쉽게 받아들일 수 있는 것이다. 그러나 이 농촌 출신의 젊은 층은 농촌의 가부장적 권위나 낙후된 문화생활에서의 해방을 위해 도피해오는 면도 있지만, 가난한 부모들의 삶을 극복하여 가족적으로 한번 잘살아보겠다는 한이 강하게 작용하는 면이 많다. 그런 데서 그들의 경제적 자립이나 성공이 부모 친척과의 관계를 단절하는 독립으로 이어지지 않는 것이다. 직업이 안정되지 않거나 경제적으로 여유가 없어 가난한 부모 형제를 돕지 못하는 자녀들의 경우, 또는 다른 이유로 부모와의 관계를 끊고 지낸다 하더라도 가족적 유대를 유지하지 못하는 데 대한 죄책감이 한으로 심화될 수 있는 것이다. 이들의 가족의식은 가난을 극복하지 못한 상태에서 더욱 강하게 억압당하고 있어 일단 경제적으로 성공하면 전통적인 제도적 가치나 규범을 실천하려는 경향을 볼 수 있다. 사실상 이농하는 청년층의 결혼과 가족생활은 지역적으로나 사회경제적으로 정착

10 유의영, 앞의 책, pp.118~120.

하는 과정에서 생존이 위협당하는 상태에 있기 때문에 일단 사회적 상승이동으로 어느 정도 안정된 상태에서 나타나는 가족의식과의 관계에는 차이가 있을 것으로 짐작된다. 생활이 생존을 위해 임기응변적으로 적응하는 과정에서 강요당하는 비인간적 생활상태에서 벗어나 생활의 여유를 가지게 되면, 지배층의 생활양식을 (전통적 의미로나 근대적 의미에 있어서) 뒤좇아 모방하며 추종하려는 경향이 있음을 이해해야 할 것이다. 이런 점에서 이농가족의 전통성이나 혹은 근대적인 핵가족적 성격을 직선적으로 생각하여 접근한다면 이러한 복잡한 양상을 파악할 수 없을 것이다.

또한 산업화에 따르는 가족의 변화를 근로여성들의 입장에서 고찰하지 않을 수 없는 것이다. 앞서 통계적 분석에서 본 바와 같이 10대와 20세 전후한 젊은 여성들의 도시로의 이동은 결국 그들이 산업노동력으로 참가한 결과에서 발생한 것이다. 여성의 취업률이 1960년대 이래 각 산업분야에서 모두 크게 증가했지만 제조업 분야의 취업률에서 더욱 뚜렷하게 높다. 이 분야 취업인구 중 여자들이 41.9%를 차지하는 것으로 나타나고 있으며 이들은 거의 다 미혼의 젊은 여성층으로 구성되어 있는 것이다.[11]

이들의 노동조건 및 환경은 이미 알려진 바와 같이 열악한 상태이며, 특히 그들은 여자이기 때문에 당하는 비인간적 대우와 차별이 심하다는 것도 일반화된 현상이다. 이들은 그럼에도 불구하고 가난한 부모와 형제들을 돕는 가정의 기둥 역할을 하는 경우가 허다하다. 그들의 직접적 욕구가 자유로운 결혼과 주부로서 안정된 가정생활을 영위하려는 데 있겠지만 그러한 욕구충족이 쉽사리 이루워질 수 없을 뿐만 아니라 그것의 충족만으로 만족하지 않는 경향이다. 이들은 자신들이 교

---

11 경제기획원, 『한국통계월보』(1977), pp.66~67.

육을 받지 못해 당하는 한스러운 삶을 형제들의 교육을 뒷받침하기 위해 노동하며 부모들의 가계를 돕는 가운데 혼기를 놓치고 마는 경우도 있을 것이며, 30~40대까지 독신으로 살아가는 이들의 중년기 이후 생활이 사회적으로나 가족적으로 보장이 되지 않은 상태여서 이들은 가난한 친정을 위해 희생하는 것으로 되는 것이다. 그리고 이들 중에서 혹시 만혼(晩婚)하더라도 서둘러 혼인한 결과, 흔히 원하지 않는 혼인으로 불행을 자초하여 불안한 삶이 더욱 가중될 것이다. 그리고 비록 이들 중에서 안정된 결혼을 적기에 성취한다 하더라도, 취업의 경험이 없거나 부모의 보호 아래 의존적으로 살아온 중류가정의 여성들보다 결혼관계에 있어서나 시집이나 친정과의 관계에 있어서 차이 있는 양상을 나타낼 수 있을 것으로 짐작된다. 이 계층의 근로여성들이 결혼 후 남편에게 의지하는 안전한 삶을 누리려는 욕구가 중류층 여성에 비해 어떠한지, 그리고 자녀들에 대한 기대에 있어서도 차이를 나타낼 수 있지 않을까 생각된다. 근로여성들이 부모에게서 일찍 독립하여 경제적 자립을 경험한다는 것은 그들의 의식상태가 자립적 해방으로 이어지는 경향도 보이지만 가족적으로 안정되고 단란한 삶을 누려보지 못한 데서 더욱 가정적으로 귀속하려는 경향도 있을 것으로 짐작된다. 하여간 이농한 여성들이나 도시서민층 여성들의 노동참여의 경험은 노동의 조건과 환경이 비인간적인 열악한 상태에 있는 한, 그리고 남성들의 지배 아래서 차별을 당하는 한 전통적인 가족주의에서 탈피하기 어려운 것 같다. 그들의 노동참여의 경험이 결혼과 가정생활을 여러 가지 형태로 변화시키는 면이 있는 한편, 전통적인 의식이나 가치에 구속당하는 면이 있어 이것을 단순히 그들의 교육정도나 농촌배경으로 돌려 설명해버릴 수 없는 것이다. 그들이 소속된 기업구조와 노조조직에서 직접적으로 당하는 차별대우가 현존질서를 내면화시켜 현실에 적응하려는 데서 적극적인 변화를 나타낼 수 없는 것이다. 그러므로 어려서부터 공적 노동으로 착취당하며 가난한 남권중심의 가정의 희생자로서 혼기를 놓치거나 또는 혼인 후 가정생활에서 안정을 보장받을 수 없는 이 계층의 여성들의 삶은, 이 시대 산업화 과정에서 결과된 피해적 상황으로 문제시해야 할 것이다. 여성들의 노동참여가 결혼과 가정생활에 미치는 영향을 단순히 지배층의 가치관이나 규범에 의해 파악하고 이해하여서는 아니될 것이다. 이것은 사회구조적 모순에서 당하는 피해적 상황이므로 이것을 극복하기 위하여는 사랑과 정의를 실현하려는 사회구조의 민주화가 시급한 것이다.

5. 결론

이 시대의 한국 가족연구는 역사적 및 사회적 격동에도 불구하고 가부장제도나 전통적 가족의 모형을 기초로 하여 도시 및 농촌가족의 실태와 변화를 고찰했기에 제한되고 단면적인 입장을 면치 못하고 있다. 필자는 위에서 이 점을 극복하고 새로운 이론적 인식에서 가족적 삶의 실상을 다양하게 접근할 것을 강조했다.

첫째로, 이 시대의 한국 가족구조의 성격을 깊이 이해하고 다양해지는 기능의 실태를 널리 파악하기 위하여는 분단사회에 대한 역사적 인식과 사회구조적 이해가 앞서야 함을 지적했다. 가족을 분단사회와 연관시켜 인식하여야 해방, 분단, 전쟁 및 산업화 등으로 인한 격심한 가족들의 지역적 이동과 직업 및 사회계층적 이동의 과정에서 겪는 생활의 실태를 객관적으로 파악할 수 있는 것이다. 민족의 분열과 국토분단으로 강요당한 귀향민, 월남민 그리고 피난민 가족들의 불안한 이동상태와 재정착 과정에서 겪은 생활의 경험이 가족구성의 형태, 가족관계 및 의식에 어느 정도 깊은 영향을 미치고 있는 것인지, 더욱이 이런 과정에서 전통적인 가족제도의 의식과 관습, 그리고 법률이 그들의 인간적 유대와 삶을 지속하는 데 어떻게 기능 또는 역기능했는가를 문제삼아야 하는 것임을 강조했다.

그리고 산업화 과정에서 발생한 대다수 이농민 및 도시근로층 가족들의 불안한 생활상태를 지역이동 및 직업이동과 연관시켜 접근해야 할 필요성을 지적했다. 이들 농촌출신들은 전통적 가족제도의 보수성이 강함에도 불구하고 심한 지역적 및 직업적 이동으로 불안한 가족생활을 영위해야 하기 때문에, 제도적 원리보다 생존의 원리에 더 직접적으로 좌우당하는 상태이다. 그러므로 이들의 가족을 연구함에 있어 생존이 불안한 상태에서 강요당한 가족생활의 실태를 파악해야 한다. 더욱이 이들이 종사하는 다양한 생업의 종류와 연관시켜 그들의 가족관계 및 의식의 다양한 상태와 다양한 성격을 파악해야 할 것이다. 이것은 지금까지의 가족연구가 전통적 또는 제도적 모형이나 가치기준에서 중류계층을 상대로 연구해온 그 제한성에서 탈피하여 사회토대를 이루는 민중의 가족을 종합적으로 연구할 수 있게 하려는 것이다. 사실상 생존을 보장받기에 급급한 서민층의 가족관계나 의식이 전통적 또는 근대적 제도나 중·상류의 가족적 가치기준과 전혀 무관한 것은 아니다. 이들에게는 지배계층의 제도적 기준이나 가족생활의 양식을 따를 수 있는 상승이동의 욕망이 강한 것만큼 사회의 불평등은 이들에게 한을 더욱 심화시키고 있다. 즉, 가족적 생활의 안정이 보장받지 못한 상태에서 강요당한 비인간적 삶의 한과 남과 같이 한번 잘 살아보지 못하는 한 등이 깊어지는 것이다. 이로써 한국가족의 이러한 사회심리적 성격을 이해하지 않고서는 가족문제의 구조적 성격을 제대로 파악할 수 없는 것이다.

한국 가족연구를 이러한 입장에서 접근하려는 것은 궁극적으로 한국가족이 인간답게 살 수 있는 사회와 가족관계로의 발전을 목표로 하기 때문이다. 이 목표를 위하여는 한국사회구조의 민주화가 과제이며 또한 동시에 한국 가족의 민주화가 전제되어야 한다. 이 과제를 위하여는 앞으로 한국 가족의 발전모델에 대한 이론적 연구가 활발하게 이루어져야 할 것이다.

민주주의적 가족의 이상형은 반드시 미국식 핵가족의 구조나 기능일 수 없다. 보편적인 민주주의적 이념을 구현하지 못한 이상 어느 사회의 가족형태도 우리의 모델이 될 수 없으며 각 사회는 계속 그 이념의 실현을 위해 발전적 노력을 해야 할 것이다. 가족제도나 생활에서 민주이념을 구현한다는 것은 인격의 평등과 개별화를 전제하여 자의적 사랑으로 공동체를 결속하며 유대를 강화하는 것이어야 한다. 그러므로 성별 또는 연령별에 의한 불평등의 제도화란 있을 수 없다. 그리고 가족과 같은 1차적 소공동체에서는 미성년자에 대한 친권이나 자녀 부양권 정도의 권리만이 요구되어야 할 뿐이며 가족관계로서의 권력관계는 배제되어야 한다. 미국 핵가족의 이론 중에서 부부관계를 역할 교환으로 또는 권력관계로 분석하려는 입장이 있음을 볼 수 있다. 이것은 미국과 같은 자본주의가 발달한 사회에서 계약적이며 이해타산적인 공리주의가 지배하므로 이것이 가족내 부부관계에까지 영향을 미친 데서 현실적으로 문제 삼을 만할 것이다. 그러나 현대사회의 이익중심적인 2차집단이나 2차적 사회관계에서는 그러한 이론적 시각이 있을 만하지만 인간적 온정과 사랑에 기반한 1차적 가족관계를 발전시켜야 하는 미래지향적 가족모델에서조차 이것을 강조할 수는 없는 것이다.

민주가족의 이상형으로 정의할 수 있는 것이 있다면 이것은 우애가족(友愛家族, companionate family)으로 호칭할 수 있을 것이다. 법적 기능의 한계는 결혼, 이혼, 재산관계 및 가족의 지위 등에 국한시키는 것으로 축소되어야 할 것이다. 그리고 가족은 각 가족원의 인격과 도덕에 기반한 문화형태로서 유지되는 가족이어야 할 것이다. 즉, 전통이나 제도적 권력에의 복종으로 가족관계에서 질서를 유지하기보다 좀더 인간적 인(仁)의 윤리에 기반한 자발적 복종과 자발적인 협력관계로서 유지되어질 수 있어야 한다. 만일 사랑만으로 해결될 수 없는 문제들이 발생한다면, 이것은 상담소 및 가정재판소 등의 가족문제 조정제도를 사회적으로 강화시켜 문제해결에 도움을 줄 수 있어야 한다. 또한 전통가족의 사회보장적 기능은 축소되어질 수밖에 없는데 이것은 복지제도의 점진적인 확립을 수반함으로써 그 보완이 가능해질 수 있는 것이다.

이러한 민주가족이 필요로 하는 가구형태는 부부와 미성년 자녀만으로 구성된 핵가족과 반드시 일치할 것은 아니다. 민주사회가 자유와 평등을 구현하려는 것인 만큼 주거단위로서의 가족공동체의 형태는 다양하여 선택의 여지를 두어야 한다. 부부와 미성년 자녀로 구성된 핵가족을 위시하여 시부모나 친정부모를 모시는 3대가족, 편모(또는 편부)와 자녀만으로 구성된 모자가족, 여러 핵가족이 경제적 또는 기타 필요성에 의해 주거단위를 이루는 공동체가족, 그리고 현대사회에서 점점 증가하는 남녀 독신자들이 집거(集居)하는 아파트 지역에서 협동적으로 영위할 수 있는 지역적 공동체 등 다양한 형태를 예상할 수 있다.

이렇게 예상되는 민주가족의 이상은 제도적 개혁만으로 가능하지 않다. 그러나 먼저 가족법의 민주화가 전제된 후에 정책뿐만 아니라 교육문화 및 민간운동의 여러 분야와 차원에서 장기적인 노력을 기울여야 할 것이다. 사실상 민주국가의 이론적 모델을 연구한다는 것은 이것이 단시일에 실천될 수 있기 때문이 아니며, 장기적으로 그 모델을 목표로하여 현실적인 가족생활의 실태를 이에 비추어 파악하고 비판해야 하기 때문이다. 더욱이 우리의 깊은 역사적 경험과 전통적 지혜 속에서 인간적 삶을 위한 밑거름을 찾아내기 위해 전통문화와 제도적 권력의 비인간적 요인을 비판적으로 분별해낼 수 있어야 하기 때문이다. (1982)

6장

민족분단과 가족문제

한국소설의 분단인식

1. 서론

우리는 민족분단의 피해와 고통을 민족공동체적 삶의 모든 분야에서 경험하고 있다. 한 공동체로서 인간의 보편적 가치를 향해 발전해가려는 우리의 역사적 노력이 분열되고 왜곡당함으로써 분단은 시대적인 민족의 한(恨)으로 우리를 구속하고 있다. 분단의 피해와 이로부터 해방되고자 하는 갈구는 무엇보다도 우리의 가족관계의 차원에서 가장 인간적인 문제로 제기되고 있으며, 구체적인 사실로서 체험하고 있는 것이다. 1983년 KBS의 이산가족(離散家族)찾기 캠페인에서 나타난 이산가족의 문제는 이것을 잘 실증한 것이다. 이산가족을 찾는 이들의 호소에서 우리들은 민족공동체의 아픔을 함께 느꼈고, 헤어졌던 가족을 다시 만나는 장면에서 그 감격을 함께 경험한 것이다. 이산당하고 분단된 가족의 한과 아픔이나 이것을 극복하고자 하는 인간적 해방의 갈구가 당사자 가족들에게만 국한된 문제가 아니며, 민족공동체가 동시에 안고 있는 인간적인 문제인 까닭에 국민 모두에게 깊은 공감과 일체감을 불러일으킨 것이다.

분단은 부부의 관계를 단절시켰고, 부모와 자녀 사이를 외면하거나 의절하게 만들었다. 한 가족이 파괴당하거나 해체되었을 뿐만 아니라 형제들끼리 서로 부인하고 배반하거나 총부리를 겨누는 적대관계로 변했다. 그럼에도 불구하고 이러한 가족관계가 망각될 수는 없다. 세월의 흐름과 함께 오히려 그리움은 더해만 가고 혈육의 정을 표시하고자 하는 인간적 요구도 강해져간다. 가족의 만남으로 서로 화해하며 상처를 치유하고자 하는 것이다. 그러나 모든 가족의 만남과 사랑의 회복은 민족공동체로서의 화해와 통일의 성취 없이는 이루어질 수 없는 것이다. 분단으로 인한 가족문제가 분단사회의 문제와 직결된 것임은 두말할 필요도 없다. 분단가족의 문제는 분단사회의 모순이 원초적 인간관계로 압축된 것이므로, 이러한 모순을 극복하고자 하는 인간적 요구는 민족통일로 향한 공동체적 의지로 발휘될 수밖에 없는 것이다. 그러므로 분단사회의 성격과 모순을 연구함에 있어서 가족을 연구의 단위로 삼는 것은 당연한 일일 것이다. 1차적으로는 분단의 직접적인 피해자로서의 이산가족이나 분단가족의 문제를 파악하고 이해하는 것이지만, 이 시대를 살아가는 모든 가족 또한 분단사회의 구성분자이므로 그 직접적 또는 간적접인 연관성 속에서 이해되어져야 할 것이다.

'이산가족'이란 부모, 자녀, 형제, 자매 및 조손(祖孫) 등의 직계 가족관계와 숙질(叔姪)간 및 4촌 이내의 방계 근친관계에 있는 사람들이 외세에 의한 민족주권의 강탈, 분단 및 전쟁 등의 민족수난의 과정에서 이산되고 분단된 경우를 지칭하는 것이다. 가족이 자의(自意)에 의하여 헤어지거나 흔히 불의의 사고로 인해 분열되는 소위 '결손가족'(缺損家族)의 경우가 있으나, '이산가족'의 경우는 어떤 개별 가족의 문제이기보다는 민족국가적 입장에서 당한 역사적 사건의 피해자로서 결과된 것이다. 이 시대의 이산가족이 발생한 근대적 원인은 일본 강점시대로까지 소급할 수도 있겠지만, 제2차 세계대전 이후 국토가 분단되고 민족의 분열이 고정화됨으로써 가족관계를 도저히 회복할 수 없는 상태에 이르렀으므로 분단이 보다 직접적인 원인이 되는 것이다.

우리 정부는 남한에서의 이산가족을 1,000만 인구로 추산하고 있다. 이렇게 추산하는 객관적 근거는 명확하지 않다. 대한적십자사에서는,

> 가족이 모두 남하한 경우보다는 남자들만 왔거나 가족의 일부만이 월남해온 경우가 압도적으로 많기 때문에 거의 대부분이 북에 가족의 일부를 남기고 온 이산가족이다. 따라서 남북으로 갈라져 있는 이들 이산가족들의 혈육을 모두 합치게 되면 그 수는 1,000만가량 될 것[1]

으로 보고 있다. 또 다른 자료에 의하면 '1,000만 이산가족'이라 부르는 수치의 근거를 해방후 6·25전까지 월남한 피난민 350만 명, 6·25후 1·4후퇴 때 피난해온 100만 명, 6·25 당시 피랍된 인사 8만 4,000명, 6·25 중에 발생한 행방불명자 30만 3,000명, 반공포로 2만 7,000명, 사할린 동포 4만 명, 재일 북송동포 10만 명, 1953~83년 사이 어선납치 등으로 인한 납치인사 3,600여 명 중 아직도 억류된 440여 명으로 제시하면서 이들을 합치면 근 500만 명이고 따라서 헤어진 사람과 찾는 사람을 동시에 생각할 때 이산의 아픔을 당하는 가족은 1,000만이라는 계산이 나온다는 것이다.[2]

---

1 대한적십자사, 『이산가족 백서』(1976), p.178.

또한 북한에서 발표된 바에 의하면, 북한 주민의 3분의 2가 월남한 사람들과 가족 및 근친 관계에 있다는 것이다.[3] 이들은 물론 북한사회에서 정치적인 감시와 차별대우를 받는 대상으로서 분단과 분열의 직접적인 피해자들이다. 남북한에 걸쳐 공적으로 표시된 이산가족의 수는 이렇게 전체 인구의 다수를 차지하는 것이다. 우리 주위에는 분단 이후 월남해오는 과정에서나 6·25 동란 중 피난하는 과정에서 헤어진 이산가족의 경우가 많이 있다. 월남가족은 대부분의 가족과 근친이 남북으로 갈라진 데서 가족분단의 아픔을 경험하고 있는 것이다. 남한에서 사는 이산가족들 중에는 수많은 가족들이 한국일보나 KBS의 이산가족찾기 행사를 통해 재회의 기쁨과 감격을 누리게 되었다. 이렇게 같은 남한사회에 살면서도 만날 기회를 오랫동안 갖지 못한 데에 이산가족들의 문제가 있기도 했다. 그러나 더 기본적이며 비극적인 문제는 이데올로기와 정치적 대립으로 인해 피해당한 가족관계의 분단과 분열에 있을 것이다. 이들은 미군정 치하와 6·25때 남침한 공산 치하에서 직접, 간접으로 피해당한 가족들로서 빨치산가족·납치가족·월북가족 등이 있다. 그리고 동란 중 인민공화국 치하에서 여러 사정에 의해서 짧은 기간 부역한 가족의 문제 등은 발표되고 호소할 수도 없는 상황에서 아직도 우리를 병들게 하고 있는 것이다. 이렇게 이산가족의 개념 속에는 민족분단사에 얽힌 복잡하고 다양한 피해적 상황의 문제가족들이 포함됨으로써 단순하게 정의내리기 어려운 것이다. 가족의 이산과 분열에 얽힌 사건들이 다양한 것만큼 가족문제의 형태도 다양할 수밖에 없기 때문에 이러한 문제를 체계적으로 파악한다는 것은 쉬운 일이 아니다. 이 분야에 관련된 경험적 사례나 수기들의 발굴이 선행되어져

---

2 동아일보사 출판부 편, 『아! 살아 있었구나』(동아일보사, 1983), p.283.

3 대한적십자사, 앞의 책, p.181.

야만 할 것이다. 사실상 이러한 자료를 발견하여 문제의 현상이나 성격을 객관적으로 파악한다는 것은 한국사회를 연구하는 우리에게 주어진 이 시대적 과업이 아닐 수 없다. 그러나 분단시대에 살고 있는 우리로서 결코 쉬운 일이 아닌 까닭에 지금까지 이 분야의 연구가 외면당해온 것이 또한 사실이다. 이러한 문제는 거의 불가능한 상태로 단정하여 연구의 대상으로 삼지 않았었다. 그러나 언제까지나 외면할 수만은 없는 문제인 것이다. 문제의식과 관심을 일으켜 제한된 자료나마 발굴하고 연구의 방법을 모색하는 데서 점진적으로 그 가능성을 개척해나가야 할 것이다. 바로 이러한 자각에서 이 논문은 이산가족의 실태와 문제의 성격을 조잡하게나마 파악해보려는 것이다.

이 글에서는 우선 이산가족의 실태를 통계적 자료를 통하여 제시해보고자 한다. 국토분단, 이데올로기의 대립과 전쟁으로 인한 민족의 대이동에서 분열되고 이산된 가족의 분포를 통계적으로 파악하고 이들 가족의 관계상 나타나는 형태를 이미 공개된 자료들을 기반으로 종합적으로 제시하려는 것이다.

그리고 분단이 가족관계에 미친 영향을 미군정시대, 6·25 동란, 그리고 분단이 고정된 이후 등으로 구분하여 그 대체적인 성격을 파악해보려고 한다. 이러한 시대별 문제상황이 가족관계에 미친 영향을 깊이 있게 이해하여 분석적으로 연구한다는 것은 현단계로서는 불가능한 일이다. 이산가족의 수기나 그들의 재회 또는 면담기사가 공개되기 시작함으로써 이것을 자료로 활용할 수 있는 가능성이 생겼지만 발표될 수 있는 가족들의 경험이란 것이 현단계로서는 극히 제한적일 수밖에 없는 실정이다. 그러므로 이 글에서는 활용할 수 있는 자료로서 분단에 관한 문학작품 등을 택함으로써 간접적인 성격을 지닌 자료를 이용해보려는 일종의 시도에 불과하다. 소설을 객관적 분석의 자료로 삼는 데는 여러 가지 찬·반의 입장과 비판이 있을 수 있기 때문에 그 제한성을 인식하고 주관적 접근의 약점을 내포한 채 시도해보려는 것이다. 필자는 소설의 내용이 그 시대적 상황을 반영하며 특히 사실주의 문학이 역사적 사건과 기록을 자료로 삼는 한, 사회과학의 자료로 활용될 수 있음을 인식하게 되었다. 소설을 자료로 이용한 연구의 결과는 앞으로 더욱 객관적 역사적 자료가 발굴되고 연구방법이 세련되어짐에 따라 계속 비판되고 검증되어질 수 있는 것이다. 그러한 가능성을 인식한 나머지 이 분야의 연구를 개척하기 위하여 관심을 불러일으키는 예비연구를 시도해보는 것이다.

2. 민족이동과 이산가족

제2차 세계대전의 종결과 함께 우리 민족이 맞은 일제통치에서의 해방과 국토분단은 수많은 인구를 남한으로 이주시켰다. 우리 정부는 1945년에서 1949년 사이에 북한에서 이입해온 인구를 350만으로 추산했다.[4] 한편, 인구문제 전문가 권태환 씨는 이를 260만으로 추계하고 있는데 일본과 만주 등지에서 귀환한 동포의 숫자를 140만으로 보고, 120만은 북한에서 월남해온 것으로 본다.[5]

이는 당시 남한 전체 인구의 14%를 차지하는 숫자이며 이 기간 동안의 인구증가의 60%를 점하고, 특히 서울, 인천, 대전, 광주 등의 대도시를 급성장시키는 데 기여했다는 것이다.

북한에서 월남해온 가족들의 이동은 1950년 6·25 동란으로 인해 다시 급증했다. "1950년 12월과 이듬해 1월초, 1·4후퇴 직전에 남하한

4 공보처, 『소련 군정의 시말』(1952).

5 권태환, 「인구성장의 추세와 요인」, 『한국사회 : 인구와 발전』(제1권 인구·경제), pp.23~24.

피난민의 수만도 100만 명"에 이른다는 것이다.[6] 50년 12월 초순, 두만강 부근까지 진격했던 동북부 지방의 국군과 유엔군이 후퇴를 시작하자 함북·함남 지방의 많은 주민들이 피난하기 시작했다.

> 12월 24일로 끝난 흥남 철수작전이 절정에 달했을 무렵 흥남 부두는 배를 타려는 인파로 문자 그대로 인산인해를 이루었다. 철수작전이 완료될 때까지 군에서 내어준 배를 탈 수 있었던 피난민은 공식적으로는 9만 1,000~9만 8,000명으로 기록되고 있으나, 거기에는 유아가 포함되지 않았고 또한 무질서하게 몰려드는 피난민의 승선 인원수를 정확히 산정할 수 없었던 당시의 상황으로 미루어 그 실제 수효는 10만 명이 넘을 것으로 보인다.[7]

이러한 추세에 따라 정부는 6·25 이전까지 남한으로 이입해온 350만 명에다 6·25 동란 중에 월남한 모든 피난민을 100만으로 보아 합침으로써 해방 이후 6·25 동란이 끝날 무렵까지의 이동해온 인구를 500만으로 추산했다. 유의영 씨는 "……여러 가지 월남 인구에 관한 통계를 종합해보면, 8·15 해방 이후 6·25 동란이 종결(1953)될 때까지 약 120만가량의 사람들이 북한에서 남한으로 피난한 것으로 생각된다"라고 했다.[8] 권태환 씨는 6·25 동란 중에 북한에서 월남해온 인구를 64만 6,000으로 보고, 28만 6,000이 남한에서 월북해간 것으로 추정하고 있다.[9] 이렇게 이 시기에 월북한 사람들이나 월남해온 사람들의 대부분은 가족의 일부를 고향에다 둔 채 떠나간 것이다. 특히 단신으로

---

6 대한적십자사, 앞의 책, p.92.

7 위의 책, p.88.

8 유의영, 앞의 책.

9 권태환, 앞의 책, p.90.

집나간 젊은이들의 경우가 많았다는 것이다. 전쟁 중이어서 미처 가족에게 알릴 사이 없이 피난길에 나선 사람들이 많았을 것이었다. 가족과 함께 월북하거나 월남해오다가 생이별 또는 사별한 사람들의 경우도 많았을 것으로 짐작된다.

6·25 동란은 막대한 병력 손실 이외에 일반 사람들에게 뿌리깊은 상처와 손실을 남겼다. 남한의 경우만도 사상 24만 5,000, 실종 30만, 부상 23만으로 추산되고 있다. 특히 학살당한 자의 수를 13만으로, 그리고 납치당한 수를 8만 5,000으로 잡고 있다. 이밖에도 30만에 가까운 전쟁미망인, 33만의 전쟁부상자, 10만의 고아가 발생했다.[10] 그리고 공산군의 점령지역에서 의용군에게 강제징집된 남한 젊은이들의 수만도 약 20만에 달한다는 것이다.[11] 이렇게 대다수의 사람들이 직접 간접으로 피해를 당하며 남북으로 이동해감으로써 수많은 이산가족을 형성하게 된 것이다.

분단으로 인한 민족이동과 이산가족의 지역적 범위를 고려할 때 그동안 미국으로 이민해간 인구 또한 간과할 수 없을 것이다. 이미 이산가족찾기에서 미국으로 이민해간 가족과 국내에 있는 가족과의 재결합이 이루어진 경우를 보아왔다. 그동안에 해외로 입양된 전쟁고아들이나 이민해간 가족들이 이산가족찾기운동을 통해 부모 형제들과의 만남을 이루어왔다. 그리고 분단시대를 통하여 계속되어온 미국으로의 이민인구의 증가는 분단으로 인하여 미국에 의존상태에 있는 한국사회의 특성을 나타내는 한 현상인 것이다. 더욱이 요즈음은 미국·카나다 등지로 이민간 가족 중에서 북한의 친지를 방문하는 경우가 증가되고 있다는 소식이 있어 해외로의 이민이 이산가족의 만남을 가능케 하는 기

10 내무부, 『대한민국 통계연감』(1953).

11 대한적십자사, 앞의 책, p83.

회로서도 주목이 되고 있다.

분단시대에서 미국으로의 본격적 이민이 시작된 것은 1965년 이후부터이다. 이는 원래의 미국 이민법이 한국을 포함한 아시아인들의 이민을 엄격하게 규제했었는데 그것을 크게 완화시킨 미국 이민정책의 전환에 의한 것이다. 1950년까지 미국 내에 거주하는 한국인의 수는 불과 1만 7,300명으로 추산되었으며, 한국전쟁이 있었던 50년에서 60년 사이의 10년간 미국으로 이민간 수는 6,231명으로 집계되고 있다. 이들은 대부분이 전쟁고아, 미군들과 결혼한 한국여자들, 그리고 유학생들로 구성되어 있었다.[12] 1961년과 64년 사이에도 미군과 결혼한 여자들과 입양된 어린이가 주축을 이루는데 그 수는 7,796명으로 대폭 증가한 것이다. 1965년부터는 한 해 동안 2,000~3,000명이 이민을 가기 시작했고 그 수가 매년 증가하여 1971년에는 1만 4,000명을 넘었다. 그리고 76년에는 3만 명 이상으로 증가하여 그해 미국 전체 이민인구의 7.7%를 한국민이 차지했다. 1979년 한국개발연구원에서 발표한 이민 연구보고에 의하면, 1962~77년 사이 한국의 해외이민인구는 31만 7,746명이며 그중에서 미국으로 이민간 사람들의 수가 76%나 된다는 것이다. 1980년도에는 미국 내에 거주하는 한국 이민의 수를 46만여 명으로 추산하고 있다.

전쟁고아, 혼혈아 및 기아(飢兒)들의 입양, 미군들과의 국제결혼 등으로 시작된 한국 이민의 성격은 이민의 남녀 비율과 연령별 분포를 살펴보면 잘 알 수 있다. 우선 한국 이민에서는 여자들의 수가 전체적으로 훨씬 많다. 1970년에는 여자 100명에 남자가 48명 비율로, 1973년에는 63명, 77년에는 64명의 비율로 이민했다. 그리고 5세 미만의 어

---

12 한국 이민에 관한 모든 인용문과 자료는 具海根·兪義瑛, 「韓國人의 美國移民」, 『韓國社會의 傳統과 變化』, 제21장(汎文社, 1983) 참조.

린이들이 차지하는 비율은 73년 16.6%, 77년 17.2%로서 미국 전체 이민 중에서 그 연령층이 차지하는 비율인 73년 8.2%, 77년 6.2%에 비해 2배가 훨씬 넘는다. 또한 5세 미만 어린이들의 남녀 비율을 살펴보면 여자아이 100명에 대하여 남자아이의 비율이 전체의 경우 96~97명이 되는 데 비해, 우리나라는 73년 67명, 77년 64명의 꼴로 한국 어린이들은 여자아이들이 훨씬 많이 미국으로 보내졌다는 것을 알 수 있다. 이것은 남존여비의 사상으로 딸을 출가외인으로 차별하는 우리 가족제도와 관습이 해외입양에서도 반영되고 있는 것이다. 20~29세층의 한국이민자들의 성비(性比)를 보면 그 현상이 놀라울 정도이다. 그 연령층이 차지하는 이민의 비율은 73년 29.4%, 77년 28.8%이며 미국 전체 이민 중 같은 연령층이 차지하는 비율도 73년 30.0%, 77년 27.5%로서 별차이를 보이지 않는다. 그러나 성비에 있어서는 한국 이민의 경우 여자 100대 남자 32(1973), 36(1977)으로 미국 전체 이민의 여자 100대 77(1973), 82(1977)에 비해 볼 때, 한국 남자이민자들의 수가 전체 이민자들의 같은 연령층에 비하여 현저히 낮은 것이다. 이것은 그 연령층의 남자들이 병역의무의 제한을 받고 있는 때문이기도 하겠지만 여자들의 해외유학과 국제결혼이 크게 증가하고 있다는 사실을 반영하고 있는 것이다.

한편 한국여자들의 이민율이 남자들에 비해 훨씬 높다는 사실은 전 연령층에서 나타나는 현상이다. 30~49세 층에서만이 남자들의 비율이 여자들보다 약간 높게 나타날 뿐 50세 이후 모든 연령층에서도 전반적으로 남자의 비율이 낮으며, 미국 전체 이민과 비교해서도 한국여자들의 비율이 높은 편이다. 남존여비 사상에 기반한 가부장제도라는 한국사회의 풍토가 여자들의 해외이민을 촉진시킨 것으로 보인다. 여성들 특히 젊은층의 입장에서는 이민을 가난에서뿐만 아니라 가부장적 역업에서의 해방의 계기로 삼으려는 욕구가 작용한 것으로 볼 수 있다. 우리의 딸과 어머니들이 이 시대에 있어서 해외로 삶의 터전을 찾아 나간 것이며, 이들이 미국사회에 정착한 후 그들의 부모 형제를 이민으로 초청해나가는 경우를 생각할 때, 이 시대 민족이동에 중요한 역할을 한 것으로 인식하게 하는 것이다. 사실상 외국인에게 입양된 한국 자녀들과 국제결혼으로 이민간 여성들이 이절적 문화·사회 속에서 정책하여 살아가기까지의 인간적인 노력과 문제들이 우리가 관심을 기울여야 할 연구과제이기도 하다. 이들은 그 수가 상당히 많고 연령이 어리거나 젊다는 점에서 그들의 가족과의 관계에서뿐만이 아니라 장차 여러 면에서 민족과 사회에 미칠 영향을 고려하지 않을 수 없는 것이다.

이 시대 한국 이민집단의 특성에 있어서 연령과 성비 이외에 또한 주목할 만한 점은 교육 정도가 높다는 것이다. 1970년도 미국 국세조사 자료에 의하면 25세 이상 연령층 중 4년제 대학출신자의 비율에서 한국인 집단은 36.3%로서 어느 민족집단보다 높다. 중국 25.6%, 필리핀 22.5%, 일본 15.9%, 백인이 11.6% 등으로 각 집단의 비율은 한국에 비하여 현저하게 낮다. 한국 이민이 한국사회에서 높은 교육 정도와 전문직의 고등직접 분야를 차지하는 계층 중에서 이루어진다는 것을 나타내는 셈이다. 입양이나 미군과 결혼한 여자들 이외에는 미국 유학이나 취직을 통해 기회를 얻은 사람들이 그 주축을 이루고 있기 때문인데 이 점 역시 미국과 우리나라와의 특수한 관계 속에서 이해되어야 할 것이다.

한국 이민의 특성을 연구하는 구해근·유의영 씨들은 그 이유를 미국이라는 중심부 국가와 이에 종속되어 있는 한국과의 관계로서 설명하고 있다. "오늘날 국제간의 이민이 대개 주변부 국가들로부터 중심부 산업국에로의 노동력 이동이라는 사실은 일반적으로 인정되고 있다"는 것이다. 즉, 중심부 국가의 자본이 침투함에 따라 주변부 국가에는 소위 '저개발의 개발'의 과정이 발생한다. 따라서 이민을 배출시키는 요인은 잉여추출, 지역 및 부문들 사이의 불균등발전, 잉여노동력의 구조적 차단 또는 축출(displacement), 그리고 점증하는 소득 불평등 및 취업난 등의 문제라고 설명하고 있다. 특히 한국의 경우에는 미국과의 경제적 관계의 측면에만 국한되는 것이 아니라 정치·사회·문화적인 모든 제도 전반에 침투하여 일으킨 결과로서 설명되어야 한다고 강조하고 있다.

즉, 1945년 이후 군정기간을 통해 이식된 여러 제도들과 그 후 한국 근대화정책이 미국을 모델로 추진된 점 등이 교육제도, 직업훈련, 소비문화 등에 지배적인 영향을 미쳤다. 따라서 한국의 근대성은 중심부 국가인 미국에 그 기원이 있는 만큼 근대화의 혜택과 영향을 많이 받는 계층일수록, 그리고 그 근대화의 혜택에 대한 선망도가 높은 사람들일수록 미국지향적일 수밖에 없을 것이다. 이에 덧붙여 분단사회로서 겪은 전쟁의 경험 및 계속적인 정치적 불안과 전쟁의 위협 또한 심리적으로 깊이 작용하는 한 요인으로 고려되어져야 한다. "외세에 의해 빚어진 한국의 정치적 불안정은 한국인의 이민을 배출하는 가장 중요한 요인의 하나일 것이다…… 한국에서 이민을 배출시키는 구조적 압력은 경제적 여건에만 있는 것이 아니라 세계체계에 편입된 결과로 생긴 정치적 불안정과 구조적 불균형에도 있을 것이다"라고 구해근·유의영 씨는 강조하고 있다.

이제 이산가족의 형태에 대해서 살펴보면 다음과 같다. 한국일보사에서는 1974년 1월 18일부터 76년 3월 12일 사이에 '1,000만 이산가족 친지를 서로 찾자'라는 캠페인 아래 매주 금요일마다 신고해오는 이산가족의 명단을 신문지상에 게재했다. 이것은 한국일보사가 벌인 제1차 3개년 사업으로 이 기간 동안 3,510건의 명단이 게재되었으며 이 지상 캠페인을 통해 164건의 상봉이 이루어졌다. 그 이후에도 한국일보사는 계속 신고자들의 사연을 접수하고 명단을 작성하여 가족찾기를 도와왔으나, 1983년 7월 KBS가 텔레비전을 통해 이 사업을 본격적으로 추진하기까지 이산가족에 대한 사회적 관심은 침잠된 상태에 있었다고 보아야 할 것이다. 그동안 신문 지상이나 TV를 통해 가족·친지 찾기에 적극적으로 나섰던 가족들은 이미 수만을 돌파했고 그중 많은 사람들이 서로 만나서 감격의 상봉을 온 국민과 함께 나눌 수 있었다. 그리고 현재 방영은 중단되었지만 그 사업은 관계기관에 의해 계속되고 있다.

그러나 그 외에도 이산가족들 중에는 그들의 사연을 공개할 수 없는 처지에서 분단의 한과 아픔을 안고 신음하는 가족들이 많을 것으로 추측된다. 사상적 입장과 정치적 갈등에 관련되어 희생당한 수많은 사람들의 가족들은 그들의 생사여부나 행방조차도 공개적으로 확인해보기 위해 나설 수 없는 입장인 것이다. 이들의 경우는 단순한 이산가족이라기보다 민족의 분열로 분단된 가족으로 보아야 옳을 것이다. 이러한 분단가족의 성격을 파악할 수 있는 연구는 아직도 시기상조인 것 같다. 객관적 자료를 발굴할 수 없는 상태에서 분석적 연구의 접근이 이루어질 수 없기 때문이다. 다만 분단의 비극을 표현한 소설이 점차 부각되기 시작함으로써 그를 통해 이러한 가족들의 아픔을 우리들이 공감하고 있을 뿐이다.

이산가족의 형태를 통계적으로 분석하는 데 있어서 본 연구는 1983년도에 시작된 KBS 캠페인에서 나온 자료를 포함시키지 못했다. 이 연구는 KBS 캠페인이 시작되기 훨씬 이전에 『한국일보』에 게재된 자료를 기반으로 그 분석을 시작했기 때문이다. 『한국일보』의 제1차 3개년 사업기간에 3,499건의 수록된 가족들의 자료를 기반으로 가족·친지를 찾는 사람들의 성별과 연령별의 분포를 파악했으며, 찾는 대상자들과의 관계 그리고 헤어진 사유 등을 분석하여 통계적으로 제시해보고자 한다.

<표 6-1>에 의하면, 가족과 친지를 찾고자 하는 3,499 명의 신고자들 중 2,192 명이 남자이다. 즉, 62.6%를 남자가 차지하고 있는데 그렇다면 이렇게 남자들이 많은 이유가 어떻게 설명되어질 수 있을 것인가? 앞서 지적한 바와 같이 북한에서 강제징집을 피해 아들을 단신 남하시킨 경우가 많았다. 특히 아들이나 남편을 먼저 월남시키고 가족이 뒤좇아 내려오지 못했거나 혹은 내려왔더라도 만나지 못하고 헤어진 경우 등을 생각해볼 수 있다. 또한 통일이 쉽게 이루어질 줄 알고 남자 식구들만 남하시켜 전쟁이나 공산 치하를 모면해보려는 경우도 많았을 것이다. 남자들이 군에 입대하거나 의용군에 강제징용되었다가 가족과 헤어진 경우도 있다. 이러한 이유로 많은 남자들이 부모나 처자를 떠나 이산가족으로서의 어려움과 외로움을 경험한 것으로 볼 수 있다. 한편 어머니들이나 처자들이 장성한 남자 없는 가정을 지키며 외로이 가족을 부양해왔다는 점도 함께 생각해보아야 할 것이다.

<표 6-1> 찾는 사람들의 연령 분포

연령층	실수	%
20세 미만	185	5.3
20대	493	14.0
30대	637	18.2
40대	966	27.6
50대	603	17.2
60대	311	8.9
70대와 그 이상	110	3.1
미상	194	5.5
계	3,499	99.8

이산가족을 찾는 사람들 중에는 연령별로 보아 40대에 속한 사람들이 27.6%로 가장 많다. 그다음으로는 30대가 18.2%, 50대가 17.2%이고, 20대도 14.0%나 되고 있다. 한국일보사가 이 사업을 처음 벌인 시기가 1974년에서 76년 사이로서, 이때는 한국동란의 휴전협정이 체결된 1953년부터 21~23년이 경과한 후이다. 헤어질 당시를 45년에서 53년 사이로 잡는다면, 40대에 속한 사람들은 그 당시에 10여 세에서 20세 사이에 속했을 것이다. 그리고 50대는 20대의 청년층에 속했을 것이며, 30대는 그 당시 10세나 그 미만이었을 것이고 20대도 영아(嬰兒) 정도의 어린 나이였을 것이다. 60대와 70대 이상을 합치면 12%로서 이들은 이미 30대 이상의 청장년층에 속한다. 20세 미만에 속한 사람들로서 가족을 찾는 경우도 185건(5.3%)이나 되지만 이들은 월남이나 전쟁피난의 과정에서 헤어졌다기보다는 휴전협정 이후에 태어나 가정사정으로 헤어진 경우일 것으로 짐작된다. 40대와 그 이하 20~30대 연령층에 속하는 비율이 모두 합쳐 59.8%를 차지한다. 즉, 헤어질 당시 갓난 젖먹이로부터 20세에 이르는 청소년층이 6할이나 되는 것이다. 이들은 부모나 정상적인 가족관계에서 어린 나이에 분리되어 고아로서 외롭게 자라왔거나 낯선 가정의 양부모 형제 사이에서 살아왔을 것이다. 이처럼 친부모 자녀로서 구성되는 정상적인 가족공동체 생활이나 가족 관계가 유지될 수 없는 국가사회의 혼란과정에서 바로 어린아이들이 피해를 당하는 비인간적 사회화가 자행되어왔음을 분단사회의 중요한 현실로서 인식해야만 할 것이다. 즉, 인격형성기에 있어서 분단과 전쟁이 이들에게 미친 피해적 영향을 분단시대의 시대적 상황으로 파악하여 문제시해야 할 것이다.

다음으로 찾는 사람들의 가족관계를 고찰해보고자 한다. 표 2에서 볼 수 있는 바와 같이 3,499명이 찾는 대상은 8,348명으로서 1인당 평균 2.4명의 가족이나 친척을 찾고 있는 셈이다. 이들이 찾는 대상자들의 거의 절반이(48.6%) 형제와 자매들이다. 이 집계 속에는 형부·시동생·형수·올케·처남 등 형제들의 배우자도 포함되어 있으나, 그 비율은 찾는 4,058명의 형제들 중 8%에 불과하며 나머지는 친형제·자매들이다. 그다음으로 많이 찾는 관계는 부모들로서 전체의 15.1%를 차지한다. 자녀를 찾는 것이 그다음 순서로서 8.9%를 차지하며, 또한 사촌이 8.1%, 조카의 경우는 7.3%, 그리고 부모의 형제들인 백·숙부모나 고·이모부 등을 찾는 경우도 6.4%이다. 『한국일보』에 게재된 이 자료에서는 남편이나 부인을 찾는 경우도 82건이나 되어 전체 대상자들의 1.0% 정도인 데 비해, KBS의 이산가족찾기 캠페인에서는 8,400여 명 중 6~7건으로 나타나 있다.[13] KBS의 경우는 TV라는 매체의 성격으로 직접적인 노출을 피하는 데서 부부가 서로 찾는 사례가 적어진 듯하다. 소수의 경우지만 조부모나 손·자녀들을 찾는 사람도 있으며 친지나 친구들도 321건이나 되고 있다. 이러한 관계를 부모, 자녀 및 부부로 구성된 핵가족관계로 한정시켜 보면 25.0%가 이 범위에 속한다. 그러나 형제들의 대부분이 혼인하기 전인 어릴 때 헤어진 사람들일 것이므로 이들을 핵가족의 범위에 포함시킨다면 73.6%로서 절대다수가 이에 속하게 된다. 이산가족의 대다수는 현대적인 핵가족관계의 범위 내에서 가족을 찾고 있으며 전통적인 대가족, 즉 방계근친을 포함한 집안의 친척을 널리 포함한 경우가 아님을 알 수 있다. 즉, 핵가족적 관계에서 이산되고 그 관계가 분단된 상태임을 알 수 있다.

---

13 『중앙일보』, 1983년 7월 6일자(KBS 이산가족찾기 7일째). "혈연이 지극히 중시되고 있는 우리 사회에서 부부의 연(緣)은 혈연에 비해 상대적으로 약한 것으로 나타났다. 이같은 사실은 한국방송공사와 대한적십자사가 사연을 분석한 결과 드러났다. 4일 하오 현재 KBS의 이산가족찾기 생방송에는 8,400여 명이 출연했는데 이들의 대부분은 부모(10% 이내), 형제(약50%), 친척(40%) 등 혈연을 찾으려는 사람들이었고 아내나 남편을 찾는 사례는 6~7건에 불과하다.

<표 6-2> 찾는 자와의 관계

관계	실수	%
조부모(외조부모 포함)	39	0.5
부모(처부모 포함)	1,261	15.1
자녀	743	8.9
손자녀	19	0.2
형제(배우자의 형제 포함)	4,058	48.6
남편·처	82	1.0
부모의 형제들(백·숙·고·이모부 등)	532	6.4
사촌(양계)	680	8.1
조카	613	7.3
친지·친구	321	3.8
계	8,348	99.9

이들이 헤어진 사유로는 구체적으로 밝혀지지 않은 여러 가지 가정 사정에 의한 경우가 26%나 되고 있다. 부모의 결혼관계가 파탄지경에 이르러 가족이 해체된 데에 원인이 있을 수도 있고, 편모(偏母)의 가정이 가난으로 더 이상 유지될 수 없어서 헤어졌을 가능성을 생각해볼 수도 있다. 그러나 이러한 개별적 가정 사정에 이산의 직접적 원인이 있다고 할지라도, 본질적으로는 분단시대의 사회적 불안의 현상으로 파악되어야 할 것이다. 해방을 전후해서 헤어졌거나 일제 때 징용이나 이민을 감으로써 헤어졌다는 경우도 양쪽을 합쳐 10.8%나 되고 있다. 이들은 해방 이전에 서로 헤어졌지만 분단이 고정됨으로써 헤어진 상태에서 서로 왕래하거나 소재를 확인해볼 수 없는 상태에 있으므로 이들 역시 분단시대의 피해가족인 것이다. 그러나 헤어진 사유 가운데 가장 많은 경우는 역시 분단 이후 월남해오는 과정에서 결과된 것이다. 고향에서 홀로 월남했고 그 후 일부 가족이 월남했지만 만나지

<표 6-3> 헤어진 사유

사유들	실수	%
해방 전후에 헤어짐.	317	3.8
가정사정.	2,171	26.0
일제 때 징용 • 이민으로.	581	7.0
따로 월남한 후 다른 가족도 월남했으나 만나지 못함.	1,003	12.0
같이 월남했으나 그 이후 헤어짐.	765	9.2
찾는 자만 월남했거나 월남 중 헤어짐.	2,456	29.4
인민 • 의용군 • 포로석방.	96	1.1
피난으로 헤어짐.	945	11.3
납치.	4	-
미상.	10	-
계	8,348	99.8%

못한 경우(12.0%), 가족이 같이 월남했다가 이남에 온 이후에 헤어진 경우(9.2%)이며 월남한 자들 중에서도 찾는 사람 혼자만 월남했거나 같이 월남하다가 혼자 떨어져서 헤어진 사유가 가장 높은 비율(29.4%)을 차지한다. 즉, 월남으로 인해 헤어진 사람들을 합하면 50.6%가 되는 셈이다. 그리고 월남가족은 아니지만 남한에서 6·25 동란 중에 피난으로 헤어진 경우가 11.3%인 것이다.

월남이나 전쟁, 피난 중 헤어진 가족들의 경우 그들의 사유를 공개하며 가족찾기에 적극적으로 나서는 것이 대부분이지만 사상적 입장에서 월북한 가족의 사유는 이번 자료에서 거의 나타나지 않고 있다. 납치가족 중 4명만이 여기에 포함되어 있으며 인민군·의용군에 끌려갔거나 포로석방된 후 만나지 못한 사유 등은 96건으로 집계되고 있다.

이산가족 중에서 이러한 자료로 파악될 수 있는 가족의 성격과 이산의 사유는 이처럼 분명하게 알려진 것이며, 그동안 재회의 감격을 맛본

가족들도 이산가족의 이러한 형태에 속하는 것이다. 그러나 분단시대의 가족문제 중 가장 잠재적으로 감추어져 있으면서 우리의 공동체적 삶을 심각하게 병들게 하는 것은 바로 공개될 수조차 없는 수많은 사연들을 지닌 가족들의 문제이다.

3. 분단이 가족관계에 미친 영향

1) 이데올로기의 대립과 가족분열 : 미군정시대

제2차 세계대전이 미·소 양대국을 중심으로 한 연합국의 승리로 종결됨에 따라 한반도는 제국주의 일본에서의 해방과 더불어 미·소군의 진주로 양분되었다. 민족의 해방과 독립국가 건설을 위한 주체세력의 기반이 없이 외국인의 점령을 당한 한반도는 민족분열과 사상대립의 위기를 맞이했다. 특히 미군정 치하에 있는 남한에서는 미국의 우유부단한 정책적 입장을 틈타 정당의 난립과 정치적 혼미가 거듭되었고 친일파와 민족반역자들의 계속적인 세력유지, 각종 모리배와 부패관리의 결탁으로 인한 사회 경제적 혼란이 서민들의 생활을 더욱 빈궁에 빠뜨렸으며 독립국가 수립에 대한 기대를 좌절시켰다.

경제적 혼란으로 인한 실업자군의 증대와 식량난은 귀향동포 및 월남하는 인구의 급격한 증가로 더욱 악화되었고, 주택난과 악질적 괴질의 유행으로 생활난은 극도에 이르렀다. 이러한 상황에서 1946년 10월 1일에는 대구시에서 소위 '영남폭동사건'이 시작되었다. 주부들은 식량배급을 요구하며 대구시청에 몰려들었으며 노동자들은 파업으로 요구조건을 관철시키기 위해 군중시위를 감행했다. 여기에서 해산을 명령하는 무장경관과 파업노동자들 사이에서 시가전을 방불케 하는 싸움이 벌어졌다. 대구 전역에 있는 40여 공장에서는 파업을 단행하여 노동자들이 이에 합세했으며, 각종 학교학생들 및 일부 시민들이 합류하여, 정부의 발표한 바대로 1만여 명의 군중이 합세하여 대구경찰서를 습격 포위하여 장시간 경찰대와 대치, 격투를 한 후 경찰서를 점거하기까지에 이르렀다. 이러한 민중소요는 미군정을 반대하는 과격한 좌익분자들의 선동과 지휘 아래 이루어졌다 했다. 아무튼 이로 인한 대구에서의 경찰 측의 피해만도 사망 20명, 부상 50명, 행방불명 30명으로 발표되었다.[14] 이렇게 대구에서 시작된 민중소요는 경북 8개군으로 곧 파급되었으며 10월 11일에는 경남 8개군의 농민소요와 부산지역의 노동자 파업으로 확대되었다. 『서울신문』, 1946년 10월 13일자에 의하면 경남 통영에서만도 "5,000여 명의 민중이 읍사무소를 습격하고 다시 경찰서와 군청을 습격하여 군수와 서장을 납거(拉去)했다"고 한다.

이러한 소요는 급기야 전국 각지역으로 확대되어 10월 18일 경에는 충청·강원도 일대에, 10월 20일 경에는 경기도 일대, 그리고 10월말 경에는 전라도 일대에서 폭동이 연속 발생했다. 이러한 전국적 소요는 시민들의 당면한 식량부족을 위시한 민생 전반의 문제, 특히 식량 공출을 강요하는 추곡수집에 대한 농민들의 불만과 불안 등으로 인심의 동요와 공황이 심화되고 있던 중, 도시에서 일어난 노동자들의 파업에 자극이 되어 폭발했다는 것이다. 노동자들은 파업을 통해 대우개선과 식량배급의 요구를 관철시키려고 했으며, 일반 시민들은 관청을 상대로 간부들의 무능함과 무책임을 지적하고 인책사직을 요구하는 동시에 미국인 지사의 행정권을 조선인에게 넘길 것과 일반 봉급자들의 생활을 보장할 것 등을 요구했다.

농촌에서는 "토지개혁을 예상한 부재지주들의 토지방매로 토지구입

14 『조선일보』, 『동아일보』, 1946년 10월 4일자.

자금을 얻으려고 소를 팔고 고리로 빚을 얻는 농민들이 격증하는 한편, 각종 생활필수품의 배급이 끊기고 각종 기부금이 많아져 점차 고리대금이 남조선 농촌을 휩쓰는 경향이었다. 특히 지주들의 토지방매로 인하여 소작권의 이동과 소작쟁의가 빈발하는 상태였다. 이렇게 폭발한 민중의 소요는 각 지역에서 경찰서와 행정관청을 습격 점거하는 한편, 무기를 강탈하고 경관과 불평의 대상이 된 지주 및 유지들의 가택을 습격하여 파괴했으며 가족을 살해하거나 사형(私刑)을 가했다. 이 상황을 수습하고자 미군정 당국에서는 계엄을 선포하여 질서를 유지하려 했고, 10월 13일 발표된 바에 의하면 이 과정에서 경북 도내에서만도 피검된 주모자가 2,533명이며[15] 검거된 자가 3,782명[16]이나 되었다 한다. 게다가 치안회복과 검거활동에 있어서 보복활동이 뒤따랐다. 소요가 있었던 촌락마다 경찰대의 총성이 일어났으며 곳에 따라서는 현장에서 사살된 자도 있었다. 도처에서 촌락민들이 산으로 도피하지 않으면 안 되었다. 사건에 관계없는 대다수 주민도 함께 피신하여 낮에는 집을 비우고 밤에만 돌아오고 하는 생활이 오래 계속되었다고 한다. 때로 주민이 없는 마을에는 불을 질러 집을 태우기도 했다.[17] 덩달아 도시에서도 검거 선풍이 일어 폭동이 일어 폭동에 관계가 있건 없건 좌익계 단체에 이름만이라도 있으면 그것으로도 폭도의 낙인이 찍히는 그런 상태였다는 것이다. 이때는 아직 공산당이 불법화되기 이전이었으므로 좌우익 계열의 단체들이 많았으며 따라서 거기에 가맹한 청년들이 많이 구속되었다고 한다. 이 밖에도 조선공산당의 당원은 아니었어도 인민위원회의 간부였던 자나 여운형 씨를 당수로 한 인민당 관계자들이 공산당원으로 인정되어 체포되었다. 즉,

15 『동아일보』, 1946년 10월 15일자.

16 『동아일보』, 1946년 10월 17일자.

17 「대구 10·1 폭동」, 『思想界』(1963).

> 경찰의 보복활동이 광범위한 지역에서 전개되면서 또한 그것이 오래 계속되면 될수록 날조되고 강요된 '관제빨갱이'는 그 숫자가 늘어갔던 것이다. 그뿐이 아니었다. 일가 친척 가운데 '빨갱이'가 한 사람이라도 있을 경우 그 일가(一家)는 패가망신의 길을 걷지 않으면 안 되었다. 농촌일수록 이런 경우가 많았다[18]

는 것이다.

그러나 이러한 검거선풍에도 불구하고 미군정하의 소요는 이것으로 끝나지 않았다. 1947년에도 일부 농촌지역에서 하곡수집을 강요하는 데 반발하는 농민들의 소요가 있었다. 이러한 대표적인 사건은 경남 창원 군민들의 경찰관피습사건이다. 미군정 경무부장의 진상 발표에 의하며, "제 7관구 경찰관하 마산서에서 하곡수집 독려(督勵)차, 경찰관 20명이 도·군 직원과 동행하여 8월 7일 오전 6시 경남 창원군 동명 산남리에 도착, 수집 위반자 30여 명을 검거하여, 동 7시 반경 대산면으로 귀환 도중, 죽창 및 기타 흉기를 휴대한 부락민 1만여 명이 포위, 습격함으로……" 경찰이 발포하여 농민들과 충돌함으로써 양측에 많은 사상자를 내었다.[19] 이러한 농촌의 분산된 사건은 주로 미군정의 식량수곡을 중심으로 한 농업정책에 대한 불만의 폭발이었지만, 1948년 2월부터 남로당이 주동이 되어 남한만의 단독정권수립을 위하여 내한하는 유엔위원단의 사업을 방해하기 위하여 일으킨 소요사태가 또다시 전국을 휩쓸었다. 도시에서는 학생들의 맹휴와 데모, 노동자들의 파업이 발생했으며, 제주도를 위시한 각 지역에서는 경찰지서 및 출장소 파괴, 경찰관 살해, 부상 및 납치, 관공리와 우익간부의 살해·부상·납

18 위의 논문.

19 『서울신문』, 1947년 8월 10일자.

치·살상과 파괴, 파업 및 방화 등의 활동이 계속되었다. 이러한 남로당 주동의 파괴활동은 "쌀을 다오", "임금을 올려다오", "공출반대", "토지개혁", "양군 즉시 철퇴" 등의 구호를 내걸었는데, 관권의 탄압과 경제적 혼란으로 민생고에 시달린 농민들을 일부 폭도적 행동으로 자극했던 것이다.

제주도에서 1948년에 일어난 4·3사건에 관한 사법부 조사단은 4·3사건의 중요한 원인으로 관공리의 부패를 지적했다. "행정 경찰의 각 부문에 걸쳐서 일부 외래인사(외지에서 임명되어온 인사)들의 부정행위와 권력남용은 오랫동안 독특한 생활환경에서 조성되어온 도민의 생활감정을 유린했고, 이에 뇌동한 사설단체의 월권행위들은 도민의 생명과 재신을 위협하여 그들이 생존을 위태롭게 했던 것"이라고 지적했다.[20] 이 4·3사건의 피해상황은 정부 발표에 의하면 4월 3일에서 6월 15일 사이에 소실된 가옥이 421호, 양민 사망이 292명, 양민 부상자 98명, 납치 35명, 어느 부락은 180여 호가 전소되었으며, 800여 명의 이재민이 길거리에서 방황했다는 것이다. 공비소탕을 위해 부락을 불태워버린 후 남녀노소의 구분 없이 무차별 살상을 가했다. 이렇게 당한 촌락 중에는 주로 장정들이 몰죽음을 당해 젊은 과부들만이 남은 과부촌도 있다는 것이다.[21]

남로당은 결국 오대산·태백산·지리산 등을 중심으로 빨치산을 훈련하여 유엔 한국위원회를 반대하는 '2·7구국투쟁'을 비롯한 활동을 계속했다. 낮에는 깊은 산속에서 두더지처럼 지내면서 공산주의 훈련을 받았고, 밤이면 총이나 연장을 들고 마을로 내려와 양민들을 괴롭히며 노략질을 일삼았던 것이다. 이렇게 하여 촌민들은 밤낮으로 시달리

20 『서울신문』, 1948년 7월 20일자.

21 『조선일보』, 1960년 12월 22일자.

는 입장에 있었으며 6·25 동란이 있기 이전부터 이미 민족분열과 동족상잔의 참극이 시작되고 있었던 것이다. 이러한 좌우익의 분열은 한 촌락이나 지역에서 양민들간의 분열과 싸움을 강요했다. 관권과 우익 지도층에 대한 양민의 항거와 불만이 탄압과 보복으로 이어지며 서로간의 습격과 역습 등으로 치열한 싸움이 시작되었다. 이 과정에서 모든 사적인 원한과 대립이 더욱 심화되어 보복적 행위로 맞서며 실상을 자행하게 되었던 것이다. 이러한 투쟁의 와중에서 좌우익간에 가족적으로 몰살 당하거나 패가한 경우가 적지 않았다. 특히 대한민국 수립 이후 6·25 동란으로 이어진 상황에서 이 시대에 있었던 농민 폭동과 좌익운동에 의식적이건 무의식적이건 가담했던 사람들의 가족생활과 가족관계는 반공정권하에서 그 갈등이 내면화된 채 가족의 연대성과 인간성을 파괴당한 것이다.

분단문학들은 이 시대에 희생당한 부모 형제들을 둔 젊은 2세대들의 입장에서 한 가정과 민족공동체의 병리적 현상을 파악하고 병적인 과거를 치유하며 극복하고자 하는 인간적 요구를 표현하고 있다. 이것은 피해당한 가족에만 한정되는 문제가 아니며 민족공동체로서 극복하려는 요구이기도 하다. 아들이나 남편의 사상적 입장과 활동을 전혀 이해하지 못하는 상태에서 남편과 자식을 잃고 '빨갱이' 가족으로 낙인찍혀 살아온 가족들이 많다. 남은 가족과 어린 자녀들을 먹여살리며 집안 살림을 꾸려나온 수많은 부인들의 처지를 짐작해볼 수 있다. 동족상잔의 비극이나 이데올로기 대립의 원인과 실상을 전혀 이해할 수 없는 입장에서 죽은 남편이나 자식에 대한 원한을 품은 채, 그리고 행방불명이 된 그들을 통일과 더불어 막연하게 기다리며 살아가는 부인들의 삶이 우리 역사의 뒤안길에서 신음하고 있는 것이다. 유교적인 가족윤리와 여성관에 젖은 부인들이 유복자나 어린 자녀들을 혼자 키우며 시부모를 모시고 일생을 말없이 희생적으로 살아나옴으로써, 가족의 파괴를 막고 자녀들이 이 땅에 발을 붙이고 자랄 수 있게 한 경우가 허다하다. 다른 한편 남편의 좌익활동으로 몰락한 집안의 여자들은, 여자를 천시하는 전통적인 가부장제도와 미신의 질곡 속에서 더더욱 비인간적 삶을 살아갈 수밖에 없었다. 이러한 좌익활동으로 인한 가족의 수난이 팔자 사나운 며느리를 잘못 맞아들인 때문이라 하여 며느리를 더욱 원수시하는 고부간의 갈등도 있다.[22] 남편 때문에 당하는 경찰로부터의 시달림과 이웃의 질시 속에서 경제적 곤궁을 참고 견디는 중에서도 시어머니의 냉대와 적대감정은 이들을 인간적으로 더욱 병들게 했던 것이다. 또한 아들과의 만남을 기대하는 어머니들은, 이들의 급작스러운 죽음이나 행방불명에 대한 원한마저도 제대로 말할 수 없는 입장이다. '대역죄인'으로 정죄된 자식을 내 아들로서 떳떳하게 내세우지도 못하고 자식의 생사나 행방에 대한 소식만을 애닯게 기다리며 그 정을 억제하여 살아가는 경우가 허다할 것이다. 더욱이 좌익 아버지를 둔 자녀들의 경우, 그들은 철부지의 상태에서 그 피해를 경험하여 아버지에 대한 불안과 갈등을 평생 지니고 살아야만 했던 것이다. 피해만을 입힌 아버지, 공포와 불안의 대상으로서의 아버지이지만 완전히 망각해버리거나 의절할 수도 없는 부자관계를 인간적으로 재확립하고 수용해야만 하는 복잡하고도 괴로운 문제를 안고 있는 것이다.[23]

가장 순수한 인간적 연대성과 애정으로 단란하게 살아가야 할 부모자녀관계의 핵가족 단위는 이 시대에 있어서 민족공동체가 당한 분열과 싸움으로 완전히 파괴당하고 피해를 입어온 것이다. 이렇게 시작된 파괴적 피해는 6·25 동란으로 인해 더욱 확대되고 심화되었다. 더 많은 가족이 동적상잔의 전쟁과 민족해방과 통일을 앞세운 이데올로기

22 김원일, 『미망』.

23 김원일, 『어둠의 혼』 중에서.

싸움의 희생물이 되었으며, 민족공동체로서 지녀야 할 인간적 연대성의 기반마저 상실한 것이다.

2) 6·25 동란과 고아들

북한 정권은 남북한에 단독정부가 수립된 후 계속 공산주의 '민족해방'을 목표로 무력(武力)해방을 감행했다. 1950년에 6·25 남침으로 인한 동족상쟁의 비극은 미군정하에서 시작된 민족분열과 살상의 참극을 더욱 확대시키고 심화시켰던 것이다.

공산군의 계획되고 준비된 기습공격은 이에 대응할 준비를 미처 갖추지 못한 미군과 국군의 허를 찔렀다. 공산군은 남진을 계속하여 7월말 경에는 호남 일대를 점령했으며 최후의 낙동강 방어선까지 위협하는 상태에 이르렀다. 그러던 가운데 9월 15일 유엔군의 '인천상륙작전'은 공산군의 배후를 찔러 전세를 역전시켰으며 9월 28일 서울이 수복되었다. 이렇게 유리해진 전세를 몰아 10월에는 중부와 동부에서 38선을 돌파, 함경도로 북진했으며 서부에서는 신의주 국경까지 쉬이 도착할 수 있었다. 그러나 또다시 중공군의 개입으로 유엔군과 국군은 12월중 다시 후퇴하여, 그 이듬해에는 서울 이남으로 남하하는 1·4 후퇴의 혼란을 다시 겪어야 했다. 이러한 북진과 후퇴가 계속되는 정세에 따라 남하하는 피난민들의 악몽과도 같은 경험과 가족 이산의 피해는 민족분단의 상처로서 가족생활 속에 깊이 자리잡게 된 것이다. 이때 중공군의 남진으로 쫓겨 후퇴하는 피난민들의 철수작전이 이루어졌는데, 함경도 쪽에서는 그 유명한 흥남 철수작전에서만도 10만 명이 해상으로 단시일에 철수하는 대혼잡을 이루었으며, 평안도에서는 진남포에서 5만여 명을 해상과 육상으로 피난시켰고, 황해도 서해안에 운집한 피난민들도 1월 중에 6만 명 이상이나 해상으로 철수시켰다는 것이다. 따라서 1950년 12월과 그 이듬해 1월초 1·4후퇴 직전에 남하한 전체 피난민의 수는 100만 명에 가깝다고 정부는 추산하고 있다. 이들 피난민의 대부분은 가족의 일부를 북한에 둔 채 피난했거나 단신으로 월남한 사람들이었다. 전쟁 중에 미처 가족들에게 알릴 사이도 없이 피난대열에 끼어든 사람, 가족과 함께 남하하다가 생이별 또는 사별한 사람, 곧 통일이 될 줄 믿고 머지않아 다시 만날 것을 기약하며 가족과 헤어진 사람들이었다.[24] KBS가 1983년 6월말부터 7월 12일까지 접수한 이산가족찾기 신청자 수는 10만 952명이며, 그중 67.7%가 6·25동란 중에 헤어졌다고 한다. 전쟁은 이처럼 가족공동체의 삶을 파괴하여 수많은 가족의 연대성을 죽음과 생이별로 해체시키고 단절시켜 놓았다.

이러한 피난과정에서 부모를 잃고 자녀들이 뿔뿔이 헤어져 고아로서 또는 남의 집 수양아들·딸로서 살아온 경험담들은 이산가족수기의 전형을 이루고 있다. 이산가족의 비극과 사연들을 발표한 『아! 살아있었구나』(동아일보 출판부 편, 1983)의 12개 사연 가운데 부부간의 상봉인 두 경우만을 제외한 모든 사연들은 어린 자녀들이 부모를 잃고 형제마저 흩어져 파란만장의 고난을 겪고 살아남아 재회한 경우이다. 피난길에서 7살 난 아들을 찾아 헤맨 어머니의 통곡, 4살에 피난길에서 어머니를 잃고 인생의 밑바닥을 헤쳐온 한(恨) 서린 한 여인의 사연, 대동강에 아버지를 잃고 뿔뿔이 헤어진 3남매, 피난열차 속에서 헤어진 5남매의 이산 33년 등의 이야기가 포함되어 있다. 이렇게 헤어진 어린 자녀들은 전쟁고아로서 우리 사회에서 소외당한 채 외롭고 고생스런 삶을 체험하며 성장해왔다. 이들이 고아원에서의 배고픔을 못 견디어 길거리를 헤메다가 남의 가정지의 '수양아들'이나 '수양딸'로서 전전해가

24 위의 책, p.92.

며 살아나온 얘기들이다. 혈연을 중시하여 타성(他姓)의 자녀를 친자녀처럼 입양해 기르는 관습이 희박했던 우리 가족생활의 전통 때문에, 이 시대의 고아들은 한결같이 수양가족(收養家族) 속에서 학대와 멸시를 받았다. 어린아이들을 가사노동자로 취급하여 노예 못지않게 착취했고, 혹사당한 경험들이 이들의 삶을 더더욱 한스럽게 만들었다. "자신이 고아로서 너무나 많은 쓰라림과 서러움을 당했기 때문에 고아들에 대한 애착이 남달리 강하다"고 성인이 되어 어머니를 만난 아들은 말하고 있다.[25]

윤락가를 전전해온 한 여자는 "그녀는 집을 나와 무작정 버스를 탔다. 14세가 될 때까지 동네 밖을 나가보지 않았는데……. 어머니를 찾고 싶었다. 수양어머니의 학대가 심할수록 집에 있을 수가 없어 무작정 집을 뛰쳐나온 것이다"[26]라고 쓰고 있다. 4살에 어머니와 헤어지고 수양어머니 집에서도 가출한 14세의 순진한 소녀는 결국 윤락녀로 전락했다. 그녀는 윤락가에서 짓밟히고 죽지 못해 살아남은 몸으로 그래도 사랑하는 한 남자를 만나 따뜻한 가정을 이룩해보려 했다. 그러나 가난하고 약한 자들에게 냉혹한 사회는 이들에게 더욱 기구하고 절망적인 시련을 안겨주었다. 이러한 좌절 속에서 마침내 어머니와 형제들을 만나게 되었으나,

> 해를 보아도 눈물, 별을 보아도 눈물이었던 세월 속에 숨겨진 아픔은 그녀의 육신을 그냥 두질 않았다. 자살하려고 뛰어내렸다가 다친 머리의 통증이 시작되었다……[27]

---

25 동아일보사 출판부 편, 『아! 살아 있었구나』, p.43.

26 위의 책, p.168.

27 위의 책.

그녀가 살아온 지난 날의 슬픔과 아픔은 오늘도 이렇게 그녀를 괴롭히고 있는 것이다. 이처럼 피해받은 한 여인의 삶은 우리가 분단민족으로서 체험하는 비인간적 삶의 형태를 대표하고 있는 것이다.

3) 분단의 장기화

월남한 가족들에게 있어서 "고향생각은 단순한 향수가 아닌 집념"이라고 어느 월남한 작가는 자기의 소설에서 지적하고 있다.[28] 이러한 집념은 월남한 가족들에게 분단으로 인한 수난을 참고 견디게 하는 삶의 의욕과 희망의 원천이 되었으나 분단이 연장됨에 따라 그 희망은 좌절과 자멸로 변하여갔던 것이다.

1983년 KBS의 이산가족찾기 방송 동안에는 수많은 가족들이 만남의 기쁨을 누렸으나 한편 가족을 만날 수 없는 실향민의 좌절감에서 자살한 어느 노인의 사연이 신문에 보도되기도 했다. 71세의 박광실 노인은 소나무에 목을 매어 숨져 있는 시체로 발견되었다. 1·4후퇴 때 평남 대동군 고향에다 부모와 6형제, 그리고 부인과 세 자녀를 남겨둔 채 월남한 박씨는 평소에 늘 고향을 잊지 못해 자주 이야기를 해왔으며, 고향에 남겨둔 가족들에 대해 걱정을 하거나 회상에 잠겨왔다는 것이다. 11년 전 7·4남북공동성명이 발표되었을 때는 며칠 동안을 흥분 속에서 지새기도 했었는데 마침내 "북에 두고온 가족을 살아생전에 만날 수 없다는 절망감에 휩싸인 박할아버지는 이렇게 해서 스스로 목숨을 끊고 말았다"는 것이다.[29]

가족이 뿌리를 내리고 살았던 고향의 공동체적 삶에서 뿌리가 뽑힌

28 선우휘, 『망향』.

29 『아! 살아 있었구나』, pp.268~269.

월남가족들의 남한에서의 삶은 안정될 수 없는 것이 보통이다.

> 나는 매일매일을 임시로 자처하며 살았어. 이건 임시다. 이건 임시다. 이제 언제고 통일이 되면 그날로 돌아가야 할 몸이다 하고 말야. 그렇게 허구헌 날 임시를 자처하다 보니 뿌리를 깊이 내리면서 살아질 리 없었지…….

이것은 이호철 씨가 그의 소설 『월남한 사람들』을 통해서 하는 말이다. 월남한 가족들의 삶을 소재로 한 문학은 이미 한쪽에서 삶을 뿌리 뽑힌 수많은 월남민들의 남한에서의 불안하고 임시적인 삶의 모습을 제시해주고 있다.

> 그쪽 20년과 이쪽 20년. 그러나 그쪽 20년과…… 그쪽이 훨씬 짙었다. 그쪽의 20년이 그 무슨 원천을 이루고 있는 느낌이었다. 그 원천의 조명을 받으면 오늘을 살아가는 현우는 무언지 부박하고 얄삽하고 임시가건물 같은 것으로 생각된다[30]

라고 한 것에서 이들의 삶에는 분단상황 속에서는 결코 회복될 수 없는 깊은 공동체적 요구가 있음을 알 수 있다. 때문에 통일의 성취가 현실적으로 희박한 만큼 월남한 가족들은 체념 속에서 살아가고 있는 것이다. 그들은 이렇게 공동체적 삶의 근원에서 단절되었고 가족관계에서 이탈됨으로써 부모나 처자식을 다시 만나고자 하는 환상이 때때로 되살아난다. 월남한 남편이 북한의 부인을 생각하며 독신으로 살아가거나 혹은 재혼하여 새 가정을 이루고 살아가거나간에 가족을 만나고

---

30 이호철, 『이단자, 下』.

자 하는 환상에서는 떠날 수가 없었다. 월남해온 당시 데리고온 어린 딸이 성인이 된 모습을 모델로, 두고온 부인의 초상화를 그리는 화가 남편에게서 재혼한 부인은 소외를 느끼지 않을 수 없었다.

> 이북에 노부모와 아내를 남겨두고 어린 딸 하나만 업고 내려온 빈털털이 무명 화가를 불쌍해하다가 그만 사랑하게 되어서 결혼까지 하고, 홀아비와 어미없는 어린것의 궁기를 닦아내고, 사랑하고 섬기며 살아온 게 큰 허탕을 친 것처럼 억울하게 여겨졌다.[31]

이처럼 월남한 남편들이 재혼할 경우, 그 결혼관계에는 과거가 가로놓여 피치에 소원함을 극복하기기 어렵다. 처지를 다시 만나고자 하는 이들의 그리움과 환상은 남한에서의 혼인생활을 '분단오입'으로 느끼게 하는 것이다. 이정환 씨의 단편 「부르는 소리」는 7·4 공동성명이 발표된 후의 남북으로 나뉜 부부간의 환상적 대화를 통해 그들의 심정을 잘 표현하고 있다.

> 통일만 되면 내레 님재 여펜네디. 기리티요. 기리니끼니 됴강디텨가 좋은 것 아니감수. 내레 분단서방을 버리겠으니끼니 님재도 기놈의 분단오입을 안했으면 도캇시요…….

통일을 통한 가족의 재결합과 화합에의 열망을 환상적으로 처리한 것이지만 이들의 요구가 인간적으로 얼마나 강렬한가를 잘 나타내고 있다. 7·4 공동성명이 보여준 희망의 싹이 억제되었던 가족들의 재결합의 요구를 폭발시킨 것이었다.

---

31 박완서, 『겨울 나들이』.

월남한 가족들은 남한 사회에서의 생활을 체념한 상태에서 그럭저럭 살아가면서도 과거의 사실들이 그림자처럼 따라다니는 탓에 불행에서 벗어나지 못하는 예가 많다는 것이다. 이제는 단절된 가족관계와 고향이 과거로 잊혀지거나 물러서지를 않고 현재의 그림자로 따라다니니 결국 이에 지배당하는 것이다.

> 북쪽에 고향을 두고온 사람들에게는 고향을 떠나온 사실이 지난 일이 아니라 지금 벌어지고 있는 일이야. 그 사실이 과거가 되려면 고향가는 길이 뚫리거나 내가 죽어 의식이 없어져야 해. 고향가는 길이 뚫리지 않구 내가 살아 있는 한, 고향을 잃어버린 일은 과거 속에 파묻힐 수 없는 영원한 현재야.[32]

이들은 이렇게 과거에 사로잡혀 있어 마치 만날 수 없는 가족들의 "허깨비에 손목을 잡혀 지나간 날들 속을 헤매다니며 자신을 소모……"하는 것과 같다. 그러므로 남한에서의 결혼생활마저도 이들을 과거에 대한 환상에서 일깨워 새 고향에 소속된 안정된 삶을 영위하도록 할 수 없는 것이다. 결혼생활이 부부일체라지만 "살아가면 그럴수록 남편 마음 속의 그 고향 그림자 속에 아내는 참여할 수 없었다"라고 유재용 씨는 소설 『그림자』 속의 인물을 통해 월남한 남편과 남한의 부인 사이의 결혼생활을 그려놓고 있다.

공산군이 낙동강방어선 이북의 남한 전역을 점령하고 있던 2개월여의 기간은 마치 '하루가 여삼추' 같은 통치기간이었다. 이들은 점령지역에 '인민위원회'를 조직하여 보복적 살인·숙청을 위한 인민재판, 인적 물적 자원들의 강제동원 등으로 공포통치를 했다. 특히 공산군은 우

32 유재용, 『그림자』.

익인사와 그 가족, 군경과 그 가족에 대한 대량학살을 자행했으며 호남 지역에서 가장 많은 수가 이렇게 당했다. 이처럼 혈육을 살해당한 가족들은 평생 깊은 상처와 원한을 안고서 살아가게 되었다.

또한 이 시기에 구속된 우익인사들 중에는 공산군이 후퇴하면서 강제로 북송하여 소위 납북된 인사들이 많았다. 이들의 가족은 납치된 인사들의 생사여부조차 알지 못하는 채 그들에 관한 소식을 기다리며 재회의 희망을 저버리지 못하고 있다. 분단의 1세대인 부모들이나 부인들은 점점 노쇠하여서 생전에 가족을 만나고자 하는 희망마저 꺾여가고 있다. 이제는 그들의 자녀들인 분단 2세대가 납북가족의 아픔을 물려받아 그 희망과 절망의 이중적인 체험에 참여할 수밖에 없는 것이다.

사실상 인민군 치하에서 자의든 타의든 간에 공산군에 협력한 사람들 중에는 이들의 후퇴와 함께 월북한 사람들이 많다. 앞서 이미 제시한 바와 같이 이때 월북한 사람을 30만 정도로 추산하고 있다. 이들 역시 대다수는 단신으로 또는 부부가 어린 자녀만을 겨우 데리고 떠난 경우일 것으로 짐작된다. 이들이 부모 형제와 처자를 남한에 두고 월북함으로써 남겨진 가족들은 납치의 경우와도 달리 이산의 고통과 불안을 발표조차 할 수 없는 상태에서 마음 졸이며 살아가는 것이다.

소위 부역(附逆)한 사람들 중에서 월북하지 못하고 남아 있던 대부분의 사람들은, 국군이 진격한 후 부역자 색출·처벌 등의 과정에서 보복적 살인이나 처형의 대상이 되었다. 어떤 농촌지역에서는 전 촌락이 보복의 대상으로 살해당함으로써 민족상잔의 한은 꼬리에 꼬리를 물고 그 피해가 심화되고 확대되어간 것이다. 대표적인 사건은 신문에 보도된 바에 의하면 거창군 신원면 사건으로서 1951년 2월, 8백여 명의 양민들이 공비(共匪)로 몰려 세 군데의 골짜기에서 학살당한 것이다. 이들 중에는 부녀자들이 상당수 포함되어 유족 중에는 홀아비들이 많이 생졌다. 그리고 이 지역의 300여 가정에서는 이렇게 죽은 원혼들을 위로하기 위해 제사를 지내고 있다는 것이다.[33] 경남 산청과 함양군에서도 양민들이 '빨갱이'로 몰려 국군에 의하여 학살된 사건이 있었다. 이 지역의 각각 세 곳에서 150명, 250명, 250여 명 등이 학살당했다. 그 당시 어느 지서주임이었던 한 경사의 목격에 의하면,

> 유부녀 및 처녀들에게 빨갱이 혐의를 뒤집어 씌워 지서에 연행해서는 수많은 부녀자와 처녀를 간음했다……지방 청년들을 빨갱이로 몰아 지서로 끌고 가서는 갖은 폭행과 고문을 하니 고문에 의한 사망자가 20여 명에 달하여 유가족들은 분개하고 있다[34]

고 한다. 이러한 사건은 경북 점촌,[35] 전북 남원[36] 등지에서도 있었다. 공산 치하에서 당한 광적인 살상에 대한 보복으로 다시 수많은 양민들이 학살을 당하는 비인간적 참극이 저질러졌음에도 유족들은 그들의 억울함을 호소할 길도 없이 상처를 억누르며 살아온 것이다. 좌우익의 싸움은 동족간의 적대적인 보복과 불신의 씨를 수많은 가족들의 가슴에 심어놓은 것이다.

분단시대를 다룬 소설들은 이 시대에 치열했던 좌우익간의 보복적 행위에 피해당한 수많은 가족의 문제들을 소재로 삼고 있다. 공산군의 후퇴와 더불어 월북한 좌익이나 그 동조자들의 남은 가족은 가족이 남한에서 보복을 당하거나 처형을 당한 후 아픈 상처를 안고 살아가는 사람들보다 더한 비밀을 남몰래 안고, 평생을 발안에 짓눌려 살아가는

33 『조선일보』, 1960년 2월 11일자.

34 『조선일보』, 1960년 5월 17일자.

35 『조선일보』, 1960년 5월 19일자.

36 『조선일보』, 1960년 5월 20일자.

것이다. 월북자의 가족이라는 사실을 감추며 살아가야 하는 부담과 아울러, 한편 그들이 북에서 밀봉교육을 받고 간첩으로 남파될 가능성 때문에 공포와 불안에 떨며 살아간다. 실제로 수년 만에 나타난 가족을 차마 신고하지 못하고 만남으로써 온 집안이 간첩사건에 연루되어 폐가한 경우가 신문 지상에도 보도되었었다. 또 월북한 사람과의 가족관계 탓에 사회생활이나 공적(公的) 역할에 피해를 당하며 위축되는 경우도 많다. 아마도 월남가족을 둔 북한의 가족들도 역시 철저한 감시와 위협 속에서 피해를 받으며 불안에 사로잡혀 살아가고 있을 것이다. 이처럼 가족이 남북으로 나뉘어 있다는 사실은 단순히 지역적으로 분산되고 나뉜 것만을 의미하지는 않는다. 분열과 대립의 위협이 내포되어 있어 가족들은 '무거운 틀니'의 통증을 앓아야 하며, '도피이민'으로나마 해방되고자 하는 충동을 안고 살아가는 것이다.[37]

송기원 씨의 『월행』(月行)은 부역한 아들로 인해 수많은 가족 친척이 몰살당한 한 집안의 살아남은 노부친과 그 아들과의 관계를 이 사회의 시대적인 현상으로 제시해주고 있다. 인공군 치하에서 부역한 남자에 대한 보복으로 그의 아내, 형제 및 친척들이 몰살당한 후에도 그는 자수하지 않고 도망쳐서 전전하며 살았으나, 나이먹고 병든 몸이 되어 살아남은 노부친과 죽은 일가 친척에게 사죄하고자 고향 동리로 돌아온다. 노부친은 이 아들을 이미 죽은 자로 쳐 사망신고를 했으며 몰살당한 가족들과 함께 무덤도 만들어놓았었다. 부친은 아들에게 말하기를,

> 설사 니놈이 살아 있는 걸 알았다손 치더라두 어떻게 니놈두 없이 다른 원혼들을 묻는단 말이여?……니놈은 호적에도 없다. 사망신고를 했어. 살어남은 사람은 살어야 허닝께……

37 박완서, 『세상에서 제일 무거운 틀니』.

이 노인에게 있어서 이 아들은 유일하게 살아남은 맏아들이었지만 이를 끝내 내쫓고 만다. 병든 몸으로 갈 곳조차 없는 처지에서 "아부님 전 인제 아무 데도 못 가겠수" 하고 매달리는 아들을 노부는 완강하게 거절했다. "안 된다. 니놈은 이 마을에서 살지 못할 놈여", "아무래도 죽을 목숨이우", "죽드라두 타처에 가서 죽어라"고 하면서 내어쫓았다. 이처럼 산 자식을 죽은 자로 쳐서 혈연의 정을 끊지 않을 수 없도록 강요하는 현실에 적응하여 살아가야만 하는 가족들은 그들의 병든 몸과 함께 서서히 병들어 죽어가고 있는 것이다.

이 시대의 보복적인 행위의 참상은 촌락과 가족의 단위에서 광적으로 자행되었다. 흔히 집안간의 뿌리깊은 원한, 지주·소작간의 이해관계, 가족 내의 적서(嫡庶)관계나 주종관계의 갈등이 사적 보복의 동인으로 되어 폭발했다. 이런 와중에서 원한의 대상이 누구인가에 대한 판단도 없이 수많은 사람들이 억울하게 죽어갔으며 이로 인한 집안간의 복수의 원한은 후손들에게로 그 대를 잇는 실정이다. 특히 여성들에게 가해진 피해는 전통적 정절관과 현모양처의 여성관에 젖어 있는 이들에게 원한의 씨앗을 깊이 뿌리박아놓았다. 조정래 씨의 연작소설 『불놀이』를 통하여 이 시대적인 상황이 여성들에게 미친 영향과 아울러 아들세대에까지 그 부담이 어떻게 계승되고 있는가를 살펴볼 수 있다. 지주인 신씨 집안에서 종살이하던 대장장이 배점수가 품고 있는 양반층과 가진 자들에 대한 적개심과 증오심이 6·25 발발을 기회로 신씨 집안을 상대로 한 보복 행위로 나타난다. 이 과정에서, 남편의 참살을 목격하고 임신 중에 있는 몸으로 강간당한 부인이 살아남아 유복자를 키우며 원한에 병들어 죽어가는 참상을 볼 수 있다. 자결하지 못하고 살아가는 신씨 부인은 그 한이 가슴앓이가 되어 괴로워했다. "남편을 죽인 원수의 사진을 간직한 채 복수의 원한을 가슴 속으로 끓이며 어머니는 20년의 세월을 살아온 것이었다." 이 어머니는 죽기 전 유복자 아들에게 자기의 한을 물려주게 된다. 원수의 사진을 넘겨주면서 "아부지 원수를 꼭 갚아야 혀……"라고 유언을 했고, 사진까지 남겨주는 것으로 반드시 원수를 갚으라고 명령하고 있었다. 만약 그 자를 찾아내서 원수를 갚게 된다면 유복자로 키운 하나뿐인 아들이 어떤 신세가 되리라는 것을 상상하지 못했을까? 이것이 바로 아들세대가 물려받은 한이다. 그러나 이것은 복수로 극복될 수 있는 것이 아님을, "그건 어디까지나 전시대에 일어난 일"로서 "일을 저지른 당사자의 책임"으로 돌려야 한다는 것을 깨달은 것이다. 민족분열의 수난기에 겪은 개별 가족의 다양한 비인간적 경험이 고통과 원한으로 쌓여 대를 물려주고 있는 현실에서, 공동체의 삶과 발전을 지켜가기 위해서는 파괴적이 아닌 창의적이고 적극적인 방법으로 과거의 상처를 치유하고 원한을 극복해야만 한다. 이러한 가족관계를 진실로 이해하려는 입장이란 과거를 망각하고 도피하려는 것이 아니며, 그 실상을 받아들여 상처를 치유하고 새 생명을 키우고자 하는 미래지향적인 자세인 것이다.

4. 결론

이 연구는 국토분단과 민족분열이 가족생활을 해체시키고 이산시킨 현상을 파악하는 한편, 분단과 분열의 역사적 과정이 개별 가족의 인간적 삶에 미친 비인간적 피해를 체계적으로 이해하기 위한 문제제기를 시도해본 것이다. 그러나 연구를 끝맺는 단계에서 시작할 때마다 이러한 연구의 어려움과 좌절을 더 깊이 느끼게 된다. 우리의 민족적 수난이 너무나 엄청난 상처를 우리들의 가족관계와 공동체적 삶 속에 남겼기에 30여 년이 지난 오늘에 와서도 그 상처의 객관화와 그것이 의미하는 함축성을 제대로 직시할 수 없는 입장에 있다. 어쩌면 이것은 이 시대에 살고 있는 우리들의 능력의 한계를 넘어서는 과제일지도 모른다. 그러면서도 이것을 완전히 외면하거나 망각해버릴 수 없는 것이 분단된 공동체에서 살고 있는 우리들의 본질이며 고민인 것이다. 이렇게 엄청나고 불가능한 과제에 도전해보려는 무모한 시도가 결국 조잡한 문제제기에 불과했음을 느낀다.

사실상 이 시대의 분단문학이 이 과제에 이미 도전하여 민족분단에서 받은 상처를 어떻게 직면하며, 인간적으로 치유하고 이로부터의 해방을 얻을 수 있을 것인가에 대한 해답을 모색하는 노력과 고민을 해오고 있다. 그러나 본 연구는 여러 가지 제한된 조건에서 분단소설에 대한 분석적 연구를 본격적으로 시도하지 못한 채, 장차 이러한 연구를 시도하기 위한 문제제기 정도에 그치고 말았다. 앞으로 소설을 체계적으로 분석하기 위한 객관적 방법과 기술이 모색되어야 할 것이다. 분단소설의 분석적 연구를 위해서는 소설이 제시하는 피해적 사실의 다양한 형태가 가족관계의 차원에서 어떻게 제기되고 있는가를 1차적으로 파악할 수 있어야 할 것이다. 분단으로 인한 여러 형태의 피해가족이 그 원초적 인간관계에서 경험하는 다양한 비인간적 문제의 형태가 무엇인지 이를 유형화할 수 있어야 할 것이다. 그리고 분단문학이 우리의 이 시대적 삶의 비인간적 피해를 극복하고 이에서 해방되고자 하는 욕구와 개별적 및 공동체의 실천적 노력을 어떻게 형상화하고 있는가를 분석적으로 이해할 수 있어야 할 것이다. 이러한 문제의식을 제기하는 것은, 분단사회의 성격이나 분단가족의 문제를 사회과학적 방법만으로는 규명할 수 없다고 여겨 문학과 상호작용하는 과정에서 어느 정도의 가능성을 모색할 수 있을 것으로 생각하기 때문이다. (1984)

3부

분단시대의 여성문제

7장

여성과 역사

1. 새로운 역사인식

여성들은 그들의 삶이 자녀 출산과 양육을 위한 모성으로서의 존재와 역할을 인식하는 데서 뚜렷한 역사의식을 갖지 못했다. 한 가정을 초월한 국가·민족공동체의 주인으로, 역사발전에 동참하는 주체자로서 자신들을 인식하지 못했다.

자녀 출산과 양육은 포유동물이 지닌 자연적 생물학적 기능에 직결된 것이다. 임신과 출산을 인공적으로 제한하고 임의로 통제할 수 있는 피임법의 사용과 가족계획이 실시되지 않았던 오랜 세월 동안, 여성은 자신들의 육체를 보호하고 임신을 자의로 조절할 수 있는 주체적 힘마저 갖지 못했다. 가부장제 사회에서 남성들이 요구하는 혼전순결이나 일부종사의 정절을 지키기 위해서는 남성에의 의존과 보호가 필요했다. 딸, 동생, 아내 또는 어머니라는 입장에서 남자의 보호를 받아야만 했다. 그런 데서 주인 또는 보호자가 없는 여자는 뭇남자들의 성적 희롱과 폭력의 희생물이 될 수 있었다. 이런 처지에서 남자의 보호를 받는 대신 그 집안을 위해 '현모양처'로서 일생을 봉사하며 희생적으로 살아야 했던 것이다. 이것은 여성의 '운명'이며 이 길밖에 다른 선택이 없었다. 그 결과 여성의 의식은 한 가정의 울타리를 넘지 못하고 가정이 그들의 우주가 되었던 것이다. 이로써 여성에게 있어 자녀를 낳아 훌륭하게 기르는 것조차 이것이 국가와 인류를 위한 사회적 역할인 것으로 인식하지 못했다. 남편의 혈통을 이어주고 시집의 가계를 계승하며 번성하게 해주는 일부종사의 의무와 책임으로만 자부했다.

일생을 노동하며 봉사하는 그들의 삶이 한 가정뿐만 아니라 국가를 위한 생산자로서 그리고 노동력을 양육하고 지탱시키기 위한 사회적 역할인 것을 인식하지 못했다. 사회나 국가공동체를 위한 책임이나 역사를 창조하는 역할을 남성들의 영역이며 직업인 것으로 잘못 생각했다. 즉, 한 가정의 안주인으로서 삶의 보람을 지키려는 데서 역사에서 소외되고 역사를 창조하는 주체자로서의 의식과 자부심을 갖지 못했다. 여성의 존재의의는 자기 자녀와 그 가정의 이익만을 지키는 데 있는 것으로 생각하며 살아왔다.

여성들이 이렇게 역사의식을 갖지 못한 것은 자녀 출산과 양육이라는 자연적 기능을 한 것 때문만이 아니다. 이것은 남성지배의 사회 속에서 사회·문화적으로 그렇게 길들여졌기 때문이다. 실제로 여성들이 국가 사회를 위해 남성보다 더한 이중, 삼중의 책임과 역할을 해온 것이다. 그럼에도 불구하고 가부장제 사회는 여자를 한 남자의 사유물로 취급하여 가정에 예속시켰다. 국가와 민족의 역사를 위해 여성들이 절반 이상으로 기여해온 희생적 기여를 제도적으로나 사회적으로 공인하지 않았다. 여성들이 지닌 인간적 능력과 사회적 존재로서의 권리를 제도적으로 허용하지 않은 것에 문제가 있는 것이다. 가정과 사회가 여성의 희생적 삶으로 지탱되었음에도 불구하고 사회적 권리와 기회는 남성들의 독점이 되었고 여성을 지배하는 위치에서 차별을 해온 것이다.

인간역사는 인간해방을 지향하는 민주사회로 발전해간다는 것을 여성들도 이제 깨닫게 되었다. 남녀간·빈부간·인종간에 자행되는 모든 비인간적 차별을 극복하는 민주사회를 건설하는 데 남녀가 함께 동참해야 하는 것으로 믿게 되었다. 그러므로 여성들이 지금껏 살아온 역사에 대하여 먼저 여성의 인식을 새롭게 해야 할 것이다. 여성생활에 대한 새로운 인식을 가지고 앞으로의 민주사회 발전을 위한 여성의 역할을 이해하며 모색해나가야 할 것이다. 역사에 대한 주인의식을 가지고 가정 안에서 가정 밖에서 할 수 있는 역할을 창조해가야 할 것이다.

사람들은 흔히 역사를 위한 여성의 역할을 어느 예외적인 여성지도자를 중심으로만 생각하는 경향이 있다. 여성 선각자나 특별한 능력을 지닌 체육인 또는 정치가들이나 역사를 빛낼 수 있다고 생각한다. 물론 이러한 특수 인물이나 지도자의 역할이 과소평가될 수 없는 긍정적인 면이 있다. 그 반면 그들의 역할이 때로는 영웅적 출세를 위한 불의한 권력과 야합함으로써 여성을 위해서나 국가공동체를 위해 부정적 역할을 하는 경우도 있다. 그러므로 여성을 역사적으로 올바르게 이해하기 위해서는 이러한 소수 여성의 삶이나 업적만을 문제 삼을 수 없다. 이름이 없고 지위가 없는 상태에서 묵묵히 살아온 여성들의 생활 자체에서, 특히 국가나 민족공동체의 경제를 위해 생산적 노동을 담당하며 가족의 생존을 지탱해온 피지배층 여성들의 노동과 삶을 이제 새롭게 인식해야 할 것이다.

2. 국가경제와 여성노동

그동안 여성의 역사를 연구해온 사람들 중에는 이조시대와 같은 전통사회의 여성생활에 대해 제한적으로 이해하는 경우가 있었다. 우선 이조시대가 엄격한 가부장제도로써 여성에게 지워준 운명, 즉 삼종지도(三從之道)의 존재로서 여성을 예속시켰다는 일반론을 부분적으로 비판하는 입장이 있다. 이 입장에서는 흔히 민비의 역할이나 수렴청정을 한 대비들의 역할을 지적하여 여자들도 권력에 참여하여 왕권에 영향을 미쳤다고 주장한다. 왕실의 권력다툼이나 세도가들의 당쟁의 틈바구니에서 여성들이 자기 집안을 위한 권력유지나 쟁탈을 위한 암투에 영향력을 미친 것을 중요시한다. 이것이 마치 이 시대 여성들의 지위나 권리를 상징하고 대변하는 것인 양 강조해온 면이 있다. 지배층 여성들의 역할이 그 시대 정치에 직접·간접으로 영향력을 미쳤으리란 것을 짐작할 수 있다. 그리고 여러 가지 사실이 이것을 잘 뒷받침한다. 그러나 그들의 그러한 역할이 백성들의 이익과 일치하고 민중의 삶을 위한 발전에 기여한 것인가 아닌가에 대한 문제는 별로 연구되지 않고 있다. 이러한 문제의 평가 없이 지배권력에 관련된 여성들의 정치적 및 문화적 역할만이 부각되었다.

다른 한편으로는 전통사회의 여성을 이해하는 입장이 주로 양반층 중심의 여성생활에 한정되어 있었다는 점이다. 이 계급의 여성들이 열녀관과 내외법에 묶여 안방의 규수로서 정숙한 삶을 살아온 것을 미화하는 한편 인간적으로 억제해온 그들의 한을 문제시해왔다. 일부종사의 정절과 삼종지도에 기반한 제도적 규율이 인간적 욕구를 억압한 데서 여성의 삶과 문학은 한의 표현으로 이해된다. 그리고 일반 상민층 여성에 관하여는 고된 시집살이에 시달린 여성들의 생활만을 문제시한다. 그들의 노동과 희생을 남편과 그의 집안만을 위한 가정 내적인 문제로 파악했다. 여성들이 가정생활에서 자녀양육뿐만 아니라 가족농사에 참여하며 물레를 잣고 베틀에서 옷감을 짜는 생산노동을 도맡아온 것을 가사 노동의 일환으로만 보는 경향이 있다. 삼이나 목화 재배를 위해 밭농사를 하며 양잠을 해서 삼베, 무명 및 명주 등의 직포를 담당한 생산노동을 가족의 자급자족을 위한 원시적 노동으로만 인식했다. 그러나 전통사회의 농업이나 직포생산에서 여성이 차지한 노동의 의의는 국가 경제생산에 기본 역할을 담당한 것이다. 그러므로 그러한 생산노동은 국가경제에 기여한 역할로서 새롭게 인식되어야 할 것이다.

경제생활은 산업화하기 이전까지는 농업과 수공업에 의존해왔다. 그리고 농업과 수공업을 우리 사회에서는 주로 가족단위로 경영해왔다. 자작농으로서나 소작농으로서 가족적으로 농사를 경영하며 생산노동에 종사했다. 그리고 농가에서 수공업을 부업으로 경영하든가 장인 집안에서 가족적으로 수공품을 생산했다. 왕실과 양반계급은 농민과 수공업에 종사하는 장인들에게 그 신분에 해당하는 조세와 부역을 과징하여 강제로 징수했다. 이에 따라 백성들은 병역 이외 농사와 부역을 통해 국가지배층에 대한 의무를 수행해왔으며 이들의 생산노동은 국가재정의 원천과 경제생산의 기반이 되었다. 이것은 왕권을 중심으로 한 봉건적인 사회경제구조로서 이 속에서 여성이 담당한 국가경제의 성격을 우리는 구체적으로 잘 이해해야 할 것이다.

국가경제의 생산을 담당한 농민가족에게는 농토의 사유권이 허락되지 않았다. 이 시대의 토지제도는 원칙적으로 왕의 소유이며, 왕권의 재량에 따라 농토의 소유권이나 경작권을 양반층이나 농민층에 부여하는 것이었다. 농민들은 왕의 땅에서 농사를 짓고 사는 대신에 그들의 농산물이나 수공품의 큰 몫을 지대나 공물로서 바쳐야 했다. 그뿐만이 아니라 남자장정들은 병역의무 이외에 요구되는 부역을 위해서 수시로 노동을 바쳐야 했다. 여자들은 병역과 부역에서 제외되긴 했으나 국가의 필요에 따라서는 남자들의 부역 대신 무명, 삼베 2, 3필씩을 바쳐야 했다. 그리고 쌀과 함께 삼베, 명주, 무명뿐 아니라 돗자리, 도자기, 약재 등 온갖 특산품을 조세로 바쳐야 했다. 특히 17세기에 와서 이조의 조세제도가 대동법의 실시에 따라 미포(米布) 징수로 한정되었다. 이에 따라 여자들이 전적으로 생산하는 직포는 쌀과 함께 실물화폐로서 중요한 기능을 했다. 미포는 국가 재정수입의 기본재원이 되었고 징수, 수납, 지불, 가치의 척도 및 교환의 수단이 되었다. 그러므로 여자들이 짜내는 직포는 자기 가족의 의복을 만들기 위해서만 사용된 것이 아니다. 국가 전체의 수요와 경제기능을 위해 생산했던 것이다. 때와 지역에 따라서는 약간의 차이가 있었지만 무명·삼베의 교환가치는 전국적 평균으로 보아 무명에나 삼베 두 필이 쌀 1섬과 일치했다. 쌀과 천을 서로 바꿀 수 있었을 뿐 아니라 어디서든지 각자 희망하는 다른 용역과 재화로 교환할 수 있었다는 것이다.

이조시대를 통하여 농가에서 쌀을 생산하기 위한 논농사는 주로 남자들의 주관이며 그들의 노동력에 의해 행해진 것 같다. 여자들이 농번기에 노동력을 품팔이한 흔적이 있긴 하나 주로 남자들의 담당이었다. 그러나 목화 재배 및 양잠들은 여자들이 맡아 분업화되었다. 이것은 무명이나 명주 등의 직포가 여자들의 전업이었던 데서 그 원료를 생산하는 밭농사도 주로 여자들이 담당했다는 것이다. 밭에서 목화를 재배하여 수확하고 양잠을 해서 누에고치를 거두었다. 목화와 고치에서 물레를 자아 실을 뽑았으며 베틀로써 직포를 했다. 이렇게 모든 생산과정을 여자들이 전담했다. 지역적으로 볼 때 삼베 생산은 주로 북한지방이었다. 목화 재배는 기후관계로 주로 전라도와 경상도 전역에서 가능했으며 따라서 직포도 이 지방의 농가에서 널리 이루어졌다.

17세기에 대동법이 실시된 이후엔 여자들이 직포를 생산하려는 동기가 상당히 고조되었다. 이들은 자가소비를 위한 것뿐만 아니라 시장의 물품교환을 위해서나 부의 축적을 위해 생산성을 높이려는 의욕이 고조되었다. 특히 18세기에는 화폐경제가 시작되어서 자가소비를 하고 남은 잉여생산품은 향시(鄕市)를 통해 판매가 가능하게 되었다. 어떤 농가에서는 베틀을 2, 3대씩 설치하고 이웃 여자들을 고용하여 전문적으로 생산했다는 것이다.

사실상 이 시대에 있어서 여성들이 전국적으로 생산해내지 않으면 안 될 직포의 수요를 국가적 차원에서 정확하게 추산한다는 것은 어려운 일이다. 이조시대에 기록된 공식통계가 없기 때문에 어림잡아 추산할 수밖에 없다. 이조사회에서 기본적으로 요구된 직포의 수요량은 백성들에게 필요한 옷감의 수량에서뿐 아니라 대외무역 및 군사적 목적의 수요도 있었던 것이다. 사학자들이 제시한 바에 의하면, 1609년경에는 정부가 일본과의 무역조약에서 매년 1,120동(5만 6천 필)의 면포를 원칙적으로 수납해야 하는 군보포(軍保布)의 수량이 100만 필이 넘었다고 한다. 이것은 농민들이 자가수요를 위한 직포생산 이외 많은 잉여생산을 했다는 사실을 실증하는 것이다.

조선근대사를 연구하는 일본 사학자 가지무라(梶村) 씨는 이조후기 사회의 섬유직물 수요량을 추산했다. 그의 추산방법은 참으로 흥미있는 것이다. 그는 농민들의 연간 1인당 면소비량이 최저 3분의 1필이었을 것으로 본다(재래식 무명은 광이 좁고 길이가 짧은 데서 이렇게 추산한다). 이것은 농민이 무명옷 한 벌을 가지고 3년씩 입는 경우를 전제했을 때 3분의 1필 정도로 잡고 있는 것이다. 그러나 1년 동안 겨울철과 여름철에 한 벌씩 해입는 경우를 가상한다면 이것은 2필 정도가 소요될 것으로 계산한다. 따라서 중간을 잡아 일년에 한 벌 정도로 예상하여 전국적인 수요량을 1천만 필로 보았다. 이것은 이조후기 인구를 1천만으로 추산하는 입장이며 여기에 일인당 한 필로 계산한 것이다. 그리고 직포 1천만 필에 소요되는 목화는 조면(繰綿, 씨를 앗아 틀어놓은 솜)으로 환산하여 400톤이라고 본다. 이것을 생산하는 여성의 노동은 실을 만드는 것과 직포의 노동과정까지 합친다면 상당한 노동력이 제공된 것이다.

여성들의 직포생산을 위한 원료재배 및 방적노동의 양은 국가적으로 볼 때 이렇게 엄청난 것이다. 그러나 이것은 이조사회의 개항과 더불어 민족적인 섬유산업으로 발전할 수 있는 자체적 기반이 되지 못했다. 개항 직후부터 일본의 자본주의 침략과 식민지정책으로 영국산 옥양목이 섬유시장을 침식하다가 점차로 일본제 섬유제품이 지배했다. 농촌의 여성들은 직포생산의 수지가 맞지 않는 데서 생산의욕이 상실되었으며 가계수입을 돕는 산업의 기회가 박탈당한 것이다. 총독부는 목화 재배를 강조하여 일본 섬유산업의 원료로 싼 값에 강탈해갔으며 일본공장에서 생산한 섬유제품은 한국시장에서 소비됨으로써 한국소비자들, 특히 농민들은 2중 3중의 착취를 당했다. 이러한 식민지 경제정책으로 농민들은 더욱 궁핍해졌으며 농촌의 부녀자들은 생존을 위한 일자리를 찾아 도시로, 일본으로 떠났다. 그리하며 섬유공장의 여공으로 열악한 노동조건에서 저임금노동자도 착취당한 것이다. 노동법도 제정되지 않은 상태에서 여공에 대한 착취는 잔악무도한 것이었다. 이러한 과정에서 식민지 섬유산업이 여공들의 피땀 위에 성장했으며 섬유산업을 포함한 모든 수출산업이 계속 여공들의 희생적 노동 위에 발전해온 것이다. 이러한 역사적 배경을 이해할 때 1920~30년대에 나타난 여공들의 노동쟁의 및 민족적 노동운동, 또한 지난 1960년대 이후 계속되는 여성노동운동의 성격은 불운한 민족역사의 한 단면으로 파악될 수 있는 것이다. 여성노동자들의 희생은 어느 기업의 노사문제만으로서 이해될 수 없다. 식민지로서 분단국가로서 착취당하는 민족의 희생을 가장 직접적으로 최일선에서 몸소 당하는 문제인 것이다. 이에 대항한 그들의 항거와 생존권투쟁은 과거 100년 동안 계속된 항일독립과 민주통일을 위한 민족운동사와의 연관에서 이해되고 평가되어야 하는 것이다.

그리고 현대적 산업사회에서 여성들이 계속 저임금 노동력으로 착취당하여 모든 직장에서 차별당하는 문제는 이조시대의 여성들의 생산노동의 형태에 비추어 그 근원을 파악할 수 있어야 할 것 같다. 이조사회의 봉건적 경제구조에서는 가족을 단위로 적은 농토를 경작하며 농사를 지었다. 그리고 모든 수공업도 가내부업적으로 가족단위로 영위되었던 것이다. 그런 이유로 여성들이 목화를 재배하고 양잠을 해서 포목을 생산한 수공업이 가사노동과 더불어 사적 노동으로 취급되었다. 봉건사회에서는 공물과 부역을 포함한 모든 조세제도가 가족단위의 노동과 생산력을 경제적으로 수탈한 것이다. 여자들의 생산노동이 남권으로 대표되는 가족을 통해 수탈당했으며, 이로써 위협당한 가족의 생존을 위해 다시 죽도록 노동을 한 것이다. 직조가 가내부업의 단계에서는 가사노동과 생산노동의 구별과 분업 없이 부녀자들에 의해 이루어졌다는 사실에 주목해야 한다. 현대 산업에서는 여자들의 생산노동이 가정밖에서 이루어지며 직장에서 받은 임금으로 가족생활을 영위한다. 주부들은 남편이 받은 임금으로 가족생활을 영위한다. 주부들은 남편이 받아 온 임금으로 가정을 위한 소비자 역할을 하며 따라서 가사노동에 전념하는 것이다. 이에 비추어 이조시대 농가 여성들의 노동을 생각한다면 참으로 엄청난 정도의 노동량을 상상할 수 있으며 그 고달픈 삶을 이해할 수 있는 것이다. 피임법이 실시되지 않은 시대에 계속되는 임신과 출산, 자녀 양육의 모성역할을 기본으로 시집살이와 농사 뒷바라지를 해가면서 밤을 새며 베를 짜내야 했던 것이다. 여성들의 이 모든 희생적 노동이 가족의 생존과 자녀 양육이라는 명분에서 제도적으로 강요되었다. 이러한 봉건사회의 가족제도적 전통이 민주주의를 기본으로 한다는 현대적 산업사회에 그대로 유지되고 있다. 가족법으로 여성의 예속과 희생을 여전히 강요하고 있다. 그리고 부녀자들은 남편과 아버지에 예속된 것으로 취급하여 경제정책이 여성을 가내부업적 노동력으로 취급하며 모든 기업과 직장이 여성의 인권을 인정하지 않는 상태에 있는 것이다. 이러한 현실은 가부장제 전통을 국가적으로나 기업의 차원에서 이용하여 존속시켜가고 있는 것에서 나타나는 것이다. 이제 현대사회에서 여성들이 직업을 가지며 국가경제에 기여하는 한편, 직업의 권리를 누리기 위해서는 이러한 가부장제 전통의 유산을 극복하기 위해 노력해야 할 것이다. 이것을 위해서는 민주헌법이 보장하는 노동 3권을 누려야 한다. 모든 직업에 종사하는 여성들이 직장별 또는 직종별 노조를 조직하여 노동운동을 전개해나가야 할 것이다. 이것은 여성들의 경제적 이익과 권리를 단순히 향상시키려는 데만 목적이 있는 것이 아니다. 이것은 취업여성들로 하여금 그들의 직업과 사회적 노동에 대한 책임의식을 고취하여 국가경제발전에 책임 있게 참여하고 기여할 수 있게 하는 것이다. 산업사회의 계속적 발전과 안정은 노동자들의 책임 있는 권리의식과 권리의 보장 없이는 이루어질 수 없는 것이다.

3. 민족통일운동과 여성

분단시대를 통한 여성운동은 아직도 여성들의 집합된 의식을 분단된 조국에 대한 역사의식으로 발전시키지 못하고 있다. 4·19 이후 계속된 젊은 세대들의 민주통일을 갈망하는 운동에 비추어볼 때 여성단체들은 여성생활에 직결된 소비자운동, 가족법개정운동, 여가선용을 위한 평생교육운동 등의 안일하고 미시적인 문제의식에서 벗어나지 못하고 있다. 과거 100년 동안의 교회사에서는 민족독립을 선언하고 3·1 운동이나 강요된 신사참배를 반대한 항일신앙운동에 교회여성 등이 앞장선 것을 볼 수 있다. 우리의 기독교적 신앙이 개인적 구원만이 아니라 민족의 해방과 독립을 위한 애국애족의 신앙으로 확립되었던 것이다. 그런데서 어느 종교단체에서 보다 기독교의 여성단체들이 독립운동에 앞장섰던 것이다. 이러한 전통에서 분단시대를 통하여 교회여성들은 한국사회의 복음화를 위해 그 열성이 계속되고 있으며 교회성장에 큰 몫을 담당하고 있는 것이다. 그러나 교회여성들의 신앙운동은 아직도 분단시대를 극복하려는 역사의식과 연결되지 못하고 있는 것 같다. 그러나 점차로 민주통일이라는 이 시대의 역사적 과제를 교회 안에서나 대사회적으로 어떻게 교회여성운동과 연관지어야 할지 고민하고 있는 듯하다. 1970년대를 통하여 일부 소수의 교회 여성지도자들은 이미 그 역사적 역할을 해왔다. 교회여성연합회의 차원에서의 인권운동, 민주화운동, 평화운동 등은 젊은 세대들의 민주·통일운동의 역사의식과 궤를 같이할 것으로 안다. 그러나 이러한 역사의식과 노력은 극히 제한된 범위에 머물고 있으며 교회여성운동의 성격으로 확산되지 못하고 있는 것 같다.

이 시대에 살고 있는 여성들은 이 사회가 겪고 있는 모든 고난과 기쁨이 바로 민주화와 통일에 관련된 것임을 자각해야 할 것이다. 분단으로 인해 분열된 이산가족의 아픔은 그 가족들만의 아픔이 아니다. 우리 모두의 아픔이기에 이산가족의 만남으로 인한 그들의 기쁨을 우리가 다함께 공감하며 기뻐할 수 있는 것이다. 1천만 이산가족의 아픔은 우리 민족의 아픔인 것이다. 그리고 동족간의 상쟁과 대립, 그리고 불신과 적대시는 우리 자신의 분열과 불신이며 인간성의 말살인 것이다. 서로가 서로를 불신하는 데서 노동자의 정당한 권리주장을 빨갱이 놀음으로 불신하고 억압하며 처벌하게 되는 것이다. 자주경제와 민주주의를 요구하는 젊은 세대들의 부르짖음도 우리는 위험시하고 불신하는 것이다. 그런 데서 이 땅에 태어나 역사를 이룩해온 우리 가족들은 이 사회의 지도층에서부터 이웃과 친척에 이르기까지 불신한다. 한반도의 장래에 대해 불안을 느끼기에 이 땅을 도피해가려는 이민이 계속 늘어나고 있다. 이러한 도피의식은 가정의 안정을 바라는 여성들의 심리에서 더욱 강하게 나타나며 가족들의 도피이민을 조장하고 있는 것이다.

우리는 민족분단을 통한 이러한 피해의식에도 불구하고 우리 사회의 민주화를 오랫동안 갈망해오고 있다. 민주화의 요구가 강렬한 것에서 정치적 민주주의가 한 발자국 앞서는 징조가 나타나면 국민들은 다 함께 축제분위기에 휩싸인다. 민주적인 자유선거를, 평화적인 정권교체를 갈망하는 데서 최근의 선거결과에서 우리 모두가 기뻐한 것이다. 그런 것만큼 시민의 주권이 짓밟히고 민주주의가 억압당하는 사건이 발생하게 되면 우리는 함께 좌절을 느끼며 슬퍼한다. 이같이 민주주의의 발전이나 그것을 저해해고 역행시키는 모든 징조와 사건들에 민감하다. 이는 주인의식이 성장한 것이다. 이로써 여성들도 역사발전에 동참할 수 있게 된 것이나.

100년 전 우리 민족에게 전파된 기독교 복음은 예수 그리스도의 초대교회 신앙에 불을 붙였다. 초대교회는 우리 사회와 여성들에게 새로운 신앙공동체의 경험을 맛보게 했다. 신앙인들 사이에서는 남녀의 차별, 인종의 차별, 빈부의 차별을 극복한 새로운 인간공동체의 가능함을 체험케 했다. 그런 이유로 여성들은 복음을 열심히 받아들여 한국교회를 성장시켜온 것이다. 그럼에도 불구하고 우리 교회는 아직도 여전히 남성들의 지배와 권력 및 금력을 가진 자들의 지배에서 벗어나지 못하고 있다. 가난한 자, 약자, 억울한 자와 더불어 다 같이 신앙의 은혜를 누려야 할 교회가 복음을 실천하지 못하고 있다. 이것은 우리 여성들에게 있어 교회권력과 조직 및 제도의 민주화를 이룩해야 함을 의미하는 것이다. 교회여성들은 주인의식을 가지고 초대교회의 공동체를 이 땅에 뿌리내리도록 해야 할 것이다. 이러한 교회여성도 교회와 사회의 민주화운동의 주체자가 되어야 하며 이로써 민족통일의 역사를 이룩하는 주체자가 될 수 있는 것이다. (1985)

8장

분단시대의 여성문제

1. 여성과 민족의식

우리 민족사에 있어서 여성은 그가 속한 가문의 신분이나 계급적 지위에도 불구하고 언제나 우매한 백성과 천민의 입장에 포함되어왔다. 국가체제나 사회제도의 변화하는 역사 속에서 역사의 주인으로나 주권자로서보다는 남성들의 내조자 또는 보조자로서 뒷받침하는 역할을 해왔을 뿐이다. 따라서 집권층의 정권확립 및 유지에 여성들은 아내로서, 어머니로서, 딸로서만 개입했을 뿐, 평등한 권력자의 입장에서 참여한 것은 아니었다. 더욱이 우리 민족사는 국제관계에 있어 외세의 침략이 잦은 것으로 보아 알 수 있듯이 집권층의 실정(失政)이 빈번했으며 여러 차례 민족적 수난을 겪어야 했었다. 이러한 민족의 수난기에는 남녀다 함께 극심한 고난과 비애를 겪었지만 여자들은 공출로 끌려가거나 외적에 겁탈을 당하는 등 남성들보다 더욱 비인간적인 육체적 침범을 당하여왔다.

근세에 와서는 이조의 가부장적 왕권확립과 강력한 중앙집권적 양반 사회 유지를 위해 여자들에게 엄격한 정절과 내외법을 강요하는 제도를 확립하기에 이르렀다. 일부종사와 재가금지의 윤리가 양반사회 질서유지의 기본이 된 데서 여자들은 남의 남자의 손에 잡힌 어깨를 도끼로 쳐버릴 정도로 목숨보다 정절을 중히 여겼으며 '인종의 미'를 지키는 속에서 한 많은 삶을 살았던 것이다. 여성들은 더욱이 집권층의 횡포나 정권투쟁 속에서 억울하게 당한 아들이나 가장의 죽음, 유배 또는 부역 등으로 버려진 가정을 지키며 가문을 이어가야 했다. 처절한 가난 속에서도 시집의 '씨받이' 아들을 낳아 혈통을 이어야 한다는 집념 속에서 그들의 모든 삶을 바쳤던 것이다. 이렇게 가부장제 사회의 희생자로서 여성들은 한 집안의 울타리 안을 그들의 우주로 삼고 살아간 것이었다.

그러나 조선조 말기 개화와 더불어 위협해온 일제의 침략에 자극받아 일어난 민중의 구국운동에 여성들도 참가했다. 그들은 국권상실의 위기 앞에서 여성들의 집합된 힘을 발휘하여 일제에 대한 국채보상운동에 앞장섰으며 국력을 강화시키기 위해 국가 인재양성에 필요한 어머니들의 개화를 목적으로 여성교육운동에 앞장섰던 것이다.

이렇게 민족국가의 주권을 의식하게 된 여성의 힘은 일제 치하에서 독립을 요구한 운동 속에서 이어져 나타났다. 3·1 운동은 모든 계급과 남녀가 일제의 압제로 노예화된 지위에서 해방되고자 하는 민족해방운동이었다. 여성들도 민족국가의 주권자로서 봉기했으며 일본 군경의 총칼 앞에서 자주독립을 외치는 만세시위에 참여했다. 이러한 민족의식은 일제의 탄압 속에서 더욱 심화되어 일부 여성들 중에는 지하운동으로 독립운동을 계속하거나 해외로 망명하여 항일투쟁에 참여한 사례들을 볼 수 있다. 독신으로 항일투쟁에 앞장선 여성들의 경우, 그들의 인간으로서의 자존심과 자아의식이 민족의 주권회복 및 독립과 일치된 상태를 엿볼 수 있다. 그리고 항일의병에 참여했다가 죽은 남편의 뜻이 소생하는 길은 독립을 쟁취하는 길밖에 없다는 자각에서 해외망명투사들과 어깨를 겨루어 격렬하게 활동한 여성의 예도 볼 수 있다. 즉, 민족해방과 국권회복을 위한 여성역할이 한 남편의 아내나 한 아들의 어머니로서 내조적인 입장에서는 물론이었거니와 그보다 한 걸음 더 나아가서, 그 시대의 역사적 사명을 자신의 인간적 및 가정적 사명으로까지 일치시켜 민족독립운동의 주체자로서 역할한 일이다.

이렇게 싹튼 여성들의 애국애족의식은 직접적인 항일투쟁에서 사회운동과 문화운동으로 발휘되어져갔다. 식민지수탈을 목적으로 하는 일본자본주의 경제구조의 가장 밑바닥 기아선상에서 저임금 노동력으로 착취당하는 근로여성들, 그중에서도 야수의 소굴과 같은 공장 속에서 육체적인 겁탈도 당하는 약한 여성들이 전개하는 저항하고 투쟁하는 노동운동에서 그들의 민족적 의식을 엿볼 수 있다. 여성단체들은 이들의 투쟁을 직접·간접으로 도우면서 여성들의 생존권을 요구하며 가부장제도를 개혁하여 남녀평등을 이룩해야 한다는 주장을 하기 시작했다. 그리고 계몽과 교육으로 민족의식을 고취시키는 한편 가정생활의 개혁과 개인의 인간해방을 부르짖는 문화운동도 펴나갔다. 더욱이 여류문인들은 가부장제에서의 해방을 추구하는 새로운 연애관 및 결혼관을 소설로 발표하여 그 시대 여성들의 개화를 자극했던 것이다. 이 모든 움직임은 민족독립운동에 참여하는 과정에서 자각된 주권의식이 여성들로 하여금 자신들이 삶의 주인이라는 자아의식으로 발전하게 한 것이다.

일제 치하의 이러한 여성의식에 비추어 분단시대를 살아가는 우리 여성들의 민족의식은 어떠한 상태에 있는 것일까? 분단시대가 어언 30여 년을 경과하는 동안 우리를 둘러싼 주변 국가는 이데올로기적 대립에서 실리추구의 다각적 국제관계로 변했고, 한편 제 3세계권의 국제세력으로의 등장이 한반도정세에 예측할 수 없는 영향을 미치게 될 것 같다. 더욱이 한 약소국가로 강대국의 군사적 및 정치적 침략에 오랫동안 시달려온 우리 민족으로서는, 더욱 자유스럽고 평화롭게 살 수 있는 민족 통일국가를 갈구하는 인간적 염원이 깊숙이 깔려 있어 변하는 국제정세에 따라 통일을 성취할 수 있는 주체성을 확립해야 할 것이다.

이러한 상황에 비추어 우리 여성들은 어떠한 방향으로 의식을 개발시켜야 할 것인가? 과거 우리 선배들이 민족의 위기를 자각하고 참여했던 데서 발휘된 민족의식, 사회의식 및 인간적 주체의식 등에서 우리는 무엇을 배울 수 있겠는가? 그들이 민족의 주인으로 그 시대적 역사에 참여한 전통을 이 분단시대의 상황에서 어떻게 이어가야 할 것인가? 국토분단과 민족 상쟁은 가정적 책임에 전념해온 여성들에게 말할 수 없는 희생과 한스러운 삶을 강요해왔다. 민족분단의 아픔을 여성들은 분단가족이나 이산가족의 아픔에서 뼈저리게 체험해온 것이다. 따라서 그들은 이 시대 피해자로서 차라리 분단의 현실을 외면하고 도피하려는 경향이 있다. 이것은 우리 자신과 자녀들이 인간답게 살 수 있는 민족국가사회를 갈구하는 우리의 염원을 구현해야 할 의지를 약화시키며 분열시키는 심각한 이율배반적인 상태이다. 즉, 민족의 분열은 우리들의 공동체적 삶에 혼란을 야기시켜 한국 여성으로서의 자아의식을 확립하지 못하게 한다. 그런 데서 현재 우리 여성들이 처한 분열된 의식상태를 먼저 직시할 수 있어야 한다. 이것은 한 가정을 위해 희생하는 모성으로서의 역할만으로는 이 시대 한국여성으로서의 자아실현이 될 수 없으며 우리 자녀들과 가정의 궁극적 행복이 민족의 통일을 평화적으로 성취하는 것에 직결되고 있다는 사실을 직시하는 데 있는 것이다. 그러므로 이 시대 여성들은 민족역사의 주인으로 자아를 의식할 수 있어야 할 것이다.

2. 분단으로 인한 여성의 피해의식

어언 30여 년이 경과한 분단시대는 모성의 가정적 역할에 삶의 보람을 느끼며 전념해온 여성들의 생활에 뼈를 깎는 고통과 민족통일 없이 풀 수 없는 한스러운 삶의 경험을 안겨주고 있다. 전쟁과 월남으로, 또는 사상적 대립과 정치적 갈등 속에서 잃어버린 남편과 자녀들, 그리고 단절된 부모 형제 및 친척간의 소식을 갈망하는 가운데 늙어가는 분단 1세대의 여성들, 그들을 이 분단민족의 한 속에서 죽음을 맞고 있다. 그들의 한은 이 분단을 극복하고 민족의 통일을 성취하지 않는 한 우리 공동의 한으로 젊은 세대들에게 그대로 넘겨지고 있는 것이다. 이러한 분단가족의 한은 분단민족의 한으로 이어지며, 이 민족이 한 국가 동포로서 피가 통하여 사랑과 정이 자연스럽게 흐르지 않고서는 우리의 공동의 한을 풀 수가 없을 것이다. 이렇게 민족공동체가 하나가 되지 않고서는 우리는 여성으로서 인간으로서의 진정한 자유와 평화를 누릴 수 없으며, 인간본연의 자세를 실현할 수 있는 인간화를 경험할 수 없을 것이다.

이렇게 분단시대의 한이 계속되고 있는 한편, 한국여성들의 의식은 분단을 극복하려는 의지를 억누르며 분단의 현실에서 도피하려는 경향이 점점 농후하게 나타나고 있다. 이 경향은 1960~70년대를 통하여 세계를 놀라게 한다는 급격한 경제발전 속에서 발전을 위해 생산적 노동력을 기여함이 없이 발전의 혜택을 가장 많이 누린 고등교육을 받은 여성들이나 상류층의 주부들에게서 더욱 두드러지고 있다. 그동안 분단이 고정된 상태에서나마 산업화를 통해 이 땅에 소위 현대화를 이룩하여 모든 국민이 다 같이 잘살 수 있으리라는 희망 속에서 국민들의 의지가 각 분야에서 발휘되었다. 정부는 수출산업의 진흥을 위해 여성을 저임금 노동력으로 동원시켰다. 농촌의 부녀자들의 노동력은 산업화로 인해 도시로 떠난 젊은층들을 대신하여 농업생산성을 높이는 데 크게 기여했다. 가난한 농가에 태어나 교육의 혜택을 받지 못한 10,20대 소녀들은 수출산업의 역군으로서 고된 노동조건과 저임금의 악조건에도 불구하고 국가경제 발전에 크게 기여했다. 이들은 이 시대 산업화의 주역으로서의 자부심을 가지고 노동조건의 개선과 인간적 대우를 요구하는 노동운동에 당당하게 참여하고 있다. 이러한 상태에 비추어 국가경제발전의 혜택을 가장 많이 누리며 민족분단의 비극을 극복하는 데 앞장서야 할 중·상류층 여성들의 의식상태와 역할은 너무나 대조적이다. 여자대학에서 나타난 경향으로 전공분야 선택에서 가장 인기 있는 과는 영어를 비롯한 서구어문학 계열이다. 이들이 외국어를 선택하는 이유가 민족통일을 위한 국제적 외교에 앞장 서거나 국제관계를 개선하는 데 학문적 또는 전문적 능력을 발휘하려는 애국심에 있다면 그것대로 의의가 없는 것은 아니다. 그러나 영어에 능통해야 한다는 이 시대적 풍조는 국제시대를 살아가는 젊은이들의 실리적 요구의 반영이다. 영어에만 능통하면 미국에 가서 무엇을 하고 살든 재빨리 적응하며 편하게 살아갈 수 있으리라는 타산이 크게 작용하고 있다. 즉, 외국어를 필요로 하는 의식상태는 한반도를 떠나고자 하는 도피이민의 현상과 결부되고 있는 것이다.

이러한 풍조 속에서 미국으로 떠나는 여자대학 졸업생들 중에 진정 그들이 전공하고 싶은 전문분야의 유학을 목적으로, 그리고 장차 통일국가 건설에 이바지하기 위해 전문분야의 실력을 닦고 전문가로서의 자격을 국제적으로 인정받기 위해 긍지를 가지고 유학을 떠나는 여성들이 정말 몇 사람이나 되는 것일까. 유학의 기회가 궁극적으로 도피이민의 한 방법으로 이용되고 있지는 않은지?

교육받은 젊은 여성들이 도피이민을 꿈꾸는 현상은 결혼을 위한 배우자 선택의 기준에서 더욱 뚜렷하다. 직업적 중매인까지 동원되고 있는 결혼 시장에서는 배우자의 인간됨이, 부부로서 어떻게 화합할 수 있는가가 선택의 기준이 되고 있지 않다. 미국으로 가거나 미국에 살고 있다는 조건만으로 높은 프리미엄이 붙은 상품이 되며 수많은 수요자들이 찾고 있는 대상이 되는 것이다. 이들 사이에는 수단방법을 가리지 않는 경쟁이 이루어지며 따라서 남자들은 신붓감을 골라잡을 수 있는 유리한 입장을 과시한다. 여자들은 자신들의 값어치를 스스로 싸구려 상품으로 떨어뜨리는 야비한 현상이 자행되고 있다.

남편들의 직업 및 권력의 지위를 통해 이 시대 산업화의 혜택을 소비 생활에서 가장 많이 누리고 있는 중·상류의 주부들의 의식상태에서도 분단사회의 피해자들의 현상이 나타나고 있는 것이다. 이들은 그들의 여가와 물질적 여유를 자녀교육을 위해 투입하고 있다. 이 계층의 자녀들은 국가경제 발전의 혜택을 부모를 통해 가장 많이 누릴 수 있으므로 어려서부터 민족분단을 극복하며 통일과업을 성취하는 역군으로 가정교육이 이루어져야 마땅한 것이다. 그러나 어머니들은 지금껏 누린 자기 가족의 계급적 상승이동을 자녀들의 출세와 성공으로 계속시키고자 하는 욕망에 사로잡혀 있다. 자녀들의 자질이나 인간적 개성을 살려 민족이나 인류사회 속에서 인간답게 살아갈 것을 기원하는 모성애가 발휘되지 않고 있다. 이들 역시 자녀들의 교육적 성공이 가족을 해외로 도피이민 갈 수 있게 하는 수단이 되게끔 노리고 있다. 국민학교 학생들 사이에서 값비싼 영어과외가 유행되고 있으며 예술분야에서 국제사회로 일약 진출하기를 바라는 마음에서 예능과외가 또한 성행되고 있다. 재정적 여유가 있는 가정일수록 한계를 모르고 치솟는 과외

비용에도 불구하고 경쟁에 앞서려고 한다. 자녀들의 '출세'를 위해서는 양보할 수 없다는 모성애적 의욕은, 과히 부유하지 않은 가계에 무리한 지출을 자행하면서 계속 상승하는 과외비용을 뒤좇아가는 어머니들도 많다. 이러한 의욕적 추세는 또한 미국 땅에까지 살림살이를 연장시키는 결과를 가져온다. 어머니들은 자녀들의 해외유학을 뒷받침하기 위해 태평양을 사이에 둔 이중가구(二重家口)를 관리하게 된다. 여성들이 자기 자녀들을 위해 주력한 의욕적인 모성역할이 국제적 인물을 한두 사람 배출하여 국위선양에 이바지하는 예를 낳기도 했다. 그러나 혜택받은 자녀들에게 비록 어디서 어떤 직업에 종사하며 살든 간에, 민족적 긍지를 가지고 조국의 통일에 이바지할 수 있도록 노력하는 한국적 인간을 길러내는 노력을 하는 어머니들이 얼마나 존재하고 있는지 의심스럽다. 그리고 사실상 돈만 있으면 미국보다 더 편하게 잘살 수 있다는 이 한국 땅에서 왜 그들은 자녀교육이나 그들의 발전을 이유로 내세워 떠나기 싫은 이민을 떠나야 하는지 그 진정한 이유를 묻고 싶다.

이 시대 교육받은 여성들의 이러한 비민주적 모성역할과 이율배반적 경향은 우리 사회 지도층에 심각한 경종으로 받아들여져야 할 것이다. 1960~70년대를 통하여 피눈물 나는 노력 속에서 이룩한 국가의 소득수준의 향상은 국민들로 하여금 단순히 높은 소비수준을 누리게 하는 데 그 정치적 목적이 있다고 볼 수 없다. 민족적 분열과 국토분단을 극복하기 위해 민주적 역량을 배양하며, 온 민족이 다 같이 잘살 수 있는 통일국가사회를 이룩하기 위한 국민의 의지를 북돋우는 데 있을 것이다. 이것은 교육과 경제발전의 혜택을 많이 받은 계층의 젊은 세대에게 더 강력하게 의식되어져야 할 것이다. 미국에 대한 의존심이나 미국사회를 동경하는 유아병적 상태에서 벗어나 우리의 인간적 힘을, 민족의 비극을 극복하는 방향으로 발휘하려는 주체적 의식이 깊이 내면화되어졌어야 한다. 어머니들의 가정교육을 통하여 뿌리를 내렸어야 할 것이다.

그러면 왜 여성들은 이 시대적 사명을 외면해온 것일까? 이것은 여성들에게만 그 책임을 물을 수 있는 것일까? 한 가정의 안정된 삶과 자녀들의 복지를 자기 개인의 삶의 보람이나 목적과 일치시켜 온 여성들이, 전쟁의 위협과 불안이 계속 조성되고 있는 한반도를 떠나고자 하는 심정을 갖는 것은 얼마든지 이해될 수 있다. 부계혈통을 계승할 씨받이를 낳아 바쳐야 비로소 한 가정의 모성으로서 그 존재의의가 인정되었던 가부장제도의 유산이 아직도 그들의 의식상태를 지배하고 있기 때문이다. 또한 국가위기에 남편들이 남기고 떠나버린 노부모와 어린 자녀들을 부양하며 가계를 지켜온 그 인종의 미덕이, 오늘날 전쟁의 위협 속에서 살아가는 한국여성들로 하여금 그러한 방향으로 모성애를 발휘하게 하는 것은 너무나 당연한 일이다. 불안한 한국땅 밖이라면 모두 안전하게 생각하여 미국이나 기타 어느 지역으로든 간에 떠나고자 하는 도피이민의 현상은 자연스러운 결과인 것이다. 그렇다면 우리 여성들이 자녀들을 위해서 떠나기 싫은 조국을 등지고 도피이민을 가야 하며, 외국땅 이민족 사이에서 뒤지지 않고 인간답게 살 수 있도록 어려서부터 외국어를 가르치며 직업을 위한 실력을 길러야 하는 그들의 피땀 어린 모성적 노력은 오히려 눈물겨운 참상으로 느껴지는 것이다. 사실상 자녀들이 조상대대로 살아온 자기 땅에서 구김살없이 자라며 그들의 능력을 민족공동체를 위해 자연스럽게 발휘하며 살 수 있기를 바라지 않는 부모들이 어디에 있겠는가? 조상을 중요시하며 그 혈통을 계승하는 가족주의적 인정이 한국 민족에게는 아직도 풍부하지 않은가? 그렇다면 해외로 도피이민을 떠나고자 하는 이 시대적 풍조를 조장하는 책임은 누구에게 있단 말인가? 왜 여성들이 자녀들이나 가족과 함께 외국땅에 가서 살지 않을 수 없게끔 하는 사회적 분위기가 조성되고 있는 것일까? 이것은 이 시대를 지배하는 정책수립자들과 사회지도층에 그 책임을 묻지 않을 수 없을 것이다. 가정에 예속된 상태에서 그들의 모성애를 현실적인 요구에 맞추어 발휘해야 하는 여성들은 시대적 고난을 감수하는 피해자의 입장인 것이다. 국가발전의 결과가 공산주의자들의 침략의 위협에 자신 있게 대처할 수 있는 사회안보와 민주적 역량이 굳게 다져진 상태를 가져왔다면, 어찌 발전의 혜택을 가장 많이 누리고 있는 가정과 그들의 자녀들이 도피적이며 소극적이 될 수 있겠는가? 북한의 동포들보다 우리는 국제시대의 자유를 더 많이 누리고 있으며 민주주의 정신의 고귀함을 더욱 절감해왔다. 이것은 대한민국의 입장이 근본적으로 유리함을 증명하는 것이며, 우리의 유리함을 민족통일을 위해 적극적으로 활용할 수 있다는 확신과 용기를 조성해 왔어야 한다. 비록 과거의 민족상쟁의 쓰라리고 뼈아픈 경험이 있을지라도 이러한 자신과 용기를 북돋우기 위해 진취적이며 적극적인 분위기를 조성해왔다면, 통일을 향한 여성들의 자세와 의시는 자녀양육에 그대로 반영될 수 있을 것이 아니겠는가? 그럼에도 경제발전의 정도가 높아질수록, 경제발전의 혜택을 많이 입은 계층일수록 민족통일의 과제에 소극적이거나 민족분단의 현실을 외면하고 도피한다는 것은 국가발전의 목적에 위배되는 결과가 아닐 수 없을 것이다. 그렇다면 이 시대의 민족적 사명에 역기능을 하는 여성들의 모성적 역할의 책임을 우리 여성들의 잘못된 의식상태나 개별 가정에 돌리기에 앞서, 나라살림을 지배해온 남성들에게 먼저 물어야 할 것이 아니겠는가? 이 시대 정치·경제·교육 및 모든 문화분야의 발전을 위해 정책수립을 독점해온 남성지배층에게 그 1차적 책임이 있는 것이 아닌가? 국제사회가 인정하는 경제발전에도 불구하고 민족 역사 발전에 자발적으로 참여할 수 있는 적극적 자녀세대를 길러내지 못한 여성들이라면, 이들 역시 분단으로 조장된 불안 속에서 위축된 피해자의 입장을 탈피하지 못했기 때문이다. 그것은 가정에서 소외된 채 고조되는 정치적·군사적 및 경제적 불안에 민감하게 반응하기 때문이 아니겠는가. 이 시대에 적극적으로 대처해나갈 수 있는 역사적 인식과 민족의식이 여성교육을 통해 일찍이 조성되었어야 하며, 민주적 주권자로서 사회발전에 남성과 동등하게 참여할 수 있는 민주적 역량이 발휘될 수 있었어야 했다. 그런데도 여성들이 민족의 현실을 외면하며 도피하려는 소극적 자세에 머물고 있는 한은 이 시대 경제발전의 목적에 역기능적인 결과를 면할 수 없을 것이다.

3. 분단을 극복하려는 여성의지

이 분단시대를 살고 있는 여성들은 고조되는 전쟁의 위험이나 강압적인 가부장적 권력의 불안 속에서 다 같이 피해를 당해왔다. 그러나 분단의 비극을 극복하는 데 있어 모두가 소극적이거나 도피적이지만은 않다. 피해자적 의식을 탈피하고 제각기 서 있는 입장에서 적극적인 노력을 하려는 의지를 엿볼 수 있다. 일부 여성운동을 통해 남녀평등을 지향하는 민주사회를 이 땅에 뿌리내리기 위해 가부장제도의 유산을 청산하려는 움직임이 미약하게나마 지속되고 있는 현상이 나타난다. 가부장의 절대적 권위를 뒷받침하는 가족법을 개정하려는 여성들의 조직적 노력이나, 가부장제 문화를 고발하며 비판하는 여성문화제 등은 민족의 역사를 적극적으로 개척해나가려는 여성들의 의지이며 민주적 역할의 발휘이다. 비록 이것이 소수층에 한정되고 극히 제한된 것이지만 미래를 향한 의식적인 노력이며 긍정적인 방향을 제시해주고 있다는 데서 인정받아야 한다. 이러한 여성들의 의지는 더욱 북돋아져야 하며 더욱 적극적인 방법으로 지속되어져야 할 것이다.

한편 민족통일을 향해 민주사회를 지향하는 여성들 사이에서는 농촌이나 도시에 있어서 생산노동에 참여하는 여성들의 문제에 공동의 관심을 기울이기 시작했다. 평등하고 자유스러운 사회로 전진하기 위하여는 여성들의 생산노동에의 참여가 가난한 가정의 생존을 위한 강제노동이 아니라 여성이 인간화를 위한 사회적 권리로 의식되고 있다. 따라서 저임금 노동력으로 불평등하게 취급되고 착취당하는 근로여성들의 문제가 극복되어져야 할 여성공동의 과제로 제기되기 시작했다. 고등교육을 받은 여성들이 직장에서 당하는 차별대우와 근로여성들이 착취당하는 현실은 여성을 남성에게 근본적으로 예속시키는 사회구조에 그 원인이 있음을 인식하게 된 것이다. 그런 데서 사회참여를 통한 인간적 자아실현을 요구하는 여성들이 가정과 사회적 역할을 겸할 수 있는 사회를 건설해야 할 필요성을 절감하기 시작했다. 여성의 사회참여를 위한 요구가 소수 여성의 지위향상으로 만족될 수 없으며, 모든 계층의 여성들이 그늘의 인간석이며 사회적인 권리를 다 같이 누릴 수 있는 새로운 사회를 건설하는 데 여성운동의 주요과제가 있음을 인식하기 시작한 것이다. 이러한 여성의식의 변화는 그들이 한 가정의 안주인으로 남편에게 예속된 상태에 머물지 않고, 우리가 원하는 민주통일사회를 건설하는 주체자임을 의식하는 상태로의 변화를 의미하는 것이다.

여성들에게서 이러한 사회의식이 싹트기 시작하는 한편 민족통일을 갈구하는 의식이 또한 젊은 여성들 사이에서 역사연구의 노력으로 나타나고 있다. 분단을 극복하기 위한 올바른 역사의식과 역사의 이해를 요구하기 시작한 것이다. 민족분단이나 통일의 책임이 남성들의 독점물이 아니라 여성들도 이 나라의 주인으로서 분단을 가져오게 된 국제적 및 국내적 원인과 그 과정에 과한 정확한 사실을 객관적으로 이해하며 충분히 알아야 하기 때문이다. 과거 여성들은 억압당한 민중들과 함께 일제의 탄압과 암흑정치 속에서 일본의 패전을 맞았으며 민족의 해방과 독립을 자주적으로 이룩할 수 있는 준비가 전혀 없었다. 국제정세에 무지하여 통일된 독립국가를 이룩하는 데 영향력을 미칠 수 있는 의식과 예비지식이 없었다. 이러한 전례에 비추어 오늘의 분단상태를 극복하기 위하여는, 분단을 가져오게 한 원인과 과정을 충분히 이해함으로써 통일을 향한 역사를 창조하는 데 여성들이 더욱 능동적일 수 있을 것이다. 여성들이 민족사의 입장에서 정치상황에 대한 올바른 판단력을 기르지 않는다면, 국제적 및 국내적으로 분단을 고정시켜 영구화하거나 인류역사 발전에 역행하려는 어떤 목적에 맹목적으로 동원되기 쉽다. 우매한 대중은 불의한 정치적 목적에 흔히 동원되어 왔기 때문이다.

사실상 역사의식이나 정치적 판단에 있어서 남녀간에 근본적인 차이란 있을 수 없다. 단 여성들이 오랜 동안 의존적 상태로 자주적인 정치의식을 기르는 데서 소외되거나 소극적이었으므로 역사의식의 결여를 극복하는 데 노력을 더욱 기울여야 한다. 통일을 이룩하기 위한 노력에의 참여가 한 남성의 애인으로서, 한 남편의 아내로서 또는 한 아들의 어머니로서 내조하는 입장에서가 아니라, 민족역사를 창조해야 할 주인의 입장으로서 자주적인 동참자로서 참여해야 할 것이다. 그러므로 이에 필요한 의지와 정열 그리고 의식과 지식을 충분히 갖추는 노력이 있어야 한다. 이것이 개별적이고 사적인 노력에서뿐만 아니라 여성의 공동의지와 노력으로 발휘되어져야 할 것이다.

사실상 분단민족의 비애를 분단가족의 현실에서 뼈저리게 경험하는 어머니들 사이에서는 민족통일이 종교적 갈구로 되어 있다. 분단으로 인해 발생한 전쟁과 정치 및 사상적 대립의 희생물로서 실종되거나 소식이 단절된 아들과의 만남을 애타게 기원하는 어머니들의 모성애는, 이 시대의 정치적 대립과 모순을 초월한 인간적 사랑의 표현이기도 하다. 분단가족의 재결합과 모자의 재상봉은 민족통일 없이 이루어질 수 없는데서 아들을 보고 싶은 그들의 욕망은 민족통일의 갈구와 일치한 상태에 있다. 이런 데서 이 시대 문학작품은 여성들의 이러한 모성애를 잘 반영하고 있다. 김문수 작 『눈물 먹는 사마귀』, 윤흥길 작 『장마』, 그리고 김원일 작 『노을』 등은 아들을 잃어버린 어머니들의 한이 민족통일을 갈망하는 종교적 욕망으로 일치된 이 시대적 현실을 감동적으로 표현한 대표적 작품들이다. 민족의 비극적 역사의 뒤에는 여성들의 한의 역사가 뒤따르고 있는 것이다. 이들은 그들의 한스러운 소원을 자연의 힘, 무당의 힘, 또는 신의 힘에 의탁하여 성취시키려는 간곡한 의지를 나타내고 있다. 사실상 그들의 기도는 남북간의 대립과 경쟁을 극복하고, 한반도에서 사는 자손들 사이에 평화와 사랑이 실천되기를 바라는 모성적 사랑의 표현이며 이것이 구현되기까지는 이들의 한은 해소되어질 수 없을 것이다.

그러나 여성의 인간화를 요구하는 젊은 세대 여성들은 이러한 모성애적 갈구와 종교적 기원에 머무를 수 없는 것이다. 여성은 어머니의 존재로서뿐만 아니라 인간적 능력의 소유자로서 역사창조에 여러 가지 형태와 방법으로 적극 참여할 수 있는 것이다. 분단을 지속시키는 상태에서 발생하는 정치, 경제 및 문화적인 모든 제한성이 인간으로서 활발하게 평화스럽게 살아가고자 하는 우리의 요구를 억압하며 한스러운 삶을 강요하기 때문에, 이 상태를 극복하지 않는 한 새 사회를 이룩할 수 없는 것이다. 그리고 여성들의 능력이 우리가 요구하는 평등하고 자유스러운 사회를 스스로 창조하는 데 발휘되지 않고서는 우리 삶의 주인으로 자처할 수 없을 것이다. 그런 데서 젊은 세대들은 국제적으로나 국내적으로 분단을 극복하는 공동의 노력에 남성들과 함께 참여하도록 의식적인 노력을 해야 할 것이다. 이러한 의식적 노력의 과정에서 우리 형편에 적합하고 요구되는 방법이 창안될 수 있을 것이다. 지금부터 우리는 우리의 모든 지혜를 모아 민족통일을 향한 창의적 방안을 모색해 가야 할 것이다. (1979)

9장

분단 40년의 여성현실과 여성운동

1. 여성의 민주적 역량 확장

우리는 그동안 분단 40년의 한을 품은 채 통일의 노래를 부르며 살아왔다. "우리의 소원은 통일. 꿈에도 소원은 통일. 이 목숨 다 바쳐 통일. 통일을 이루자……"라는 노래를 젊은 세대는 어려서부터 배우며 불러왔다. 통일이야말로 이 겨레를 살리며 이 나라를 살리는 것이라고 외치며 노래했다.

그러나 우리는 진정 통일을 향한 의식적 노력의 삶을 살아왔다고 말할 수 있을 것인가? 통일이 왜 우리를 살리는 절대적 당위인지를 진정 느끼며 인식하고 있는 것일까? 특히 우리 여성들은 민족통일이 여성해방이나 우리 모두의 인간화와 직결된 것임을 진정 의식하고 있다고 말할 수 있을 것인가? 사실상 그동안의 여성운동의 흐름을 보건대, 여성들의 문제의식은 이 분단시대의 민족적 역사적 상황에 대한 의식을 결여한 채, 남녀평등을 요구하며 이룩하려는 여권의식의 차원에 집중되어 왔다. 여성을 차별하고 비인간화시킨 가부장제 유산이 현대적인 산업사회구조 속에서 확대 강화되어 그 양자가 분단사회의 유지와 어떻게 연관되고 있는가를 여성운동의 입장에서는 별로 문제시하지 않았다.

그간 우리 여성들의 교육정도는 일반적으로 향상되었다. 그리고 수많은 젊은 여성들이 '산업화의 역군'으로 경제활동에 많이 참여하고 있다. 근대화론자들은 여성들의 이러한 변화를 가리켜 여성들의 지위가 사회적으로 많이 향상되었다고 강조한다. 그러나 이러한 변화가 여성들을 위해 정의와 평등을 보장하는 정책으로 이루어진 것은 아니다. 오히려 비민주적인 권력유지와 부계혈통 계승을 위해 여성에게 희생을 강요하며 자본주의산업화를 위한 저임금 노동력으로 착취하려는 국가정책에 기반한 것이어서, 사회구조는 남녀불평등과 빈부의 차이를 더욱 심화시키는 결과를 초래했다. 우리 여성들은 분단구조를 유지하기 위한 국가 안보의 명분과 구실에 의해 희생당하고 있음을 자각하지 못한 채 여권의식에만 머물러온 것이다. 남녀 모두 태어날 때부터 평등하다는 관점 하에 우리의 민주헌법이 여성의 인권과 민권을 보장했음에도 불구하고, 우리 사회가 민주화되지 않음으로써 가정과 사회에서 그 권리를 누리지 못하고 있다. 인간적 존엄과 가치를 지닌 존재로 인정받고 평등한 인권을 누리며 살고자 하는 여성들의 요구가 계속 억압당한 채 무시되고 있는 것이다. 역사적으로 외세에 침략당하며 살아온 민족으로서의 수난과 지배권력의 유지를 위해 희생을 강요당한 민중의 가난 속에서 가족과 자녀들의 생존을 위해 모든 부담을 걸머지고 살아온 여성들의 한이 이 분단사회로 이어져 계속 심화되고 있을 뿐이다.

그러면 우리는 왜 이제껏 통일의 노래를 형식적으로만 불러왔을까?

왜 통일을 갈망하면서도 통일을 두려워하며 이에서 도피해버리려는 분열증에 사로잡혀 있었던가? 사실상 과거 40년의 분단사회는 우리를 공포와 불신상태로 몰아왔다. 우리에게 분단을 강요한 국제냉전체제에 편승하여 권력을 유지하려는 남북한의 지배층은 서로 남진통일·북진통일로 위협해왔다. 제각기의 체제를 중심으로 통일하여 지배하려는 통일 정책으로 대립해왔다. 그리하여 민중을 공포와 불신으로 사로잡아왔다. 이것이 동족상잔의 비극을 경험하게 했으며 한반도를 미·소의 군사전략의 전위기지로 만들어 핵전쟁의 시험대에 올려놓았다. 이러한 국제 현실 속에서 남북은 군사력만을 팽창시켜 동족을 향해 서로 위협하는 어리석음을 계속하고 있다. 이런 대립 속에서 우리는 인간으로서 누려야 할 사상의 자유, 남존여비 및 노동의 귀천을 타파하고 경제성장의 혜택을 고르게 누릴 수 있는 정의로운 사회로의 꿈과 노동의 정당한 대가를 요구할 수 있는 인간적 권리를 박탈당한 채 살아가고 있는 것이다. 수많은 여성들은 이러한 현실에서 용기와 희망을 잃고 외국으로 도피해가는 경향이 많이 나타났다.

그러나 우리는 모두 공포와 절망 속에 좌절하며 권력에 무력하게 복종하고만 있지 않았다. 분단을 극복하며 새로운 민족공동체를 건설하려는 우리의 인간적 요구는 계속된 탄압에도 불구하고 민주통일운동으로 계속 성장해오고 있다. 비민주적 비민족적인 분단사회의 질서를 극복하는 제3의 길을 창조하려 한다. 공포와 불신을 사랑으로 극복하며 자유와 평등을 누릴 수 있는 새로운 인간사회로 향한 용기가 약동하기 시작했다. 이제는 분열되고 대립된 세계질서에 얽힌 한반도에 분단을 극복하는 새 역사 창조의 꿈을 안고 이 땅의 진정한 주인으로 행세하려는 세력이 대두되었다. 여성들도 이 민주·통일운동의 대열에 참여해야 할 것이다. 이렇게 통일에의 희망과 의지를 키우기 위하여 먼저 해야 할 여성운동의 과제는, 여성들을 구속하고 비인간화시키는 분단사회의 구조적 요인이 무엇인가를 객관적으로 파악해야 하는 일이다. 분단유지의 구조를 여성문제의 입장에서 이해해야 한다. 즉, 여성들이 이 분단사회에서 왜 주권자로서 누려야 할 권리와 책임을 누리지 못하고 있는가를 분단과 관련시켜 의식해야 한다. 이 입장에서 모든 개인적 및 구조적 원인을 계속 규명하여 이것을 극복하는 방향으로 여성운동을 더욱 확대시키며 여성의 민주적 역량을 성장시킬 수 있어야 할 것이다. 이렇게 민주·통일운동에 참여함으로써만이 여성을 착취하고 억압하는 가부장적 사회를 극복하며, 민주통일의 새로운 공동체를 우리 스스로 이룩하게 될 것이라고 믿는다.

2. 여성의 희생을 강요하는 구조

이데올로기와 정치권력의 대립에 기반한 분단사회는 우리에게 반공을 전제로 한 사상의 부자유와 사회적 보수성을 강요해왔다. 이 보수성은 기본적으로 여성의 인간적 권리를 희생시키는 가부장제 위에서 유지되고 있는 것이다. 분단시대에 있어서 민주헌법은 여성들에게 평등한 권리를 형식적으로나마 부여했다. 정치에 유권자로서 참여할 수 있으며, 교육에 있어서 평등한 기회가 법적으로나마 보장되었다. 이러한 평등이 실제로 실천되기 위하여는 여성들의 권리의식과 민주적 역량을 발전시켜야 한다. 즉, 교육정책과 교육방법에 있어서나 가정, 직장 및 사회생활의 각 분야에서 이를 뒷받침하는 정책과 제도적 개혁이 계속 뒤따라야 한다. 그럼에도 불구하고 보수적 지배권력은 봉건적 신분사회의 가장 원초적 기반인 가부장제도를 이 시대의 가족제도로 합법적으로 존속시키고 있다. 분단을 유지하려는 보수세력이 남존여비의 전통적 이데올로기와 부계가족에 예속된 지위를 합법화시킴으로써, 여성이 인격적 평등을 누릴 수 있는 민주사회로의 발전을 억압하고 있는 것이다. 더욱이 지배권력은 권력유지를 위해 가부장제도를 충효의 이데올로기적 기반으로 삼으며, 외세에 의존하는 산업화정책에서 여성을 외화획득을 위한 저임금 노동력으로 묶어두는 사회 문화적 기반으로 삼고 있다. 여성의 희생이 이렇게 구조적으로 강요되면서 그동안 여성단체들이 요구해온 가족법의 민주화를 국가안보를 해친다는 명분으로 계속 묵살해오고 있는 것이다. 여성의 인간적 존엄성은 이미 아는 바와 같이 완전히 말살당해온 것이다. 이 제도는 여성의 가치와 존재를 부계혈통을 계승하는 아들 낳는 도구로서나 성욕충족을 위해 서비스하는 소첩의 존재로서만 인정하는 것이다. 여성은 혼인과 더불어 남편의 아들을 낳아야 하며 그렇지 못한 경우에는 시집과 조상 앞에 죄인이 되는 것이다. 우리의 호주상속제도는 타성의 양자를 허용하지 않고 남편의 아들을 반드시 낳아바쳐야 하는 것을 강요함으로써 여성들을 노예화하며 남성들의 의도와 성적 횡포에도 참고 견디어야 하는 부덕을 강요해온 것이다. 여성의 몸을 상품화하며 여성의 존재를 자본주의의 소비자로 전락시키고 있는 것이다. 가부장제 전통을 이용하여 이 분단시대의 지배권력은 외화획득을 목적으로 하는 수출산업에서나 관광산업에서 여성의 몸과 노동력을 외화획득을 위한 자원으로 삼는 정책을 공공연하게 추진시켜온 것이다. 정부의 정책은 소위 기생관광을 외국관광객 유치의 선전자료로 삼는 것을 묵인해왔다. 그리고 성적 향락산업을 육성하는 데서 퇴폐적 성문화가 조장되고 있다. 관광산업과 향락산업이 대기업화함으로써 매춘여성의 수요는 더욱 급증하고 있는 것이다. 한반도의 분단과 함께 미군의 진주가 가난한 여성들의 매춘을 조장하며 퇴폐적인 성문화로써 우리사회를 부패시키기 시작했다. 그 위에 경제성장의 결과도 자본주의의 물질주의가 가정의 성생활을 타락시키며 여성들을 성적 향락의 도구로 희생시키고 있는 것이다. 이렇게 매춘이 만연됨으로써 우리 젊은 세대들을 성적 향락과 퇴폐적 문화로 타락시키고 우민화시키는 결과를 가져온 것이다. 이러한 인간적 타락이 분단사회를 유지시키며 지배하려는 권력층의 목적에 어느 정도 기능적으로 작용하는지 알 수 없으나, 사실상 순결과 정절을 여성의 목숨보다 중요시해온 우리의 전통적 가치마저 부인하는 입장에서 한국의 딸들을 타락의 삶으로 희생시키고 있는 것이다.

분단은 또한 우리 민족의 경제에 치명적인 타격을 입혀왔다. 한반도에 있어서 남북한이 각기 지니고 있는 자원이 효과적으로 상호보완될 수 있는 가능성을 차단함으로써 민족경제의 자립적 기반을 파괴한 것이다. 따라서 분단은 한국의 경제구조를 결정적으로 대외의존적으로 만들었다. 사실상 우리의 경제는 해방 이후부터 1950년대를 통하여 미국의 무상원조에 의존한 상태였다. 1960년대 이후 박정권은 가난에서의 해방과 자립경제를 이룩하겠다는 명분으로 급격한 경제개발정책을 추진했다. 이 경제정책은 우리가 다 잘 아는 바와 같이 농업과 농민을 주변화시키는 수출주도형 산업화인 것이다. 그러므로 결과적으로 농민과 그들의 이 농민자녀들로 구성된 노동자들의 희생 위에 국가의 부를 이룩했으며, 국내외의 자본계층을 단시일 내에 살찌게 했던 것이다. 특히 농민·노동자들 중에서도 농가의 부녀자들, 수출산업의 젊은 근로여성들, 그리고 도시빈민 가정의 부인과 어린 딸들은 이 대외의존적 산업화정책에 가장 희생을 강요당한 피해자들이다. 이들의 희생 위에 국가의 경제가 물량적으로는 엄청난 성장을 이룩하여, 소위 중진국의 대열에 참여하게 되었음을 정부는 선전하고 있다. 그러나 이러한 성장의 혜택이 노동자·농민 및 도시의 가난한 계층의 가정과 여성들에게까지 고루 분배되어질 조짐은 보이지 않는다. 국가경제가 자립의 기반을 상실하고 대외의존성이 심화되는 데서 외국자본과 국내 대기업을 보호해야 하는 정책은 강화되고만 있다. 외국기업의 유치는 이제 전산업분야로 확대 개방되었으며, 금융시장의 개방과 수출업의 모든 품목이 100% 개방의 목표로 급격하게 치닫고 있다. 이러한 소위 개방정책은 노동자들의 노동 3권을 합법적으로 억제하고 탄압하는 입장에서 이루어짐으로써 90년대를 내다보는 남녀노동자들의 지위는, 정부와 노동조합의 제도적 보호 없이 국내외 자본의 횡포에 계속 착취당하며 희생만을 강요당하는 입장에 놓일 수밖에 없다.

1970년대의 새마을운동을 통하여 추진해온 농업생산의 진흥정책에도 불구하고 농산품의 자급자족의 비율은 1980년 59.7%로 저하되었다. 경제의 모순은 가중되어만 가고 있다. 대농을 제외한 대다수 농가의 생존은 고달프기만 하다. 계절 없는 다수확 영농으로 부녀자들의 3중 4중의 노동에도 불구하고 적자수지를 못 면하며 부채는 증가되고 있다. 따라서 농업경영은 농업외소득을 더욱 필요로 하여 남편과 아들은 해외노동자로, 딸들은 도시공장으로 계속 내보내며 농업노동은 이제는 부녀자들 중심으로 바뀌어가고 있는 실정이다. 더욱이 영세농가의 부녀자들은 가족의 생존을 위해 자가의 소농생산자로 노동을 할 뿐 아니라 농촌의 노임노동자로서 가계소득에 보태지 않을 수 없는 입장인 것이다.

또한 대외의존적 수출산업의 모순과 수입의 개방정책은 소비시장의 모순을 가중시키며 그 부담을 소비계층을 이루는 여성들에게 떠맡기고 있다. 수출기업은 국제시장에 낮은 가격으로 덤핑함으로 생기는 적자를 국내 소비시장에서 메꿈으로 결국 우리 소비자들이 국제시세보다 비싼 값을 치르며 물건을 사왔다. 이런 처지에서 암시장에서 거래되는 외제 일상용품이 국산품보다 품질이 좋고 싼 데서 외제품 선호경향이 생긴 것이다. 이러한 소비성향은 부유층으로 갈수록 유한계급의 전시효과로서나 상류계급의 상징으로 외제사치품의 선호경향으로 나타내는 것이다.

이러한 계층의 소비성은 대외의존적 경제구조에 편승하여 건전한 자립 경제를 좀먹는 기능을 하는 것이다. 그러나 이들 역시 분단을 유지하는 대외의존적 구조의 피해자로서 사치성 소비계층을 이루는 것이다. 다른 한편 일반 소비계층의 여성들도 수입개방으로 인한 상품시장의 피해자로서 모순의 부담을 걸머지게 되는 것이다. 수입상품의 범람과 소비자를 매혹하는 상품, 선전광고 등을 통해 소비자의 심리를 자극하며 상품소비의 노예로 전락시켜가고 있는 것이다. 사치스런 외제상품의 범람과 상업시장의 활성화로 소비자의 기호와 생활양식을 대외의존적으로 만들며, 경제발전의 환상 속에서 소비자들로 하여금 분단상황에 안주하려는 심리를 조성하고 있는 것이다. 여성들은 이러한 왜곡된 환상의 피해자로서 외제상품을 소비하는 노예로 전락하기 쉬운 것이다. 앞으로의 소비자운동은 이러한 문제의식에서 여성들로 하여금 경제구조의 문제점을 이해하게 하며, 대외의존적 상품시장을 배격하는 입장에서의 통일운동이 창출되어야 할 것이다.

분단으로 인한 대외의존적 경제정책은 또한 농민의 이농을 대량촉진시킴으로써 도시빈민계층을 조성시켰다. 이농민들은 독신으로 이농하여 수출산업에 미혼의 젊은 노동자로 흡수되는 한편, 혼인한 부부들이 가구 단위로 이농하여 도시비공식부문의 임시노동자로서 빈민계층을 형성해왔다. 이들은 기업의 이윤확대를 목적으로 하는 여러 종류의 하청구조에서 계절적 또는 임시적인 노동력으로서 흡수되고 있다.

이들은 직업에 안정성이 없을 뿐만 아니라 의료보험·산재보험의 혜택도 없이 가장 낮은 임금으로 착취당하고 있는 계층이다. 이러한 임시노동자들의 저임금과 불안한 가계소득으로 인한 가족적 생존의 부담은 또한 가난한 가정의 부인들과 어린이들이 걸머지게 된다. 민주주의적 자본주의사회에서는 경제성장이 이룩되는 데에 따라 저소득층의 생활보장과 자녀들의 복지는 국가의 복지정책과 제도로서 재분배되는 것이다.

반면, 우리 경제가 중진국의 단계로 성장했음에도 불구하고 가난한 계층의 주택문제, 의료보장 및 생계를 책임진 부인들의 모자복지제도 등의 뒷받침이 사회정책적으로 고려되지 않고 있다. 경제성장을 위해 희생을 담당한 이 계층에 응당 돌아가야 할 경제적 재분배가 이루어지지 않고 있는 것은, 분단을 유지하기 위하여 필요한 국방에 국가예산의 30%가 할당되기 때문이다. 그야말로 이들은 분단구조의 가장 직접적인 경제적 피해자들인 것이다. 결국 분단으로 인한 직접적 피해는 38선을 넘어온 월남가족이나 6·25 동란으로 인한 이산가족에 한정되는 것이 아니다. 분단상황을 유지하려는 군사적·정치적 및 경제적 구조하의 고도성장의 단계에서 농민과 노동자 가족들은 생활안정을 위해 피땀 흘려 일하고 있음에도 불구하고, 가족적 삶이 안정되지 못하고 그 가족들이 가난의 피해를 강요당하고 있다. 이들도 분단시대의 직접적인 피해자인 것이다. 사실상 산업화한 경제구조에서 일반민중이 겪는 피해적 고통은, 비인간적 중노동과 장시간노동을 강요당할 뿐 아니라 최소한의 인간다운 삶을 보장받지 못하고 있는 경제생활, 각종 범죄가 난무하므로 안심하고 살 수 없는 사회환경, 더욱이 인간 상호간의 신뢰와 존경이 사라진 불신풍토의 만연, 그리고 인권이나 인격의 존엄성보다 외화 획득이나 경제적 이윤추구를 중요시하는 황금만능주의로 인하여 더욱 증가 심화되고 있는 것이다. 우리 모두가 사회의 피해자임을 자각해야 할 것이다.

마지막으로 분단사회의 피해자로 신음하여 고통받고 있는 여성들 중에서 우리는 정치적 이데올로기 대립의 희생자가 된 남편과 자녀들이 있는 가정과 여성들의 문제를 간과할 수가 없을 것이다. 해방 직후부터 과열된 좌·우익의 사상적 대립과 정치적 투쟁, 그와 연결된 노동운동이나 농민운동에 참여했다가 좌익으로 낙인찍힌 자들, 6·25 동란을 통해 보복적인 대립이 격화된 상황에서 희생당하며 사상적 입장을 강요당해 자진 월북한 남편이나 아들을 둔 가정의 여성들의 고통은, 단순히 월남이나 피난하는 과정에서 가족과 헤어지게 된 이산가족의 경우와는 또 다른 문제점을 안고 있는 것이다. 사실상 정부의 공식통계인 1천만 이산가족의 문제점도 분단의 직접적 피해가 그 정도의 통계적 비중을 지닌다는 점에서 중요시돼야 할 것이다. 그러나 단순한 이산가족의 경우는 그들의 이산 원인이 사상적 문제에 있지 않다는 데서 그 고통을 공개적으로 표현할 수 있는 것만으로도 다행한 일이다. 그러나 이산가족 중에는 반공을 국시로 삼는 우리의 현체제 속에서 남편과 자녀들이 좌익사상가로 낙인찍혔다거나 그 입장에서 활동한 대역죄인으로서 정죄당한 경우도 있다. 가족이 죽었거나 남북 어디에 살고 있는 경우에도 아내나 어머니가 된 입장에서 그들의 고통을 공개하여 호소할 수 없는 지경에 있다. 좌·우익 사상의 대립을 제대로 이해조차 못하는 여성들의 입장에서, 대역 죄인의 아내나 어머니로서 이 시대를 그늘에서 한숨지으며 살아가는 수많은 여성들의 문제를, 우리는 그들의 개인적 문제로 돌려버릴 수 없는 것이다. 이것은 사상의 자유를 제한당하고 특수한 이데올로기를 강요받는 우리 모두가 당하는 피해와 공통되기 때문이다.

특히 우리 여성운동의 입장에서 볼 때, 여성의 인간화를 위한 여성운동의 방향모색은 남북의 장벽과 동서냉전의 사상적 대립을 초월하여 남녀가 다 함께 인간답게 살 수 있는 새로운 생활공동체나 지역사회공동체를 연구하며 모색할 수 있어야 한다. 오랜 가부장제 전통에 젖어온 우리의 의식과 관습 및 제도에 대한 비판의식을 기르며 미래지향적인 새로운 인간사회의 꿈과 모형을 추구하기 위해서는 경직된 이데올로기적 중압으로부터 벗어나는 일이 우선되어야 한다. 그러나 분단사회는 앞서 지적한 바와 같이, 고도경제성장이나 산업화에도 불구하고 농업에 기반한 봉건사회의 가족제도와 남존여비의 이데올로기를 강요하며 사상적 대립의 굴레를 심화시키고 있는 것이다. 이러한 분단상황이 여성들의 사상 및 정신상태를 유아상태로 머물게 하고 있다. 여성은 맹목적 모성애로 가족중심의 이익과 자신의 삶을 완전히 일치시키는 정체감에서 탈피하지 못하게 되는 것이다. 현대 여성운동이 국제적 유대 속에서 세계여성운동으로 개방되고 확대되는 것과는 대조적으로, 한국의 여성들은 사상적으로 아직도 가정을 자신의 우주로 삼는 단계에서 벗어나지 못하게 강요당하고 있는 것이다. 불합리하고 불평등한 현실에 대한 비판이 곧 용공주의자로 낙인 찍히는 위협이 되고 있는 데서 우리는 이 공포로부터 해방되지 못하고 있다. 남성중심의 이중적 성윤리와 가정생활의 질서 및 모든 사회질서에 대해 타사회와 비교하여 비판적으로 이해할 수 있어야 한다. 남녀 함께 인간답게 살 수 있는 새 질서를 모색하는 입장에서 여러 사회를 비교하며 비판적으로 분석할 수 있는 역량을 여성들이 길러야 할 것이다.

강요된 분단에 의한 우리 사회의 왜곡된 구조적 현실과 우리 민족, 특히 여성의 피해적 현실을 밝히고 이 현실의 원인을 파악하여 알리는 일이 분단사회를 극복하는 민주·통일운동이 아닐 수 없다.

3. 분단극복을 위한 여성운동의 방향

분단시대를 살아가는 우리의 공동체적 고통과 피해적 삶은 여성의 삶과 의식에 이렇게 도전해오고 있다. 인간답게 살고자 하는 여성들의 정당한 요구가 분단으로 인해 왜곡되고, 병든 이 사회적 질서와 구조를 극복하려는 민주·통일운동과 직결되고 있음을 의식하지 않을 수 없게 한다. 여성문제에 대한 의식이 이렇게 심화되고 확대되어야 함이 의미하는 것은 일찍이 일제식민지 치하에서 근우회를 조직한 우리 선배들이 여성운동의 과제를 민족해방과 연결시켜 의식한 것에 주목해서 살펴보아야 한다. 식민지사회에서 여성문제가 여권의식으로만 이해될 수 없었던 것과 마찬가지로, 우리가 민족적 공동체의 주인노릇을 하지 못하고 있는 이 분단시대에 있어서, 여성문제를 여성지위 향상만을 요구하는 문제로만 이해할 수 없는 것이다. 우리가 이 시대에 있어서 외세의존적인 분단사회를 공동체적으로 극복하려는 주인의식을 확고히 해야 할 것이다. 제각기 인간적 삶을 요구하는 주인의식이 분단된 조국과 분열된 민족의 역사를 바로잡아야 하는 주인의식으로 확대돼야 할 것이다. 이것은 여성의 인간적 존엄성이 분단사회로써 더욱 왜곡당하고 억압당하고 있기 때문이다. 각자의 이러한 주인의식은 먼저 우리의 가정과 지역공동체를 민주화시키는 의지로 발휘될 것이다. 그리고 이 과정에서 우리의 자주성을 박탈하려는 국내외의 억압적 권력의 구조적 성격을 파악하며 이것을 배격하고 대항할 수 있는 민주적 역량을 키우게 될 것이다.

여성으로서 민족과 사회에 대한 민주적 주인의식이 심화될 때, 각 분야에서 피해당하고 있는 여성의 문제에 더욱 민감해지며 그 구조적 모순과 원인을 더 예리하게 파악할 수 있을 것이다. 여성의식이 분단사회의 문제 전반으로 확대될 때, 여성들이 극복해야 하는 가장 근본적 문제가 무엇인가를 더욱 분명하게 이해하며 부각시킬 수 있을 것이다.

이러한 입장에서 지금까지 여성운동이 추진해온 가족법개정운동, 지역사회시민운동, 여성노동운동, 여성농민운동, 성폭력의 문제 및 여성 교육문제 등을 재평가하며 재인식해야 하는 것이다. 예로써, 가족법개정운동을 앞서 지적한 대로 분단사회의 보수성을 유지하기 위해 여성에게 강요되는 제도적 장치로서 이해하는 입장에서 새롭게 시작해야 할 것이다. 이러한 시각에서는 가족법개정이 법률개정만을 목표로 하는 미시적 운동의 차원에만 머물 수 없는 것이다. 이 운동은 가정의 민주화를 위시해서 한국사회 전반의 민주화운동과 연관되어 민주화운동의 과제로 부각되어야 할 것이다. 가부장제도가 민주화를 억압하는 권위주의적 권력의 이데올로기적 기반이 되고 있음을 인식할 때, 가족법 개정은 민주화운동의 일환으로 1차적 과제가 될 것이다. 그리고 민주화운동은 제도의 개혁뿐만 아니라 일상생활의 실천적 과제로서 강조되어야 한다. 부부관계를 위시하여 가정에서 남녀역할이 민주적인 협동관계로 새로와져야 한다. 가정에서의 민주화가 1차적으로 이루어진 데서 사회생활의 민주화가 더욱 자연스럽게 이루어질 수 있으며, 이러한 민주화의 실천적 운동은 분단의 구조 속에서 함께 고통당하며 피해당하는 피해자의 의식을 더욱 확대시킴으로써 공동체운동으로 발전될 수 있을 것이다.

이 공동체의식을 분단사회의 구조 속에서 피해당하는 모든 민중과의 연대의식으로 확대 심화시킴으로써 분단을 극복하려는 민주통일운동의 의지를 키울 수 있다. 이러한 공동체의식 속에서 우리의 통일의 의지를 노동운동, 농민운동, 소비자운동 및 기타의 모든 분야의 운동에서 실천적으로 구체화시키는 방법을 모색해야 할 것이다. 우리 여성들이 분단으로 인해 가장 희생당하는 피해자임을 자각할 때, 고통받는 분단민족의 모든 아픔을 빨리 뼈저리게 공감할 수 있을 것이다. 이것은 1천만 이산가족의 아픔과, 이데올로기의 대립으로 희생된 분단가족의 고통과, 대외의존적 경제성장에 희생당하는 노동자·농민의 억울함을 공감하는 것이다. 이로써 여성운동은 민주통일운동의 선봉적 역할로 발전할 수 있을 것이다. (1985)

10장

분단시대의 여성운동

"분단시대의 정치, 경제, 사회, 문화활동의 역사성은 그것이 민주주의와 민족통일에 얼마나 공헌할 수 있는가 하는 문제를 기준으로 하여 평가……"되어야 한다는 것을 강만길 씨는 그의 『한국현대사』 서론에서 강조했다. 이러한 분단시대의 역사인식에 비추어 이 시대의 여성운동을 접근하는 입장도 정립되어야 할 것으로 생각된다.

이 시대에 있어서 우리가 지향하는 민주주의 사회란 어떠한 인간차별도 없는 사회를 의미한다. 신분이나 계급을 위시하여 인종, 성별, 종교 및 모든 분야에서 차별의 제도화를 없애야 하는 것을 의미한다. 이것은 곧 한국사회에서 남녀차별로 인한 불평등을 극복하지 않고서는 민주화를 이룩할 수 없음을 의미한다. 여성운동은 이러한 측면에서 한국사회의 민주화에 참여하는 것이며 민주화의 과제를 근본적으로 안고 있는 것이다.

남녀불평등은 여자를 단순히 차별한다는 것 이상을 의미한다. 오랜 전통을 지닌 가부장제의 태도와 행위가 제도화되어온 과정에서 그 차별은 언어에서부터 법률에 이르기기까지 사회 전반적인 구조 속에 통합되어 제각기 제도로서 존재한다. 그리고 모든 제도는 여성을 차별하는 데 서로 보강하는 기능을 한다. 따라서 성차별이 중층적으로 구조화된 것이다. 성차별은 제도화되어 객관적으로 나타날 뿐만이 아니라 이러한 사회구조와 제도를 뒷받침해온 내재적인 사회적 신념에 깊이 뿌리박고 있다. 남성의 지배와 여성의 복종을, 남성의 우월성과 여성의 열등성을 자연적 질서로 믿고 정당화해온 신념과 이데올로기가 문제이다. 객관적인 제도와 상호보강의 기능을 해온 내재적인 신념이 심층적 의식구조로서 뿌리 깊게 자리잡고 있는 것이 문제이다. 이렇게 성차별의 제도화는 남성지배 사회체제의 기반을 이루어왔다. 여성해방은 이러한 가부장적인 지배의 사회체제에서의 해방을 목적으로 한다. 즉, 여성의 인간적 성장과 인간적 능력의 발휘를 억제하며, 인간적 요구를 성취하려는 기본적 권리와 기회를 부인하고 박탈해온 권력구조 및 의식구조 등의 변혁을 목적으로 한다. 남녀가 함께 사회의 모든 분야에 참여하며 인간적으로 살 수 있는 인간해방이 궁극적 목표인 것이다.

분단민족으로서 궁극적으로 성취해야 할 인간해방은 우리 스스로 분단된 사회를 극복하는 민주적 역량을 길러 통일된 민주화를 이룩하는 데 있을 것이다. 분단으로 인한 민족공동체의 분열과 대립은 이미 우리에게 비인간화의 경험을 심화시켜 이로부터의 해방을 갈구하게 한다. 이 분단사회는 여성에게 더한 억압적 삶과 희생을 강요하고 있다. 우리는 분단으로 인해 피해당하고 강요당하는 삶이 무엇인지 사회경제적 구조로서 파악할 수 있어야 한다. 그리고 이 시대 여성운동이 이러한 억압을 극복하며 사회적 제도를 개선하기 위해 어떠한 노력을 하고 있는지를 분석적으로 고찰해야 할 것이다.

한국여성이 역사적으로 처해온 특수한 비인간적 삶은 신분사회의 가부장제 전통에서 비롯된다. 이것은 여성을 한 가문의 부계조상 숭배와 혈통계승을 위한 아들 출산의 수단으로, 그리고 부계가족의 안정을 도모하기 위한 희생을 강요한 데 있다. 이것이 신분사회의 질서유지를 위한 혈통의 순수성과 결부되어 여자들의 존재가치는 일부종사의 정절과 아들 출산의 모성적 존재만으로 인정되었다. 따라서 삼종지도의 굴레에서 남편의 가문에 예속되었다. 여성들은 이러한 지배질서를 내면화시켜 현모양처의 윤리관으로 정당화시키고 인고의 부덕을 쌓았던 것이다. 양반 계급의 여성들은 이러한 윤리관과 삶의 형태로 유교적 질서를 유지하는 데 기능했다. 다른 한편, 일반상민과 천민층 여성들은 가난 속에서 부계혈통의 계승과 가족의 생존을 위해 희생적 삶을 살 뿐 아니라 봉건적 권력의 횡포 아래 성(性)적 제물이 되어왔다. 관기와 수청(垂廳)제도는 미천한 출신의 여자들을 지배층 남자들의 성적 유희와 서비스의 대상으로 삼게 했다. 양반들의 축첩제도는 신분이 낮고 가난한 집안의 여자들을 성적 서비스를 위한 노예로 속박할 수 있게 했다. 여자들은 가정적으로 한 남성에 예속될 뿐 아니라 지배권력에 성적으로 착취당하는 노예의 입장에 있었다. 한 가정의 가부장과 국가의 지배권력의 횡포에 성적으로 농락당하며 착취당해온 것이다.

이러한 사회적인 전통은 근대화정책에서 여성을 외화획득의 자원으로 삼는 데 기반이 되었다. 여성을 수출산업의 진흥이나 다국적기업의 유치를 위해 저임금 노동력으로, 소비경제의 상품으로, 더욱이 관광산업을 위한 '관광기생'으로 이용한다. 매춘은 대한민국 건국 초기에 여성단체들의 요구에 의해 불법화되었음에도 불구하고 전쟁과 산업화 과정에서 오히려 조장되었으며 더욱 보편화되고 있다. 헌법이 보장하는 인권은 형식에 불과하며 여성의 인권은 계속 짓밟히고 있다. 결혼, 가족, 직장 및 모든 정치적 사회적 생활분야에서 남녀관계가 민주적 평등관계로 발전되지 못하고 있다. 자신의 삶과 공동체적 삶의 책임있는 주인노릇을 할 수 있는 민주적 역량을 키우고 발휘하고자 하는 요구가 아직 성취되지 않고 있다. 이러한 인간적 요구는 개화기 이래 지난 100년 동안 민족의 자주독립을 성취하려는 과정에서 여성개화와 해방을 갈구하는 여성운동의 맥으로 이어져오고 있다.

일제식민지 아래에서 범여성운동단체로 조직된 근우회(槿友會)의 목적에서 이러한 성격이 명백하게 나타난다. 이 회의 창립취지에서 인간해방을 갈망하는 여성운동이 민족해방과 직결되며 여성운동은 전통적 가부장제도와 여성을 차별하는 현대사회의 모순을 동시에 극복해야 한다는 것을 지적했다.

> 우리가 우리 자신의 해방을 위하여 분투하는 것은 동시에 조선사회 전체를 위하여, 나아가서는 세계인류 전체를 위해서 분투하게……되는 행동이 되지 아니하면 안 된다. 그러나 일반만을 고조하여 특수를 생각해서는 안 된다. ……조선여성에게 얽혀 있는 각종의 불합리는 그것을 일반적으로 요약하면 봉건적 유물과 현대적 모순이니 이 양시대적 불합리에 대하여 투쟁함에 있어 조선여성의 사이에는 큰 불일치가 있을 리 없다.

근우회의 이러한 취지는 해방 직후 조직된 여성단체로 계승되어 일본 식민지에서 해방된 직후, 독립된 새로운 민족사회를 건설하려는 희망에서 여성들이 조직한 여성단체의 입장에 그대로 반영되었다.

1945년 8월 17일 건국부녀동맹이 결성되었다. 이들은 일본의 패전과 항복이 바로 한반도의 해방과 독립을 이룩하는 계기가 될 것으로 믿었다. 좌우익 계열의 여성지도자들은 새로운 민족국가를 건설하는데 참여하기 위해 여성단체를 조직했다. 그러나 미군의 진주와 미소간의 한반도 분단점령 정책으로 좌우익은 대립했다. 여성들도 좌우익 단체로 분열 대립함으로써 독립된 민족국가 건설에 통일된 힘을 모으지 못했고 새 사회에 대한 희망은 다시 배반당했다.

이 분단시대는 우리에게 국제적 냉전체제로의 예속을 가져왔으며 반공적인 보수사회를 강요하고 있다. 이 보수주의적 사회는 가부장제도와 전통문화의 계승으로 그 정통성을 정당화시켜 가부장적 권위주의의 정치권력을 뒷받침해왔다. 또한, 주권재민의 민주주의 원칙을 억압할 뿐 아니라 남존여비의 가부장제도를 민법상으로 유지시켰다. 이러한 사회적 기반 위에서 자본주의적 산업화를 추진시킨 것이다. 여성의 희생과 예속을 강요해온 가부장제 전통은 다시 산입사회의 기빈이 되었다. 산업화 과정에서 여성들은 급격한 경제성장을 위해 무임 가사노동자로서, 그리고 저임금 산업노동자로서 희생을 강요당한 것이다. 또 여성은 민권을 누리는 입장에서 가정의 민주화를 이룩하려는 노동에 참여한 것이 아니다. 여성들의 가정 내의 지위가 민법상으로 평등을 보장받지 못하는 저임금 노동력으로 경제성장의 혜택에서 먼저 소외당했다. 노동자로서의 권리행사마저 박탈당한 상태에서 산업화에 기여해왔다. 여성의 지위는 이렇게 가정과 사회에서 가부장제도의 차별과 억압을 벗어나지 못하고 있다.

이러한 현실에서 여성들은 분단시대를 통하여 두 가지 중요한 형태로 지위향상과 권리를 요구해왔다. 즉, 중류층 여성들이 중심이 되어온 여성단체들은 가족법 개정을 통하여 가부장제도에서의 해방을 이룩하고자 노력했다. 가족법상의 평등한 지위를 성취함으로써 결혼과 가족관계의 민주화를 실천할 수 있는 가족제도를 확립하려는 것이다. 그리고 다른 한편 저임금 노동력으로 생산직에 종사해온 여성근로자들은 가부장적인 기업과 노동조합 속에서 생존권을 보장받으며 인간적 대우를 받기 위해 투쟁해온 것을 볼 수 있다. 이들은 여자이기에 당하는 더한 차별과 학대에 반항하며 노동조건의 개선을 위해 피눈물 나는 노동운동을 전개해왔다. 이 논문은 1970년대를 통하여 여성단체와 여성노동자들이 스스로 투쟁해온 여성운동을 집중적으로 고찰하여 분단시대 여성들의 삶을 단편적으로나마 부각시키고자 한다.

1. 분단사회의 보수성과 여성의 지위

1) 미군정하의 여성단체 활동

1945년 9월 7일 한반도에 상륙한 미국 점령군은 건국의 기반으로 국내에 이미 조직된 인민공화국이나 망명정부를 대표해온 김구의 임시정부를 모두 부인하고 미군정의 통치권을 확립시켰다. 미군은 우리가 기대했던 해방군으로서의 성격보다는 점령군으로서의 성격을 나타내었다.[1] 이들은 일본의 통치권을 대치하는 입장에서 치안유지에 더 근본적인 관심이 있었다. 그리고 우리에게 건국의 주도권과 이데올로기의 선택권을 허용하기보다 미국식 민주주의로 제한시켰다. 그들로서는 우리에게 베푼 은혜였으나 우리로서는 새로운 독립국가를 자주적으로 건설하려는 민족적 희망과 기대를 배반당한 것이었다. 우리가 스스로 쟁취한 해방이 아니었기에 미군의 진주를 해방군으로 기대한 것부터가 우리의 실책이었던 것이다. 미군정의 이러한 성격으로 인해 그들의 정책은 새 질서를 위한 사회개혁보다는 질서유지를 위한 보수적 경향으

1 진덕규, 「미군정의 정치사적 인식」, 『해방전후사의 인식』(한길사, 1976), pp.38~40.

로 나타났다. 이것은 바로 1947년 미군정하의 입법기관인 남조선 과도입법의원이 '민족반역자, 부일협력자, 간상배 대한 특별법'을 제정했으나 미군정에 의해 거부당한 데서도 잘 나타나고 있다.[2] 그 결과 군정하에서는 친일세력과 친미세력이 함께 등장했다. 대한민국정부의 수립과정에서도 이들을 포함한 보수세력이 권력층의 기반을 이루었고, 이런 경향은 여성계에서도 나타났다. 친일여성들은 다시 여성단체의 지도층을 대다수 차지했다. 앞에서 지적한 바와 같이 미군이 진주하기 이전에 결성된 건국부녀동맹은, 건국을 위한 여성들의 조직기반을 확립하려는 데서 좌우익의 지도자들이 다 참여했다. 간부진영은 위원장에 유영준, 부위원장에 박순천, 집행위원에 황신덕, 유각경 등 16명으로 구성되었다. 이 조직의 취지문은 "우리 조선의 전국적 문제가 완전히 해결됨에 의하여서만 그의 일부분인 우리 여성문제가 비로소 해결될 것이며, 동시에 우리 여성문제가 해결되지 않으면 전국적 문제가 또한 해결되지 않을 것이다.……전국민 해방을 목표로 한 전면적 투쟁에 적극적으로 참가하여 여성해방의 대업을 완성……"할 것임을 천명했다. 따라서 이들이 제시한 강령은 다음과 같다.

1) 조선여성의 정치적 경제적 사회적 해방을 기함.
2) 조선여성은 단결을 공고히 하여 완전한 독립국가건설에 일익이 되기를 기함.
3) 조선여성의 의식적 계몽과 질적 향상을 기함[3]

이 단체는 여성들의 통합된 의지와 목표를 남녀평등을 보장하는 독

2 이재오, 『해방후 한국학생운동사』(형성사, 1984), p.36.

3 미군정하 여성단체활동에 관한 자료는 전부 『자료 대한민국사』 제1권에서 인용된 것임.

립국가건설을 위한 참여에로 표현했던 것이다. 그러나 미군이 점령한 9월 7일 이후부터는 여성단체들이 좌우익의 입장으로 분열되었다. 게다가 미소가 제안한 신탁통치안에 대한 찬반의 입장으로 대립하게 되었다. 그럼에도 불구하고 좌익계열의 전국부녀총동맹에서나 우익계열의 전국여성단체총연맹에서는 '조국의 자주독립, 국토의 남북통일, 인류평화에 공헌하기 위한 세계여성과의 제휴' 등을 각각 자기 단체의 강령으로 제시했다. 이로 보아 민족주의 입장에서는 좌우익의 목표가 공통되며 일치함을 알 수 있다. 우익이건 좌익이건 다 함께 통일된 독립국가를 갈망한 것이다.

민족적으로 새로운 인간사회를 건설하고자 하는 입장에서 조선부녀총동맹은 한국여성의 몸을 매매하는 공사창제(公私娼制)의 폐지를 우선적으로 요구했다. "……민주주의 국가에서 공·사창을 공인하고 인신을 매매시키며 시민의 눈앞에 인생지옥인 인육시장을 설치하고 사람을 기계처럼 상품화시키는 것은 우리 부녀를 모독함이요, 부녀의 해방을 저해하는 것이며 민주주의국가의 다시없는 큰 죄상일 것이다……" 라는 결의문을 미군정의 하지 중장에게 제출했다. 그 결과 미군정은 1946년 5월 17일 '부녀자의 매매 또는 그 매매계약의 금지'를 공포하는 법령 제70호를 발표하기에 이르렀다. 뒤이어 김말봉, 박현숙 등 10여 명의 여성단체 지도자들은 공창폐지연맹을 조직하여 "기왕에 발표된 법령 제70호는 단지 인신매매금지령일 뿐이므로 시급히 공·사창을 폐지하게 하는 법령을 제정해달라고 입법위원에 건의……" 한 결과 1948년 2월 14일 공창제폐지를 실시하는 법령을 공고하게 하는 단계에 이르게 되었다. 이뿐만 아니라 1947년 7월 7일 호남선 열차 안에서 미국 군인 4명이 조선여자 3명을 능욕한 사건이 발생한 데 대하여 좌우익의 모든 여성단체와 여학생대표들이 미군정에 강력하세 항의하며 엄중한 처벌을 요구한 경우도 있다.

미군정은 또한 1946년 12월 남조선 과도정부의 입법위원을 구성하는 데 있어 45명의 관선위원 중 신의경, 박승호, 황신덕, 박현숙 등 4명의 여성지도자들을 임명했다. 이에 자극받아 전국여성단체총연맹과 민주여성동맹은 남녀평등을 보장하는 입법을 요구하는 건의문을 제출했다. 민주여성동맹에서는 미군정장관 러취와 사법부장 김병로에게 남녀평등권에 대한 다음과 같은 건의안을 제출했다.

1) 경제, 정치, 문화부문에 있어서의 남녀평등권.
2) 선거권에 있어서의 남녀동등권.
3) 노동사회적 보험 및 교육부문에 있어서의 남녀평등권.
4) 자유결혼 및 이혼에 있어서의 남녀동등권.
5) 상속권에 있어서의 남녀동등권.

여성단체들의 이러한 건의안에서 볼 수 있는 바와 같이 민주헌법이 보장하는 기본평등권만이 아니라 결혼, 가족 및 노동분야를 포함한 모든 분야의 민주적 입법을 촉구한 것이다. 특히 1945년 9월에 창설된 여자 국민당은 여권신장을 위한 건의안 중에 간통죄에 관한 쌍벌제를 위시하여, 부인의 독립된 재산소유권을 인정하는 부부별산제를 이때 건의했다. 그리고 축첩 및 중혼을 금하는 것 등 일부일처제의 결혼법을 요구했다. 그리고 여성들 사이에는 여권옹호연맹을 조직하여 '축첩자 입각(入閣) 반대성명서'를 작성 발표했다. 이러한 활동에서 볼 수 있는 바와 같이 1948년 남한단독정부 수립을 앞두고 여성지도자들을 중심으로는 남녀평등과 여권옹호를 위한 운동이 그 나름대로 펼쳐지고 있었음을 볼 수 있다. 이들의 이러한 요구는 1948년 7월 17일 공포된 대한민국 헌법에 수렴되었다. 민주주의 이념에 입각한 남녀평등권이 헌법상으로 보장되었던 것이다. 그리고 남한단독정부를 수립하는 과정에서 좌익단체들은 불법화되었고 우익단체인 독립촉성애국부인회 및 애국부인회 등이 통폐합되면서 대한부인회로 결성되었다.

2) 가부장적 권위주의와 여성

1950년 민족해방이라는 명분 아래 남침한 공산군의 기습은 민족상잔의 비극을 우리 역사에 깊이 남겼다. 그리고 이것은 우리 사회를 반공적인 보수주의 정권으로 경직화시키는 데 결정적인 계기가 되었다. 이승만 대통령의 정권이 친일·친미의 보수세력을 기반으로 수립된 후 얼마되지 않아 겪게 된 것이 6·25 동란이었다. 따라서 그것은 북한 공산주의 정권에 대한 적대감정을 고조시켜 이대통령으로 하여금 '북진통일'을 명분 있는 슬로건으로 내세워 국민의 단합과 지지를 강요할 수 있게 했다.

이러한 위기를 통해 우리 사회의 보수성은 전통적인 가부장의 권위주의를 정치적 사회적 문화적인 모든 측면에서 유지하게 되었다. 분단사회는 좌우익의 이데올로기를 강요당한 상태에서 대한민국에서 가부장적 이데올로기를 기반으로 한 보수적 권위주의를 강화시키게 된 것이다. 대한민국이 주권재민의 사상에 입각한 민주헌법을 형식적으로 제도화하면서도 일제 강점기의 식민지 관료제도의 법령을 그대로 답습한 데서도 보수성이 나타났다. 민주헌법의 제도적 수용과 함께 관존민비의 유교적 전통 위에 국민을 우민시(愚民視)하고 위험시하는 식민지 관료제도는 민주적 개혁 없이 그대로 계승되었다. 더욱이 일제식민지시대에 군림했던 친일관료들이 그대로 등용된 데서 신생 한국의 토대에는 처음부터 민주주의의 기틀이 자리잡을 수 없었다. 헌법이 정한 바에 따라 국회가 구성되고 국회의원이나 대통령을 직선 또는 간선하는 제도에 따라 선출한 것은 민주정치제도로의 변화이다. 그러나 중앙집권적 권력은 통치체제를 확립하고 정치권력의 안정을 도모하기 위해 복종적이고 위계질서적인 사회조직을 유지하려 했다. 그러므로 자유당 시대를 통해 제도화되었던 분권제와 지방자치제는 형식적 차원에 머물렀으며 실질적으로 행사되지 못했다. 중앙집권적 권력을 대표하는 이 대통령의 권위주의는 국부적 존재로 우상화되면서 가부장적 지도자로 군림했다. 1950년대를 통하여 그의 지지자들은 그를 '민족의 태양이신 국부(國父) 이승만 대통령'으로 추앙했고 "노익장하시는 이대통령의 성수(聖壽)야말로 한 개인의 건강이라기보다도 조국의 영광"[4]이라는 것으로 그의 장기집권을 찬양했다.

여성단체들은 어디까지나 이대통령의 장기집권을 지지하는 입장이었다. 1955년 3대 대통령선거에서 대한부인회를 위시한 41개의 소위 '애국단체'들이 그를 추대하는 성명서를 발표한 점에서도 그 입장을 알 수 있다. 박현숙, 김활란, 임영신, 유각경, 이예행 등 9명의 여성단체 지도자들이 그를 대통령 후보로 다시 추진하는 선거추진위원회 지도위원으로 참여하고 있음을 볼 수 있다.[5]

그리고 이대통령 치하의 여성단체활동은 6·25 동란과 전후 복구사업을 위한 동원체제로서 전개되었다. 정부에서는 여군과 여경을 창설했다. 여자도 총을 메고 전쟁터에서 싸웠으며, 여경은 내치안을 담당했다. 대한여자청년단, 대한부인회, 그리고 불교부인회 등의 여성단체들도 일선군인 위문, 상이군인을 돕는 봉사활동, 피난민, 과부, 고아를 돌보는 봉사사업에 동원되었다. 그런 한편 주로 부인들을 상대로 시국계몽강연을 개최했다.

동란 동안에는 수많은 과부들과 고아들이 생겨났다. 1956년 정부통

---

4 『동아일보』, 1960년 2월 14일자, 광고란의 "성명서" 및 『동아일보』, 1960년 3월 14일자 광고란의 "결의문" 참고.

5 『동아일보』, 1956년 4월 13일자 광고란의 "성명서".

계에 의하면 전국적으로 미망인의 수가 59만 명에 이르렀다. 그리고 그들은 평균 2명 이상의 부양자녀가 있었다. 이들을 돌보는 모자원 및 자매원등의 보호시설은 전국에 54개 정도에 불과했다. 이들 중 5~6천 명 정도만이 이 시설에 수용될 수 있었다.[6] 나머지 대부분의 모자가정은 생활대책이 절박한 상태였다. 이들을 포함한 수많은 부녀자들이 생활난으로 미군 상대의 소위 '양공주'나 일반 매춘행위자로 전락하여 전국적으로 사창이 확대되어가고 있었다. 1957년 통계는 전국적으로 이들의 수를 4만 명으로 추계하고 있다.[7] 일찍이 '인신매매금지령'과 '공창폐지령' 등이 입법화된 상태이나, 외국군 주둔과 동란으로 인한 생활난은 여성으로 하여금 몸을 팔아서 자신과 가족의 생존을 유지하게끔 강요했다. 민족분단과 전쟁은 가족을 해체하고 생존을 위협하며 여성들에게 이러한 희생을 강요한 것이다. 젊은 부녀자들 사이에서는 공공연히 매춘을 생계대책으로 삼는 한편, 다방업, 양재업, 미장원, 요리점 등에 종사하거나 가족의 부양 책임자로서 자영하는 수가 부쩍 증가해 갔다. 이들 중에서 남편 없는 여자들은 이성관계에 자유로울 수 있었으며, 이들의 문란한 애정관계와 재혼문제는 사회문제로 대두했다. 특히 자유로운 사교생활을 즐기려는 여성들의 풍조가 양풍을 모방하고 허영과 향락에 치우치게 했다. 이 경향이 결혼생활을 하는 가정주부들에게도 영향을 미쳐 자녀와 가정생활에 무책임한 소위 '자유부인'형의 여성상이 대두되어 사회적 비난의 대상이 되었다. 이들은 분단과 전쟁으로 인한 혼란기의 피해자들이었다. 이러한 시기를 통하여 여성의 성해방은 왜곡된 형태로 폭발된 것이다. 미군과의 자유로운 성관계와 자유부인형의 무책임한 삶이 해방된 여성상으로 오인될 수 있었다. 성도덕

---

6 『한국연감』(1956년), p.248.

7 『한국연감』(1957년), p.290.

의 전환과 무책임성은 전통적인 현모양처의 지위와 가정의 안정에 대한 과격한 도전이었다.

따라서 이에 대한 반동적 보수성은 가부장제도의 성윤리로부터의 해방과 여성의 정당한 인권의식마저 제대로 싹틀 수 없게 했다. 여성을 학대하고 억압해온 남성들의 성적 횡포와 이중적 성윤리에 대한 윤리적 비판을 제기할 수 있는 문화적 풍토마저 조성되지 못했다. 특히 일부일처제의 확립을 위한 책임있는 성윤리를 강조하는 교육운동이 없었다. 축첩제도의 기반이 되어온 남성중심의 이중적 성윤리에 대한 철저한 비판 위에 확립된 일부일처제의 성윤리를 위한 교육적 문화적 운동을 전혀 전개해보지 못한 상태에서 오늘에 이르렀다. 여성단체의 교육활동이나 여권운동에서 가족법 개정을 위한 관심은 고조되었으나 이보다 더 기본적인 가부장제 성윤리의 모순을 타파하기 위한 적극적 비판과 운동이 대두되지 않고 있다. 이런 상태로 불법화된 매춘행위는 1960~70년대의 근대화 과정에서 공공연히 자행되었으며 현저하게 증대되고 있다. 오히려 자본주의 발달에 따른 상업적인 위락, 향락산업의 수요는 실제적인 공창역할을 확대시키고 있다. 더욱이 국가의 관광산업 진흥책은 소위 '관광기생'을 양산시켜 외화획득의 자원으로 삼고 있다. 이것은 곧 여자를 남자들의 사유물로서 성적 노예로 취급한 이조사회의 축첩제도, 관기제도 및 수청제도가 자본주의사회에서 변형된 형태로 계승 강화된 것이다.

분단사회의 이러한 가부장적인 보수성은 신민법에 포함된 가족법 개정에 그대로 반영되었다. 1958년 제정되어 60년도부터 시행해온 현행 가족법은 남존여비의 가부장제도에서 기본적으로 벗어나지 못했다. 법제정의 과정에서 민주사회 건설을 위한 새로운 제도의 창설을 주장한 소수입법위원의 의견이나 여성단체들의 압력도 영향을 미치지 못했다. 대다수를 차지한 보수적인 입법위원들이 시기상조라는 입장에서 전통적 제도를 존속시키는 방향으로 제정한 것이었다. 1953년 이후 신민법이 입안되는 과정에서 대한부인회, YWCA 및 여성문제연구원 등 11개 여성단체의 지도자들이 사법, 입법, 행정부 등의 수반들에게 건의서, 청원서, 호소문 등을 제출했다. 가족법상의 여권지위를 향상시키기 위한 압력을 가하는 노력을 했다. 그러나 여성단체의 요구가 극히 지엽적인 부분에 반영되었을 뿐 가부장제도의 기본이 그대로 유지되었다. 그런 데서 여성단체들은 신민법이 공포, 시행된 데 불만을 품고 1960년대부터 가족법개정의 기회를 엿보아온 것이다. 따라서 1970년대에 들어와서 범여성단체운동으로 가족법 개정을 추진하기 시작했으며 오늘에 이르고 있다.

3) 1960년대 여성단체 활동의 성격

분단이 고정화되고 산업화 정책을 본격적으로 시작한 1960년대에 들어와서는 새로운 여성단체들이 조직되기 시작했다. 군사 쿠데타로 집권한 박정권이 더욱 강압적 권력으로 민주주의의 요구를 억압하여 민간단체들의 자주적이며 압력단체적인 기능을 제한하고 탄압했다. 그러나 산업화 정책을 강력하게 추진한 데서 도시화가 급격히 이루어지고 사회분화가 이루어졌다. 여성들도 가족생활의 변화와 함께 사회참여 및 단체활동의 요구가 발생하여 여성단체들이 새로 조직되었다. 그러나 이 당시 단체활동의 성격은 극히 제한되고 보수적이었다. 필자가 1968년도에 실시한 여성단체 활동에 관한 조사연구에서 1960년대에 존재한 단체들의 성격과 활동을 엿볼 수 있다.[8]

---

8 정충량 · 이효재, 「여성단체활동에 관한 연구」, 『한국문화연구원 논총』, 제14집(이화여자대학교, 1969) 참고.

그 당시의 여성단체들 중 종교, 직업보도 및 전문분야 등에 관련된 특수집단을 제외한 소위 일반 여성단체 24개를 연구한 것에서 그 성격이 나타나고 있다. 이들 24개 단체 중 2~3개를 제외한 나머지 단체들은 1960년대에 들어와서 조직되었다. 단체들의 조직된 연한이 5~6년 정도로 짧다. 그리고 그들의 회원 수는 100만 명 이상을 지닌 단체가 하나뿐이며 1만 명 이상의 단체가 5개 정도이다. 그리고 1천 명에서 1만 명 사이에 속하는 단체가 6개이며 나머지는 몇십 명도 안 되는 소규모의 조직들이었다. 그리고 대부분 이 단체들은 그 조직의 기반이 서울에 한정되어 있다. 지방 대도시에 지회를 가졌다는 단체의 수가 13개였고, 읍이나 농촌지역에 지회를 가진 단체는 없었다. 농촌여성조직은 주로 행정단위에 기반한 관주도적인 것이었다.

이러한 단체들의 성격과 활동의 방향은 보수적이며 안이한 성격이었다. 조직의 취지에서 일반적으로 가장 두드러지게 나타난 것은 첫째, 인간적이며 여성적인 교양과 자질의 향상이며, 둘째, 회원의 상호친목과 복리, 셋째, 사회복지를 위한 봉사활동 및 국가발전을 위한 반공, 방위 행동에 관한 활동이다. 그 이외 1~2개 단체가 지적한 취지로서는 인류복지, 평화 및 친선, 신생활운동, 소비자운동, 공민훈련, 여권옹호, 자활을 위한 상호부조 등이다. 이러한 목적과 취지에서 볼 수 있는 바와 같이 여성단체들은 뚜렷한 시민의식이나 여성의 권익옹호를 위한 이익단체 또는 시민단체로서의 성격을 표명하지 않았다. 여권옹호를 위한다는 단체가 1개 정도이며 공민훈련을 목적으로 한다는 시민단체의 의식을 희미하게나마 표현한 단체는 하나뿐이다. 기타 모든 단체들은 여성의 교양이나 인간적 자질을 높이며 국가사회를 위해 봉사하고 여가를 선용하는 활동, 그리고 회원의 상호친목과 상호부조를 목적으로 한다는 데 주요 관심이 있다. 이런 데서 단체활동의 주요 기능이 교양교육으로 치중되어 강연, 강좌, 좌담회 등의 형식을 취한다. 교육의 내용은 반공, 자녀교육, 가정생활 합리화, 여성 역할에 관한 것 등이다. 이러한 교양 강좌에 덧붙여 정부시책에 호응하는 사회봉사 및 위문활동, 그리고 국민으로서 정권을 지지하는 입장에 동원되는 활동이 있었다. 여성단체들은 강압적으로 집권한 박정권의 안정과 연장을 지지하도록 강요당한 상태에서 잠재해 있는 여성문제에 대한 의식과 요구를 수렴하지 못했다. 그리고 단체의 조직적 기반이 회원들의 자발적 참여나 재정적 기여에 뿌리를 내리지 못하고 한두 사람의 지도자를 중심으로 한 것이었다. 지도자들 개인의 사적 관심과 조직활동의 역량에 따라 운영되며 재정을 조달했기 때문에 회원들은 수동적이었다. 지도자중심의 조직기반과 재정적 허약성으로 인해 이러한 단체들은 흔히 정권을 지지하는 대가로 이권을 취하며 재정지원을 받을 수 있는 가능성이 많았다. 지도층이 정권과 야합하는 경향으로 인하여 흔히 회원들의 불신을 사게 되었다.

또한 여성단체들은 자본주의 성장에 따른 소비자 문제에 관심을 갖기 시작했다. 이들은 가계를 담당한 주부들을 상대로 합리적인 소비생활에 대한 교육을 시작했다. 1970년대에 와서는 4개 단체가 더 적극적이며 다양한 방법으로 소비자운동에 접근했다. 고도의 경제성장에 따른 자본주의 시장경제가 소비자문제를 심각하게 보편화시킴으로써 정부가 이에 법률적으로 대처하기 시작했다. 소비자보호 행정의 명목으로 1979년에 와서는 경제기획원 산하 물가정책국 내에 소비담당관의 자리를 신설하고 소비자운동 단체들을 감독하게 했다. 소비자운동을 주도해온 여성단체들은, 1976년 협의회를 조직하여 더욱 본격적으로 전개함으로써 정부는 이 협의체에 연간 2~3천만 원의 보조금을 지불하며 감독하고 있다. 이 협의체의 주요 사업은 "소비자운동에 관한 조사연구와 소비자의 의견 반영, 불량상품 추방운동, 소비자 계몽운동에 관한 조사연구와 소비자의 의견 반영, 소비자 계몽을 위한 월간지 발행"

등이다.[9] 이러한 소비자운동에 있어서도 이들 단체들이 근본적으로 독립적 입장에서 운영되면서 필요에 따라 정부와 협조할 수 있는 자율적이며 자치적인 성격을 띠지는 않았다. 국고보조금에 재정적으로 의존하고 감독을 받음으로써 제한된 역할을 하고 있다. 즉, 관권주도의 소비자보호활동을 탈피하지 못하고 있다.

여성단체들의 이러한 성격에서 1960년대를 통해서는 여성운동 단체로서의 활동을 찾아볼 수 없다. 지위향상이나 권리주장을 요구하거나 사회적 모순을 해결하려는 문제의식에서 기존질서의 변화를 요구하는 집단적 행동이 나타나지 않고 있다. 즉, 한국사회의 민주화를 위한 여성의 민권의식, 혼인과 가족관계의 민주화 또는 경제활동과 직업에서의 권리의식 등이 여성단체의 활동에서 별로 문제시되지 않았다. 여성을 차별하고 억압하는 가부장제의 전통을 제도적으로나 문화적으로 개혁하려는 의식화교육이나 운동이 전혀 대두되지 않았다.

2. 가부장제와 가족법개정운동

1) 근대화정책과 가부장제 이데올로기

박정권은 대외의존적인 분단사회를 근대화하는 과정에서 가부장적 국가주의를 모델로 삼으면서 '한국적 민주주의'를 슬로건으로 내세웠다. 쿠데타로 집권한 그는 권력의 확립과 안정을 위해 가부장적 권위를 행사하며 전통적인 가부장의 이미지를 부각시켰다. 그는 "민족 주체의

9 김성의, 「한국소비자보호운동에 관한 연구」(고려대학교 대학원 경영학과 석사학위논문, 1979).

식을 먼저 확립하고 그 위에 자유민주주의의를 재건한다"는 주체성의 우선을 강조했다. 더욱이 "자유민주주의의 한국적 특색, 고유의 전통과 미풍양속을 살려나간다"는 등의 민족 전통성에 기반한 '한국적 민주주의'를 제시했다. 그러나 이 이념은 슬로건 이상으로 심화되지 못했다. 보편적 사상에 기반한 민주주의적인 이념이나 혁신적 가치관이 아니었다. 이승만 정권에서 계승되어온 보수적 민족주의 이념의 테두리 안에서 '가난에서의 해방'과 '자립경제 확립'이라는 적극적인 슬로건을 내건 상태에 불과했다.

더욱이 대미의존적인 관계가 박정권의 민족주의이념을 제한하고 제약하는 요인이 되었다. 한편, 분단의 현실은 반공과 안보우선체제를 앞세우게 하여 그가 권력을 확대하며 집권을 연장하는 데 역이용되었다. 분단으로 인한 이러한 제약은 근대화의 방향과 목표를 경제성장으로 정당화시킨 것이다. 그는 '일하는 국민'과 '일하는 정부', '증산, 수출, 건설', '싸우면서 건설하자' 등의 슬로건을 계속 내세웠다. 1970년대에 들어서서도 자립경제만이 조국근대화와 통일에의 지름길이라고 믿고 국방력 강화와 안정기조 위의 지속적인 경제성장을 목표로 한다고 주장했다. 이러한 목표를 내세워 72년대에는 '대유신적 개혁'을 단행했으며 영구집권을 꾀했다. 이 과정에서도 계속 '잘살기운동'이라는 슬로건으로 대외의존적인 수출주도의 산업화 정책을 추진하여 부의 편재를 야기시켰다. 그리고 국민에게는 복종과 희생을 강요했다. 이렇게 장기집권을 강압적으로 유지해가는 가운데 한국적 민주주의는 점차 가부장적 권위주의로 그 실체를 드러낸 것이다. 그는 권력을 절대화시켜 국가사회에 군림하는 가부장적 지도자로 행세했다. 한편으로는 충·효의 이데올로기를 강조하는 교육과 문화정책을 또 한편으로는 가부장제 가족을 사회조직의 기반으로 유지했다. 즉, 오랜 동안 지속되어온 가부장제 전통을 계승 강화했던 것이다.

그리고 이 전통은 자본주의 성장의 기반이 되었다. 즉, 고도성장의 과정에서 여성과 노동자들의 희생을 강요하는 데 역이용된 것이다. 특히 여성의 예속과 희생에 기반한 보수적 가족주의는 가부장적 사회구조를 뒷받침하는 이데올로기로 기능했을 뿐만 아니라, 수출산업의 진흥을 위해 여성근로자들을 저임금 노동자로 대거 착취하는 경제정책을 뒷받침했다. 여성은 각 가정을 위해 현모양처로서의 희생, 또 각 기업과 직장에서의 저임금, 저기술의 단순노동자로서 희생을 강요당한 입장이었다. 이렇게 하여 국가적으로 가부장적 권위주의를 강화하며 경제적으로 부를 편재시켜 재벌계급을 유지하는 데 기여한 것이다.

1970년대를 통하여 한국사회가 이렇게 권력과 금력이 편재되고 민중과 여성을 착취하고 억압을 계속한 데서 민주화를 요구하는 민중운동이 각 분야에서 일기 시작했다. 종교인과 지식인들의 인권운동, 언론자유화의 요구, 체제비판과 참여 민주주의를 요구하는 민주화운동, 학원의 민주화, 유신정권에의 도전과 민주통일을 요구하는 학생청년운동, 남녀평등과 여성의 인간화를 요구하는 여성운동, 노동자들의 권리를 요구하는 노동운동과 함께 생존권의 확립과 노동조건 개선등을 요구한 근로여성들의 투쟁 등이 정부의 무자비한 폭력과 탄압에도 불구하고 계속 일어났다. 즉, 민중을 착취하고 억압하는 박정권의 유신체제와 빈부의 차이를 심화시키는 경제정책을 비판하고 도전하는 민주운동 등이 확산되어갔다.

1970년대는 특히 여성해방을 요구하는 국제적 여성운동이 고조된 시기로 이에 영향을 받은 한국여성단체들은 여성의 지위 향상에 관심을 갖기 시작했다. 이것은 1977년 범여성단체의 가족법개정촉진운동이 시작된 것에서 나타났다. 그리고 1974년에는 여성단체협의회가 유엔이 선포한 75년의 '여성의 해' 준비 작업으로 9월 전국대회의 주제를 '세계여성의 해와 한국여성의 현실'로 삼았다. 이 대회에 전국 64개 여성단체와 28명의 대학 대표 등 2천 명이 참가하여 정부의 정책적 관심을 촉구했다. 즉 ① 정부는 75년을 국내에서 여성의 해로 선포할 것, ② 대통령 직속하의 여성지위향상위원회를 설치할 것, ③ 가족법개정안의 통과 등을 골자로 하는 건의문과 결의문을 채택하여 발표했다.

그러나 여성들이 이러한 요구와 의욕의 표시도 단지 연례행사로 그쳤으며 일반적 기대에 부응하는 광범위한 운동과 압력단체로서의 기능이 뒤따르지 못했고, 다만 범여성가족법개정촉진회의 활동으로 집약되어 겨우 여성운동의 명맥을 유지했을 뿐이었다. 그리고 정부에서는 1975년 멕시코에서 개최된 유엔국제여성대회에 정부의 공식대표로서 5명을 참가시켰다. 그러나 여성의 해의 이러한 모든 행사가 형식에 그쳤으며 정부에서는 정책적 대응이 없었을 뿐만 아니라, 정권의 차원에서는 1974년 한국 예지원(禮知院)의 조직과 기능을 뒷받침함으로써 여성운동에 반동적 압력을 하기까지 했다. 이 기관은 한국의 미풍양속과 부덕을 조장하며 계승하는 교육을 실시하려는 목적에서 설치되었다. 특히 사회의 지도적 위치에 있는 여성들과 고급공무원의 부인들을 상대로 교육하는 기관이다. 이것은 박정권의 충효의 이데올로기를 강조하는 문화정책에 부응하는 여성교육기관인 것이다.[10]

정부의 이러한 보수적이며 반동적인 대응에도 불구하고 국내적인 민주화운동의 열기와 국제여성운동의 영향은 젊은 여성층에 강력한 영향을 미쳤다. 여성문제에 대한 의식화교육은 1973년 크리스챤아카데미에서 처음 시작되었다. 그리고 이화여대에서 여성학연구위원회가 조직되어 여성해방과 남녀평등을 지향하는 비판적 입장에서 여성문제를 의식하기 위한 연구와 세미나를 개최했으며, 그 결과 1977년부터는 교양 과목으로 여성학강좌를 설치하게 되었다. 이것이 타대학으로 확산

---

10 이순애, 「한국여성운동의 현황」, 『조선사총』, 제4호(1980. 12).

되어 젊은 여성들의 의식화를 더욱 촉진시켰다.

1970년대는 또한 각 대학에서 학생운동이 더욱 고조된 시기였다. 박정권은 72년 유신헌법을 발표하여 장기집권의 체제적 기반을 강화했으며 이것을 비판하고 저항하는 세력을 탄압하기 위해 긴급조치를 계속 발표해갔다. 지식층, 학생 및 노동자들의 민주화를 요구하는 민중운동은 탄압 속에서도 계속 이어져간 것이다. 이화여대, 숙명여대, 서울여대 등 서울에 있는 각 여자대학에서도 73년부터는 유신헌법철폐를 주장하며 민주주의회복과 국민의 기본권보장을 요구하는 시위를 시작했다. 여대생들도 학생운동의 주체세력임을 자각하여 민주화운동에 참여한 것이다. 그리고 이들은 기자들의 자유언론실천운동을 지원하는 한편 언론과 집회의 자유를 요구하는 소리를 높였다. 고도성장을 위해 수출산업의 저임금 노동력으로 착취당하는 근로여성들의 문제와 더불어 처절하게 전개되는 그들의 노동쟁의 등에 관심을 기울이기 시작했다. 여학생들은 유신헌법철폐, 학원의 자유 및 한국사회 민주화를 요구하는 한편 노동자의 권익보장과 여성노동자들의 생존권 투쟁에도 관심을 기울이게 되었다. 여학생들은 학생운동을 통하여 정치의식 및 사회의식을 확대하여 간 것이다. 이에 따라 일부 여학생들은 인권운동과 민주화운동을 지원해온 한국교회여성연합회와의 연대로 기생관광의 문제에도 관심을 가져 정부의 관광정책에 도전했다.

한국교회여성연합회는 구속자들의 인권운동 및 민주화운동에 앞장서온 공덕귀 씨와 이우정 씨의 지도력으로 73년 매춘관광 실태를 조사했다. 1973년 약 70만 명의 관광객이 한국을 방문했으며, 그중 80%가 일본인이었다. 정부는 외화획득을 빙자하여 여행사들을 통해 '기생관광'을 해외에 선전케 하는 등, 매춘을 외화획득을 위한 관광산업의 자원으로 삼는 정책을 공공연하게 천명했다. 이는 문교부장관이 1973년 6월 매춘을 여성들의 애국적 행위로 장려하는 충격적 발언을 한 데에서 더욱 분명해진 것이다. 한국교회여성연합회는 교통부, 보사부장관 앞으로 정부의 이러한 입장을 비판하고 시정을 요구하는 건의문을 제출했다. 그리고 한·일교회협의회를 통해 일본여성의 협조를 촉구했다. 20여 명의 이화여대생들은 김포공항에서 일본관광객 앞에서 '매춘관광 반대'라는 플래카드를 들고 시위했으며, 한국을 일본남성의 유곽지대화하는 매춘관광을 즉시 중지할 것을 촉구하는 삐라를 뿌리기도 했다. 일본교회여성들은 한국교회여성연합회의 요청에 즉각 대응하는 활동을 개시했다. 일본 여행사들을 상대로 실태를 조사하는 한편 일본정부에 이에 정책적으로 대처할 것을 호소하며 압력을 가했다.[11] 이러한 연대활동은 공식적으로는 어느 정도의 효과를 거두었다. 그러나 한국에서는 관광기생이 계속해서 증가하는 한편, 관광산업이 여전히 이것을 장려하고 있고 매춘이 심각하게 보편화되고 있으므로 한국교회여성연합회에서는 관광기생의 실태와 관광정책에 관한 조사보고서를 출판했다. 한국교회여성연합회는 이렇게 1970년대를 통하여 매춘관광을 반대하는 운동을 시작했을 뿐만 아니라 긴급조치 위반으로 구속된 학생 및 교역자들의 가족을 돕는 활동과 기도회를 개최하는 등 구속자가족협의회와 함께 많은 역할을 했다. 그리고 동일방직, 방림방직, 남영나일론 여공들의 호소에 호응하여 이들의 투쟁을 지원하는 활동에는 노력을 아끼지 않았다. 여성단체로서 유일하게 민주화운동, 인권운동, 노동운동을 지원하는 역할을 했다. 그러나 이것은 연합회의 지도자들을 중심으로 한 것에 불과한 것으로 민주화운동에 참여한 소수 지도자들의 관심과 희생적 노력에 국한되었으며 교회여성들의 폭넓은 참여가 뒤따르지 않았다. 한국교회 여성단체들은 아직도 남녀평등과 한국사회 민주화를 위한 운동에 주체세력으로 부각되지 않고 있다. 더욱이 남성이 지배하

---

11 田中壽美子 편, 『女性解放の思想と行動』, 후편(時事通信社, 1975), pp.211~212.

는 교회의 가부장적 권위를 타파하고 남녀가 서로 협조하는 신앙공동체를 향해 교회여성들 사이에서 혁신적 운동이 일어나야 할 것이다.

2) 여성단체의 가족법개정운동

"우리나라의 가족법은 중국의 영향을 받아서 모든 가족법의 제도가 중국의 종법제(宗法制)에서 나와서 우리나라의 관습으로 화했음을 볼 수 있는데, 이것은 얼마나 우리나라의 선조들이 중국제도에 맹종했던 것인가를 능히 짐작할 수 있게 하는 것이다……"라고 친족법 전문가인 김주수 씨는 말하고 있다. 그리고 그는 현행가족법의 보수성을 다음과 같이 개탄했다. "민법성립 이후 부분적으로 많은 개혁을 가져왔다. 그러나 민법성립시에도 입법자의 지나친 보수성으로 말미암아 혁신적인 개혁을 가져오지 못했는데, 이것은 우리나라의 민주주의의 수립을 위하여는 지극히 유감된 일이라고 아니할 수 없다."[12] 우리의 가족법은 이렇게 민주헌법에 위배되는 남존여비의 제도를 원칙적으로 계승하고 있는 것이다.

앞서 지적한 대로 대한민국의 신민법이 제정되는 과정에서 여성단체의 지도자들이 가족법의 민주화를 위해 의식적으로 노력하기 시작한 것은 1953년이다. 6·25 동란 후 정부가 서울로 환도한 이후 법률 초안의 작성과 심의과정에서 여권신장을 위한 의견의 반영이 중요함을 의식했다. 이 당시 한국에서 최초의 여판사로 선임된 이태영 씨가 선도적 역할을 했다. 대한 YWCA와 여성문제연구회(초대회장 ; 황신덕)의 간부들에게 그 중요성을 인식시켜 공동으로 노력하도록 이끌었다.[13] 즉, 신

12 김주수, 『친족상속법』(법문사, 1982), pp.58~59.

13 1950~60년대의 가족법 개정과 개정에 관련된 여성단체의 활동은 『한국 YWCA 반백년』, pp.133~137을 참고할 것.

민법의 제정은 결혼, 친권, 상속 등에 관련된 여성의 법적 지위를 이조시대의 관습법에서 탈피한 평등한 지위로 반영시켜야 했다. 그러기 위해 1953년 3월 이 두 단체와 더불어 대한부인회, 대한여자청년단, 대한여학사협회, 대한천주교부인회, 대한기독교여자절제회 등 8개 단체가 연합으로 법전편찬위원회 김병로 위원장 앞으로 「여성단체의 민법(특히 친족상속법) 제정에 관한 건의서」를 처음으로 제출했다. 이 건의서는 호주권, 혼인관계, 친권문제, 양자문제, 호주상속인의 순위문제, 재산상속문제, 유류분문제 등에 관해 남녀평등을 이념으로 하는 헌법정신에 비추어 종래의 구습을 타파하기 위한 것이었다. 그리고 이에 덧붙여 민법기초위원회에서 작성한 친족상속법 초안 및 심의요강에 대해 전국 여성단체들은 각 분야에서 더욱 철저한 평등화를 요구하면서 법률상의 여권신장을 획득하기에 노력했다. 그 후 1957년 국회에서 신민법이 통과되기까지 YWCA와 여성문제연구회가 중심이 되어 90여 회의 강연 및 10여 회의 좌담회를 개최했다. 그리고 이 운동을 위해 여권옹호위원회를 발족시켜 첫회장에 박현숙을 추대했다.

그 당시 자유당 정권은 동성동본불혼제의 철폐를 완강히 반대하는 유림들의 압력에 부딪쳐 가족법의 민주화에 소극적이었다. 이것은 보수세력이 지배적인 입법위원회의 입장을 더욱 보강해주었다. 이에 따라 여성단체 지도자들의 주장도 약화되고 후퇴했다. 이렇게 하여 1957년 국회에서 통과된 가족법은 호주제도폐지 대신 실현성이 희박한 입부혼(入夫婚)을 제정한 한편, 동성동본불혼을 위시한 관습법들을 대체로 유지시키고 말았다. 이태영을 비롯한 YWCA 지도자들은 이에 좌절하지 않고 여권향상을 위한 노력을 계속했으며 1958년부터는 여성들을 상대로 혼인신고를 권장하는 운동을, 한편으로 여성의 인권에 관한 강좌를 개최했다. 관습에 젖어온 여성들이 혼인의 법적 권리에 대한 인식이 없어 혼인신고를 하지 않는 경향이 있었고, 이로 인하여 남편들의 중혼으로 배척을 당하여 법적 지위를 주장할 수 없는 피해자들이 많은 상태였고, 여자들은 관습적인 축첩제도의 희생자로 체념하며 계속 참고 살아가는 상태였다. 일부일처제에 따른 법률의식과 윤리적 책임에 대한 계몽이 철저하지 못했다. YWCA가 여성단체로서 이에 대한 계몽과 더불어 혼인신고를 권장하는 활동을 했다.

1962년 8월에는 YWCA가 중심이 되어 당시의 혁명정부 앞으로 친족상속법의 개정과 가사재판소 설치의 필요성을 주장한 건의문을 제출했다. YWCA는 대한가정학회, 대한어머니회, 대한기독교여자절제회연합회, 대학여학사협회, 여성문제연구회 등과 연합하여 이것을 건의했다. 이에 따라 박정권은 1963년 10월 가정법원을 설치했다. 그 이후 일부 여성지도자들은 가족법개정에 대한 관심을 계속 기울여오던 중 1972년 4월 27일 한국여성단체협의회, YWCA 및 가정법률상담소가 공동으로 가족법개정촉구 강연회를 개최했다. 이것이 계기가 되어 그 해 6월 28일 61개 여성단체들이 연합하여 범여성가족법개정촉진회를 결성하기에 이르렀다.

이 결성대회에는 61개 단체 회원들 중 1,200명이 참여하여 가족법개정을 촉구하는 결의를 다짐했다. 이들의 집단적 결의는 여성들의 인간적 해방과 한국사회의 민주화를 갈망하는 입장을 천명한 것으로써 범여성가족법개정촉진회의 선언문을 통해 표시되고 있다. 이것은 인간평등의 원칙을 실현하고 사회정의를 실현하려는 기초로서의 법의 정의를 구현하며 더 나아가서 국가사회의 기본집단을 이루는 가정의 민주화를 이룩하기 위한 목적에서 가족법개정을 통한 가족제도의 개혁을 촉구하는 것이었다. 이들은 가부장제도의 극복을 통한 사회개혁을 목적으로 하며, 이것을 여성들의 주체성과 자발적인 의지로서 추진하려는 결의를 보였다(범여성가족법개정촉진회 선언문을 참고할 것). 즉, 지금껏 한국사회와 민족역사의 주인으로 참여하지 못하고 희생만 강요당해온 여성들이 사회개혁과 역사발전의 주체자로서 스스로의 지위를 인식하며 그 역할에 참여할 것을 천명한 계기가 되었다. 가족법개정운동의 시작은 가족제도의 개혁을 통해 한국가정 및 사회의 민주화를 실현하려는 민주시민으로서 의지를 표명한 데서 출발했다. 여성들이 단순히 좁은 핵가족 속에서 평등을 누리는 행복만을 추구하는 입장이 아니라, 가정에서부터 인권을 누리는 인격자로서, 그리고 직장과 사회에서 책임의식을 지닌 민주시민으로서의 권리와 책임을 함께 누리려는 데 목적이 있는 것이다.

이렇게 각성하여 가족법개정을 촉구하는 여성들은 친족법상의 불평등을 개정하는 데 있어 다음 10개 요강을 지적했다.

1) 호주제도의 폐지.
2) 친족범위결정에 있어서 남녀평등.
3) 동성동본불혼제도의 폐지.
4) 소유불분명한 부부재산의 부부공유.
5) 이혼배우자의 재산분배청구권.
6) 협의이혼제도의 합리화.
7) 부모의 친권공동행사.
8) 적모서자관계와 계모자관계의 시정
9) 상속제도의 합리화.
10) 유류분제도의 인정.

이러한 대부분의 개정요구는 앞에서 언급한 바와 같이 신민법이 제정되는 과정에서 이미 지적된 문제들이었다.

이 촉진회는 그 당시 여성단체협의회 회장인 이숙종 씨를 회장으로, 그리고 이태영 씨를 포함한 6명의 각 단체장들을 부회장으로 추대했다. 이렇게 조직된 후 이들은 이 운동을 서울에서부터 전국적으로 확대시켜갔다. 부산, 목포 등지에 지방지부를 결성하면서 운동을 추진시킬 지도자를 양성하기 위한 훈련회를 두 차례에 걸쳐 실시했다. 그리고 포스터들을 제작하여 널리 배포하고 『가족법개정요강해설』, 『다 같은 인간인데』 『가족법 수첩』 등을 발간하여 회원들의 의식화를 도왔다. 또한 계몽강연을 73년에는 17회, 74년에는 300회에 걸쳐 실시했다. 77년에는 동성동본불혼폐지를 주장하는 가두캠페인을 벌여 400여 명의 연서를 얻을 수 있었다. 촉진회는 여성대중의 계몽과 의식화를 위한 조직적 운동을 전개하는 한편, 74년에는 가족법개정안 및 이유서를 전문가들의 도움으로 작성하여 그해 7월 8일 여성국회의원들을 통해 국회에의 제출을 의뢰했다.

이 운동이 이렇게 전개되는 데 대하여 유림들과 보수직 지배층은 이를 반대하고 저지하려는 집단적 움직임을 시작했다. 1972년 8월 25일 전국유림대표자대회에서는 '500만 유림의 총의'로 가족법개정을 반대하는 결의를 표명했다. 그리고 그해 10월 5일에는 유도회 주관으로 가족법개정 반대에 34만 명 서명날인을 받은 원본을 국회사무처에 제출했고 뒤이어 가족법개정안에 대한 반대건의서를 제출했다. 그리고 한 걸음 더 나아가서 각계 지도층인사들을 규합하여 75년 11월 15일 가족법개정저지 범국민협의회를 결성했다. 기록에 의하면 이 협의회의 회장은 경제계 대표인 정주영이 추대되었고, 고문단으로 각계 지도층 인사들이 총동원되었다. 전직 장관, 전·현직 국회의원, 전·현직 대학 총장 및 교수, 예비역 장성, 언론계 인사, 경제계 중진, 전직 법관 및 현직 변호사 등이 포함된 73명의 인사들이다. 이 협의회의 구성단체로는 8개의 각 시도민협의회, 108개 국민협의회, 210개 각 부녀협의회, 70개 각 향교협의회, 75개 유도회협의회, 95개 각 종교협의회, 그리고 1,002명의 통일주체국민회의 대의원 등으로 조직되었다. 이들은 100만 명에게서 반대서명날인을 받아 75년 12월 국회에 반대측 청원을 제출했다. 이들이 가족법개정을 반대하는 주요 입장은 개정안이 전통윤리를 도외시했다는 주장이었다. "한국의 아름다운 가족제도를 가속도로 파괴시킬 독소를 내포하고 있으며, 이로 인해 국론이 분열되고 총화유신에 차질을 자아내서 국가안보가 근본으로부터 와해될 것"[14]을 우려하는 입장이었다.

이에서 볼 수 있는 바와 같이 유신체제를 지지하는 보수세력이 정권유지와 안정을 목적하는 데서 가족제도의 민주화를 반대했다. 이들은 국가안보를 명분으로 개정을 반대하는 입장으로 국가공동체적 안보와 집권층의 권위를 전통적 가부장제도의 존속으로 유지해가려는 목적을 가지고 있었다.

이렇게 엄청난 보수세력의 결속에 의한 반대운동에 비하면 범여성적운동은 극히 미약하고 안이한 조직과 방법에 의존하고 있는 상태였다. 국민들을 계몽시킬 수 있는 여론의 조성이나 정치적 압력단체로서의 기능이 전혀 개발되지 않았다. 이것은 1970년대 유신정권 아래서 민주화운동이 근본적으로 탄압당하고 봉쇄당하는 억압적 상황에서 적극적 운동을 전개할 수 없었던 까닭이기도 하다. 그러나 더 근본적으로는 이 운동의 지도층이 진정으로 여권을 대표하는 입장에서 단결되어 있지 않았기 때문이다. 대부분의 여성단체들은 재정적으로 정부나 경제단체의 도움에 의존하면서 정치적으로 독립성을 유지하지 못했다. 따라서 여성의 지위향상과 평등을 쟁취하기 위한 권리의식을 바탕으로 독립된 지위에서 압력단체의 기능을 강력하게 하지 못했고, 정권과 남성지배층에 대한 종속적 입장에서 타협하는 경향이 있었다. 촉진회 회장은 결국 유신정권의 국회의원을 겸할 수 있었다.

14 『가족법은 왜 개정되어야 하는가』, 여성평우회 연구자료 1(1984), p.72.

이런 입장에서 이숙종 회장은 촉진회에서 제출한 개정안을 단독결단으로 대폭 수정하여 다시 제출했다. 이 회장은 개정안이 현실과 너무 유리된 입장이어서 작전상 후퇴한 것이라는 변명이었다. 그러나 촉진회는 회원단체의 대표자들을 소집하여 이 수정안에 대한 대책회의를 열었다. 33개 단체가 참가하여 5시간의 격론 끝에 19개 단체대표들이 수정안을 추인하는 결정을 했다. 그러나 대한 YWCA, 가정법률상담소 및 여성유권자연맹 등 3개 단체는 수정안을 전면 거부하고 촉진회의 개정안을 그대로 제출하지 않을 경우 탈퇴할 결의를 표명했다. 이 압력에 굴복하여 이숙종 회장은 자신의 수정안을 철회하고 개정안을 다시 제출함으로써 촉진회의 분열을 방지했다. 이러한 과정에서 여성단체의 보수성과 지도자의 비주체성이 더욱 노골적으로 나타났다. 여성단체 회원들도 이 운동의 주체자로서 직극적으로 주도해나가지 않고 이러한 지도층에 의존하며 복종하거나 아니면 이들을 불신하는 데서 적극적 참여를 회피했다. 여성단체들은 회원들의 자발적인 참여와 창의적 활력을 키워 민주적으로 발전하지 못하고 지도자중심의 단체로 답보하는 상태에 있었다.

촉진회는 가족법개정운동을 전개하는 과정에서 스스로 후퇴하고 타협하는 내부분열의 약점을 드러내 보임으로써 목적이 관철될 것으로는 기대할 수 없었다. 개정안을 국회에 제출했지만 국회법사위원회는 자체 내에서 작성한 대안에 따라 가족법을 극히 지엽적으로 개정 보완했다. 국회법사위원회가 제출한 그 대안은 1977년 전격적으로 통과되었다. 그러나 통과된 이 법안은 극히 미봉책에 불과하다. 찬반양론 충돌의 초점이었던 호주제도와 동성동본불혼제도를 그대로 남겨둔 채 재산상속 등에서 남녀의 성차별을 약간 완화한 정도이다. 개정된 이 대안의 통과는 여성의 지위향상을 위했다기보다는 여성운동단체와 보수적 세력 양측의 요구를 일시적으로 무마시키려 했던 인상을 줄 뿐이라고

이은영은 지적 설명하고 있다.[15]

이에서 볼 수 있는 바와 같이 가족법개정운동은 여성들의 요구와 기대에도 불구하고 보수적 지배권력과 유림들의 방해에 부딪쳐 좌절되었으며 그 과제는 1980년대로 넘겨졌다. 따라서 1983년 제 20회 전국여성대회 결의문에서 가족법개정의 완결을 촉구하는 건의문을 작성 발표했다. 여성단체들에게는 지금까지의 가족법개정을 위한 성격과 방법에 대해 새롭게 깨달을 것이 요구되고 있다. 조직과 지도력에 대한 비판과 더불어 회원들의 적극적 참여와 압력단체로서의 기능이 발휘되어야 한다. 새로운 단계로의 여성운동으로 발전되지 않는 한 엄청난 보수세력 앞에 무력할 뿐이며 다만 의미 없는 형식적 노력에 그칠 수밖에 없는 것이다.

3. 산업화와 여성노동운동

1) 사무직 노동자와 노동운동

대한민국 헌법은 여성에게 경제권을 보장함으로써 독립된 소유권뿐만 아니라 노동할 권리를 부여했다. 즉, 여성에게도 개인의 능력과 자격에 따라 직업을 가지며 취직을 할 수 있는 권리가 있는 것이다. 이에 따라 남녀에게 직업과 사회생활의 준비과정으로 교육의 기회가 허락되며 취업을 위한 평등한 기회가 사회적으로 보장되어야 한다.

어느 사회에서나 남녀평등을 촉진시키는 데 있어서 교육의 민주화

15 이은영, 「여성운동과 법」, 이효재 엮음, 『여성해방의 이론과 현실』(창작과 비평사, 1980), p.274.

는 가장 기본적인 것이다. 한국사회에 있어서 과거 3,40년은 분단의 저해요인에도 불구하고 여성의 교육적 지위는 현상적으로 크게 향상되어 다. 의무교육이 6년제에 불과하나 부모들의 교육열은 대단히 높아 회생을 감내하면서 자녀들을 상급학교에 진학시킨다. 부모들의 교육열에는 사회계층적 차이가 없으며 자녀들의 교육을 가능한 한 많이 시키고자 한다. 다만 경제적 능력의 제한으로 진학을 포기하게 되며 아들과 딸의 교육을 차별하게 된다. 그런 데서 농촌의 빈민농가나 도시의 빈민가족의 딸들은 고등학교 진학의 꿈을 포기하고 중학교 졸업이나 중퇴 정도로 그치지만, 일반적인 교육열은 될 수 있는 한 딸들에게도 고등학교 이상의 교육기회를 갖도록 노력한다. 그러나 이러한 교육의 기회가 남녀평등을 위한 민주적 인격과 권리의식을 충실히 함양하는 교육의 실시를 의미하지는 않는다. 그리고 남녀차별이 없이 잠재력의 개발과 능력향상을 위한 인간적 교육을 실시해온 것도 아니다. 교육제도, 교과과정의 내용과 방법 등 여러 면에 있어서 남녀평등과 민주화를 위한 교육으로서 개혁되어져야 할 측면이 많다. 제도교육을 통한 남녀평등의 성취를 위해서는 각급 학교에 진학할 수 있는 기회의 평등으로 시작하여 평등한 교육에 남녀가 함께 참여할 수 있는 방향으로 개혁이 이루어져야 할 것이다.

우리 사회의 근대화 과정에서 교육은 개인들로 하여금 직업을 통하여 사회로 진출하게 했으며, 계층적 지위가 어느 정도 보장되게 기능해 온 것이다. 이것이 부모들의 교육열을 많이 자극해왔다. 어머니들은 딸들의 교육을 통하여 막연하게나마 자신들의 한(恨)을 되물려 주지 않으려 한다. 자신들이 처해온 무식과 가난의 한 또는 경제적 예속에서 당하는 무력감과 자기모멸의 한을 자녀들에게 물려주지 않으려는 바람과 기대가 있다. 그러나 교육정도의 향상은 여성이 가정과 사회에서 경제적 권리와 평등의 지위를 누리는 방향으로 직결되지 못하고 있다. 즉,

여성들이 사회적 존재로서 직업의 권리를 누리는 데 교육이 크게 작용하지 못한 것으로 보인다.

우선, 여성노동력의 취업 추세에서 이것을 엿볼 수 있다. 박세일의 취업구조 분석에 의하면 1966년부터 1975년 사이에 남녀 간의 취업자 수가 비슷하게 증가했다. 여자는 244.3만 명으로 남자들의 217.3만 명보다 약간 높다. 이 증가분의 직종별 분포를 남녀간에 비교해보면 "남성은 증가분의 약 13.7%만이 농어업에 종사하고 있는 반면, 여성의 경우는 증가분의 약 56.0%가 농어업에서 증가된 것으로 나타나고 있고, 비농어업 부문에서도 여성취업자의 증가는 대부분 저임금 하위직종이라고 할 수 있는 생산직, 서비스직종에 집중되어 있다. 비교적 상위직이라 할 수 있는 전문기술 및 행정관리직과 중위직이라고 할 수 있는 사무직과 판매직에는 여성취업자의 증가분 비중이 미미하여 남성의 수준에 크게 미치지 못하고 있다. 남성의 경우 증가분의 6.2%가 전문기술직에 나타나는 반면, 여성은 그 증가분의 2.4%만이 전문기술직이다. 행정관리직은 남성의 경우 증가분의 1.4%인 반면 여성은 0.1%, 사무직은 남성 증가분이 13.4%인 반면 여성은 7.2%에 불과하다. 따라서 동기간 중 여성 취업자의 증가는 농림어업, 생산, 운수, 서비스 등의 하위직종에 집중되어왔음이 명백하다." 그리고 계속하여 "1965~80년간의 추세를 보아도 기본적인 경향은 동일하게 나타난다"[16]라고 박세일은 강조하고 있다.

이러한 여성노동력의 취업증가 추세에서 미루어볼 때, 여성교육 특히 고등교육은 취업에 뚜렷하게 기여하지 못하고 있다. 고등교육을 받은 여성의 수가 대폭 증가했음에도 불구하고 그 정도에 대응할 만한

16 박세일, 「여성노동시장의 문제점과 남녀별 임금격차 분석」, 『한국개발연구』, 제4권 2호(한국개발연구원, 1982), pp.63~64.

직종에서 취업의 증가를 뚜렷하게 나타내지 못하고 있으며 남성에 비해 크게 뒤진다. 고등교육을 받은 여성들은 취직을 하되 대체로 하위사무직이나 관리직에서 혼인하기까지 임시로 취직하며 혼인과 더불어 가정의 주부로 머무르는 것이 보통이다. 여성이 혼인 후에도 계속할 수 있는 직업환경과 제도가 마련되어 있는 직장이 희소할 뿐만 아니라 이에 대한 직업적 권리의식마저 확립되어 있지 않다. 고등교육을 받은 여성들에게 취업의 기회마저 개방되어 있지 않은 것은 널리 알려진 사실이다.

그럼에도 불구하고 그동안 이 문제를 여성운동의 과제로 삼지 않았으며 고등교육을 받은 여성들이 이것을 쟁취하려고 움직이지도 않았다. 앞서 지적된 바와 같이 여성노동력의 참가는 농촌여성들과 교육을 적게 받은 가난한 가정의 출신들 사이에서 두드러지게 나타난 현상이다. 이것은 농어업 부문과 저임금 하위생산직종 및 서비스 직종에서 취업자수의 증가가 대폭 집중되어 있음을 보여준다. 이들은 고등교육 기회의 혜택을 누릴 수 없는 사람들로서 자신과 가족의 생존을 위해서, 가난한 가계의 수입을 돕기 위해서 취업한 사람들이다. 이들은 자본주의의 산업화 과정에서 저임금 노동력으로 특히 생산직 분야에 참여한 것이다.

박정권이 추진한 급격한 경제성장정책은 우리가 이미 잘 아는 바와 같이 저임금 노동력을 이용한 수출주도형 산업화이다. 이 저임금 노동력 중에는 여성근로자들이 절대 다수의 비율을 차지하고 있음도 이미 알려진 사실이다. 자본주의에 의한 산업화정책이 여성을 이렇게 저임금 노동력으로 동원하는 것은 가부장제 전통에 기반한 가족생활에 그 토대가 있다. 여성의 지위와 역할은 결혼 후 한 가정만을 위해 일생을 주부로서 희생 봉사하는 데 있다. 즉, 남편은 가족의 부양 책임자로 직장에서 노동하며, 부인은 남편과 자녀들의 건강과 노동력의 재생산을 위해 의·식·주를 보살펴주는 가사노동에 전념한다. 사회구조적으로 볼 때 모든 여성들은 근본적으로 노동력 재생산을 위해 가사노동을 무보수로 담당하고 있다. 여성의 노동은 한 가정만을 위한 노동인 데서 공적 노동, 즉 임금노동으로 평가되지 않고 무보수의 사적 노동력으로 간과되어진다.

이런 인식 위에서 더욱이 여자들이 취업하여 남성과 동일한 노동을 하는 경우에도 동등한 임금노동으로 평가하려 하지 않는다. 남성이 한 가족의 부양 책임자로 인정되는 것에는 여자는 그의 아내로서나 딸로서 피부양의 대상이며 가사노동의 담당자로서의 지위가 전제된다. 부부간의 성별분업이 여성의 가족에의 예속적 지위로 전락된 결과이다. 이것이 가부장제 전통에 기반한 여성의 지위이며 이 지위가 자본주의 임금노동시장과 연계되면서 저임금 노동력으로 차별되는 기본근거가 된다. 여성을 이렇게 기본적으로 차별하는 데서 비록 고등교육을 받은 여성들일지라도 고용구조에 있어서 지위가 낮은 직종으로 몰린다. 즉, 고용차별을 당하는 것이다. 그리고 이러한 고용구조는 임금차별의 기반이 되며 더욱이 같은 직종일 경우에도 차별의 대상이 된다. 고용차별, 임금 차별 등이 여성의 노동시장에서의 예속된 지위를 나타내며 이것은 바로 가정에서의 예속적 지위에 의해 뒷받침되며 정당화된다.

여성의 이러한 지위가 소위 현대적인 직장구조에서 어느 정도로 심한가는 은행이 대표적 본보기가 된다. 여성의 직업 중에서 고등교육을 받은 여자들이 취업하는 사무직의 분야로서 여자은행원에 대한 차별은 참으로 봉건적 성격을 띠고 있다. 어느 여행원이 지적한 바로 "남자행원과 여자행원의 차이는 성의 구별에 그치는 것이 아니라 직급의 구별이며, 직계의 구별이다. 여자행원도 형식적으로 부장, 차장, 과장, 대리, 행원(남자)에 이은 여섯 번째 서열에 속하여 있으나, 그 서열과는 관계없이 별개의 조직으로서 이른바 분리호봉제를 적용받고 있다. 그것은 헌법의 기본원칙은 말할 것도 없고 근로기준법에서 못박고 있는 차별대우 금지조항에도 어긋난다"[17]라고 예리하게 비판하고 있다.

이 분리호봉제는 승급에 따른 인상액에 차별을 두기 위한 것이다. 여행원의 초임이 같은 급수의 남자 초임의 81.7% 정도인데 6년쯤 지나면 같은 경력의 남자행원 봉급의 59.4%로 줄어든다. 특히 여자들은 고용될 때부터 남자와 분리되어 달리 출제된 시험을 치르게 된다는 것이다. 이러한 분리채용은 분리호봉제를 정당화하기 위한 것이다. 그리고 승급에도 차별이 있어 상업고등학교를 나온 남자가 5급이 되기까지는 6년이 걸리나 같은 교육정도의 여자행원은 8년이 걸려야 한다. 차별은 이렇게 임금뿐만 아니라 승진, 인사, 직무에 이르기까지 모든 측면에서 나타난다. 그뿐만이 아니라 혼인하거나 30세가 지나면 퇴직한다는 각서를 채용 당시에 받는 제도를 두었나. 이렇게 극심한 차별제도 속에서 여행원들의 불만은 쌓이게 되었으며 1974년부터 스스로 제도개선을 위한 노력을 하기 시작했다.

이들은 이 부당한 제도와 여행원들의 문제점을 여성단체에 알리며 여론을 조성했다. 이에 호응하여 1974년 11월 전문직여성클럽이 '여행원에 대한 문제'라는 세미나를 개최했다. 여기에 참여한 여행원들 사이에서는 결혼각서 및 모든 차별제도에 대한 이해가 더욱 심화되었으며, 지금까지 투철하지 못했던 직업의식에 대한 반성과 자극이 있었다. 따라서 그다음 해 서울 YWCA에서도 은행지부노조의 여성부장들을 초청하여 간부교육을 실시한 바 있다. 여성단체는 지금까지 노조회원으로서나 간부로서 스스로 권리를 찾는 데 둔감하게 지내온 이들에게 의식화교육을 실시했다. 그리고 여성단체 지도자들은 열성적으로 한 걸음 더 앞서서 은행장, 재무장관 등을 찾아다니며 제도개선을 위한 건의

17 박경숙, 「고치나마나 한 여자은행원 푸대접」, 『뿌리깊은 나무』, 1979년 9월호.

문을 제출하면서 촉구했다. 그 결과 1976년에는 결혼각서를 폐지했으나 오히려 더욱 현저하게 여행원을 차별하는 분리호봉제와 승진의 동등한 기회를 막는 인사규정이 노사협의를 거쳐 시행되었다. 이는 남성지배의 은행노조측이 전체 조합원의 3분의 1 이상을 차지하는 여성조합원들의 반대의견을 무시한 채 여성조합원의 권익을 대변하지 않고 이에 합의한 것이다. 차라리 노조의 내부에서 여성을 차별하는 벽이 더 두터운 실정이다. 노조 안에서 여성문제에 대한 이해가 적을 뿐만 아니라 연구도 안 해보고 거부반응부터 즉각적으로 나타내는 예가 많다는 것이다. 이렇게 시행하게 된 분리호봉제에 대한 불만과 비판이 여행원들, 여성단체에서 일게 되자 『조선일보』는 이 문제를 사설로 거론하기까지 했다.

> ……국가관리기업체인 은행들이 어쩌자고 헌법상의 대원칙인 '남녀평등'을 이렇게 정면으로 어기고 있는지……또한 근로기준법에 의해 250만 원의 벌금형으로 금지하고 있는 남녀차별을 이렇듯 공공연히 어기고 있는데, 관제감독관청이 이를 문제시하지 않고 있다는 사실……더 나아가서 생각하면 그러한 처우조건이 어째서 노사의 협의를 거쳐질 수 있었던가도 궁금한 일이 아닐 수 없다.[18]

언론과 여성단체의 압력은 영향력을 미쳐 1977년 재무부 장관이 '남녀불평등 철폐 및 여자능력 활성화'를 지시했다. 이에 따라 은행에서는 대학졸업 남자와 동등한 직무, 동등한 인사, 동등한 보수를 내걸고, '중견여자행원'을 공개로 채용하고 이미 채용되어 있는 여자행원들에게는 일반직 행원으로 전직시험을 치르게 하는 개선책이 마련되었

---

18 『조선일보』, 1976년 10월 15일.

다. 이것은 사실상 대학출신 소수 여성들만이 혜택의 대상이 될 수 있는 미봉책이다. 그러나 여행원의 입장에서 볼 때는 "중견 여자행원제도의 전반적인 개혁이라는 커다란 숙제를 그대로 안고 있으나……불평등을 시정하는 첫 번째 제도적인 개선책이라는 점에서 매우 중요하게 받아들여졌다."[19] 은행의 차별제도는 이렇게 심각한 상태에서 여성들의 개선요구에 인색하게 작은 제스처로 응한 셈이다. 사실상 이것은 여행원들의 본격적인 조직투쟁이 아니며 여성지도자들의 압력에 힘입은 바 크다. 따라서 은행노조의 여회원들은 그들의 권리의식을 더욱 강화하여 불평등을 극복하는 노동운동을 1980년대는 본격적으로 전개해가야 할 것이다. 이러한 필요성은 조흥은행노조의 여성간부 이한순(최근에는 금융노조 여성부장으로 종사함)에 의하여 지적되고 있다. "권리는 주어지는 것이 아니라 찾아야 하는 것이다. ……따라서 여자은행원 자신들이 해야 할 것이며, 남녀차별이 없는 '동일노동-동일임금의 원칙'이 가장 쉽게 적용될 수 있는 업종이 은행원이기 때문에 여은행원은 전직업여성의 처우개선에 영향을 미친다는 사명감을 한 가지 더 지녀야 한다"[20]라고 했다.

2) 생산직 노동자와 노동운동

소위 정신노동에 속하는 여행원들이 극심한 차별을 받는 것도 사실이지만 생산직 분야에서 일하는 육체노동자들의 노동조건과 성차별 현실은 더욱 인간 이하의 열악한 상태이다. 이들은 '산업의 역군'으로 경제 성장에 기여하는 희생적 역할에도 불구하고 생존과 노동권의 안정

19 박경숙, 앞의 글.

20 이한순, 「한국여자은행원의 직업의식과 그 형성요인에 관한 연구」, 연세대학교 경영대학원 석사학위논문, 1976 참고.

을 보장받지 못하고 혹사당해오고 있는 것이다. 1970년대를 통한 저임금정책에 기반한 수출산업의 추진은 대기업의 성장, 다국적기업의 국내진출로 여성노동자의 수를 급격하게 증가시켰다. 1970년, 10인 고용 사업체를 대상으로 한 생산직 분야 여자근로자의 수가 36만 명이던 것이 1978년에는 109만 명으로 증가했다(같은 기간에 노동자 전체의 수는 108만 명에서 291만 명으로 증가). 특히 섬유, 의복, 고무, 전자기기, 식료품 등이 노동집약적인 부문에는 여성근로자가 크게 집중되어 있다.[21] 기업 규모별 취업률에서 보면 미혼 근로여성들은 대기업에 주로 집중되어 있다. 대기업이 기술적 측면 내지 분업의 고도화로 중소기업에 비해 여성노동을 더 많이 흡수할 수 있기 때문이다. 대기업은 임금, 노동조건 등이 영세기업이나 중소기업에 비해 더 나은 것으로 기대된다. 그러나 "노동여성의 경제적 위치는 대기업이든 중소기업이든 상관없이 거의 불변하며 수출이 신장되고, 경제가 발전될수록 실질임금이 저하된다는 더욱 궁박한 상황에 이르게 되며 남자노동자들의 절반도 안 되는 임금은 더욱 고정화된다"[22]라고 김봉률은 그의 「한국 노동여성의 실태와 분석」에서 지적하고 있다. 그리고 대기업의 여성노동자들은 수출전망, 경기침체 등으로 기업규모의 축소와 기업의 도산에 의해 언제 해고당할지 모르는 불안한 노동권 속에서 실업과 생존의 위기에 직면하고 있다. 그러므로 1970년대에 대기업에서 여성노동자들을 중심으로 빈발한 노사분쟁이 있었던 이유를 김봉률은 다음과 같이 지적하고 있다. 즉, "국제경쟁력 약화 및 외국의 수입규제가 이루어짐에 따라 점점 위축되는 섬유, 전자회사 등에서 그 부담을 노동여성에게 전가시킴에 따라 나타나는 열악한 노동조건과 해고의 증가, 노조활동의 규제 등……에 의한

---

21 노동청, 「사업체 노동실태 조사보고서」에 의한 것임. 『70년대 노동현장과 증언』(풀빛, 1984), p.437에서 재인용.

22 김봉률, 「한국 노동여성의 실태와 분석」, 『노동-일터의 소리』(지양사, 1984), p.293.

것이다."[23]

1970년대에는 또한 외국기업의 직접투자를 유치했으며 수출자유지역을 마련했다. 한국에 진출한 외자기업은 전자, 화학, 섬유 등에서 여성노동자를 많이 고용했으며 1970년대 후반에는 외자기업 종업원의 50%이상이 여성들이었다. 정부는 외국기업을 보호하기 위해 '노동조합 및 노동쟁의조정에 관한 임시 특례법'을 공포하여 이들 기업 내에서 노조의 설립 자체를 규제하고 노동쟁의를 합법적으로 탄압할 수 있게 했다. 외자기업은 소수 대자본의 진출을 제외하고는 소규모 영세자본들이었다. 이것은 특히 일본계의 특징이며 이들이 주로 진출해 있는 마산수출자유지역은 여성노동자가 60%를 차지한다. 이들의 노동조건은 전국에서 가장 나쁜 상태인데 임금수준은 일본 여성노동자의 1/6 정도라고 한다.[24] 외자기업 중 전자산업은 특히 여자 노동력을 주로 사용한다. 1978년도 외국 전자기업이 한국의 전자공업부문에서 차지하는 생산량은 전체의 54%나 된다. 한국에서의 외국 전자기업의 1인당 생산액은 미국에서의 1인당 생산액보다 2배가량 높다는 것이다. 그러나 한국 여성노동자의 초임은 미국 여성노동자 임금의 1/12에 불과하며 국내기업 남성노동자 임금의 약 절반이 될 뿐이라는 것이다.[25]

박정권의 경제정책은 대기업의 보호·육성과 외자기업의 유치·보호를 위해서 근로자들의 저임금유지, 노동쟁의 억제정책으로 일관했다. 1971년에는 '국가보위에 관한 특별조치법'을 제정, 노동 3권 중 단체교섭권과 단체행동권을 동결하면서 노사문제를 관주도의 조정에 의하도록 했다. 노동쟁의가 발생할 때는 경찰력으로 탄압하면서 강력하게 저지했다. 이런 노동정책하에서 기업주들은 부당노동행위를 자행하며 노

23 위의 글, p.294.

24 위의 글, p.295.

25 이영순, 「금수강산 빌려주고」, 『현실과 전망』(풀빛, 1984), p.40.

동관계법을 위반했다. 공장새마을운동을 통해 '공장일은 내 일처럼, 근로자는 가족처럼'이라는 슬로건으로 가부장적 노사관계를 더욱 강화시켰다. 여성노동자들은 노무관리, 노동배치 등에서 남자들에게 예속적 지위에 놓이게 되었고 폭행, 성적 굴욕과 수모 등의 비인간적 학대의 대상이 되었다. 그리고 여자종업원들에게는 신부수업, 현모양처가 되는 교양교육 등을 실시하여 노동자의 권리의식보다는 복종적인 주부역할을 강조하는 경향을 띠었다.

경영자들은 산업합리화의 명목으로 남녀차별, 도급제, 개수제 등의 방법으로 차별임금제를 강화했다. 노동시간 연장 내지 노동강도의 강화를 통한 노동강화, 생리휴가, 월차휴가, 산전·산후휴가의 이용에 대한 압박, 결혼퇴직제, 여성조기정년제 등으로 여성노동자의 지위는 더욱 열악하며 불안하다.[26] 이러한 노동조건에서 이들은 저임금 남성근로자의 절반에도 못미치는 적은 임금을 받는다. 국세청의 1978년도 자료에 의하면 전근로자의 88.6%가 월 10만 원 이하의 임금을 받는다.[27] 이러한 임금으로 친구들과 함께 공단주변 셋방에서 자취를 하거나 공장 기숙사에서 집단적 생활을 한다. 자택에서 다니는 경우에도 가족은 산동네나 빈민촌의 셋방살이가 대부분으로 자신의 생계뿐만이 아니라 가족의 수입을 도와야 하는 처지에 있다. 그럼에도 불구하고 기업체들은 노임을 체불하는 경우가 빈번하다. 예로서 1979년에는 첫 5개월간 발생한 노사분규 7,030건 중 임금체불이 82.45%를 차지했다는 것이다.[28]

노동기본권이 동결된 상태에서 사용주의 횡포는 심해지고, 노동조건과 노동자처우는 악화된 상태에서도 이들의 권익을 대변해야 할 노

26 노동여성의 노동실태에 관한 분석적 연구는 김봉률, 앞의 글 참고.

27 『동아일보』, 1978년 8월 27일.

28 *Korean Employer's Times*, No. 100(한국 경영자협회, 1979. 8. 3), 『노동현장과 증언』(풀빛, 1979), p.441에서 재인용.

층은 무력화 어용화되어 제 기능을 하지 못했다. 이런 상황에서 근로자들은 제각기 처한 현장에서 근로조건의 개선을 위해 호소, 진정, 태업, 파업 등의 방법으로 개별적으로 혹은 집단적으로 투쟁했다. 이들은 중층적으로 탄압하는 기업과 가부장적 권력에 목숨을 걸고 항거했다. 폭력을 가하는 경찰과 권력의 앞잡이들에게 알몸으로 대항하며 싸웠다. 1970년대에 전개된 자율적인 민주노동운동은 주로 여성노동자들에 의해 주도되었으며 이들의 처절한 투쟁은 이 시대의 고귀한 인간역사인 것이다.

1970년대 노동운동은 일반적으로 정부의 적극적인 탄압과 개입으로 조직적으로 전개될 수 없었다. 노동조합 상부조직의 조직적 지도하에 수행된 운동은 거의 없었으며 산별노조의 차원에서도 힘을 결집하고 실현시키는 역할을 해내지 못했고, 대부분의 산별노소 빛 지역지부 등은 오히려 하부조직(지부, 분회)의 조합운동에 대한 억제력으로 역작용했다. 더욱이 일부 남자들은 노조 내에서 여성조합원을 차별하여 노조 분열을 조장하는 기업 편에서 이들의 노조운동을 박해하고 억압했다. 여성노동자들은 어용노조를 비판하는 민주노조운동을 전개했다. 1975년 이후로는 거의 여성들의 투쟁만이 노동운동의 명맥을 이루었다. 이 시대에 있어서 여성노동자들이 노동운동에 앞장서게 된 중요한 이유를 신인령은 그의 논문에서 다음과 같이 지적하고 있다.[29]

1) 여성근로자들이 남자보다 더욱 열악한 조건에서 일하고 있는 점이다. 남자들의 절반에 미달하는 저임금과 장시간노동, 그리고 각종 인격적 억압, 모욕, 폭행을 당하는 대상이기 때문이다.
2) 여자노동력 참여의 수적 증가와 남존여비의 가부장제 전통을 기

29 신인령의 미발표 논문, 「한국의 조직노동자와 여성」 참고.

반으로 여성을 값싼 노동력으로 이용, 착취하는 노동정책.

3) 산업선교 등의 종교단체들이 1960년대 말부터 여성근로자들에게 민주의식과 노동자의 권리투쟁을 위한 의식화교육을 지원한 것이다.

사실상 대부분의 노동여성은 생존을 위한 노동으로 권리투쟁을 위한 의식을 가질 수 없었으며, 노조 내의 노동교육의 부재로 그러한 계기를 가질 수도 없었다. 그러나 산업선교의 영향은 1970년대를 통하여 일부 여성노동자들의 권리의식을 많이 일깨웠으며 노조회원수의 급격한 증가를 가져온 것이다. 특히 노조조직 내에 여성지도자의 부상(浮上)을 가능하게 했다. 1970년 전노총의 조합원수 중 여성이 24.4%이던 것이 1980년에는 36.7%로 증가했다.[30] 그리고 1972년에 부산 피복보세가 공공장과 인천 동일방직에서 여성지부장을 처음으로 선출한 데 이어 1973년에는 화학노조에서 처음으로 여성지부장을 선출했다. 1980년까지 19명의 여자지부장을 선출했으며, 여자분회장도 5,603개 분회 가운데 186명이나 되었다. 산별노조의 상임간부로서는 17개 중 4개에서 부녀부장 직책을, 그리고 노총 내의 지위로는 부녀부장 1명, 상무집행위원 1명을 여성이 차지하고 있다. 이 과정에서 노동조합에 상근하는 여성간부의 수도 급증하여 1972년에는 22명이던 것이 1977년에는 209명 1980년에는 423명으로 되었다.[31] 여성간부진이 노조조직 내에서 어느 정도 증가하게 된 것은 여성노조원의 수적 증가에 의한 것일 뿐만 아니라, 여자조합원들의 권리의식 함양과 빈번한 노동쟁의를 통

---

30 노동부, 『노동통계연감』(1982), p.344.

31 한국노총, 『1972년도 사업보고』, p.159; 한국노총 부녀복지국, 「여성조합원의 조직 및 임금현황」(1977. 5. 21) ; 한국노총, 『1980년도 사업 보고』, pp.264~265. 전체 여성간부수는 1977년도에는 557명, 1980년도에는 6,168명이다.

해 지도력을 발휘하며 지위를 쟁취했기 때문이다.

1970년대 초 노동운동에서 나타난 주요한 노동쟁의는 전태일 씨의 분신자살사건 이후 청계피복지부를 결성하는 문제를 시초로 하여 노조결성에 관한 쟁의가 25건이나 발생했다. 노조결성을 억제하는 노동정책으로 인해 결성에 따른 분쟁이 심각했으며, 기업측이 이를 방해하는 부당 노동행위가 많아 이로 인한 분규가 빈번했다. 그리고 기존의 노조를 어용화하거나 분열 파괴하려는 기도로서 조직분규의 사례가 많았으며 민주노조의 사수를 위한 투쟁이 또한 치열했다. 이러한 노조결성 및 조직분규에 관련된 쟁의 이외에 일반적으로는 임금인상과 근로조건 개선을 요구하는 쟁의가 가장 빈번했다. 저임금에 착취당하는 노동자들의 임금인상 요구뿐만 아니라 장시간의 강제노동 거부, 휴일 실시, 연장근로수당 등을 요구했다. 여러 가지 근로기준법을 위반하는 부당노동 행위가 자행되고 있는 상황에서 근로조건의 개선을 요구하는 쟁의가 널리 발생한 것이다. 더욱이 부실기업의 증가로 인해 집단해고, 노임체불, 폐업, 휴업이 노동자들의 생존을 위협하는 데서 이에 항의하는 쟁의들도 심각했다.

1970년대를 통해 수많은 노동쟁의 중 대표적인 여성노동운동의 성격은, 청계피복노조결성을 위해 전태일 씨의 모친 이소선 여사를 중심으로 한 여성노동자운동, 원풍모방노조가 근로조건을 1970년대에 가장 모범적인 좋은 조건으로 향상시킨 사례 등에서 나타난다. 한국화이자, 콘트롤데이타 등의 외자기업노조에서도 특별한 제약조치에도 불구하고 노조를 통해 근로조건을 개선해간 것이다. 그리고 남영나이론의 임금인상투쟁 및 해태제과 근로자들의 8시간 노동을 요구한 근로조건 개선투쟁이 성공적 투쟁으로 지적될 만하다. 또한 가장 처절한 투쟁을 전개한 경우는, 민주노조를 사수하려다 집단해고의 고배를 당한 동일방직사건과 경영부실로 인해 직장폐쇄에 직면한 Y·H 노조원들이 신민당사에서 집단농성하다가 경찰력의 무자비한 강제해산과정에서 한 동료의 죽음과 더불어 생존권이 짓밟힌 사건이다.

동일방직노조는 1972년 최초로 여자지부장을 선출하여 모범적인 민주노조를 확립해간 것이다. 남자간부들이 조합원의 권익보다 개인의 이익에 치중하며 기업측에 결탁하는 어용노조의 성격을 바로잡아 작업조건을 개선하는 등 조합원을 위한 활동을 전개해갔다. 그리고 1975년말부터 이 노조를 와해시킬 목적으로 회사는 조합활동에 개입, 남자대의원들을 동원하여 어용노조 조직을 기도했다. 이에 여성조합원들은 알몸으로 항거하다 경찰에 의해 강제해산당했다. 본부노조는 노동조합을 정상화시켜주겠다는 구실로 이에 개입하여 다시 노조를 어용화시키려는 기도에 가담함으로써 여자조합원들은 다시 노조본부와 맞서 싸우게 되었다. 이들은 투쟁위원회를 스스로 조직하여 관계기관과 사회단체에 호소하면서 자기들의 권리를 주장했다. 그러나 회사의 끈질긴 분열책과 현장 내의 반조직활동으로 민주노조는 와해를 당했다. 이것은 "관과 본조, 그리고 노총과 회사가 야합하여 자립적인 여성노조지도층을 몰아내는 공작이었다"라고 민주노조의 간부는 지적하고 있다. 이러한 엄청난 권력구조와 맞서 처절한 싸움을 계속한 이들 124명 조합원들은 결국 집단해고로 좌절의 고배를 마시게 되었다.[32]

생산직에 종사하는 육체노동자들은 사실상 사무직에 종사하는 정신노동자들의 경우보다 더욱 외로운 상태에서 이렇게 노동운동을 전개해왔다. 그들이 생존권보장을 위해 임금인상을 요구하며 노동권의 안정과 근로조건의 개선 등을 희망하는 노동쟁의는 사회의 관심과 언론에서 외면당한 채 외롭게 싸운 싸움들이다. 그들은 외로운 처지에서 여성단체, 언론기관 및 관계기관에 '우리의 요구'를 알리는 탄원서나 호소

32 이총각, 「우리 다시 서리라」, 『현실과 전망』(풀빛, 1984), p.61.

문 등을 발송하여 사회여론과 관심을 불러일으키는 노력을 했다. 1977년 남영나이론 여성근로자들은 회사 측의 남녀차별과 불공정한 임금인상에 항의하기 위해 수백 명이 집단농성을 벌였다. 경찰은 이들 지도자를 연행하여 구류처분을 하는 한편 11명을 집단 해고했다. 이에 따라 그들은 여성단체에 도움을 호소했다. 대한YWCA, 한국교회여성연합회 등 6개 기독교단체들은 이에 응하는 공문을 회사 측에 보내면서 압력을 가했다. 해고된 근로자들을 무조건 복직시킬 것과 그들의 일당을 일률적으로 인상할 것, 그리고 남자사원을 동원하여 폭력을 휘두르는 행위를 중지할 것 등을 요구했다. 이들 단체들이 남영나이론회사에 압력을 가한 것은 효력을 발생했다. 각계의 여론이 비등해짐에 따라 회사책임자는 여성근로자들의 요구조건을 받아들여 쟁의에 해결을 보게 되었다.

해태제과에서도 1979년 12시간 노동에서 8시간제를 요구하는 투쟁을 전개했다. 그 과정에서 그들의 요구를 알리는 탄원서를 여성단체를 비롯, 관계당국에 보내었다. 이들의 요구는 12시간 노동을 8시간으로 단축하는 것, 그리고 여자들에게 폭행을 가한 야만적인 회사 남자기사들과 뒤에서 이를 조종한 자들을 처벌하도록 요구한 것이다. 이러한 호소에 따라 여성단체들은 여성노동자들의 당면문제에 관심을 갖지 않을 수 없었다.

여성단체들은 남영나이론, 해태제과 이외에도 대한생명보험회사 여직원들의 호소, 대한전선주식회사의 산재사건, 동일방직사건, 버스안내양들의 부당한 인권침해와 착취에 항의하는 투쟁 등에 관련되어 관심을 갖게 되었다. 대한 YWCA와 여성단체협의회는 여성노동문제의 심각성을 의식하게 되었으며 건의문을 회사와 관계당국에 보내면서 압력단체의 기능을 온건하게 해왔다. 특히, 대한 YWCA는 1972년부터 근로여성의 복지향상을 위한 직업교육, 취업지도, 교양교육을 실시했으며, 서울 YWCA에서는 독산동 근로여성회관을 건립하기에 이르렀다.[33] 그러나 이 입장은 여성노동운동을 위한 것보다 복지향상을 위한 교육에 치중하며 노동쟁의 현장에서 도움을 요청하는 호소문에 따라 때로는 측면에서 온건하게 지원하는 정도이다. 여성단체협의회도 1975년부터 근로여성문제 특히 남녀차별에 관한 문제에 관심을 갖기 시작하여 이에 관한 프로그램을 계속해온 흔적이 엿보인다. 이 프로그램들은 주로 여성 노동실태, 근로여성의 차별문제, 노동조합과 노사관계, 근로여성의 지위향상대책 등에 관해 세미나, 좌담회, 간담회 개최 등의 형태로 나타나고 있다.

1977년 11월에는 근로여성 대표자들을 초청하여 근로여성문제에 대한 세미나를 개최하고 이들의 결의문과 더불어 여성단체들의 각성과 후원을 촉구하는 건의문을 발표했다. 이 건의문 중, 1) 근로여성의 문제 해결을 위해 한국여성단체협의회 안에 상설위원회를 설치하고 각 회원단체에도 상설로 근로여성문제를 다루는 창구를 설치토록 권고하여 줄 것을 건의한다.……그리고, 5) 여성단체는 일시적이고 단기적인 사업을 지양하여 근로여성문제의 근본적인 해결을 위한 장기적이고 근원적인 사업을 적극 개발하여 줄 것을 건의한다[34]는 조항 등은 참으로 주목할 만한 것이다. 여성단체협의회에서는 근로여성의 문제가 곧 우리 여성들의 문제임을 자각하여 여성단체들의 적극적인 참여를 건의하고 있다. 그러나 이러한 건의에 비추어 여성단체들은 이에 호응하는 실천이 뒤따르지 않았다. 즉, 여성노동문제가 여성단체운동의 중요한 과제로 발전되지 않았다. 생존의 문제를 걸고 정권, 기업 및 노조의 가부장적 권력에 대항하여 외롭게 알몸으로 싸우며 도움을 호소해온 노동

33 『한국연감』, 1972년도 판에서 1980년도 판까지 참고.

34 여성단체협의회, 『여성』, 1977년 12월호, p.30.

자들의 절박한 현실에 비추어볼 때, 여성단체의 활동은 안일하며 일시적이고 지엽적인 것임이 너무나 자명하다. 노동에서의 여성의 인권과 지위향상을 위한 운동이 여성단체운동의 과제임을 충분히 인식하는 입장에서는 여성노동운동은 참으로 소외당한 상태이다. 1970년대를 통해 전개된 여성노동운동은 대체로 현장노동자들의 고립되고 산발적인 외로운 투쟁의 관계를 벗어나지 못했다.

4. 결론

분단시대의 여성운동의 성격을 1970년대 말까지 한정하여 이렇게 개괸해 보았다. 분단사회의 현실적 조건은 진정 우리 여성운동의 발전을 억압해왔다. 개화기 이후 일제식민지시대를 통하여 여성들이 갈구해온 민족해방과 평등한 민주사회의 성취가 억제되고 왜곡되어온 것이다. 여성의 지도력과 사상이 일찍이 좌우익으로 분열되고 남북으로 대립되어 운동으로서의 방향을 올바르게 설정할 수 없었으며 여성의 힘을 집결시킬 수 없었다. 그런 데서 분단 40년을 통한 여성운동은 1970년대에 와서 겨우 주체적인 성격을 띠게 되었다. 분단의 피해자로서의 입장에서 이것을 극복하려는 의식과 적극적인 움직임이 제한된 분야에서나마 나타난 것이다. 가부장제도를 개혁하려는 가족법개정운동이나 가부장적인 기업구조 및 노사관계에 대항하는 여성들의 민주노조운동에서 자주적인 여성운동의 성격을 엿볼 수 있다. 그러나 1970년대의 이러한 현상은 분단으로 인해 제약당한 사회구조 속에서의 제도개선과 여성노동자의 생존권투쟁에 국한된 것이었다. 분단사회를 극복하려는 민주화운동 및 통일운동에의 참여, 또는 이것을 주체적으로 전개하려는 단계에까지 이르지 못했다. 이것은 1980년대의 과제로 넘겨졌으며 그동안 나타난 여러 계층 여성들의 문제의식과 단체활동의 성격에서 발전적인 측면을 기대해볼 수 있을 것 같다. 이런 데서 앞으로의 여성운동의 방향, 조직적 활동의 성격 및 과제 등에 관해 필자의 생각을 제기하면서 이 글을 끝맺으려 한다.

무엇보다도 우선 우리 여성들은 이 한반도의 주인임을 더욱 깊이 자각해야 할 것이다. 이것이 앞으로의 여성운동이 민족통일운동의 주체로서 나타나야 하기 때문이다. 여성들은 분단의 피해자로서 언제까지 한을 품고만 살아갈 수 없다. 이산가족의 어머니, 아내, 딸로서 불안과 공포에 떨며 생사를 알 수 없는 가족, 친지에 대한 그리움에 한숨지으며 살아갈 수만은 없다. 그리고 전쟁의 위협과 정치적 불안에 질려 해외로 도피하려는 도피의식에 사로잡혀 있을 수만은 없다. 다음 세대들에게 평화롭고 정의로운 민족국가를 물려주어야 할 책임이 있기에, 우리 세대는 주인의식을 더욱 굳게 하며 민족통일운동에 참여해야 할 것이다. 더욱이 평화통일운동을 전개해야 할 것이다.

이 한반도의 분단과 민족상잔의 6·25 동란을 일으키게 한 남성지도자들의 과오를 밝혀서 앞으로의 실책을 예방해야 한다. 현재에도 한반도를 핵전쟁의 시험장으로 만들려 하거나 무력통일의 야심으로 권력을 유지하려는 남북한의 남성권력층이 있다면 이들의 움직임을 우리는 관망만할 수 없다. 민족자멸의 위협에서 생존권을 지키기 위해 이 땅의 주인으로서 평화통일을 향해할 수 있는 일을 찾아서 해야 할 것이다. 이것은 국내외적으로 민주여성운동을 하는 과정에서 발굴될 수 있을 것이다.

이러한 민족사적 의식에서 앞으로의 여성운동은 단체조직에 있어서나 활동의 과제에 있어서 새롭고 활기 있는 방법을 창조하며 개발해야 할 것이다. 이를 위해서 여성운동단체는 민주적이어야 한다. 단체활동의 민주성은 회원의 수가 많고 적음에 있지 않다. 한두 사람의 지배적 역량이나 재정적 후원에 달려 있지 않다. 여성단체는 권력지향적인 지도자의 개인출세를 위한 발판이 될 수 없다. 명실공히 회원에 의한, 회원을 위한, 회원의 단체들이 되어야 한다. 소수로서 조직될 수도 있으며 작은 집단들의 연합조직으로 구성될 수도 있다. 어디까지나 지도자 중심이 아닌 회원중심의 조직이 되어야 한다. 우리의 정치가 앞으로 민주정치로 발전하며 우리 사회에 민주제도의 뿌리를 내리게 하는 데는 여성단체와 같은 모든 민간단체, 즉 시민단체 및 이익집단들이 지배권력에 의존하며 아부하는 어용단체의 고질성에서 탈피해야 한다. 권력의 개입을 거부하는 자율적 민주단체로 책임 있는 조직활동의 역량을 갖추어야 한다. 독립적이며 자치적 입장에서 압력단체의 역할을 하며 공명정대하게 협동할 수 있는 역량을 길러야 한다.

분단상황에서 근대화를 지향하는 산입사회의 현실은 우리 여성사회에 수많은 문제를 제기하고 있다. 여성이 집단적으로 해결해야 할 심각한 문제들이 많다. 여성의 입장에서 민주화를 이룩한다는 것은 정치, 경제, 사회 모든 면에서 여성이기에 차별받고 억압당하는 제도적, 문화적 및 의식적 잔재를 제거하지 않는 한 달성될 수 없다. 여성이기에, 더욱이 가난한 가정에 태어난 딸이기에, 그리고 교육을 못 받았기에 당하는 모든 성적 차별, 빈부의 차별을 없애야 할 것이다.

산업사회의 발전을 위해서는 여성을 언제까지나 저임금 노동력으로 혹사할 수 없다. 노동자로서의 생존과 권익을 옹호하기 위한 노동권을 보장받지 않고서는 산업사회를 안정시킬 수 없다. 여자이기에, 미혼이기에, 또는 주부이기에 직장에서 차별받고 희생을 강요당할 수는 없다. 여성들이 산업사회에서 직업이나 직장을 통해 사회적 노동에 참여하는 것은 인간적 권리를 누리는 것이므로 여성운동에서는 먼저 직업에 대한 권리의식을 인식하게 하는 교육운동이 앞서야 한다. 이것은 여성단체들이 직업여성들을 상대로 노조와 협동적으로 실시할 수 있을 것이다. 그리고 각 직장에서는 이 권리를 지키기 위해 노동조합을 조직하는 운동을 전개해야 할 것이다. 지금까지 여성들의 노조운동은 수출산업의 생산직에 종사하는 미혼노동자들만의 문제로 방관되었다. 이들이 1970년대의 민주노조운동을 외롭게 이끌어왔으며, 현재도 직장에서 쫓겨난 노조원들은 노동법개정을 위한 노력을 계속해오고 있다. 이들의 노조운동은 직장생활을 하는 모든 여성들의 권리행사가 되어야 한다. 고등교육을 받은 직업여성이나 여성단체들은 노동운동을 여성운동의 주요과제로 삼아야 한다. 취업의 기회와 직업구조에서부터 여성참여의 발판을 넓히며, 직장에서 인간다운 처우를 받으며 책임 있는 직업인으로 활동할 수 있기 위해 민주적 노조운동을 합법화시키는 운동이 전개되어야 한다. 확고한 직업의식에 기반한 노동운동을 통해서만이 생산직에 종사하는 근로여성이나 교육을 많이 받은 직업여성이나 간에 노동의 권리를 올바로 행사하는 사회인으로 그리고 민주시민으로 성장할 수 있을 것이다. 확고한 직업의식과 노조운동의 훈련 없이는, 앞으로 여성들이 가정과 직장을 겸하는 데 따르는 자녀양육의 문제를 제도적으로 해결하기 위한 운동으로 발전시킬 수 없다. 바로 이 문제는 여성운동이 여성노동운동과 연대성을 지녀야 할 필요성을 더욱 절감케 한다.

가족법개정운동은 1980년대로 넘어온 과제로서 그 목적을 달성하기까지 더욱 촉진되어야 한다. 지금까지의 가족법개정운동은 너무 편협하게 법적 문제의 차원에 머물렀었다. 가부장제도를 이어온 가족법이 모든 계층여성의 기본인권과 가정의 민주화를 억제하는 요인임에도 불구하고 법률조항개정에만 운동의 초점을 맞추는 경향이 있었다. 이 제도의 피해자로서 희생당하고 인권이 짓밟힌 모든 여성들의 한과 연결 짓지 못한 상태에 있다. 우리들의 한을 풀기 위한 의식화작업을 깊이 있게 하지 않았으므로 여성의 자발적 힘을 총체적으로 개발해내지 못했다. 우선 방법에 있어서 각계각층에 스며들 수 있는 다양한 방법을 개발하지 못했다. 여성들의 문제의식을 축첩제도의 기반이 되어온 남성들의 이중적 성윤리가 오늘날 수많은 여성들의 결혼생활을 좀먹는 문제와 연결시켜야 한다. 가족법개정운동은 가부장제도에서의 해방을 위해 이러한 이중적 성윤리가 건전한 일부일처제의 결혼생활을 파괴하는 것으로 인식해야 한다. 더욱이 여성의 몸을 상품화하며 남성의 쾌락만을 위해 노예화하고 사유화하는 어떠한 성윤리도 배격하는 운동으로 확대되어야 한다.

특히 우리 가정생활 환경의 보호를 위해 섹스산업의 확대와 심화를 막아야 한다. 공창제도가 이미 불법화된 지 오래인데도 요즘의 섹스산업체는 공창제도와 다를 바 없이 계속 확장되고 있어 이중적 성윤리를 더욱더 강화시키고 있다. 그리고 가족법개정운동 단체들은 우리 가정의 민주화를 위한 운동을 그 기반으로 삼아야 할 것이다. 자녀들을 책임감 있는 민주시민으로 기르며 자율적 인격체로 양육하기 위해서도 가족법의 민주화가 이뤄져야 한다. 그리고 우리 가정의 민주화와 안정을 위해서는 여성운동이 모자보건과 가정복지정책의 수립을 더욱 촉구해야 할 것이다. 여성의 존재와 모성역할을 어디까지나 한 가정이나 한 남편만을 위한 것으로 인식하는 태도에서 벗어나도록 의식화운동을 해야 한다. 모성역할은 한 남편만을 위한 것이 아니며 사회를 위한 것이다. 다음 세대를 인격적으로 기르며 건강하게 기르는 역할과 책임이다. 이것은 어머니 홀로만의 것이 아니며 부모와 국가사회가 공동으로 책임져야 할 문제이다. 이러한 인식에서 특히 도시나 농촌의 가난한 가정의 생존권과 모자복지문제는, 사회정책의 시급한 과제이므로 여성운동이 제기해야 할 것이다. 남편과 사별하거나 이혼하여 홀로 사는 모자가정이나, 독신녀의 가정생활 보장 및 복지를 증진하는 정책이 요구되고 있다. 가정을 위한 모성역할이나 가사노동이 국가사회를 위한 책임인 것을 자각하여 가난한 여성들의 노동문제와 자녀문제는 사회정책으로 해결되어져야 한다. 자녀의 교육이나 가족의 생존을 위해 여성이 홀로 3중 4중의 고난을 짊어지며 가난에서 헤어나지 못하는 모든 가정을 외면할 수 없다. 그들도 민주시민으로서의 권리를 누리며 경제성장의 혜택을 당연히 요구하는 주인의식을 가져야 한다. 여성운동은 그들과 함께 할 뿐 아니라 그들을 민주운동의 주체자로 삼아야 한다.

앞으로의 여성운동은 소수 지도자중심, 선각자중심의 운동이 되어서는 안 된다. 1970년대 이후 대학 안팎에서는 민주화운동에 참여해온 젊은 여성세대, 그리고 여성학이나 여성운동의 연구를 통해 의식화된 젊은 인재들이 많이 배출되었다. 이들은 각 분야에서 남녀차별과 불평등의 문제를 뼈아프게 경험하며 이에 대한 문제의식을 갖게 되었다. 그리고 여성문제를 연구하는 자세를 갖추었다. 이들의 관심과 노력은 민주여성운동에 활기를 불어넣고 창의적인 방법을 개발하는 데 주동적 역할을 할 수 있을 것이다. 그런 데서 앞으로의 여성운동의 과제가 복잡하고 어려움이 있겠지만, 주인 노릇을 하려는 의식화된 세대가 성장함으로써 여성운동이 새로운 단계로 발돋움하고 있는 것이다. (1985)

분단시대의 사회학

펴낸날 1판 1쇄 2021년 2월 4일
지은이 이이효재
펴낸이 이승아
펴낸곳 이화여자대학교출판문화원
주소 서울특별시 서대문구 이화여대길 52(우 03760)
등록 1954년 7월 6일 제9-61호
전화 02) 3277-2965 (편집), 02) 362-6076 (마케팅)
팩스 02) 312-4312
전자우편 press@ewha.ac.kr
홈페이지 www.ewhapress.com
책임 편집 민지영
본문 디자인 정혜진
찍은곳 (주)현문자현

ISBN 979-11-5890-413-5 93330

값 25,000원